★ 国家出版基金资助项目
★ 湖北省学术著作出版专项资金资助项目

高等教育与社会发展论丛
董泽芳◇主编

公平与质量：
高等教育分流的目标追求

董泽芳　张继平　聂永成　李东航　著

华中师范大学出版社

新出图证（鄂）字 10 号

图书在版编目（CIP）数据

公平与质量：高等教育分流的目标追求/董泽芳 张继平 聂永成 李东航 著. —武汉：华中师范大学出版社，2018.10
（高等教育与社会发展论丛/董泽芳主编）
ISBN 978-7-5622-8414-7

Ⅰ. ①公… Ⅱ. ①董… ②张… ③聂… ④李… Ⅲ. ①高等教育—教育制度—研究—中国 Ⅳ. ①G649.22

中国版本图书馆 CIP 数据核字（2018）第 250261 号

公平与质量：高等教育分流的目标追求

Ⓒ 董泽芳 张继平 聂永成 李东航 著

责任编辑：宋文静 冯会平	责任校对：罗 艺
封面设计：罗明波	
编辑室：学术出版中心	电话：027－67863220/7792
出版发行：华中师范大学出版社	社址：湖北省武汉市洪山区珞喻路 152 号
电话：027－67863426（发行部）	027－67861321（邮购）
传真：027－67863291	邮编：430079
网址：http://press.ccnu.edu.cn	电子信箱：press@mail.ccnu.edu.cn
印刷：湖北恒泰印务有限公司	督印：王兴平
开本：710mm×1000mm 1/16	字数：350 千字
版次：2018 年 12 月第 1 版	印次：2018 年 12 月第 1 次印刷
印张：24.5	定价：74.00 元

欢迎上网查询、购书

敬告读者：欢迎举报盗版，请打举报电话 027－67861321

总　　序

　　高等教育是社会大系统中的一个极其重要的子系统，它与经济、政治、文化等子系统之间有着相互依存的关系。高等教育作为培养高层次专门人才的社会活动，与人的发展更有着极为密切的联系。同时，高等教育自身又是一个多层次、多类型、多主体的系统，不仅大学之间，大学内部各组织之间，领导、教师与学生之间关系错综复杂，而且与社会的方方面面都有着千丝万缕的联系。随着时代的发展，多层次的高等教育与多元化的社会之间形成了越来越密切的互动关系。现代社会，高等教育的存在和发展越来越离不开政府和社会在人力、物力、财力，以及政策、环境等方面的支持与促进；社会的发展也越来越离不开高等教育及其研究的引领与推动。美国经济学家弗里德曼用经济学"核心—边缘"理论研究二战后的经济社会现象与教育特别是与高等教育的关系时，发现在知识成为经济社会赖以存在和发展的基本资源与生产要素后，高等教育逐渐从游离于社会之外的"象牙塔"进入社会的边缘区，并渐次成为推动经济社会发展的"中心"要素，从而提出了著名的高等教育"从边缘走向中心"的发展趋势理论。从二战后高等教育对许多国家发展的实际影响来看，高等教育已成为促进国家科技振兴、经济发展、政治民主、文化繁荣的必要条件；从高等教育对社会个体的影响来看，高等教育不仅是提高个人素质、开发个人潜能的重要基础，更是促进社会流动、实现人生价值的主要途径。的确，高等教育对社会及个人的影响力从来没有像今天这样巨大，社会变革对高等教育的影响也从来没有像今天这样深刻。

　　然而，随着现代科技的发展和工业化进程的加速，科学文化及其内含的经济价值和工具价值得以彰显,高等教育发展中理性主义与功利主义的冲突日趋激烈。同时,高等教育大众化的进程加快及其与政府、市场、大学三者关系日益复杂,加之财政困难,高等教育商业化、官僚化、技术至上和教育质量下降等问题凸显,高等教育发展的现状和社会的期望之间的鸿沟逐渐加深,高等教育与社会发展之间的冲突也不断加剧。著名的高等教育学家约翰·S. 布鲁贝克在其《高等教育哲学》一书中,专门从冲突论的视角,论述了高等教育发展中认知论与政治论、自治与控制、学术自由与社会责任、精英教育与大众教育、普通教育与专才教育五方面的冲突,还就传统的高等教育与现代的高等教育、学术研究与社会现实道德、大学与教会等方面的冲突展开了论述。联合国教科文组织前总干事费德里克·马约尔在1995年发布的联合国教科文组织关于"高等教育的变革与发展的政策性文件"中更明确指出,"全世界几乎所有国家的高等教育都处于危机之中"。

在我国,随着社会现代化进程的加快,人们已愈来愈清楚地认识到,高等教育与社会的良性互动和协调发展不仅是政治稳定、科技振兴、经济发展、文化繁荣、人民幸福的必要前提,而且是保障高等教育健康发展、高效运行的基本条件。然而,现实的高等教育与社会互动机制仍不够健全,高等教育与社会发展不协调的现象也普遍存在。尤其是在社会大转型的今天,新旧体制、新旧观念与新旧因素的对立与摩擦,以及由此产生的社会失序、混乱与震荡,不仅使高等教育与社会的互动日趋复杂,也使高等教育与社会的协调发展严重受阻。有关高等教育与社会发展的关系的研究也面临着一系列值得研究的新问题。

从宏观的层次讲:一是社会结构转型与高等教育制度的调适问题。社会转型主要包括政治结构、经济结构、文化结构等在内的社会结构的整体性变迁过程。社会转型必然引起与原有社会结构相配套的规则与程序不同程度的失效,而新社会结构要素的生长亟待制度创新来促进和保障。高等教育制度如何调适与创新,如何形成与各种新的社会结构要素协调发展的关系,如何实现高等教育自身健康发展与着眼于学科发展、促进社会全面协调发展的双重目标等问题,必须通过高等教育社会学的研究才能作出科学的回答。二是高等教育与社会关系的变化及高等教育的社会功能重构。社会结构的全面转型必然对高等教育产生巨大的影响，并使高等教育与社会的关系出现一系列新变化。如市场经济的发展打破了高等教育自我封闭的格局，加强了高等教育对市场的关注；民主政治的推进提升了高等教育的自主地位，弱化了高等教育对政府的依赖；对外开放格局的形成拓展了教育者的视野，加强了高等教育同世界的联系，等等。在这种情况下，如何重新认识高等教育的社会价值，如何重构高等教育的各种社会功能，如教育对市场经济的适应、支持与矫正功能，对政治的维护、监督与批评功能，对国外文化的选择、吸收与融合功能，等等，也是高等教育社会学研究的重要任务。三是高等教育与社会冲突的加剧及高等教育的整合机制。社会全方位的变革使高等教育赖以生存的基础发生了变化，高等教育本身也进入了一个剧变时期，旧的运行机制正在被打破，新的运行机制尚未被建立，高等教育与社会的冲突大量存在。如社会经济发展对高等教育的人才需求结构与高等教育的人才培养、输出结构的冲突，高等教育发展对投入的需求与社会经济承受力的冲突，高等教育对理性精神的追求与社会现实的功利取向的冲突，高等教育的价值观念取向与社会文化观念更新的冲突，等等。诚然，高等教育社会冲突的出现并不必然产生消极的后果。如果通过高等教育社会学的研究能够形成比较健全的教育与社会的整合机制，高等教育与社会之间的冲突就会向积极的方面转化。

从中观的层次讲，主要是社会转型带来的各种社会分化引发了一系列新的高等教育社会问题。如区域分化与高等教育发展的失衡问题，阶层分化与弱势群体子女的高等教育问题。急剧的社会转型使原有社会阶层结构产生了前所未有的大分化，进而导致利益的大分化，这必然会在不同利益主体间产生广泛的矛盾和冲突。由此引发了地区之间高等教育差距扩大、高等教育资源配置不合理、高等教育机会不均等等新的高等教育社会问题。

从微观的层次看，主要有社会行为无序与大学行为失范问题，高等教育时空拓展与高校师生关系变化问题，大学校内、校外环境变化与大学教师角色冲突问题，商业的价值原则渗透与大学生的功利行为问题，等等。这些现实的问题，都是令人感到困惑的新的教育问题、社会问题，迫切需要高等教育社会学的探讨与解决。

在这种情况下，高等教育社会学理应顺应时代的要求，调整研究的视角，真正树立起高等教育与社会一体化协调发展的观念，加强对高等教育与社会互动机制的研究，努力探寻高等教育与社会协调发展的规律，促进我国高等教育的健康发展和社会的全面进步。本丛书的出版目的正在于促进这一研究。

本丛书在编写上突出了下列特点：一是研究立场的本土性与研究内容的时代性。从中国近代高等教育的发展过程看，过去高等教育学的研究在一定程度上存在着过于依赖西方教育理论和教育观念的问题，相关研究缺乏本土意识。本丛书强调立足中国国情来解决中国高等教育实践中的问题。在研究内容上，牢牢把握当下中国社会大转型这一时代背景，直面因新旧体制、新旧观念及新旧因素的对立与冲突所产生的社会失序、混乱及震荡给高等教育发展带来的冲击与挑战，紧紧围绕"高等教育与社会和谐发展"这一核心主题，提出了摆脱困境、战胜危机所要解决的一系列重要问题，并通过实实在在的研究，给出了明确回答。本丛书提出的这些问题，都是"高等教育与社会和谐发展的中国问题"，或者说是"中国的高等教育与社会和谐发展问题"。而丛书作者通过研究作出的回答，可视为有助于解决问题的一些"中国答案"。

二是研究视域的广泛性与研究视角的多层性。高等教育与社会发展都是多层次、多类型、多主体的系统，探讨二者的关系应该有广阔的视域和多层的视角。在研究的视域上，本丛书既着力审视整个社会的结构与文化、体制与机制同整个高等教育之间的关系，也努力探明区域分化、地方传统文化同地方高等教育之间的关系，并用力探究具体高校中的职业性别政治、权力关系及角色冲突等问题。在研究的视角上，本丛书立足于高等教育学，比较倚重于社会学，但并不局限于社会学，而是根据研究的具体问题及主要目的，将研究的视角延展至经济学、文化学、人类学、教育学等学科。开阔的学术视野与多样的研究视角，使得丛书内容格外丰富多彩。

三是研究方法的多元性与研究手段的实证性。本丛书遵循了理论研究与实证研究相结合、立足国情与合理借鉴相结合、问题分析与对策探讨相结合等原则，注重多种方法的综合运用。尤为强调运用实证分析的手段，将研究结论建立在翔实的资料基础之上，力图更多地用客观事实说话，用实际材料说话。如制度政策的文本分析、形式多样的问卷调查、扎根实地的田野研究、已有统计数据的二次分析等，在本丛书中都有合理运用，从而为发现高等教育与社会协调发展中存在的问题、揭示成因、寻觅对策提供了必要依据。通过开展实证研究，本丛书改变和克服了老套社会科学研究"从概念到概念"、"从理论到理论"、"从问题到问题"的不良倾向，增强了理论研究的"问题导向"与策略研究的"有的放矢"。

本丛书得以出版，既要感谢华中师范大学出版社新老领导的精心策划与大力支持，也要感谢编辑部主任和各位编辑的认真审读与细致编校，更要感谢顾明远先生与吴康宁先生的充分肯定与郑重推荐。

本丛书的作者主要是高等教育与社会发展研究方向的博士和博士后，丛书多是在他们的博士学位论文的基础上修改而成，虽然研究宗旨与写作要求一致，但每本书的主题思想与写作风格各异。作为丛书主编，我希望本丛书的出版能够为促进我国高等教育与社会协调发展起到一定的作用，也希望高等教育与社会发展的议题能受到学界更多的关注。由于作者的水平以及对高等教育与社会协调发展规律的认识有限，本丛书必有诸多不足之处，诚望诸位学者、读者不吝赐教。

董泽芳

2017年6月6日

目 录

导 言 ·· 1

第一章 高等教育分流的理论与模式 ······································ 7

第一节 高等教育分流的内涵特征 ··· 7
  一、高等教育分流的内涵 ··· 7
  二、高等教育分流的任务与性质 ··· 9
  三、高等教育合理分流的主要特征 ······································ 10

第二节 高等教育分流的理论依据 ·· 13
  一、社会分化与高等教育分流 ·· 13
  二、个性差异与高等教育分流 ·· 16
  三、供求平衡与高等教育分流 ·· 19
  四、和谐发展与高等教育分流 ·· 22
  五、生态定位与高等教育分流 ·· 28

第三节 高等教育分流的模式构建 ·· 31
  一、高等教育分流模式的构成要素 ······································ 31
  二、高等教育分流模式的制约因素 ······································ 38
  三、高等教育分流模式的构建原则 ······································ 43

第四节 高等教育分流的运行机制 ·· 50
  一、国家宏观调控机制 ·· 51
  二、高校自主适应机制 ·· 52
  三、学生流向指导机制 ·· 54
  四、利益主体协调机制 ·· 56

第二章　高等教育的质量与公平 …… 58
第一节　质量——高等教育的逻辑起点 …… 58
一、高等教育质量是一个多维度、多层次的概念 …… 59
二、高等教育质量具有鲜明的时代特征 …… 62
三、提升高等教育质量的核心价值 …… 68
第二节　公平——高等教育的价值追求 …… 70
一、高等教育公平是一个动态发展的理念 …… 71
二、高等教育公平具有多维度、多层面的内涵 …… 73
三、高等教育公平的主要特点 …… 79
四、高等教育公平的影响因素 …… 82
五、高等教育公平的时代价值 …… 85
第三节　质量与公平：高等教育的内在逻辑 …… 87
一、质量与公平具有内在的统一性 …… 88
二、以质量与公平为重点的高等教育要克服两种倾向 …… 89
三、质量与公平统一的思路：让学生上合适的好大学 …… 94

第三章　高等教育分流中的质量与公平 …… 97
第一节　质量与公平是高等教育分流的时代诉求 …… 97
一、调节高等教育供需矛盾的迫切需要 …… 98
二、推动高等教育高质量发展的迫切需要 …… 102
三、破解高等教育发展不均衡问题的必然选择 …… 104
第二节　质量与公平兼济：高等教育分流的本质含义 …… 108
一、高质量的高等教育是多样性的教育 …… 108
二、高水平的高等教育公平是普惠性的教育 …… 121
三、质量与公平统一是高等教育分流的内在追求 …… 125
第三节　质量与公平并进：高等教育分流的主要特点 …… 129
一、合目的性：让不同的高校争创不同的一流 …… 129
二、合条件性：依天性培养具有可教育性的人 …… 132
三、合规律性：让合适的学生流向合适的大学 …… 134
四、合发展性：让独特的天性得到自由地生长 …… 135
第四节　质量与公平合一：高等教育分流的核心价值 …… 137

一、推动政府树立学有所教、学有所成的责任意识 ………… 137
　　二、促进高校形成育人为本、天下为公的精神守望 ………… 139
　　三、满足社会期待多元发展、有效供给的教育需求 ………… 141
　　四、构建学生多元选择、多元成才的目标追求 ……………… 143
第四章　我国高等教育分流中的公平与质量问题现状——基于新建本科院校转型分流现状的调查 ……………………………………… 146
　第一节　新建本科院校转型分流中的公平与质量问题调查 ……… 147
　　一、调查目的与意义 ……………………………………………… 147
　　二、调查对象与方法 ……………………………………………… 149
　　三、调查结果与分析 ……………………………………………… 155
　第二节　新建本科院校转型分流中的公平与质量问题表现 ……… 175
　　一、利益主体的价值目标冲突形成公平与质量的认识差异 …… 175
　　二、管理制度缺乏民主性和科学性导致公平与质量的权力失衡
　　　　………………………………………………………………… 181
　　三、高等教育结构设置不合理导致公平与质量的结构差异 …… 190
　　四、人才培养模式僵化影响了公平与质量的操作过程 ………… 195
　　五、办学定位模糊不清降低了公平与质量的实现水平 ………… 200
　　六、高等教育资源配置不佳阻碍了公平与质量的整体效果 …… 206
　第三节　高等教育分流中的公平与质量问题的原因 ……………… 211
　　一、高等教育分流缺乏有效的价值协调机制 …………………… 211
　　二、高等教育管理缺乏系统设计和制度创新 …………………… 216
　　三、高等教育结构缺乏相互协调的制度设计和科学管理 ……… 221
　　四、人才培养理念落后且缺乏系统化建构 ……………………… 224
　　五、外部环境与内部发展观的不合理导致高校办学定位趋同 … 228
　　六、高等教育资源配置制度建设不完善 ………………………… 233
第五章　国外高等教育分流促进公平质量并重的经验借鉴 ………… 238
　第一节　二战后美国高等教育分流追求公平与质量的措施与经验
　　………………………………………………………………………… 238
　　一、美国高等教育分流追求公平与质量的措施 ………………… 239
　　二、美国高等教育分流追求公平与质量的效果 ………………… 250

三、值得我国借鉴的经验 …………………………………………… 254
　第二节　欧洲一体化进程中法国高等教育分流追求公平与质量的成效
　　　　　及启示 …………………………………………………………… 257
　　一、法国高等教育分流追求公平与质量的举措 ………………… 257
　　二、法国高等教育分流追求公平与质量的成效 ………………… 267
　　三、法国高等教育分流模式对我国高等教育的启示 …………… 269
　第三节　以公平与质量并重为目标的日本第三次高教分流模式改革
　　　　　 ……………………………………………………………………… 272
　　一、适应时代发展需要，确立公平、质量并重的分流目标 …… 272
　　二、优化高等教育分流结构，实现在保证公平基础上提升质量
　　　　 ………………………………………………………………………… 275
　　三、改革高等教育分流操作策略，争取在提升质量基础上增进公平
　　　　 ………………………………………………………………………… 280
　　四、从日本第三次高教分流模式改革中得到的启示 …………… 284
　第四节　发达国家高等教育分流追求公平与质量的共同特点 …… 287
　　一、多元参与的分流主体 ………………………………………… 287
　　二、形式多样的分流结构 ………………………………………… 288
　　三、广泛适应的分流对象 ………………………………………… 289
　　四、统筹兼顾的分流目标 ………………………………………… 291
　　五、注重全面的选择依据 ………………………………………… 292
　　六、适时适度的分流策略 ………………………………………… 293
　　七、自主灵活的培养制度 ………………………………………… 294
　　八、理实并重的培养形式 ………………………………………… 295
　　九、多方合作的调控机制 ………………………………………… 297
　　十、人人成才的分流效果 ………………………………………… 298

第六章　实现公平与质量并重的高等教育分流是一项系统工程 …… 301
　第一节　坚持公平与质量并重的高等教育价值取向 ………………… 301
　　一、我国高等教育发展价值取向的演进和反思 ………………… 302
　　二、公平与质量并重是我国高等教育分流的应然取向 ………… 322
　第二节　完善公平与质量并重的高等教育管理体系 ………………… 324

  一、完善纵向协同横向联动的高等教育管理体制 …………… 324
  二、建立公平与质量并重的高教分流绩效评价体系 ………… 326
  三、建立民主与科学合璧的高等教育政策决策机制 ………… 328
 第三节 调整公平与质量并重的高等教育结构体系 ……………… 332
  一、实行高等教育多向分流 …………………………………… 332
  二、推进高等教育职普沟通 …………………………………… 336
  三、强化高等教育上下衔接 …………………………………… 338
  四、促进高等教育前后循环 …………………………………… 341
 第四节 创新公平与质量并重的高校人才培养模式 ……………… 343
  一、更新人才培养理念 ………………………………………… 344
  二、改革专业设置方式 ………………………………………… 344
  三、优化课程设置方式 ………………………………………… 345
  四、改革教学制度 ……………………………………………… 346
  五、革新教学组织形式 ………………………………………… 346
  六、加强隐性课程建设 ………………………………………… 347
  七、扩大学生教育选择权 ……………………………………… 347
  八、改革教学评价方式 ………………………………………… 348
 第五节 实施公平与质量并重的高校特色发展战略 ……………… 348
  一、高校办学特色的内涵特征 ………………………………… 349
  二、高校办学特色的褪色探因 ………………………………… 350
  三、高校办学特色的促进路径 ………………………………… 358
 第六节 优化公平与质量并重的高等教育资源配置 ……………… 362
  一、落实政府责任，推进高等教育资源配置均衡 …………… 362
  二、突破传统壁垒，拓展高等教育资源供给渠道 …………… 366
  三、突出绩效导向，发挥高教资源配置的激励作用 ………… 369
  四、加强统筹协调，推动高等教育资源实现共享 …………… 372
后 记 …………………………………………………………………… 377

导　言

党的十八届三中全会提出，必须紧紧围绕更好保障和改善民生、促进社会公平正义深化社会体制改革。习近平同志也提出把促进公平作为教育工作的战略重点，要努力让13亿人民享有更好、更公平的教育，努力让每个适龄儿童少年都能享受良好的教育，都有人生出彩的机会。习近平同志在十九大报告中又强调，中国特色社会主义进入新时代，我国社会主要矛盾已经转化为人民日益增长的美好生活需要和不平衡不充分的发展之间的矛盾。社会主要矛盾的变化标志着中国特色社会主义进入了新时代。而这种社会主要矛盾的变化在我国教育领域可以概括为人民群众日益增长的教育需求与教育自身发展不平衡、不充分且质量不高的矛盾。为了在新时代给人民群众交上满意的教育答卷，党的十九大报告作出"努力让每个孩子都能享有公平而有质量的教育"的庄严承诺。国务院总理李克强在第十三届全国人民代表大会第一次会议上，向大会作政府工作报告时也指出，要发展公平而有质量的教育，要办好人民满意的教育，让每个人都有平等机会通过教育改变自身命运、成就人生梦想。

《国家中长期教育改革和发展规划纲要（2010—2020年）》亦明确提出"要把促进公平作为国家基本教育政策"和"把提高质量作为教育改革发展的核心任务"两大政策性教育观点，以及要"注重因材施教，关注学生不同特点和个性差异，发展每一个学生的优势潜能"，"充分发挥学生的主动性，把促进学生健康成长作为学校一切工作的出发点和落脚点。关心每个学生，促进每个学生主动地、生动活泼地发展，尊重教育规律和学生身心发展规律，为每个学生提供适合的教育"等教育实施路径。

随着时代的进步与高等教育的快速发展，高等教育分流在促进社会公平与质量提升中的作用日益受到广泛关注。但高等教育分流在推进教育的公平与提高质量方面具有二重性，它既可以成为促进社会公平与提高育人质量的"助推器"，又可以成为固化社会结构和妨碍人才发展的工具，关键在于高等教育分流模式是否合理。我国当前高等教育分流模式由于价值取向偏颇而有诸多缺陷，极大地影响了教育公平的实现与质量的提升。

在上述思想和政策的指导下，我们开展了对高等教育分流中公平与质量的研究。我们认为研究以推进公平与质量并重为目标价值取向的高等教育分流改革是当前我国高等教育改革与发展的重大主题，更是促进高等教育与社会和谐发展，促进社会公平、提高人才质量的迫切要求，它有着多方面的理论价值与现实意义：一是有利于提高人们的思想认识。该研究可以帮助人们克服各种片面、狭隘的高等教育价值取向与思维方式，深刻认识到高等教育分流在推进教育公平与提高质量方面所具有的双重效应。二是有利于丰富高等教育学的理论体系。该研究较为全面地分析了高等教育分流的性质、任务及合理分流的主要特征，高等教育公平与质量的内涵、本质及二者之间的辩证关系，以公平与质量并重为目标的高等教育分流的价值、功能及在促进社会公平和提高育人质量中的重要作用，有利于发展高等教育学，尤其是高等教育社会学的功能与模式理论。三是有利于指导高等教育的改革实践。我国当前教育分流由于价值取向偏颇而有诸多缺陷，极大地影响了教育公平的实现与质量的提升。探索适合我国国情的以公平与质量并重的高等教育分流模式，有利于促进高等教育分流活动健康发展，也有利于指导高等教育改革实践，有效克服当前高等教育面临的诸多问题。

本书正是该项研究的成果。本书共有六章。

第一章从理论上回答了高等教育分流的四个基本问题。一是高等教育分流的内涵、性质、任务，以及高等教育合理分流的主要特征，即分流取向的兼顾性、分流依据的科学性、分流时机的适宜性、分流模式的多样性、分流结构的协调性与分流机构定位的合理性。二是高等教育分流的理论依据，即社会分化理论、个性差异理论、供求平衡理论、和谐发展理论与生态定位理论。三是高等教育分流的模式构建，首先阐释了高等教育分流模式的四大构成要素：价值目标、结构功能、操作策略与调适机制。其次分析了高等教育分流的制约因素，即经济发展与人才需求、政府认识与政策导向、教育基础与高校定位、文化传统与国民意向。最后提出构建高等教育分流模式必须遵循满足需求原则、促进发展原则、整体优化原则与统筹兼顾原则等。四是探讨高等教育分流的运行机制，即政府宏观调控、高校自主适应、学生流向指导与利益主体协调。

第二章主要论证了有关高等教育的质量与公平的三个核心问题。一是高等教育质量问题。认为质量是高等教育的逻辑起点；高等教育质量是一个复杂多维的概念，并具有鲜明的时代特征；提升高等教育质量对转变我国高等教育的发展方式与发展路径，对建设高等教育强国和人力资源强国，对实现中华民族伟大复兴等都具有重要价值。二是高等教育公平问题。认为高等教育公平是一个动态发展的理念；高等教育公平具有多维度、多层面的内涵；高等教育公平的主要特点是主观与客观、相对与绝对、静态与动态、历史与现实、价值与秩序等的对立统一；影响高等教育公平的主要因素有教育资源因素、社会经济因素、传统文化因素、社会阶层因素等；最大限度地实现高等教育公平既是人民群众对高等教育发展的殷切期待，也是高等教育改革的终极目标，对全面建成小康社会，实现中华民族伟大复兴，促进社会文明成果共建共享具有重要价值。三是高等教育质量与高等教育公平的关系问题。认为二者不是非此即彼，而是相互统一于高等教育分流全过程的关系；以质量与公平并重为目标的高等教育改革既要克服重质量、轻公平的价值取向，又要防止重公平、轻质量的价值取向；发展以质量与公平并重为目标的高等教育，就是要让每个学生都能上合适的好大学。

第三章主要探讨了高等教育分流中质量与公平的相关理论。一是提出并论证了质量与公平是高等教育分流的三大时代诉求，即调节高等教育供需矛盾的需要、推动高等教育高质量发展的需要与破解高等教育发展不均衡问题的需要。二是提出了质量与公平兼济是高等教育分流的本质含义的观点，分析了高质量的高等教育是多样性的教育，高水平的高等教育公平是普惠性的教育，质量与公平统一是高等教育分流的内在追求等观点。三是提出质量与公平并进符合高等教育分流的四个主要特点：合目的性，让不同的高校争创不同的一流；合条件性，依天性培养具有可教育性的人；合规律性，让合适的学生流向合适的大学；合发展性，让独特的天性得到自由地生长。四是提出质量与公平合一是高等教育分流的核心价值及其实现路径：推动政府树立学有所教、学有所成的责任意识；促进高校形成育人为本、天下为公的精神守望；满足社会期待多元发展、有效供给的教育需求；构建学生多元选择、多元成才的目标追求。

第四章主要运用实证方法，对当前高等教育分流的重要组成部分——应用型转型背景下的新建本科院校的分流实践活动进行调查分析。调查发现：新建本科院校转型分流中的公平与质量问题首先反映利益主体的价值目标相互冲突，如政府、行业/企业、学生或家长等利益相关者均持有各自不同的价值诉求，而这些价值诉求背后反映的是转型分流的利益主体对其中可能涉及的高等教育公平和高等教育质量的认识分歧以及由此做出的不同价值选择。新建本科院校转型分流中的公平与质量问题，还反映在管理制度缺乏民主性和科学性导致公平与质量的权力失衡，高等教育结构设置不合理导致公平与质量的结构差异，人才培养模式僵化影响了公平与质量的操作过程，办学定位模糊不清降低了公平与质量的实现水平，高等教育资源配置不佳阻碍了公平与质量的整体效果上；进而分析了导致高等教育分流中的公平与质量问题的原因，主要是高等教育分流缺乏有效的价值协调机制，高等教育管理缺乏系统设计和制度创新，高等教育结构缺乏相互协调的制度设计和科学管理，人才培养理念落后且缺乏系统化建构，外部环境与内部发展观的不合理导致定位趋同与高等教育资源配置制度建设不完善，等等。

他山之石，可以攻玉。一些发达国家在高等教育分流中采取了许多有效的措施，也取得了明显的成效，总结与借鉴这些经验有利于促进我国高等教育分流更好地实现公平与质量并重的目标。第五章选择了三个国家分别进行阐述。一是二战后的美国，为高等教育分流的公平与质量采取了一系列措施：增进公平、提升质量，追求卓越分流目标；调整结构、优化布局,适应经济发展需求;科学选择、分流培养,促进各类学生发展;等等。其效果是低阶层子女进入高校比例提高,少数族裔高等教育入学率上升,弱势群体获得的资源补偿增多,社会下层向上流动的机会扩大。二是欧洲一体化进程中的法国,为实现公平与质量并重的高等教育分流采取了精英教育与大众教育沟通、优化结构与调整布局同行、改进策略与完善政策并重等举措。其效果是提升了各阶层人群向上流动的公平性,丰富了人才流动的社会职业分工,优化了社会人力资源的配置结构,促进了国家与区域间的全球性流动。三是第三次大规模教育改革中的日本,在促进高等教育公平与质量并重上采取的主要措施是:适应时代发展需要确立公平与质量并重的分流目标;优化高等教育分流结构,实现在保证公平的基础上提升质量;改革高等教育分流操作策略争取在提升质量的基础上增进公平。四是概括出发达国家高等教育分流追求公平与质量的十大特点,即多元参与的分流主体、形式多样的分流结构、广泛适应的分流对象、统筹兼顾的分流目标、注重全面的选择依据、适时适度的分流策略、自主灵活的培养制度、理实并重的培养形式、自主运作的分流机制与人人成才的分流效果。

第六章提出实现以高等教育公平与质量并重为目标的高等教育分流改革是一项系统工程,需要从多方面、多层次同时着手。其一是坚持公平与质量并重的高等教育价值取向,提出要注意反思和克服各种片面的价值取向,公平与质量并重才是我国高等教育分流的应然取向。其二是完善公平与质量并重的高等教育管理体系,即完善纵向协同、横向联动的高等教育管理体制,建立公平与质量并重的高教分流绩效评价体系和民主与科学合璧的高等教育政策决策机制。其三是调整公平与质量并重的高等教育结构体系,即实行高等教育多向分流,推进高等教育职普沟通,强化高等教育上下衔接与促进高等教育前后循环。其四是创新公平与质量并重的高校人才培养模式,包括更新人才培养理念、改革专业设置方式、优化课程设置方式、改革教学制度、革新教学组织形式、加强隐性课程建设、扩大学生教育选择权与改革教学评价方式等。其五是实施公平与质量并重的高校特色发展战略,要明确高校办学特色的内涵特征，研究高校办学特色不明的多重原因，探寻高校特色发展的有效路径。其六是优化公平与质量并重的高等教育资源配置，其途径是：落实政府责任，推进高等教育资源配置均衡；突破传统壁垒，拓展高等教育资源供给渠道；突出绩效导向，发挥高教资源配置的激励作用；加强统筹协调，推动高等教育资源实现共享。

第一章　高等教育分流的理论与模式

研究高等教育分流的目标追求，必须了解高等教育分流。本章则是首先阐释高等教育分流的内涵、性质、任务与特征，接着分析高等教育分流的理论依据，进而研究高等教育分流模式的构成要素、制约因素与构建原则，以及高等教育分流的运行机制。

第一节　高等教育分流的内涵特征

一、高等教育分流的内涵

教育分流即人才培养的分流，是指学校教育系统根据社会的需要和学生个人的意愿与条件，把完成一定阶段教育的学生有计划、分层次、按比例地分成几个流向，分别接受不同类型、不同层次的教育，以培养社会发展所需要的各级各类人才的活动，是现代学校教育系统的一个主要功能。高等教育分流则是教育分流中的一个重要部分。

高等教育分流作为一种分类培养高级专门人才的活动，必然涉及五个方面的八个要素。

先介绍五个方面：一是由谁分流，涉及高等教育分流的主体要素与操作机构要素；二是对谁分流，涉及高等教育分流的对象要素；三是为何分流，涉及高等教育分流的目的要素；四是怎样分流，涉及高等教育分流的策略要素与形式要素；五是分流结果，涉及高等教育分流的结构要素和功能要素。

下面对八个要素进行简要分析。

一是高等教育分流的主体。各级各类高校是分流活动的实施主体，各级政府是分流活动的决策与调控主体，社会组织、企业、家庭与个人是分流活动的参与主体。

二是高等教育分流的机构。即实施分流培养人才活动的单位，包括所有的高等院校及其他具有实施职后或非正式高等教育资格的单位。

三是高等教育分流的对象。包括各级各类学校的在校生与毕业生，他们既是被分流的对象，也是参与的主体。

四是高等教育分流的目的。从国家与社会来讲，是为了适应社会经济发展的需要，培养各级各类人才；从家庭与个人来讲，是为了开发个人潜能，促进个人更好的发展。

五是高等教育分流的策略。是指教育分流的运作方式与实施步骤，包括选择策略与分化策略。选择策略是指对分流依据的选择要公平合理；分化策略是指对分流时间的选择与比例的确定要适时适度。

六是高等教育分流的形式。主要有外分式与内分式：外分式是指中学生在受完高中阶段教育后，根据个人意愿和条件分别流向不同类型的学校；内分式是指学生首先进入具有综合性质的学校，然后在综合性学校内进行专业或课程分流。

七是高等教育分流的结构。是指受完高中阶段教育后的学生分流进入不同形式、不同层次、不同类型、不同区域的学校（包括各类教育机构）的比例构成与纵横联结方式，主要包括流层结构、流向结构、流型结构和流域结构。

八是高等教育分流的功能。从学生来讲，教育分流能考虑高中毕业生已有的文化知识基础、身心发展特点与其他各方面的条件，更好地发挥因材施教的功能，促进他们的志趣、才能、专长全面而和谐地发展。对社会来说，能全面反映国家的要求，更好地发挥教育为社会主义现代化建设服务的功能，对口培养社会所需要的各级各类人才，促进形成合理的社会结构。从协调社会与个人的关系来讲，能将学生个人、家庭与国家的利益尽可能地统一起来。

综上所述，高等教育分流是高等教育分流主体根据社会发展的需要和可能、分流对象的意愿和条件决策调控的，由分流机构实施操作的对分流对象的有计划、有差别的，目的在于造就各类专门人才的高等教育活动。可见,高等教育分流活动不是分流主体、分流对象或分流机构某一方面的单边行为,而必须是多边配合的协调行动。

二、高等教育分流的任务与性质

高等教育分流的主要任务有三。

1. 关于高等教育对象的分流。高等教育对象的分流具体包括四个方面:一是接受高等教育的形式分流,如有人希望接受全日制的正规高等教育,有人因经济等原因愿意接受非全日制的、非正规的高等教育;二是接受高等教育的层次分流,如有人希望进重点大学,有人愿意读普通本科,也有人愿意先读专科再图发展;三是接受高等教育的类型分流,如有人希望自己的综合素质全面提高,有人只想单项进修,有人愿意学理工,有人愿意学经管;四是接受高等教育的地域分流,如有人希望到外地深造,有人愿意在本地发展等。

2. 关于高等教育任务的分流。所谓高等教育任务的分流,是指不同的高等教育机构在培养对象、培养目标和方式上有相应的侧重与分工。任务的分流也可分为四个方面:第一,不同性质的高等教育机构之间的任务分流,如普通高校以符合规定标准且尚未就业的青年为主要对象;成人高校则以那些因种种原因不再进入全日制正规高校学习的成人为主要对象。第二,不同层次的高等教育机构之间的任务分流,如一流大学坚持教学、科研并重,以培养尖端人才为己任;一般大学以教学为主,兼顾科研,以培养一般本科层次人才为主;高职高专类学校以教学为主,主要培养实用型、技能型专科层次的人才。第三,不同类型的高等教育机构之间的任务分流,如综合性大学可利用其多学科互相融汇的优势培养综合素质较高、视野广、创新能力强的学术型、工程型、管理型人才;单科性院校则根据各自的专业优势,主要培养具有必要的理论知识和较强实践能力的第一线的技术人才与管理人才。第四,不同地域的高等教育机构之间的任务分流,如大城市的高校,特别是重点高校主要是为全国和本省(自治区)的发展培养人才和提供较高层次的智力支撑;地市高校则主要为本市及所辖县乡社会经济发展培养人才。

3. 关于高等教育资源的分流。高等教育资源是指高等教育分流活动赖以进行所必需的人力、物力、财力以及相关资源的总称。其中人力资源包括教师、管理人员和学生；物力资源包括教学场馆、仪器设备、图书资料与生活设施等；财力资源包括国家财政投入、学生缴纳学费、社会力量办学投入或捐赠、校办产业创收等；相关资源主要指在长期办学过程中形成的无形资产，如办学理念、管理经验、校园氛围与学校声望等。在上述各类资源中最关键的是财力资源，它对人力、物力资源起着决定性的影响。

上述三个层面的分流相辅相成，共同构成高等教育分流活动的完整体系。其中，对象的分流是前提，任务的分流是途径，资源的分流是保障。

从性质上讲，高等教育分流有合理与不合理之分。所谓合理的高等教育分流就是充分考虑、统筹兼顾社会发展、个人发展与高等教育自身发展三方面的需要及条件，而分别给予适度满足的分流。它必须与一定历史时期科技经济的发展水平、三大文明的进步水平，以及教育的发展水平相适应，能够促进社会、个人与教育协调发展。这里的"合理"既是一个相对的概念，也是一个不断发展、不断完善的动态的概念。这种合理性应反映在以下三个方面：一是合目的性，即分流既有利于社会生产力的提高，又有利于社会民主与教育机会均等的推进，还有利于人的个性的发展；二是合规律性，即分流既能反映社会分工的规律与职业结构的要求，又能遵循教育自身发展的规律；三是合条件性，即分流必须因地制宜，因时制宜，因人制宜，根据条件选择不同的策略。

三、高等教育合理分流的主要特征

合理的高等教育分流具有下列特征。

1. 分流取向的兼顾性

分流取向是指分流主体对一定的分流活动的认识与评价，以及在此基础上作出的对分流发展的方向及重点等方面的选择。正确的分流取向对实现合理分流起着重要的导向作用。高等教育分流活动牵涉到国家、企业、社会团体、学校、家庭与个人等多方面的利益主体，多层次的培养目标与多类型的服务方向。因此，在分流取向上也具有多层次、多维度，且相互冲突的特点。例如，从培养目标取向看，有社会目标与个人目标的冲突、学术目标与职业目标的冲突、理想目标与现实目标的冲突、统一目标与多元目标的冲突等等；从投资取向看，有公平目标与效率目标的冲突、经济目标与政治目标的冲突、整体目标与局部目标的冲突等等。这些冲突往往使分流主体在分流取向上面临两难选择的困扰。实现合理的高等教育分流，在很大程度上取决于如何正确处理上述种种目标取向之间的冲突，使众多对立的目标取向在一定条件下保持相对平衡。只有首先确立好能够统筹兼顾多方利益的目标取向体系，才能构建起合理的分流结构体系，整个分流活动才能显示出系统的效率与整体的功能。

2. 分流依据的科学性

分流依据是高等教育甄别选拔人才并施以分层、分类培养时所采用的标准。高等教育分流的依据有客观与主观之分。客观依据是以外在的不以人的意志为转移的条件为依据的分流，如个人所属的阶级层、家庭的社会经济地位与地区差异等；主观依据是以通过个人的主观努力可以获得的条件为依据，如学业成绩、品德操行与专业兴趣等。分流依据的确定要受到时代的制约，如传统社会比较注重客观依据，现代社会比较注重主观依据；但任何时代、任何社会都不可能只考虑客观或主观某一方面的依据。所谓依据的科学性是指在特定的历史条件下，能较好地处理客观依据与主观依据的关系。我国当前正处于经济转型时期，分流依据的科学性应该体现在如何正确处理分数标准、金钱标准与地区标准等方面的关系上。

3. 分流时机的适宜性

高等教育分流时机主要反映在三个方面：一是开始分流的时间；二是再次分流的时间；三是一次或再次分流后的时间段的长短。分流时机的适宜性是指对上述三个时间的把握要适当，能在对不同层次、不同类型人才的培养目标、培养规格、培养时间进行认真研究的基础上，对一次或再次分流的时间作出合适的选择。如有的可以一入学就分流，有的需要在一年、两年或三年后再分流；有的可一次分流到位，有的需要有两次或三次的选择才能确定；有的时间段可以长一点，有的时间段可以短一点。总之，就是通过对分流时机的恰当把握，确保分流培养的人才符合相应的规格，达到应有的要求。

4. 分流模式的多样性

合理分流的目的是使分流能较好地适应纷繁复杂的社会分工与丰富

多彩的个性发展的要求,这就需要有灵活多样的分流模式。概观中外高等教育分流的做法,至少有以下五种:一是外分式,亦称学校分流,指通过一定的考试或考核,并根据学生的意愿和条件,让学生分别流向不同性质、不同层次、不同类型与不同区域的高等教育机构;二是内分式,亦称校内分流,指学生进入同一学校后,根据学生的学习基础与专业意向进行的专业分流、课程分流或同一课程中的教学进度分流等等;三是交替式,亦称工读转换式,指允许学生自由选择和自主安排学习与工作的时间;四是参与式,亦称校企合作式,指高等教育机构与厂矿企业合作,共同承担分流培养人才的任务;五是沟通式,指分流后的学生可以根据自己的意愿和条件在不同的流层或流向之间流动。

5. 分流结构的协调性

高等教育分流结构是指高等教育系统中学生分流进入不同形式、不同层次、不同类型、不同区域的高校(包括各类教育机构)的比例构成与纵横联结方式。它主要包括:流型结构,即不同形式的高校及学生的构成状态及比例关系;流向结构,即不同层次的高校及学生的构成状态及比例关系;流层结构,即不同类型的高校及学生的构成状态及比例关系;流域结构,即不同地域的高校及学生的构成状态及比例关系。高等教育分流结构是实现一定时期高等教育分流活动的前提,合理的高等教育分流结构是保障学生合理分流进入不同层次、不同类型、不同形式的高等教育机构的基础。评价高等教育分流结构是否合理的标准,主要是看其是否具有三方面的协调性。一是与社会发展的要求及条件相协调,二是与社会成员个性发展的要求及条件相协调,三是高等教育分流结构自身的协调。

6. 分流机构定位的合理性

所谓分流机构定位的合理性,是指分流机构能够根据时代发展的需要与自身的条件在分流培养人才的活动中找准自己的位置。这种定位主要包括七个方面:对象定位,即招收什么层次、什么类型的学生;形式定位,即运用何种形式的高等教育培养人才;区域定位,即培养出的人才服务的空间范围;层次定位,即培养何种层次的人才;类型定位,即培养何种专业或何种学科的人才;能级定位,即培养人才的综合实力在同层同类学校中所处的地位;特色定位,即培养出的人才与同层同类学校相比有哪些独特的优势。分流机构的合理定位，首先是分流机构自身发展的迫切要求。随着时代的发展，社会对高等教育分流的要求将愈来愈高。高等教育机构之间的竞争日趋激烈，每个机构要想在激烈的竞争中得到发展，必须通过合理定位，找到自己的优势，按"人无我有，人有我优，人优我新"的思路办出自己的特色。其中，合理定位是优化分流结构的必然趋势。整体的优化有赖于各构成要素自身的优化与各要素之间的合理配置。每个分流机构在分流培养人才上，都应有自己的最佳定位，即使是一流大学，也要坚持"有所为，有所不为"的原则，确定自己的育人优势。倘若每个分流机构都能做到各安其位，各司其职，各得其所，各展其长，自然会形成优化的分流结构，最终释放出最佳的育人功能。

此外，合理的高等教育分流还具有多级多向、适时适度、自主竞争、沟通灵活等特征。

第二节　高等教育分流的理论依据

高等教育分流既是社会发展的客观要求，也是开发个人潜能，促进个人充分发展的有效途径。同时，它还是高等教育自身不断完善和发展的过程。本节主要从社会学、心理学、经济学、教育学、生态学五个视角，对高等教育分流的理论依据进行探讨。

一、社会分化与高等教育分流

社会分化是高等教育分流的社会学依据。社会分化是社会中存在的普遍现象，在社会变革时期更为显著。从社会结构变迁的角度看，社会分化就是对社会地位的变化及其发展过程的动态化描述[1]。社会分化使社会空间中居同一层次的个人或群体因拥有的社会资源（物质资源、文化资源、关系资源、信息资源等）的差别而发生类别或等级变化[2]。社

---

[1] 李路路. 当代中国现代化进程中的社会结构及其变革[M]. 杭州：浙江人民出版社，1992：11.
[2] 富永健一. 社会学原理[M]. 王春光，谢圣赞，译. 北京：社会科学文献出版社，1992：206.

会分化有两种基本方式：一是横向的类别分化，这种分化又称为角色分化；二是纵向的层次分化，即社会成员个人或群体的地位与等级差别，它又被称为垂直分化、等级分化或地位分化。角色分化与地位分化相互联系，彼此促进，这种相互关系是随着时代的发展而变化的。在传统社会里，主要是先赋地位，即靠先赋因素形成的地位分化决定角色分化；在现代社会里，主要是角色分化影响地位分化，即个体必须通过自身努力获取某种社会角色，才有可能获得相应的社会地位。

社会分化具有双重作用，其积极作用主要表现在：一是社会分化使劳动专业化，劳动专业化意味着职业专门化，职业专门化增强了社会生产能力，能够增强了人类的生存、发展能力；二是社会的角色分化使社会朝着横向日益发展，社会的地位分化构成了社会纵向的层次分化，从而为现代科层管理的实现打下基础；三是社会分化使业缘取代血缘、地缘成为形成其他社会关系的主导因素，有效地促进社会的功能整合，使社会的首要联系不再是共同的信仰、观念和道德责任，社会维系由机械团结向有机团结转变[1]；四是社会分化形成的适度社会差别能使人产生一定公平感与激励作用；五是社会分化为社会精神文明的生产提供了物质、闲暇和有闲人员，使人类很早就成为富于理智的动物，尤其是教育的产生，使人类获得了一种"特殊的遗传机制"；六是社会分化必然打破职业世袭，引起血统身份向职业身份、权力身份的过渡，使社会成员的身份包含更多的后天因素，增强了社会契约性。社会分化也不可避免地会带来某些消极影响。职业专门化在使劳动日益简单与高效的同时，也必然使劳动变得单调与枯燥；不同功能群体的出现加强了社会成员间物质交换和关系协调等方面的联系，增强了社会的结构力，有利于社会稳定，但群体间的利益摩擦容易导致社会冲突与动荡；角色分化有利于发展个人特长，但容易阻碍人的全面发展；地位分化能够产生示范效应，但激励超过了一定限度（如竞争不公平或难度过大），地位成为可望而不可即的东西，那么激励效应就可能走向反面。

---

[1] 彼得·布劳. 不平等和异质性[M]. 王春光，谢圣赞，译. 北京：中国社会科学出版社，1991：360.

社会分化产生积极或消极影响，在很大程度上取决于社会分化是否合理。合理的社会分化应具有民主性与开放性、适度性与稳定性、业绩性与竞争性、有效性与发展性等特征。合理分化强调的是个人的聪明才智和主观努力，否定的是制度因素与先赋因素对分化的不合理影响，它具有鼓励强者、激发弱者、淘汰不求上进者，调动社会成员劳动的积极性与创造性，促进社会生产力发展与优化社会结构的重要功能。

社会分化与高等教育分流的关系极为密切。一方面，社会分化从四个方面影响着高等教育分流。首先是社会分化的性质制约教育分流的服务方向。在资本主义社会里，生产资料的私有制与按资分配的制度决定了社会分化的不平等性，进而决定了高等教育分流为有产阶级服务的方向；在社会主义社会里，生产资料的公有制与按劳分配制度，从根本上决定了人们基本利益和基本地位的一致性，这就在一定程度上为每个社会成员平均享受教育机会与按个人的志趣、才能分流创造了必要的社会前提。其次是社会分化的方向影响教育分流的目标追求。在重视垂直分化的社会里，人们最关心的是个人社会地位的升迁；而这种升迁一旦与学历挂钩，便会导致社会上的学历主义与教育上对高层次教育的需求膨胀，片面追求升学率与盲目追求高学历的现象便难以遏制。在重视水平分化的社会里，人们最关心的是如何选择适合自己兴趣、特长的职业。因此，在教育分流上，人们关注的是对学校与专业类型的选择，各种职业技术教育就会顺利发展。再次是社会分化的频率影响教育分流的价值取向。在社会分化不足、社会流动缓慢的时期，人们的角色与地位处于相对凝固的状态，人们受教育所注重的仅仅是与身份相称的"象征性价值"；在社会分化加剧、社会流动频繁的时期，人们的职业角色与社会地位处于不断变迁之中，而且这种变迁与受教育的差异密切相关，因此，人们比较注重的是教育分流的"功利性价值"。最后是社会分化的标准影响教育分流的选择策略。在注重身份或阶级出身的社会，教育分流多强调推荐选拔，重在考察学生的家庭背景与社会关系，以确保某些阶层子女在分流中的优势地位；在注重能力与成就的社会，教育分流多强调考试选拔，以利于录取确有真才实学、能为社会做出贡献的人才。

另一方面，合理的高等教育分流对社会分化也有促进作用。首先反映在合理分流可以帮助个体获得角色需要的知识与技能，理解与角色有关的权利和义务，培养与角色相适应的情感与态度等，可以帮助个体获得某种自致角色，实现合理的角色分化。其次反映在通过合理分流可以相对公平地分配社会资源，实现合理的地位分化。由于合理分流具有相对客观的分化标准与公平竞争的分化机制，因此在教育资源的分配上具有更多的合理性。从宏观的角度讲，现代教育分流不仅可以根据现实社会分化的需要来调整自身结构，而且能主动预测未来社会合理分化的趋势，主动地调整分流的目标与结构，以促进合理社会分化顺利实现。

强化高等教育合理分流的功能，促进社会的合理分化，既是社会发展的客观要求，也是教育改革的必然趋势。而高等教育分流功能的实现又在多方面受制于社会分化，只有努力形成一种社会分化与高等教育分流协调发展、相互促进的良性运行机制，才能促进二者同时向着合理化方向发展。这就必须从改革社会与改革教育两方面同时着手。一方面，为了建立正确的分流制度，需要改变社会条件；另一方面，为了改变社会条件，又需要相应的教育分流制度。

二、个性差异与高等教育分流

个性差异是高等教育分流的心理学依据。广义的个性是指"生而具有与后天习得的一系列生理、心理、社会的稳定特点的综合"；狭义的个性则是指个体身心中所具有的与共性相对的个别性，即个性差异。人的个性差异是在先天与后天多种因素作用下形成的，它表现在个人的兴趣、能力、性格、理想、价值取向与行为方式等诸多方面。正因为这些方面差异的存在，使得每一个人都成为具有丰富多样性的活生生的具体实在的个体，而非理论抽象中的"千人一面"。每个个体都是以自己的差异性来确认自己的合理存在。个性差异发展既是人性发展的本质体现，也是社会发展的动力源泉，更是教育改革的目标追求。

重视个性发展有着广阔的国际、国内背景和深刻的教育变革动因。就国际背景来说，发展个性是世界现代教育发展的大趋势。1972年5月联合国教科文组织国际教育发展委员会主席埃德加·富尔致联合国教科文组织总干事勒内·马厄函，函中据以立论的"四个基本设想"之一就是："人类发展的目的在于使人日臻完善；使他的人格丰富多彩，表达方式复杂多样；使他作为一个人，作为一个家庭和社会的成员，作为一个公民和生产者、技术发明者和有创造性的理想家，来承担各种不同的责任。"20世纪70年代末以来，为迎接新的科学技术革命的挑战，许多国家把个性发展当作新的教育改革的基本点。就国内背景而言，中国曾经历漫长的封建统治，形成了尊儒读经、科考取仕、桎梏思想、泯灭个性的封建教育传统。社会主义制度的建立，使中国人民获得了政治上的解放和经济上的翻身；可是，单一的计划经济体制和"左"的思想政治路线的影响，使我国教育在价值取向上长期存在偏差，过于突出教育为无产阶级政治服务，过分强调教育的社会化而忽视教育在促进人的发展方面的价值，过分强调整齐划一而忽视个别差异，用服从、听话等单纯的思想行为范式锻造学生，漠视和压抑学生个性的现象十分普遍。改革开放以来，社会民主化程度的提高，要求社会成员个性化程度增强；社会主义市场经济的建立，竞争、择岗、再就业等等，要求劳动者素质提高；科教兴国战略的实施，迫切需要大批创新型人才。这些都要求教育要培养具有自信心、责任感、创新精神、创造能力、善于学习、勇于进取等良好个性品质的人才。从教育变革的趋向来看，个性发展是我国教育改革深入发展的必然趋势。随着新时期思想解放和教育改革的进展，我国思想界、教育界开始反思片面强调社会化而讳言、否定个性化给人才培养带来的弊害。在关注人的发展的世界大潮冲击下，20世纪80年代中后期，个性发展问题开始得到教育理论界的重视。十多年来，在个性发展与全面发展的关系、个性教育与素质教育的关系、个性化与社会化的关系等问题上展开了一些讨论，多数论者认为：个性发展与全面发展并不矛盾，为此，我国还特别进行了一些影响较大的整体教改实验，如主体性发展实验、创造性教育实验、成功教育实验、情境教育实验等。在高等教育领域，为培养和发展大学生的个性，尊重大学生的兴趣以及追求自我价值实现的心理倾向，相继出台了一系列政策，如校园文化建设中开辟了多种形式的第二课堂活动；学校管理上将封闭式转化为开放式，留给学生更多的自我探索的时间和空间；教学模式上改变了传统的教学内容、教学手段、教学方法，实行了学分制、辅修制等等。这些改革都充分说明了注重学生的个性发展，创造有利于学生个性发展的环境,已经成为学校教育改革深入发展的趋势。

研究个性差异发展的理论甚多,其中最值得重视的是20世纪80年代由心理学家加德纳(Gardner)提出的多元智力理论。该理论认为,人类的智力是多元的,至少包含七种基本的智力:言语/语言智力、逻辑/数理智力、视觉/空间智力、音乐/节奏智力、身体/运动智力、人际关系智力以及自我认识智力[①]。几乎所有个体身上都体现着这七种智力的不同组合,个体之间的差异就在于个体所拥有的多种智力在表现方式和表现程度上的不同。这七种智力代表了每个人不同的潜能,这些潜能只有在适当的情境中才能充分地发展出来,而环境和教育则对开发和培育这些智力潜能起到了重要作用。

个性差异的存在要求进行合理的分流教育,使每个学生的个性都得到充分发展。尤其是充分挖掘和开发每个人的智能优势,而多元智力理论不仅分析了智力潜能差异的客观存在,也为高等教育分流提供了有力的理论支撑。因为教育分流的根本目的就是充分发掘每个人的潜质,促进人的全面发展。尤其是在高等教育阶段,大多数受教育者都是18—22岁青年,各项智力因素均达到相当高的水平,而且随着知识的拓展、经验的积累和思维能力的提高,个人的潜能优势也已得到部分的开发。若在此阶段能够使受教育者接受适合自身发展的各种形式的高等教育,必将有助于个性的更大发展,从而促进全社会人力资源的开发。所以,合理分流既能为每一个学生提供广阔的发展空间和自由的选择机会,又能培养学生的自主性和创造性,真正能做到自我选择、自我发展与自我实现。

实现合理的高等教育分流对促进人的个性差异发展具有多方面的作用:一是有利于培养学生的独特性。纷繁复杂的社会分工需要多种多样的人才,同时也需要个性有多种多样的选择。这种选择既反映了千姿百态的个性独特性的要求,也体现了每个人独特的价值追求和行为追求。合理的高等教育分流能为学生提供多级、多次、多向的自由选择机会,

---

① 霍华德·加德纳. 多元智能[M]. 沈致隆,译. 北京:新华出版社,1999:14-30.

有利于维护和培养学生的独立性。二是有利于培养学生的自主性。合理的高等教育分流改变了单一的教育目标和任务，设置了多层次、多维度、多样化的教育目标和任务。在达到最基本的统一标准的前提下，让学生根据自己的需要、愿望、兴趣、特长和其他条件，自主地选择适合于自身的高等教育形式和类别，实现自身的主体性发展，使教育由外在的强制力量转化为学生内在的自觉追求。三是高等教育分流有利于培养学生的创造性。现代心理学研究发现，对创造活动起重要作用的不是人的能力，而是人的创造欲望。从大脑两半球的功能看，更具创造力的是人脑中主宰欲望、情感、想象、灵感等非理性功能的右脑，主宰记忆、理智等理性功能的左脑只是为人的创造力提供条件。合理的高等教育分流能较好地满足学生的欲望，调动学生的热情，激发敬业的动机，有利于开发学生的右脑和培养他们的创造意识。四是有利于发掘学生的潜能优势。人的潜能是巨大的，人的潜能的全面发展和充分展现，需要在广泛的领域中去试探和开拓。合理的高等教育分流能为每一个学生提供广阔的发展领域和多次的选择机会，这样既有利于学生发展自己的优势，也有利于学校为那些具有某种天赋的学生集中提供较好的发展条件，加以特殊培养促进其优势发展。五是有利于促进学生的职业规划。职业规划是职业生涯取得成功的第一步。做好职业规划，就必须根据自身的"职业兴趣、性格特点、能力倾向，以及自身所学的专业知识技能等"自身因素，同时考虑到各种外界因素，经过综合权衡考虑，来把自己定位在一个最能发挥自己长处的位置，从而增强学习的动力，为个人的职业生涯发展作好充分的准备。六是有利于促进个性的和谐发展。合理的高等教育分流，既能让学生打下全面的基础，又能根据个体差异充分发挥他们的优势潜能；既能促进人的兴趣、特长、能力的充分发展，又能使人自由选择、自我发展与自我发现，真正有利于人的个性全面和谐的发展。

三、供求平衡与高等教育分流

供求平衡是高等教育分流的经济学依据。研究供求平衡离不开供求分析。供求分析是经济学的基本工具，也是研究高等教育与劳动力市场关系的重要手段。在我国，高等教育供求问题的解决已成为发展高等教育事业、深化教育体制改革的关键。就高等教育机构而言，要适应社会经济发展，就必须充分认识到社会对高级专门人才需求的多样化，因此高等教育要进行合理分流，以适应劳动力市场的需要；就受教育者个人而言，高等教育的合理分流也为受教育者选择不同的教育层次、教育类型和学科专业提供了机会。分析供求理论与高等教育分流的关系，应符合以下推理逻辑：由于社会经济发展，市场上劳动力需求呈现多元化，这影响着高等教育供给机构培养方式的创新，也影响着受教育者个人的高等教育选择，进而从供求两方面要求高等教育合理分流；与此同时，高等教育分流也逆向影响和制约着劳动力市场的供求关系，合理的分流能够促进劳动力市场供求平衡，不合理的分流将会导致劳动力市场的供求扭曲，进而影响整个社会的经济发展。

供求平衡首先强调劳动力需求与劳动力供给的平衡关系。所谓劳动力需求，是指一个国家或地区在一定时期内对劳动力有支付能力的需要。影响劳动力需求的宏观因素有社会生产规模、经济结构状况、科技进步程度等，微观因素主要有企业生产规模、企业技术管理水平、边际劳动生产率。所谓劳动力供给，是指一个国家或地区在一定时期内所能提供的劳动者资源总量，它包括现实劳动力资源和潜在劳动力资源。劳动力数量由三部分组成：现在从业人员，正在谋取职业的人员和潜在劳动力中准备进入劳动市场的人员。而高等教育的主要任务就是培养潜在劳动力，为其能顺利进入劳动力市场作好准备。其次重视分析劳动力供求关系的特殊性，即劳动力供给几乎存在无限性、劳动力需求存在相对有限性与劳动力需求的结构性。就整个生产结构而言，任何国家的劳动力需求都存在着典型的三个层次，即高层次、中等层次与低层次。具体到我国，一方面，高技能、高素质人才供不应求，各技术等级的求人倍率（需求人数/求职人数）已连续多个季度大于1，高层次劳动力需求大于供给；另一方面，大量的一般性、低技能的求职者就业困难，低层次劳动力供给大于需求。劳动力需求的结构性不平衡进一步加剧了劳动力市场的供求矛盾。

伴随着知识经济的到来，以知识生产和传播为特征的新经济形态已初见端倪。工业经济时代，直接从事生产的工人占劳动力总数的80%，而知识经济时代这一比例不到20％，与此同时，从事知识生产和传播的人则占80％以上。面向知识经济，劳动力结构正经历着前所未有的变化，高等教育在劳动力形成机制中将逐渐占据优势地位。统计显示，在我国受过高等教育的劳动者在就业人口中的比例呈逐年上升的趋势。劳动力需求的变化对高等教育发展产生多方面的影响：一是市场对劳动力的素质需求，制约着高等教育的目的、目标、内容和方法；二是市场对劳动力的数量需求，制约着高等教育的对象、范围、规模和速度；三是市场对劳动力的规格需求，制约着高等教育的分类与价值标准；四是市场对劳动力的结构需求，制约着高等教育结构的构建与调整。高等教育必须正视这个现实，及时调整专业结构与人才培养结构，进行相应的改革。

高等教育分流作为一种分类培养高级专门人才的活动是影响着市场上劳动力的供求平衡的有效手段。首先，高等教育的纵向分流为市场提供不同层次的人才。高等教育的纵向分流是指学生在不同教育层次之间的流动。随着社会生产力的发展，技术结构、产业结构与社会结构的变化，高等教育层次结构的多样化也成为必然的趋势。各发达国家的高等教育都经历了一个由单一本科教育向研究生层次教育与专科层次教育两端扩展的过程。高等教育纵向分流从改变劳动力供给层次结构方面，来影响劳动力供给曲线的变化，从而影响整个劳动力市场的均衡。其次，高等教育的横向分流为市场提供不同类型的人才。高等教育大众化的过程，既是高等教育改变办学模式，由精英教育转向大众教育的过程，也是毕业生全面走向劳动力市场、参与社会建设的过程。顺应社会的需要，高等教育已实现了从与生产劳动脱离、专门为政治或宗教服务，到为社会提供不同种类的劳动者服务的转变。这种转变与高等教育的横向分流密切相关。

上述劳动力供求平衡理论是高等教育分流的重要经济学理论依据，而我国现阶段经济结构的调整和高等教育发展的新特点则为高等教育分流提供了现实依据。劳动力市场的需求对高等教育的"产品"供给起着指示灯的作用。只有通过合理分流，根据社会需求生产出"适销对路"的"产品"，才能满足社会的需要，才能实现"产品"自身的价值，才能对社会经济发展作出应有的贡献。

四、和谐发展与高等教育分流

和谐发展是高等教育分流的教育学依据。自古以来,万物和谐发展就是人类的一种追求。"和"即和衷共济之意,"谐"有协调顺畅之义。和谐的哲学依据是"和而不同"的思想,即和谐的前提是承认"不同",也就是承认事物的多样性、差异性、矛盾性与竞争性。和谐就是相互矛盾的各方在一定条件下达到内和外顺、协调发展。和谐发展的实质就是追求差异中的相互兼容、矛盾中的对立统一、竞争中的平衡互动、多元中的统筹协调。高等教育是一个多主体、多目标、多层次、多类型的复杂系统,高等教育的和谐发展是指在发展中能够协调高等教育内部各要素之间及其与社会之间的关系,突出人的主体地位,实现目标合理、结构优化、功能完善、制度健全、持续有序的发展目标。

高等教育和谐发展主要表现在以下四个方面：一是目标性和谐。目标是人们在一定价值观念支配下作出的对发展某些事物的选择或是指人们的行为所希望达到的结果。正确和谐的目标体系对于实现高等教育和谐发展具有重要的导向作用。高等教育的目标和谐,首先体现在所有的高等教育都要以促进人的和谐发展为目的。教育公平是和谐社会的基石。高等教育的发展要尽可能多地满足人民群众日益增长的文化需求;同时,要把培养同和谐社会的要求相适应的高素质人才作为首要目标。其次体现在各级各类高等教育统筹兼顾、和谐发展。和谐的本质是指异质事物的多样统一。社会需要的多样性与个体发展的差异性决定了高等教育层次不同、类别多样,正是各级各类高等教育机构在发展目标上的合理定位,使得高等教育能够在整体上相辅相成、和谐发展。最后体现在各高等教育机构自身发展的各项具体目标之间的和谐,也就是能正确处理好改革目标、发展目标与稳定目标之间,教学目标、科研目标与社会服务目标之间,近期发展与长期发展之间以及硬件建设与软件建设之间的关系,总之要使学校确定的目标与社会要求、人才的全面发展、学校的实际情况相适应。二是结构性和谐。高等教育结构是指高等教育系统内部各组成部分之间的联系方式及比例关系。其宏观结构包括层次结构、类型结构、形式结构和布局结构等,微观结构包括学科结构、人员结构、权力结构等。高等教育结构性和谐从宏观上看，体现在：层次结构和谐，即专科（高职）、本科、研究生教育比例适当；类型结构和谐，即不同类型的高等教育如公办高等教育和民办高等教育，普通高等教育和成人高等教育，综合性大学、多科性大学和单科性大学共同发展；形式结构和谐，即正规教育和非正规教育，自考、函授、电大、夜大、业大等多种形式的高等教育相互补充；布局结构和谐，即东西部之间、发达地区和偏远地区之间、城乡之间的高等教育的发展差距渐小。从微观上看，体现在：高等教育机构内部学科结构更加合理；人员构成在年龄、性别、学历、职称等方面比例协调；权力配置更加科学，行政权力与学术权力之间既有明确分工，又能相互统一。三是功能性和谐。高等教育功能是指高等教育系统经过自身运作而产生的促进社会、个人及教育系统自身发展的功用和效能。高等教育的功能相应也可分为外适功能、个适功能与自适功能。高等教育的功能性和谐首先表现在外适功能和谐，即高等教育通过培养高素质人才，起到的优化人才结构、推动科技振兴、维护政治稳定、促进经济发展、增进文化繁荣与建设生态文明等多方面和谐发展的作用。其次表现在个适功能和谐，即高等教育在招生、培养、就业等各个环节与教育、教学、管理等各个方面都能够以生为本，充分调动学生的积极性、主动性和创造性，有效促进学生的和谐发展。最后表现在自适功能和谐，即高等教育能够遵循自身发展的规律，正确处理自身改革、发展与稳定的关系，有效促进规模、质量、结构与效益的协调发展。四是机制性和谐。机制是指影响事物运行的各个要素之间的相互联系及互动方式。高等教育的宏观运行机制主要体现在国家、地方、社会和高校四者的关系上。高等教育的宏观运行机制的和谐也相应地反映在上述四方面既能各行其权、各尽其责，又能相互协调、彼此配合，形成健全的宏观调控机制、地方统筹机制、社会参与机制和高等教育的自主适应机制，真正达到政府调控有力、市场调节有度、区域统筹有效、社会参与有序、高校自主有方的和谐运行局面[①]。

---

① 董泽芳. 坚持科学发展观，促进高等教育合理分流［J］. 华中师范大学学报（人文社会科学版），2004（6）：87-91.

高等教育的和谐发展具有多方面的意义：首先是对构建和谐社会的教育应答。和谐发展的高等教育既可以为社会主体创造公平竞争、平等发展、充分发挥聪明才智的社会环境，又可以为实现社会和谐发展提供数量更多、结构更优、质量更高的人才支撑，还可以通过传播先进文化、创新变革理念和强化价值引导为和谐社会的创建提供重要的舆论支持。其次是促进社会主体和谐发展的必由之路。作为社会主体的人的和谐发展，包括整体的和谐发展与个体的和谐发展两个层次，而整体的和谐发展又包括数量的增加、质量的提升与结构的优化，个体的和谐发展则包括共性发展与个性发展。因此高等教育的和谐发展应表现在大众化教育与精英化教育的并重，统一性要求与多样化发展的统一。大众化的高等教育有利于满足更多人接受高等教育的要求，精英化的高等教育则有利于少数拔尖人才的培养；高等教育的统一性有利于促进人的共性发展，高等教育的多样性则有利于促进人的个性完善。最后是解决高等教育发展中各种矛盾的迫切要求。随着规模的扩张、结构的调整与改革的深化，高等教育自身所积累的矛盾也越来越多，如高等教育的规模迅速扩张与办学条件不足的矛盾，政府行政部门监管与高校自主办学的矛盾，社会发展对高层次人才的需求结构与高等教育的人才培养结构、输出结构的矛盾，高等教育的理性追求与现实功利取向的矛盾，等等。这些矛盾是高等教育发展失谐的必然产物，也只有在实现高等教育和谐发展的过程中，才能逐渐地解决。

受传统发展观、国家宏观调控的不足和微观指导的乏力，以及高校的主动适合性偏低等原因的影响，我国现行高等教育发展存在诸多不和谐现象：一是重物轻人，目标偏颇。表现在发展取向上，重规模扩张，轻育人效益，造成数量攀升而质量下滑；在功能取向上，重派生功能，轻育人功能；在派生功能中，又重经济功能，轻文化功能，造成功能失调，本末倒置；在经费取向上，重硬件建设，轻软件建设，造成大楼林立但大师稀少，仪器设施先进但育人思想落后；在专业取向上，重技术学科，轻人文学科，造成功利思想泛滥，人文精神失落；在职能取向上，重科研，轻教学，而对科研成果的评价是重指标考核，轻积累效应，造成教学环节弱化，泡沫学术泛滥。价值取向片面，必然导致整个高等教育发展目标的偏颇，如重数量目标、轻质量目标，重结果目标、轻过程目标，重效率目标、轻公平目标，重现实目标、轻未来目标，重精英目标、轻大众目标，重学术目标、轻职业目标等。偏颇的目标取向使人的发展目标被对物的发展追求所湮没。二是盲目攀比，结构失衡。近年来我国高等教育领域的盲目攀高、升格之风。一时间，大学规模越办越大，大学城越建越多，升格之风愈演愈烈，"跨越式发展"的口号愈喊愈响。有些高校为了达到升格的目的，不惜采用一些非正常手段，造成竞争失序；有些高校不顾条件盲目扩招，造成师资、设施短缺，培养质量下滑；有些高校盲目追求热门专业，造成专业的重复设置；有些高校为了扩张大量借贷，造成巨额负债，极大地影响学校的持续发展。盲目攀比导致我国高等教育结构的失衡。从层次结构上看，本科教育发展过快，但专科教育独立性不强，研究生教育发展严重滞后；从类型结构上看，民办高等教育发展先天缺失、后天不足，成人高等教育的发展也因取向偏颇、资源短缺而令人担忧；从区域结构看，东部与西部高等教育资源配置极不平衡，中心城市与非中心城市的高校差距越来越大[①]；从形式结构上看，非正规高等教育发展缓慢，前景不畅。结构失衡是高等教育难以适应社会需求的重要表现，也是造成高才低用、学非所用、有才不能用等一系列就业困难现象的重要原因[②]。三是使命模糊，功能失调。我国高等教育在发展中因使命感不强而导致功能的严重失调。首先是外适功能的失调。面对科技迅速发展、经济全球化、信息网络化、政治多极化与文化多元化的现代社会，高等教育机构不仅应成为社会物质领域的"创造源"、"人才库"与"孵化器"，更应成为社会精神领域的"思想库"、"评判场"与"导航灯"。但当前的高等教育受传统发展观和功利取向的影响，过分强调了对经济与科技发展的适应，虚化了对政治方向的引导，弱化了对不良文化的批判，忽视了对精神价值的追求，在一定程度上丧失了引领社会进步，推动三大文明协调发展

---

① 温家宝. 提高认识 统一思想 牢固树立和认真落实科学发展观[N]. 人民日报，2004-03-01.
② 董泽芳，李晓波. 试析我国高等教育分流中的结构失衡问题[J]. 教育研究，2003 (10): 25-30.

的功能。其次是个适功能的失调。为了培养适应时代要求、和谐发展的一代新人，高等教育负有开发人的潜能、弘扬人的个性、陶冶人的情操、提升人的生命价值等功能。但客观存在的"四重四轻"现象阻碍了这些功能的释放：在观念上，重成才教育，轻成人教育，使许多学生成为有高深知识却没有高尚人格的片面人；在内容上，重知识灌输、技能培养，轻心灵塑造、人格构建，把学生全面发展降格为片面发展；在活动中，重统一要求，轻因材施教，使学生的个性发展受到压抑；在制度上，重强制管理，轻自主选择，学生的主体性发展没有得到应有的重视。最后是自适功能的失调。使命意识的模糊使高等教育过多地顺从市场需求而忽视遵循自身的发展规律，不能很好地处理自身改革、发展与稳定的关系，导致自身发展中诸多失调问题，如重外部调控、轻自我调适，重规模扩大、轻结构优化，重数量增加、轻质量提高等。这些都影响着高等教育自身的和谐发展。四是体制制约，机制缺失。在传统发展观支配下形成的教育管理体制具有重集权、重规范、重强制等特征。体制是机制的基础。20世纪80年代以来，高等教育体制的变革一直是高等教育发展的焦点问题。虽然这一变革已取得令人瞩目的成就，但因受政治体制与经济体制的制约太深，这一改革并未完结，集权与分权、规范与放开、强制与自主，至今仍然是高等教育体制改革的主要矛盾。这一体制现状使我国高等教育运行机制至今仍然存在诸多问题。其一是国家宏观调控乏力。表现为权威性调控机构缺失，教育行政主管部门单打独斗，权力有限；调控手段不完备，主要依靠行政命令和直接干预；调控内容不全面，重经费安排而轻事业规划，重局部平衡而轻整体统筹。其二是区域统筹低效。表现在有些地方没有把区域高等教育发展纳入区域经济社会发展的规划之中；有些地方政府与地方高校之间良性互动机制尚未形成；有些地方政府对高等教育提供的政策、经济支持不够；有些地方高等教育为当地经济社会发展提供的智力、舆论支持不足；等等。其三是高校自主有限。经过多年的体制改革，高校的自主权有所扩大，但依然有限，主要表现在招生办法自主有限、专业设置权力有限、教师评聘与干部选调权力有限、学校机构设置与调整权力有限、教师学术自由与精神独立有限等①。其四是社会参与不够。一方面，因政府和高校权力空间的出让有限，社会力量参与高等教育的积极性尚未充分调动；另一方面，由于相关法律不健全和教育市场不完善，社会力量参与高等教育的规范性又不够。此外，因政府引导不力、支持不足以及自身发展历史短暂、基础薄弱，我国教育中介组织普遍存在定位不准、专业性差、独立性不强、公允性差等问题，使得社会力量难以真正参与到高等教育的监督和评估活动之中。

实现高等教育合理分流有利于实现高等教育的和谐发展，进而促进人的和谐发展与社会整体的和谐发展。其一，分流取向的兼顾性，有利于实现高等教育发展的目标性和谐。分流取向是指对分流发展的方向及重点等方面的选择。高等教育的合理分流，首先表现在正确的分流取向上。高等教育分流活动牵涉到国家、企业、社会团体、学校、家庭与个人等多方面的利益主体、多层次的培养目标与多类型的服务方向。因此，其分流取向也具有多层次、多维度，且相互冲突的特点。因此，正确处理种种目标取向的冲突，使它们在一定条件下保持相对平衡，必须建立兼顾多方利益的目标取向，从而实现高等教育发展的目标性和谐。其二，分流结构的协调性，有利于实现高等教育发展的结构性和谐。高等教育分流结构是指高等教育系统中学生分流进入不同形式、层次、类型、区域的高校及其他高等教育机构的比例构成。合理的分流结构是保障学生进行合理分流的基础。如前所述，高等教育的和谐发展，包含有结构和谐的内容。具有协调性的分流结构，主要体现在如下三个方面：一是与社会成员个性发展的要求与条件相协调，二是与社会发展的要求与条件相协调，三是高等教育分流结构自身的协调。其三，分流形式的多样性，有利于实现高等教育发展的功能性和谐。合理分流的目的是使分流能更好地适应社会分工和个性发展的要求，因此要有灵活多样的分流形式来保证其实现。功能和谐是高等教育和谐发展的重要组成部分，要实现高等教育的外适功能、个适功能与自适功能的和谐，必须有多样

---

① 曹汉斌. 我国高校办学自主权研究的历史、现状与问题［J］. 内蒙古民族大学学报（社会科学版），2005（1）：107-110.

性的分流形式作保证。其四，分流体制的统筹性，有利于实现高等教育发展的机制性和谐。分流体制的统筹性是关系着高等教育分流能否成功的关键，它要求分流依据要科学，分流时机要适宜，分流机构的定位要合理，以便于高等教育发展和谐机制的形成。

五、生态定位与高等教育分流

高等教育机构合理定位是高等教育分流的教育生态学依据。教育生态学是运用生态位理论来分析各种教育现象的理论。生态位理论认为：共生与竞争是不同生态主体之间的必然关系。共生指生活在同一群落的同种或异种生物利用共同的资源进行共同的生活；当资源不足以满足所有生物的需求时则会出现竞争。不同生态主体之间这种共生与竞争的关系，归根结底是由生态位决定的。生态位是指一个生物种类或个体在生长环境中所代表的确切单位，所占据的自然空间，以及该生物在生长环境和生物群落中所起的作用。"生态位现象"是指在大自然中，亲缘关系接近的具有同样生活习性或生活方式的物种，不会在同一地方出现。如果它们在同一区域内出现，大自然将会用空间把它们各自隔开，如虎在山上行，鱼在水中游，猴在树上跳，鸟在天上飞；如果它们在同一地方出现，它们必定利用不同的食物生存，如虎吃肉、羊吃草、蛙吃虫；如果它们需要的是同一种食物，那么它们的寻食时间必定相互错开，如狮子是白天出来寻食，老虎是傍晚出来寻食，狼是深夜出来寻食。在自然界里没有两个物种的生态位是完全相同的，有些物种亲缘关系接近或相似而使生态位出现部分重叠，这时就会出现严酷的竞争，如一山不容二虎。

教育生态学告诉我们，人、教育、环境彼此联系，共同构成一个不断矛盾运动的生态系统。在整个教育生态系统中，不同的教育生态主体之间存在着复杂的关系，它们之间既相互依存，又相互排斥。在高等教育系统中，这种共生关系突出体现在各种类型各种层次的高等教育机构相互依存上。但它的特殊性在于，这种共生关系往往表现为单向度的依存，如较低层次的本科教育可以为较高层次的研究生教育提供合格的生源。当然，我们也不否认反向依存关系的存在，只不过前者的表现更为经常和广泛而已。不同学校组织之间的共生关系更多地表现为竞争，这种竞争首先存在于同类同级学校之间，这些学校在教育经费、师资、生源等各个方面都面临着竞争；这种竞争也存在于同级不同类的学校之间，如人们对普通高等教育的高度重视，使得其他形式的成人高等教育的各种资源投入相对减少。在终身教育思想日益为大众所接受的今天，各种非制度化教育机构的地位正在不断上升。对学校来讲，不仅面临着如何与这些非制度化教育机构的相互协作的问题，同样也面临着如何迎接这些机构的挑战，与之平等地竞争各种教育资源（特别是师资等）的问题。当然，竞争本身也是为了发展，对于教育生态主体来说，优化内部生态环境，提高自身适应环境的能力，又是提高竞争能力，获得持续发展的重要方面。因此，不同教育生态主体之间合理的竞争，将会促使整个教育生态系统持续、协调地发展。

在高等教育生态系统中同样需要重视教育生态位。教育生态位主要指教育者或受教育者个体、一所学校乃至一个特定区域内教育工作的基本状态及其发展水平，包括某一个体、某一学校、某一社区教育的状态、趋向，也包括这种状态和趋向与其他个体、学校、社区教育水平的关系和差距，但各种层次各种类型的高等教育机构和形式具有自身的特色和优势，各种学科、专业也有自己的特色，而且每一个接受高等教育的个体同样也有自己的特点。每所高校要想在日益激烈的竞争中不至于落伍甚至被淘汰出局，就必须找准自己所在的生态位，并在自己的位置上担负起自己的使命。

由于历史的与现实的、主观的与客观的多种原因，我国高等教育系统中仍然存在着多种的"错位现象"：一是高位低移现象，即处于高层次的学校降低办学水平的现象。该现象既表现在成人教育、网络教育以及各种自考等办学形式的盲目扩张上，也表现在盲目扩招上，如一些名牌大学为追求短期利益而大量扩招，甚至紧紧攥着大专、专升本教育以及成教、自考不放，由此阻碍了公平有序的高等教育竞争格局的形成并造成有限教育资源的浪费。二是低位高攀现象，即低层次和低水平的高校盲目模仿高水平大学做法的现象，主要表现为高校不切实际地"升格"与"合并"，以及单科性大学过分追求"多科性"、"综合性"，搞"小而全"、"多而杂"，就可能舍本逐末，丧失学科特色和优势，结果造成学校水平不仅没有上升，反而下降甚至更糟。三是同位相类现象，主要表现为类型和水平相似的相同层次的高校之间差别不大，特色不鲜明，个性不突出，趋向于千校一面。其实，任何一所大学都可以在历史的积淀中形成自己的办学特色。因此，决不能以同位相类的综合性来淡化或牺牲同位相异的个性与优势。

教育生态位理论为高等教育分流提供了理论依据，高等教育的合理分流也是促使这些不同的高等教育生态主体不断展现其生态位优势的有效途径。首先，高等教育合理分流可以促进不同教育机构的合理定位。这种定位主要包括以下七个方面：对象定位，即招收什么层次、什么类型的学生；形式定位，即运用何种形式的高等教育培养人才；区域定位，即培养出的人才服务的空间范围，是面向全国，面向区域，还是面向本部门、本行业；层次定位，即培养何种层次的人才，是以研究生教育为主，还是以本科教育为主，或是以专科教育为主；类型定位，即培养何种专业或何种学科的人才；能级定位，即培养人才的综合实力在同层同类学校中所处的地位；特色定位，即培养出的人才与同层同类学校相比有哪些独特的优势，如名牌大学在大众化教育中应该保持精品的角色定位，要能挑起精英教育的重担，为国家培养更多的高层次拔尖人才，承担更多的高精尖科研任务，而让一般学校承担更多的本、专科教育以及成教和自考，这样不仅可以避免因生源紧张导致的教育质量下降，也充分利用了一般高校和民办高校的教育资源。只有每个分流机构做到各安其位，各司其职，各得其所，各展其长，才能使整个高等教育系统充满生机和活力。

其次，高等教育合理分流可以促进不同学科专业的合理定位。面对日益激烈的竞争局面，错开生态位应是高校竞争最主要的策略，也就是要利用自身优势形成自己的特色。高等学校是以学术组织为核心构建起来的社会组织。作为学术组织，学科、专业是高校组织的基本构成单元，高校之间错开生态位主要就是要突现自身的学科特点，遵循有所为，有所不为的指导原则，如霍普金斯大学特别厚爱医学科学，这是它领先世界的优势所在；哈佛大学至今在工科方面无所作为，因为这不是它的强项；加州理工学院甚至不设人文、社会科学学科，因为它要把所有的力量集中在理、工两个学科领域。与之相对比，我国的许多高校追求的则是"大而全"、"小而全"，高校之间生态位严重重叠，经常是两所高校同时争夺同样的市场，这必定会造成两败俱伤。从每年的高校的"招生大战"中，我们也可见一斑。因此，为了避免这种无谓的竞争，竞争的各方都应牢牢抓住自己的优势学科和特色专业，尽可能地实现生态位的互补，做到"人无我有，人有我优，人优我新"。

最后，高等教育合理分流可以促进不同受教育者的合理定位。在高等教育生态系统中，不仅每一个高等教育机构有自己的生态位，每一个接受高等教育的个体也有自己的生态位。每个学生都有自己不同的潜能，他们的兴趣爱好、智力特点、学习强项以及家庭背景各不相同，因此，在选择接受高等教育的类型和途径上，可能各不一样。然而，现今的状况是每个人都想读本科，都想上名牌大学，每个人都想读所谓的热门专业，当然，这也与家长们望子成龙的美好愿望有关，可是这种不考虑自身条件的做法，最终只会抹杀人的个性，埋没人的潜质。因此，我们说人性的弘扬是建立在自我选择、自我发展与自我实现的基础上，而这一切的前提条件都是要对自己有一个合理、正确的定位。只有找准了自己的生态位，才能选择适合自己的高等教育机构和形式，才能真正实现个体的不断完善和发展。

第三节　高等教育分流的模式构建

高等教育分流模式是在一定教育指导思想支配下建立起来的，有关设计和调控高等教育分流活动全过程的理论模型与操作程序，兼有阐释分流理论与指导分流实践的两种价值。本节主要探讨高等教育分流模式的构成要素、制约因素与构建原则。

一、高等教育分流模式的构成要素

高等教育分流模式主要包括价值目标体系、结构功能体系、操作策略体系与调适机制体系四大要素。

其一是价值目标体系。价值是人们对于能够满足自己某种需要的客观事物的认识与评价；目标是人们在一定价值观念支配下作出的对发展某些事物的选择。价值目标体系起着调节人们的情感态度与指导行为的作用，与活动的成效有着密切关系。高等教育分流活动牵涉到多方面的利益主体、多层次的培养对象与多类型的服务对象。因此，高等教育分流的价值目标体系也具有多维度、多层次的特点。这些多维度、多层次的目标追求，既有统一的一面，也有矛盾的一面。从分流的利益主体看，一是有社会本位目标与个人本位目标的选择，二是有学校本位目标与企业本位目标的选择；从分流的培养对象看，一是有精英目标与大众目标的选择，二是有通才目标与专才目标的选择，三是有能力本位目标与人格本位目标的选择；从服务方向看，一是有经济发展目标与社会稳定目标的选择，二是有公平目标与效率目标的选择，三是有远期目标与近期目标的选择；从分流的形式看，有统一性目标与多样性目标的选择、外分流目标与内分流目标的选择、低重心目标与高重心目标的选择等等。不同的价值目标指向不同的教育需求，不同的教育需求要有不同的分流形式予以满足，并由此决定着高等教育分流具有不同的结构与功能。从世界各国高等教育分流的发展看，分流在价值目标取向上的种种矛盾不仅是永恒的，而且是有益的。正是这些矛盾的不断解决与不断深化，推动着高等教育分流的改革与发展，也促进着人们对分流价值的认识不断提高。高等教育分流模式构建的前提，在很大程度上取决于如何正确处理好上述价值目标取向上的种种矛盾，使多种对立的目标取向在一定条件下保持相对平衡。价值目标体系在分流模式的诸要素中居于核心地位，起着重要的导向作用。只有首先确立好能统筹兼顾多方面利益的价值目标体系，才能构建起较为合理的结构功能体系，分流活动才能显示出系统的效率与整体的功能。

其二是结构功能体系。结构即事物的构成形式及各构成要素之间的比例关系。整个宇宙无论是自然界还是人类社会，各种具体事物都有各自的结构。有些事物，即使是构成要素相同，但由于不同的排列次序、空间配置、聚集状态与联系方式而形成不同的结构。功能是指具有特定结构的事物在满足或服务于某种目标时所显示出的作用或效果。功能是由结构决定的。高等教育分流结构是指高等教育系统中学生分流进入不同形式、不同层次、不同类型、不同区域的高校（包括各类教育机构）

的比例构成与纵横联结方式；高等教育分流的功能主要表现在高等教育分流结构所显示的反映社会人才需求结构的比例关系及满足社会人才需求的程度。高等教育分流结构主要包括：一是流层结构，即不同层次的高校及学生的构成状态与比例关系。高等教育流层结构反映着高等教育的发展水平，它在很大程度上是由国民经济的技术结构、产业结构与社会结构所决定。随着社会生产力的发展，技术结构、产业结构与社会结构的变化，高等教育流层结构的多样化也成为必然趋势。二是流向结构，即不同类型的高校及学生的构成状态与比例关系。高等教育流向结构是高等教育的各个层次按科类划分的纵向结构，它是由社会经济发展水平、产业结构以及社会分工状况决定的。合理的高等教育流向结构应是能反映社会发展对专门人才需要的、种类相对齐全的学科专业构成。衡量流向结构是否合理的主要标志为：与产业结构的变化相适应，与就业结构相适应。三是流型结构，即不同形式的高校及学生的构成状态与比例关系，它所反映的是性质不同的高等学校的构成形式与比例关系。我国当前的高等教育流型结构主要有全日制普通高校、成人高校、民办高校、高等自学考试等。合理的高等教育流型结构应与国民经济所有制、消费结构以及社会对高等教育的要求相适应。四是流域结构，即不同地域的高校及学生的构成状态与比例关系。高等教育流域结构的形成既与高等教育发展的历史有关，也受到政治、经济、文化基础及人口因素的影响。合理的高等教育流域结构，既要面对已经形成的历史格局，更要充分考虑与我国各地社会宏观经济发展的要求适应。优化流域结构的目的在于通过对现有高校分布作必要的调整，形成能带动地域政治、经济、文化发展和缩小地区差别的高等教育布局。从宏观的角度讲，高等教育分流结构还包括分流经费的投资结构与分流管理的体制结构等等。此外，还可以从微观的角度来探讨高等教育分流的专业结构、课程结构与人员职能结构等等。

合理的高等教育分流结构具有下列特征：首先应是一个多层次、多流向、多形式的立体交织、相互渗透的网格体系，具有结构的复杂性。其次各种结构都有各自的功能，但高等教育分流的整体功能并不是各种结构自身功能的简单相加，而是取决于各种结构的优化组合程度，只有优化结构体系才能显示出结构的整体性。最后是分流结构的形成与发展除受教育自身发展水平的制约外，还要受社会的科技与经济发展水平、政治制度、领导者的认识水平、文化传统与国民教育意向等多种因素的制约，必须具有高度开放性与灵活适应性。

其三是操作策略体系。策略是指人们在决定实际问题时，必须分析形势，选择合理目标以及为达到合理目标所采取的行动步骤。所谓高等教育分流的操作策略，是指在一定社会历史条件下，为使高等教育分流达到合理目标而制定的运作方针与采用的行动步骤。高等教育分流的操作策略是一个体系，主要包括选择策略、分化策略与分配策略三个方面。

选择策略，即对分流依据的选择与确定要做到公平与合理。分流依据是否合理直接关系到教育的公平与培养人才的成效。当前关于高等教育分流的依据亟待研究的有三个问题：第一是以一次考试的分数高低来划分人才的层次是否合理。长期以来，高等教育分流主要是依据高考分数及对德育、智育、体育综合考核的结果，但由于德育、体育没有公认的科学的量化标准，因而难以进行实质性比较与区分，可比的只有高考分数。应该承认，在只注重精英型人才培养的时期，以分取人不失为一种较好的方式，但随着高等教育大众化的进程，单纯以分数作为区分人才的标准受到越来越多的批评。因为有的人考分虽低一点，但可能具有其他方面的优势与潜能，将来当学者不一定合适，但做企业家却可能成功，所以单纯以分取人就可能埋没一些人才，还会助长中小学片面追求升学率的倾向，导致教师重知识灌输，轻智能培养；学生重死记硬背，轻开拓创新。总之，单纯以分取人不适应分类选择、分流培养多层次、多类型、多规格人才的时代要求。第二是以金钱多少作为分流依据之一是否合理。高等教育是非义务教育，让个人承担一定的教育成本，实行缴费上学，既是世界各国高等教育发展的共同经验，也是我国高等教育改革的必然趋势。同时为了让更多的人能获得接受高等教育的机会，许多高校招生在坚持"以分取人"的同时，还实行了"以钱分类"的政策，"高价生"、"自费生"的出现，让一些分数略低但愿意出高额学费的学生，得到了比分数略高但家庭经济困难者更大的分流选择权。"分不够，钱来凑"的事实，显然是对传统的"分数面前人人平等"原则的挑战，究竟合理不合理，的确需要认真研究。第三是以地区差异作为分流依据之一是否合理。经济与高等教育发展的极不平衡是我国的国情。一般说来，经济发达地区教育经费较为充足，高校也较多，吸纳大学生的能力也较强。为适应这一国情，我国每年都要因地区差异对招生计划与录取分数线作出调整，学生所在地域差异事实上已成为高等教育分流的一个重要依据，由此也引发了令人忧虑的大批"高考移民"的现象。可见地区差异不仅是实现高等教育机会公平的障碍，而且已成为制约教育合理分流的重要因素。但是实行全国统一的分数线就合理吗？答案是否定的。因为公平并不是绝对平均，全国一条线既不符合我国发展不平衡的国情，也不利于调动地方兴办高等教育的积极性。

分化策略，即对分流时间的选择、分流比例的确定与分流对象的安排要恰当与科学，也就是要做到适时分流、适度分流与适才分流。合理的分化策略对于实现因材施教、加快人才分流培养和提高人才质量，多出人才、出好人才，都具有极大的影响。在分化策略上，当前值得重视的有三个问题。第一是分流时间的选择与确定。长期以来，我国高等教育实行的是"入学即分流"，这对于在计划体制下强调培养专业对口的人才是有效的。随着社会日益向着综合化的方向发展，整个就业形势也发生了很大变化，复合型人才往往在就业中占据优势。因此，有人提出本科教育应该是通才教育，提出"宽口径、厚基础、广适应、复合型"的人才培养目标，并试行按院招生、按大类培养，文理渗透，先打好基础，两年或三年后再分流接受专业教育。分流时间的选择正在成为高等教育改革的又一热点。诚然，过分强调专业对口、"入学即分流"的教育已经不能适应时代的要求。从合理分流的角度讲，应根据不同层次、不同类型与不同规格的人才要求选择不同的分流时间：有的人应该一入学就分流，进行有针对性的专业培养；有的人可在一年后分流，在相对明确的专业教育中适度引进通识教育；有的人则应在两年或三年后分流，在较为宽厚的通识教育基础上再进行专业教育。因此，改革不能盲目地一哄而起，而应以认真的研究、科学的试验为前提。第二是分流次数的选择与确定。我国传统的高考制度是"一考定终身"，即一次分流就固定专业，四年不变。由于很多学生报考前对社会的人才需求及各个专业的特点不够了解，对自我发展的潜能与优势的认识也不够全面，这就不可避免地使分流选择带有很大的随意性与偶然性，致使大学出现了很多"入学就厌学"、"未毕业就想转行"的"非本意学生"，不仅影响了个人的发展，也造成了社会人才资源的浪费。为了克服一次性分流的弊端，不少高校正在进行二次分流的试验，即允许兴趣发生转移的学生享有自由申请转系、转专业的权利，通过一定的考核就可以实现个人的目的。显然，实现二次分流有利于保护学生的兴趣爱好，有利于发展学生的个性特长，有利于调动学生学习的主动性，也体现"以生为本"的管理思想。但二次分流也有许多值得研究的地方，如二次分流的时间宜早还是宜迟，二次分流的人数比例如何确定，比例过低满足不了需求，比例过高会不会造成某些专业领域的发展失衡。第三是分流对象的选择与确定。合理分流既要充分考虑个体的充分发展，又有考虑整体的和谐发展，使每个人的智慧和潜能都能得到充分开发，真正实现因人而异，合理施教。学生的发展有快有慢，智力表现有迟有早。高等教育分流应立足每个学生的基础能力，重视每个学生的发展潜力，使分流真正回归到大学生的主体性发展层面，确信人人能成才，确保人人能发展。

分配策略，即在高等教育分流的出口环节，采取公平措施把学生分配到相应的职业岗位上。纵观世界各国的高等教育分流，所采用的分配策略一般有四种，即"计划"策略、"双选"策略、"订单"策略和"引导"策略。"计划"策略是高校根据国家统一计划和安排，将毕业生直接配置到一定的社会职业岗位上去。"计划"策略使高校培养的人才都能通过计划安排顺利地流入社会，各就其位，因此在一定程度上能够起到使人才有序配置的作用，并起到避免人才资源浪费的作用。但它存在严重忽视学生的主体性和选择性，限制用人单位的选择权利，忽视他们的利益需求等缺陷。"双选"策略是在国家对人才市场进行宏观调控的条件下，高校将毕业生推向社会人才市场，由学生和用人单位通过双向选择的方式进行分配。这种策略主要是通过市场机制把人才分流到其合适的位置，因而不仅能起到优化配置的作用，还能够起到有效激励的作用。但这种策略的实施需要有健全的人才市场、合理的人才评价标准、健全的用人制度和利益分配制度等作保证，否则将会使人才分流不通畅。"订单"策略是指高校根据社会用人单位对人才的数量、质量、规格等要求同社会用人单位签订合同,联合培养人才,然后将学生分配到这些单位就业。这种分流策略能够保证人才的流入、培养、流出一体化,即能够保证流入有生源,培养有条件,流出有保障,因而它成为目前许多国家的高等教育机构所推崇的一种策略。但这种策略适用的范围较窄,它只能适用于一些职业性、应用性或实用性较强的专业流向,而对于一些基础理论性的学科专业流向则不完全适用。"引导"策略是由政府、高校等分流主体针对分流结构中的一些特定的学科专业流向采取某些鼓励措施,引导学生合理就业。这些鼓励措施包括降低录取分数、减免学费、安排工作、提高工资待遇、提供一些其他物质或金钱奖励等等,运用这些鼓励措施引导大学毕业生流向一些相对冷门的学科、专业,条件相对艰苦的职业或行业以及地域等。由于学科专业流向的多样性,其中有些基础性的、艰苦的学科专业可能会相对形成所谓的冷门,如哲学、史学、天文等;而一些实用性的、现实性较强的学科专业可能会相对形成所谓的热门,如计算机、财会、法律、贸易等等。根据此种情况,在高等教育分流的出口环节采取一些鼓励措施以引导分流是完全必要的。但这种策略也存在着适用范围较窄、不可全面铺开的问题。

其四是调适机制体系。所谓高等教育分流的调适机制体系,是指高等教育分流活动的主体,包括政府、高校与学生个人,在充分认识外部环境的变化趋势及发展要求后,主动调整高等教育分流的价值取向、结构功能与操作策略,自觉建立起与外部要求相适应的,且能保障分流活动按照一定轨道正常运行所依据的原理及操作方式的体系。我国当前亟待构建的高等教育分流的调适机制体系应包括宏观调控机制、中观自主适应机制、微观流向指导机制与利益主体协调机制。这四大机制的构建原则与运行机理将在第五章专门论述。

上述四个体系在构建高等教育分流模式中各有不同的地位与作用:价值目标体系是构建高等教育分流模式的核心;结构功能体系是构建高等教育分流模式的依托;操作策略体系是高等教育分流模式的运作系统;调适机制体系是高等教育分流模式的组织系统。但四者又相互影响，彼此制约。在不同的价值目标体系支配下，必然形成不同的结构并显示出不同的功能。例如：在价值目标倾向于满足个人发展需要时，就可能出现盲目发展研究生教育，忽视职高等职业教育的结构形式，并显示出为升学服务的功能；当价值目标倾向于满足地方近期发展需要时，就可能出现高等职业教育比重偏大，尤其是各类短线专业受到重视的结构形式，并显示出为本地产业结构调整服务的功能。但是，仅有价值目标体系与结构功能体系，缺乏必要的操作策略体系和调适机制体系，那么，高等教育分流的价值目标与功能目标也很难实现，构成高等教育分流活动的各方面与诸要素之间，便不可能发生多种随机的适应，整个分流模式就不可能正常运转。

二、高等教育分流模式的制约因素

高等教育分流活动的开放性与分流主体的多元性特征，决定了分流模式的构建必然要受到诸多条件与因素的影响与制约，它既是多方面客观现实需要的产物，也是多元利益主体在目标整合的基础上主观选择的结果。制约高等教育分流模式的主要因素如下：

1. 经济发展与人才需求。在任何时期，经济发展水平都是教育事业发展的原始动力。经济发展水平对高等教育分流模式的影响是通过人才需求结构而起作用的，集中体现在社会人才需求结构的变化对分流培养人才的目标、类型、层次与规格的要求。社会人才需求通常反映在国家或各级地方政府提出的高等教育发展目标或人才需求计划之中。对一个地方而言，这种需求大致包括：第一，为适应地方社会与经济发展的需要，提出的对高级专门人才在文化、技术、思想、身体等方面素质的最低要求，这种要求决定着高等教育的发展水平。第二，为适应一定时期地方社会与经济各方面发展需要，提出的对各级各类专业人才的规格与数量要求，这种要求决定着高等教育发展的层次、规模、培养目标与专业设置。第三，为适应国家社会与地方经济协调发展需要，提出的对部分学生继续深造的要求，这种要求在很大程度上影响着高等教育分流在纵向与横向分流结构等方面的比例以及高等学校发展的规模。社会与经济发展通过人才需求结构对高等教育分流模式产生影响：一是影响分流的价值目标。教育分流的目标选择与确定，总是与一定历史时期的经济发展水平与社会人才需求状况密切相关的。在经济发展水平低下的农业社会，社会的人才需求结构单一，高等教育的主要任务是培养少量的社会管理人才，高等教育分流所追求的必定是社会政治"精英目标"；大工业生产出现以后，要求劳动者不仅要有一定的文化知识，还必须掌握一定的职业劳动技能；随着知识经济时代的到来，对劳动者素质的要求越来越高，人们对知识与技术的追求也越来越迫切，高等教育分流的价值目标必然要转向"大众目标"。二是影响分流的结构功能。人才需求结构实际上是社会产业结构和技术结构对人才的需求状况及其比例关系的呈现。为了促进社会经济发展，适应于每一产业的各层次技术结构的人才需求结构应有一个合理的比例。这个合理的比例就是，愈是高层技术所需要的人才比例愈小，愈是中低层次技术所需要的人才比例愈大。随着社会经济发展水平的提高，每一产业中的每一层次技术结构对劳动者的技术水平要求也会逐渐提高，换句话说，社会经济发展水平决定着劳动者技术装备所达到的水平。一般地，经济发展水平愈高，对劳动者技术装备水平要求愈高，同时也具有了为训练高技术水平人员提供人力、物力条件的可能性，这就决定了原来由初等教育和中等教育培养中低层次技术人才的任务必然要上移到高等教育，也就促使高校内部的分流结构必然要发生变化，使横向与纵向的分流结构均发生改变。

2. 政府认识与政策导向。高等教育分流同其他教育社会活动一样，在任何社会制度中都不可能超越特定的政治环境的制约，不可能不体现某一时代、某一社会的政治要求。政治环境可能有许多因素会影响高等教育分流模式的构成，但是，最重要的是代表着一定社会利益的政府对分流价值目标的认定，并主要通过政府的政策导向来实现。因此，政府认识与政策导向是制约分流模式构成的关键性因素。政府对高等教育分流的认识，主要体现在对高等教育分流的必要性以及如何分流等问题的认识上，如政府对高校自主选择分流对象、确定招生数量的认识，对高校自主设置专业、课程的认识，等等。政府认识首先通过影响分流的价值目标，进而影响分流模式的整体构成或局部改变。政府认识对于高等教育分流的影响大，是因为他们控制着强大的社会经济资源，也控制着管理社会的政治权力，可以左右或控制高校主体的分流价值目标与行为取向。政府认识的影响主要是通过政策导向来起作用的。政策导向是指政府以一定的政策或法规指导、调控或控制分流模式的形成或改变。政策导向主要有两种类型：一是财政政策导向，即政府通过拨款方式和投资倾向来影响分流主体的行为；二是管理政策导向，即政府通过一定的管理体制或管理措施来影响或控制分流主体的行为。就世界范围来看，主要有两种类型的管理政策，即中央集权型（如日本、法国、中国）和地方分权型（如美国、德国），不同类型的管理政策对分流模式构成要素的影响是不同的。一般来说，集权型强调早期分流、统考策略、学年策略和必修策略等，分权型管理政策较强调高校自主的分流模式。近年来随着各国政府认识水平的提高，各国高校内部分流的运行机制和操作策略都有向延缓分流、多次性分流、综合性选择策略和培养策略等方面发展的趋势。

3. 教育基础与高校定位。教育基础是指高校在一定时期内所具有的分流培养高级人才的能力，包括高校所能开设的专业、课程、班级以及课堂等方面的数量与质量，在校学生的数量，师资力量，教育教学设备及场馆等设施、经费等指标。这些指标反映了一定高校的高等教育所具有的分流培养人才的基本条件或基本能力，只有具备了这些基本的条件或能力，才能进行高等教育分流活动。高校定位是指高等学校作为分流机构在整个高等教育分流系统中，根据高等教育基础为自己确定的职能位置，包括对象定位、形式定位、区域定位、类型定位与特色定位等。一般地，根据高等教育基础进行高校职能定位可能会出现三种情况，即定位过高、定位过低与定位合理。定位合理就是"通过对分流机构外部的需求状况与制约条件分析、机构自身的优势与劣势分析、发展目标与障碍因素分析、资源配置的必要性与可能性分析，明确自己在社会经济发展中应承担的历史使命，确定自己在整个高等教育分流体系中的角色地位，以及在同层同类学校中的能级与特色"[①]。只有定位合理才能既不浪费教育资源，又能保证教育质量，通过合理运作不断增强分流培养人才的能力，不断增强高校的高等教育基础。因此，高等教育基础是高校

---

① 董泽芳. 高等教育分流问题研究 [J]. 高等教育研究，2003（4）：35-40.

合理定位的依据，而高校合理定位是高等教育基础发挥作用的具体表达；同时，通过合理定位，分流施教，则有可能不断增强高校的高等教育基础。

高校合理定位对分流模式的影响，首先表现在影响分流的价值目标是否偏颇。一般而言，高等学校可以划分为四类，即研究型高校、教学科研型高校、教学型高校和应用型高校。以这四种类型作为高校整体定位的依据，其分流目标的定位相应地也有四类，即分流培养研究型、研究与技术综合型、高水平技术型、职业应用型和技能型等四类人才。如果某一高校定位为研究型高校，其分流价值目标则为分流培养研究型人才，以此类推。但是，如果高校不能根据其教育基础进行合理定位，就会使分流模式与分流价值目标错位，导致分流不合理，继而产生一系列损失。

其次表现在影响分流模式的结构功能是否合理。高校分流结构定位是指某一高校内部具有什么样的纵向与横向分流结构的定位。当某一高校根据其教育基础定位之后，应设置适当的分流结构与之相适应，否则将会导致分流不合理。研究型高校，其纵向分流结构一般应设置博士、硕士和本科等流层，且研究生比例一般要高于本科生比例，其横向分流结构一般应设置较大比例的基础研究性学科专业和理论性较强的课程；应用型高校，其纵向一般应设置较大比例的专科流层，其横向主要是设置职业应用性学科专业和较大比例的技能性课程，理论性课程比例应较少。但如果研究型高校也设置专科流层和技术性学科专业和课程，或应用型高校设置基础研究性的学科专业和较大比例的理论性课程，则是定位不合理所造成的分流结构不合理现象。这种高校分流结构的不合理最终可能会导致整个国家高等教育分流系统的结构失衡、功能紊乱。

最后表现在影响分流模式的运行机制和操作策略。高等学校的合理定位不仅会影响分流模式的价值目标、结构功能，而且还会影响其运行机制和操作策略。研究型高校的分流较多地受到宏观计划的调控，分流策略较多地采用考试选拔策略，国家政府的选择性较强；而教学型和应用型高校的分流则较多地受到市场的调控，分流策略较多地采用选修制策略，学生的选择权利较多。这是因为研究型高校实施的是"精英教育",社会对这方面的人才需要量较小,国家政府必然要采取一定的选择策略进行选拔,并制定一定的计划加以调控,否则将会使社会发展所需要的"精英"人才不精。而教学型和应用型高校实施的是"大众教育",社会对这方面的人才需要量较大,高校可以根据市场主体的需要,设置学科专业和课程以及相应的班组与课堂等分流渠道,并由学生自主选修适合其发展需要的流动渠道。

4. 文化传统与国民意向。文化传统是一个民族、一个国家或地区世代沿袭下来的、具有悠久历史的精神产品或精神特质,包括意识形态、道德观念、价值取向、风俗习惯、思维方式等内容。文化传统具有广泛的弥散性、强大的惯性与社会裹挟力,它们潜在而有力地制约着人们的价值观念与行为方式,自然也会影响国民的教育分流意向。国民意向是指社会各阶层人士对教育分流的认识和态度,以及在教育分流的价值目标、分流结构、运行机制和操作策略等问题上的选择倾向性,它是社会成员对教育分流的主观要求,是制约教育分流模式构成的主观因素。反映到高等教育分流上来,由于各类社会成员受到本国、本民族或本地区的社会文化传统的影响,会形成不同的对高校分流教育的认识与态度及其选择倾向性,即形成不同的高等教育分流意向,从而影响高等教育分流模式的构成。因此,社会文化传统对高等教育分流模式的影响是通过国民的高等教育分流意向而起作用的。

社会文化传统通过国民的分流意向对高等教育分流模式的影响主要表现在:第一,影响高等教育分流的价值目标。在高等教育分流活动中,国民的分流意向不同会影响高校分流价值目标的选择。国民倾向于高流层,"英才"就成为高校分流的目标取向;国民倾向于技术教育流向,技术教育等学科专业成为高校发展的目标;国民倾向于自主创业,能力培养成为高校追求的目标。第二,影响分流模式的结构功能。由于受到社会文化传统的影响,国民分流意向对高等教育分流结构的发展与优化具有一定的制约作用,表现在可以制约纵向和横向分流结构的形成与改变。就纵向分流结构而言,在国民受教育期望水平较高而未能得到必要的抑制时,必然导致高校中高层次教育的盲目膨胀。就横向分流看,国民分流意向的倾向性对横向分流结构的影响也是很大的。在联邦德国从政治家、企业家、教育家到普通平民，都重视高校设置应用性、技术性教育等的学科专业流向以及课程流向，以便分流培养技术熟练的工程师、技术员乃至工人、农民。学生选择技术教育专业、课程不会受到歧视，就业出路也不错，因此家长和学生都愿意选择技术教育等专业流向。同时，各工厂都乐意接受来工厂实习的技术教育专业的学生，为他们提供实习条件，因而德国高校的技术教育发达，举世闻名。在美国职业技术教育同样受到高度重视。有的国家则不然，如法国的文化传统是重视普通教育流向而轻视技术教育流向，结果导致学生不愿意选择职业技术方面的专业流向。我国也是一个文化传统深厚的国家，"万般皆下品，唯有读书高"的价值观念，"有文凭才算人才"的人才观念，在相当一部分国民头脑中根深蒂固，因而导致我国高校中职业技术性方面的学科专业流向发展艰难。从更广阔的背景来看，高等教育分流模式的构成还要受到人口的年龄结构、社会的就业结构、社会中介评价制度等多种因素的影响与制约。研究这些制约因素对于形成正确的分流目标，确定合理的分流结构，选择适宜的操作策略，做到科学分流、合理分流、有效分流都是必要的。

三、高等教育分流模式的构建原则

高等教育分流模式的构建要受到社会的经济、政治、文化、教育与人口等多方面因素的制约，因此不同国家、不同地区的分流模式既有共同性，也有差异性。在一般意义上讲，构建合理的高等教育分流模式必须遵循的主要原则有：满足需求原则、促进发展原则、整体优化原则与统筹兼顾原则。

（一）满足需求原则

需求是指在一定社会历史条件下，人们为维持生存和实现发展而产生的各种需求的总和。需求虽然是一种心理状态的反映，但并不是纯粹主观的产物，而在很大程度上取决于自然与社会、历史与现实等多种条件，是具有一定确定性的可以量度的范畴。教育需求是人类多种需求中最基本和重要的一种需求。教育需求自身是一个多层次、多类型的网络系统。从需求的对象看，有社会需求与个人需求。社会需求实际上是一定社会集团、政党、思想家、教育家等对教育作出的价值定向。这种需求大体又可分为以下四种情况：反映社会发展客观规律的总体需求，反映特定社会集团或职业群体局部利益的需求，反映落后、保守势力的与社会发展方向相违背的需求，超脱社会现实可能的一种想象中的需求。个体需求是指在特定条件下，个人为求得自身生存与发展而形成的对教育的追求。这种需求也可分为生存性需求与发展性需求、物质性需求与精神性需求等多种类型。从需求产生的条件看，有社会自发产生，不受教育培养能力制约的抽象需求，也有根据对社会经济发展及人才需求科学预测后提出的实际需求。从需求满足的条件看，有社会实际需要，但受教育培养能力制约，暂时无法满足的无效需求，也有社会实际需要而教育能够满足的有效需求。从需求的性质看，有合理的需求与不合理的需求等等。

构建高等教育分流模式必须首先遵循满足需求原则，即在构建高等教育分流模式的过程中，在价值取向的选择上，必须把满足社会对教育的合理需求摆在首要地位。这一原则的提出是由高等教育分流主体的社会性与分流模式构建的社会制约性决定的。只有充分满足了社会对教育的合理需求，高等教育分流的发展才具有持久的动力源泉，分流活动的实施才能获得广泛的支持与可靠的保障。

贯彻满足需求原则，应注意以下几点：一是要对"合理需求"有一个正确的认识。合理需求既反映在社会发展与个体发展的不可或缺性与相互促进性上，也反映在对社会发展规律、人的发展规律与教育发展规律的吻合性与协调性上，还反映在需求产生的客观性与满足的可行性上。也就是说，所谓合理需求，就是代表社会发展总体趋势的、符合教育规律的、能促进社会与人协调发展的、实际而有效的教育需求。二是要对"满足"有一个科学的理解。满足是一个相对的概念，即使是对合理需求的满足也是有度的，即多种合理需求之间都存在着某种对立统一的辩证关系。所谓满足有度是指在确定分流目标、规划分流结构与选择分流策略时，能因时制宜、因地制宜地作出适度兼顾各方需求的最佳选择。满足是一个数量的概念，是在一定社会经济发展与教育发展的条件下，反映出社会合理需求与教育培养能力之间的动态平衡的一系列量化指标，是分流过度与分流不足的临界点，具有可测性与可控性。满足是一个发展的概念。满足实现的过程，实质是一个根据内外条件变化不断调整、内涵不断丰富、外延不断扩大的过程。三是要加强对教育合理需求与不合理需求形成机理的研究。在教育培养能力有限的条件下，如何消除和减少教育的不合理需求，激发和引导教育的合理需求，实现高等教育分流资源的优化配置，建立供求均衡的分流结构以满足教育的合理需求，是构建分流模式过程中的一个重要的理论问题与实践问题。四是要重视激发合理需求与抑制不合理需求的对策探讨。诚然，这种激发与抑制不能仅仅停留在口头或书面的鼓励和批评上，而应从建立和健全高等教育分流的动力机制与约束机制入手，这就需要在提高认识、改革相应制度的同时，综合运用经济杠杆、政策杠杆和社会地位杠杆等多种手段，一方面激发全社会对知识技术的追求，调动各界参与分流的积极性，引导国民合理分流，另一方面减缓社会盲目追求高层次或热门专业的势头，抑制社会对教育的抽象需求与无效需求的盲目增长。

（二）促进发展原则

马克思主义认为：发展是事物由小到大，由低级到高级，由旧质到新质的运动变化过程。事物发展的原因，主要是事物内部的矛盾运动；外因是发展的条件，它通过内因而发生作用。随着时代的进步，发展问题已成为世界各国共同关注的问题，而在各种发展中，人的发展问题愈来愈被摆在首要的地位。

社会发展与进步的本质及核心在于人的发展。构建合流的高等教育分流模式也必须遵循促进人的发展的原则。何谓人的发展？可以从不同角度去理解。从生理学的角度看，人的发展是指生理的发展与心理的发展，这二者的发展紧密相关：生理发展是心理发展的基础，心理发展则进一步影响和促进生理发展。从教育学的角度看，人的发展包括全面发展与个性发展。全面发展是指人的体力和智力的充分发展。个性发展是指基于个体差异基础上的个人的兴趣、特长的形成与发展。全面发展与个性发展不是彼此矛盾，而是相互促进的关系：全面发展是社会进步对人的发展统一性的要求，个性发展是社会发展对人的发展需求的多样性的体现，全面发展是个性发展的前提，个性发展是实现全面发展的途径。

人的发展具有下列特征：一是充分发展的可能性。充分发展不是无极限的发展，而是指个体自身潜能能够不受阻碍地自由发展。二是发展方向的多样性。个体与生俱来的差异是多样性发展的物质基础，纷繁复杂的社会需要是人多样化发展的外在要求，分流施教则是人多样化发展的重要条件。三是发展结果的差异性。这种差异表现在每个个体身上，体现在不同的发展方向、不同的发展层次、不同的个性特长，包括学科特长、体育特长、文艺特长、科技发明特长、社会活动特长与技术专业特长等方面。

贯彻促进发展的原则，应特别注意处理好以下几个方面的关系：一是要处理好人的发展与社会发展的关系，必须把促进人的发展作为构建合理分流模式的出发点。促进社会的经济、政治与文化的全面协调发展，是合理分流培养人才的重要目的，但一切发展的最终目的都是人的发展。人的发展既是社会发展的目的，也是社会发展的工具，也正是为了这个目的，人才去充当这个工具。翻开人类社会发展的历史，因忽视人的发展而导致社会危机的教训实在太多。因此，构建合理的分流模式，其着眼点不能仅限于满足经济发展或政治发展的需求，而应立足于促进人的发展来推动社会的全面进步。从我国当前来看，尤其要注意防止出现分流是为了培养单纯的"经济人"或"政治人"的目标取向，不能以牺牲人的发展为代价来满足单纯的经济需要或政治需要。二是要处理好全面发展与个性发展的关系，要通过促进个性发展落实全面发展。一方面在分流施教的各级各类学校中要面向全体学生，全面贯彻教育方针，促进每个学生在德、智、体等各方面的全面发展，但不能把全面发展理解为平均发展与统一发展。另一方面又要在各级各类学校中坚持统一要求的同时，尊重每个学生独特的个性，创造条件使每个学生的志趣、才能得到比较充分、自由的发展。全面发展的要求落实到每个学生身上就是个性发展，每个学生的个性都有了较好的发展，才能算是教育真正地面向了全体学生。三是要处理好高等教育分流中分化功能与发展功能的关系。高等教育分流既要重视分化功能，也要重视发展功能，但分化必须以发展为前提。高等教育分流必须以学生的学业分化、能力分化与兴趣分化为基础，又要以专业分化、技术分化、职业分化为目的。

高等教育分流在价值取向上应坚持人人有才，人无全才，分流施教，个个成才。合理分化的目的，在于根据每个学生的个性差异，创造不同的发展条件，促进每个学生在自己的优势或强项上得到最适当的，也是最佳的发展。四是要处理好社会设计与学生自我设计的关系。构建合理的分流模式，实质上是社会在对整个分流活动进行设计，也就是从总体上确定高等教育分流的价值取向，进而确定分流的目标与结构，也就是在一定程度上规定分流进入不同流层与流向的人数及比例关系。社会的这种设计是保证高等教育分流满足社会需求与促进社会人才结构优化的必要途径。作为分流对象的个体无疑应服从于社会对分流的总体安排。然而，这并不等于说不要个人设计，因为社会虽然从总体上确定了分流的目标与结构体系，但每个人究竟该进入何种流层、何种流向，在很大程度上仍取决于个人对社会需求的正确认识，对自己的兴趣与特长等的客观分析，以及在此基础上作出的正确选择和不懈努力。鼓励学生在服从社会整体设计的前提下进行合理的自我设计，是促进学生发展的重要条件。

（三）整体优化原则

优化是指通过选择、改造、整合与调适，使某一事物更加完善或更加优秀。高等教育分流模式的整体优化，是指高等教育分流模式作为由价值目标、结构功能、操作策略与调适机制四大体系构成的有机整体，其效能的发挥并不体现为某一个体系或某一个环节的单一或局部的功能，而是体现在整个模式的四大体系之间，以及每一体系自身各要素之间的优化配置、合理构建、相互调适而达成的和谐运转之后所产生的最佳的整体效能。

整体优化的具体内容包括：（1）目标优化，即通过对各种分流目标的整合而形成的多重价值并重、多方利益兼顾的目标体系；（2）结构优化，即通过调整已有的分流结构而形成的能够更好地适应社会的政治、经济、文化、人口与劳动就业等多种结构要求的新的分流结构体系；（3）功能优化，即在优化分流结构的同时，通过加强对分流功能的调适，使其发挥得更为全面、充分和有效；（4）策略优化，即通过比较、选择和改进，使高等教育分流的策略更具有科学性、民主性与自主竞争性；(5) 机制优化，即通过教育系统自身与全社会的配套改革，逐步建立起宏观调控有力，中观适应灵活，微观指导科学的分流调控机制。整体优化的最终目的，在于通过对高等教育分流各个体系与各种要素的合理配置，以及对分流运行全过程的有效调控，达到获得高等教育分流最佳效益。效益优化是整体优化的核心。

贯彻整体优化原则，必须注意以下几点：一是必须树立全面的分流效益观。构建合理的分流模式，其目的在于有效地开发人力资源，其过程又必须耗费社会资源。因此，必须树立效益观念，也就是必须考虑怎样以最少的社会资源投入获得最大的人力资源开发效益。正确的效益观念是一个多层次、全方位的观念体系，它既要着眼于经济层次的效益，包括对各级各类人员分流培养的"教育投资回报率"的核算，更要注重包括社会层次的"促进民主、平等与和谐"，文化层次的"更新观念与促进创造"，个人心理层次的"开发潜能、提升能力、改变气质、陶冶情感、升华理念"，以及人权层次的"促进自主意识觉醒与维护人格尊严"等多方面的效益。二是必须重视多方面的调查研究。高等教育分流整体效益的最佳发挥，除有赖于正确的效益观念支配外，还需要根据社会的合理需求对各种相关社会资源进行合理配置。这里所讲的社会资源，既包括有形资源，如可供分流活动支配的人力、物力与财力，又包括无形资源，如一定历史时期的社会价值取向、国民教育意向与各级领导对分流的认识等。三是必须加强综合性的对策探讨。要实现高等教育分流的目标、结构、功能、策略与机制，乃至整体效益的全面优化，只注重做好某一方面或某几个方面的工作显然是不够的，必须把高等教育分流模式的构建看成是一项全方位的巨大的系统工程，对其存在的问题进行综合性的对策探讨。综合性对策探讨应从更新教育观念、调整分流目标入手，在重视各种调查研究的基础上，调整好分流的结构体系，进而完善分流的功能体系；在加强纵、横比较研究，合理借鉴的基础上，进行必要的改革与实验，逐步完善分流的操作策略体系，逐步健全分流的调适机制体系。

(四) 统筹兼顾原则

所谓统筹，即通盘筹划之意。统筹既是一种思想，即运用系统论的观点来认识和看待某一事物；统筹又是一种方法，即以系统观为指导，以优化结构与提高效益为目标，对某种事物的发展进行必要的调控；统筹还是一种行为，即凡研究统筹都离不开对"行为"的四大要素——主体、目标、对象与方式的研究。

构建合理的高等教育分流模式须遵循统筹兼顾原则，是由现代高等教育分流行为的主体多元性、目标多元性、对象广泛性与方式多样性决定的。现代的分流已不仅仅是教育部门的事，而且是涉及行政部门、经济部门、事业部门与企业部门，以及学校、家庭和个人乃至整个社会的大事。分流主体的多元化必然导致利益取向与目标追求的多元化，进而导致分流过程中的种种矛盾与冲突。这就需要运用统筹的思想与方法来看待分流活动，采用整合、调适与兼顾的方法来协调和解决各种矛盾与冲突。统筹兼顾的主要目的是：在理顺关系的基础上，统一分流认识，明确分流目标，优化分流结构，形成分流合力，提高分流效率，在兼顾各方利益的基础上，构建起以"构建合理分流—优化人才结构—满足各方需求—促进协调发展"为价值取向的高等教育分流模式，以充分调动各方面的积极性，合理配置和有效利用多种力量，取得分流的最佳效益。

构建分流模式需要统筹的主要内容：一是统一对分流的认识。认识是行为的先导，只有分流活动涉及的各个部门、各个方面在分流问题上形成共识，才能最终形成促进分流顺利实施的合力。二是统筹制订分流规划，包括根据社会人才需求状况、教育培养能力状况确定分流结构，调整专业设置和学校布局等。三是统筹安排分流活动，包括统筹分流经费，统筹社会参与联合办学，统筹进行技术等级考核等。四是统筹配套改革，包括统筹制定有利于推进合理分流的招工制度、用人制度、考试制度等等。

贯彻统筹兼顾原则需要注意以下几点：一是要通过更新观念，增强统筹意识。陈腐的观念具有极大的惰性。在我国数千年封建社会中遗留下来的"万般皆下品，唯有读书高"的教育价值观，在长期小生产与自然经济的基础上形成的绝对平均的教育机会观，在自我封闭的传统社会中形成的狭隘、保守的办学模式观，等等，是导致我国高等教育分流难于发展、难于统筹的重要原因与内在阻力。因此，要落实统筹兼顾原则，首要的工作就是要在整个教育系统和全社会中渗入广泛、深入、持久的宣传与教育，破除各种影响分流、阻碍统筹的陈腐观念，树立起"三百六十行，行行出状元"、凡能为社会作出贡献的都是人才的人才观，"面向社会、全面开放"的教育体系观，"科学规划、统筹优化"的教育发展观，"社会参与、富有效率"的教育管理观与"公平竞争、合理分流"的教育机会观等一系列新的教育观念。二是要通过改革体制，创造统筹条件。造成我国高等教育分流自身各子系统的相互分离及其与社会的严重脱节，除了思想认识的原因外，过去那种部门条块分割、自成体系，政府包得过多、统得过死的体制也是一个极重要的原因。因此，全面深化教育体制、经济体制、科技体制、政治体制和人事管理体制等各种体制的配套改革，把经济振兴、文化繁荣与政治稳定真正引导到依靠科技与教育的轨道上来，把教育发展真正引导到全面提高国民素质，合理分流培养人才，更好地为社会主义现代化建设服务的轨道上来，就可以为有效实施高等教育分流的统筹创造一个优化的内部环境。三是要重视内在调控，健全统筹机制。从我国现阶段的情况出发，统筹构建合理的高等教育分流模式，亟待建立和健全兼顾国家、企业、学校与家庭多方利益的，能充分调动各方面积极性的综合动力机制；由政府牵头，经济、科技、教育、计划、人事、财政等部门共同参与的，对分流活动进行指导、调节与控制的宏观调控机制；以各级各类学校为主体的，通过教育系统内在的激励与约束，调节高等教育分流活动的中观自主适应机制。

第四节　高等教育分流的运行机制

"机制"原意是指机器的构造和工作原理，后来扩展及有机体，指有机体的构造、功能及相互作用方式，并进而泛化至任何一个复杂系统的工作原理及规律。本书的"运行机制"是指高等教育分流活动各要素之间的相互作用关系及相互作用方式，即高等教育分流的运作方式。整体理论认为，事物的存在依靠环境支撑，事物的发展则依靠机制运行来实现。健全的运行机制促进事物的发展，不健全的运行机制阻碍甚至破坏事物的发展。研究高等教育分流的运行机制，实质上是探讨如何协调好同高等教育分流活动有关的内外各方面的关系问题。健全的高等教育分流运行机制是一个体系，主要包括国家宏观调控机制、高校自主适应机制、学生流向指导机制与利益主体协调机制。

一、国家宏观调控机制

高等教育分流的宏观调控机制是指国家的调控活动方式。国家通过教育行政部门会同其他有关部门，根据一定时期社会经济发展的需要与可能制定人才分流培养计划，并采用各种手段对高等教育分流活动进行引导、调节或控制，以保证高等教育对人才的分流培养在总体上与社会的合理要求相适应，尤其是与优化人才结构的需要相适应。

高等教育对人才的分流培养与社会对高等教育的总体需要之间始终存在着矛盾。形成这一矛盾的主要根源在于人才的分流培养与使用要牵涉到不同的利益主体，国家政府、地方政府、用人单位、各类高校乃至家庭与个人在人才分流培养的目标、规格、层次与类型等方面都有不同的考虑。此外，社会需求的多样性、多变性与学校教育供给的有限性、滞后性，也必然加剧高等教育分流的种种矛盾。从我国现阶段的情况看，这些矛盾主要表现在：合理分流对教育投入的需求与现实高等教育分流培养能力的矛盾；合理分流对理性精神的追求与社会现实中较为严重的功利取向的矛盾；合理分流对优化高等教育分流结构的需求与社会上盲目追求高流层及"热门"流向的矛盾等等。要解决好这些矛盾，必须有健全的宏观调控机制。

纵观世界各国高等教育分流的宏观调控机制主要有两种运作方式：一种是计划调控，另一种是市场调控。计划调控指高等教育分流的运作是从社会发展总体需求的角度出发，由国家政府统一制定分流计划，并集中领导，发挥中央与地方政府的"行政—指令"作用来调控分流活动。计划调控机制的形成是与社会化大生产的发展、国家的政治体制，以及社会人才培养和使用的管理体制等密切相连的。计划调控的优点在于能统筹配置社会资源，保证高等教育分流能按计划实施，并能较好地满足社会整体和长远的利益需求。但是，计划本身不是规律，而是人们试图遵循客观规律的要求，为实现一定目标从主观上制定出来的。由于主观认识的局限性与客观人才需求的难以预测性，因而有可能使计划不太符合客观实际，进而导致人才分流培养的供求失衡与社会资源的一定程度的浪费。此外，计划的制定是从社会整体与长远的利益需求出发的，因而难以全面地考虑高校、地方、企业、家庭和个人的局部利益及多种特殊需求，这就有可能抑制高校分流培养人才的积极性以及地方政府、工商企业组织乃至个人参与选择分流的积极性。

市场调控指高等教育分流的运作是根据人才市场的供求信息，通过自由竞争的方式，发挥高校、地方政府、工商企业组织乃至个人等参与分流培养人才的积极性来实施和调控分流活动。市场调控机制是随着社会市场经济的发展，尤其是社会人才市场的建立而逐步形成的。它如同"一只看不见的手"，在高等教育分流活动中起着自发调节的作用，在一定程度上体现了人才分流培养的价值规律。它能赋予高校以较大的自主权力，使分流实施主体能根据人才市场的需求变化及时调整学科专业流向、课程、课堂乃至班组等的设置，从而使分流模式灵活，迅速调节人才分流培养的结构与社会人才需求的结构之间的矛盾。当然，市场机制也存在着缺点，主要表现为市场提供的信息往往是局部的、短暂的，市场调节的范围也只能是在某一局部、某一时期，很难纵观全局和把握未来，有时甚至传出虚假或扭曲的信息，致使人才的分流培养缺乏统一安排和长远规划，容易导致人才分流培养的盲目性。

随着国际市场经济的发展与生产的进一步社会化，世界各国开始认识到过去偏重于使用某一种宏观调控机制的弊端，因而出现了逐步转向两种机制并重、结合使用的趋势。一些过去注重市场调控的国家，转而注重人才分流培养的"计划性"，不断加强政府部门在高等教育分流活动中的宏观调控职能。而一些过去偏重计划调控的国家，也开始转向发挥人才市场的调节作用，适当下放权力，以调动高校、地方政府、企业组织以及个人在分流培养人才中的积极性。

二、高校自主适应机制

高等教育分流的自主适应机制，指以各类高校为主体，通过高校自身内在的激励与约束力量调节和控制分流活动，使高等教育分流能更好地适应不断变化的外部环境对人才的需求。

高等教育分流的良性运行，首先有赖于建立如上所述的宏观调控机制。因为，健全的宏观调控机制能够通过社会改革与发展，如发展生产、更新观念、调整产业结构、改革劳动人事管理制度等等，形成尊重知识、尊重人才、尊重教育的社会氛围，从而为高等教育分流活动提供一个良好的外部环境，使分流从环境中获得分流培养人才所需要的足够的物质资源与信息资源，以维持分流的正常运转。在良好的外部环境基础上，更有赖于高等教育自身的改革与发展，使各类高校在人才分流培养的活动中，享有充分的自主权力、发展动力与调适能力，这就必须形成健全的高校自主适应机制。健全的高等教育分流自主适应机制，主要包括以下几方面的运作方式：

一是自主办学。在社会转型时期，社会经济的产业结构与技术结构都在发生巨大变化，整个社会所需的人才结构也具有复杂多变的特点。中等教育后阶段的各类高校作为分流培养高级人才的专门机构，要使内部分流合理，必须具有根据人才市场需求信息作出灵活反应的能力。如果高校没有相应的办学自主权以形成自主分流机制，一切都靠国家的统一计划来调节，高等教育分流就很难适应新时期的社会需求。

二是自我发展。高等教育分流的良性运行与有序发展，需要两方面的动力：一是来自社会的需求拉力；二是来自高校自身内部的推动力量。然而，无论是外部拉力还是内部推力的产生都离不开利益的激发。在市场经济迅速发展的历史条件下，利益关系是一种较稳定、较有效的内在关系。因此，要形成高等教育分流的动力机制，一方面需要在高校外部形成"办学主体—管理主体—用人部门"三者之间的利益关系链；另一方面需要把竞争机制、利益机制适当引入高校内部，使高校逐步形成一种"教育质量—社会效益—高校利益"的关系链。

三是自我调控。高等教育分流是为社会分工服务的，其价值目标、结构功能以及操作策略等的发展演变也是由社会分工的需要所决定的。现代社会经济的迅速发展与社会分工的日益复杂，对劳动者或各级各类人才的素质要求以及结构要求都在不断地变化，因而高等教育分流的目标、结构与策略等也应随之变化。否则，分流培养的人才将难以适应社会分工与社会发展的要求,甚至会出现社会拒绝接纳高校毕业生的现象。我国当前的大学生就业难现象与此不无关系。显然,高等教育分流的自我调控非常重要。

四是自主选择。自主选择是指高校或分流机构有权对学生进行考核与鉴定,并将学生分流到适合其发展需要的学科专业流向或职业流向等的一系列运作方式。这不仅有利于因材施教,充分发挥每个人的天赋特长,还可以为各种社会岗位物色与造就合适人才,促进社会人才结构的逐步优化,做到人尽其才,才尽其用。在传统社会里,谁有接受高等教育的权力或谁能流入高教系统,不是取决于分流系统或分流机构的自主选择,而是取决于学生的家庭背景在社会分层中的位置,即使在现代社会,有些国家的高等教育分流仍保留有这种痕迹。随着时代的进步,不公正的选择依据愈来愈受到广泛的批评。同时,随着社会发展对人才素质要求的不断提高,作为分流机构的高校自主选择的意义也逐渐受到人们的重视。

三、学生流向指导机制

何谓流向指导,目前世界各国尚无一致的说法。美国、加拿大称"职业指导"或"生计指导",苏联称"职业定向教育",日本称"前途指导",德国称"职业咨询",我国香港地区称"职业辅导",等等。本书用"流向指导"一词,主要是从指导学生合理分流的角度来考虑的。它具体包括对学生进行正确的人生观、价值观、职业观等有关分流观念的教育,健康的职业意向与职业态度的教育;在系统观察与全面了解学生特点基础上的分流意向指导,包括合适的学科专业流向、恰当合理的课程选择、适合个性发展的班组选择、有利于特长兴趣发展的课堂选择等方面的指导;利用一定的条件对学生进行因材施教或进行某些方面的职业技术教育;及时为学生提供升学与就业的信息与咨询;与家庭及有关方面协商,指导学生作出最佳的流向选择;对学生进行全面妥善的安置等多方面的内容。

流向指导机制指各类高校主体会同其他主体尤其是政府主体,采取一定的措施,有目的、有计划地引导学生对个人的学科专业流向(包括课程、课堂和班组等)以及职业流向作出恰当选择的一系列运作方式。其实质是尽可能地把学生个人的意愿与国家社会的需要结合起来,既有利于发挥学生的积极性与特长,以便他们将来顺利就业,又有利于满足社会的人才需要,促进社会各方面的发展。

在社会职业需要与个人择业之间始终存在着许多不可避免的矛盾现象,例如:有些职业较少人选择,而有些职业则人满为患;人们对于自己所选择的职业总难满意;人们要选择适合自己发展与意愿的职业总要受到一定的限制,即人们难以有选择职业的绝对自由等等。造成这些矛盾的原因主要表现在两个方面:其一是学科专业的日益分化以及职业的日益分化与多样,造成人们的择业信息不对称。据统计目前世界上有4 000多种学科,10 000多种职业,而且,新的学科与职业还在不断产生。我国的职业分类是8大类、63个中类和30个小类,每个小类也包括多种具体职业。在20世纪90年代中期,我国高校的专业设置仍有504种,高等职业学院的专业设置也达到385个。面对这种情况,任何人都难以获得较全面的专业选择与就业的信息。其二是随着时代的发展,人们对职业的需求多种多样,而社会的职业又不可能完全满足每个人的需要,这就使具体的个人在选择学科专业流向与职业流向时要受到一定的限制,即具体的个人的选择不是绝对自由的。流向指导机制的建立与健全之所以需要和重要,就在于"它是使人们在不能有绝对自由选择职业的现实社会中,帮助人们能够比较合理地选择职业,协调不自由和自由之间的矛盾"[①];尽量合理地开发人力资源,使社会对各种职业的需求得到满足,也尽可能使个人找到能较好地发挥自己特长和优势的岗位,让个人的需要得到适度的满足。当两者发生矛盾时,流向指导的重要任务就是要引导个人根据社会需要来调整自己的意愿,培养和提高适应社会所需职业的兴趣和能力。

高等教育分流的学生流向指导机制主要有两种类型:一是学科专业流向指导;二是职业流向指导。学科专业流向指导是指高校通过对学生的指导,帮助学生选择有助于或适合于自己个性发展的学科专业、课程、课堂和班组等流向,使学生的个性得到充分的发展。这一机制的形成是与学科、专业、课程等的分化和发展分不开的,学科与专业乃至课

---

① 高奇. 全社会都要关心职业指导工作[J]. 教育与职业,1987(3):4-5.

程越是分化和发展，学生在选择时，就越需要指导，这是由信息不对称造成学生选择的困难所致。加强专业流向指导有利于学生选择适合于自己个性发展的学科、专业、课程、班级和课堂等流向，使他们得到充分的发展。职业流向指导是指高校通过对学生的指导，帮助学生选择适合自己个性与特长的职业流向，从而使学生在社会上找到自己合适的位置。社会分工越是发展，职业分化也就越快，学生的职业选择也就越需要指导。这也是由信息不对称造成学生选择的困难所致。加强职业流向指导有利于学生选择适合自己特性或特长的职业，有助于学生找到自己合适的社会位置。目前世界各国的学生流向指导的趋势是倾向于两种机制的结合，即指导学生的学科、专业课程、班级和课堂等流向时要结合职业流向的选择，在指导学生的职业选择时要在学生所学专业、课程的基础上进行指导。只有这样，才能使学生在高等教育分流活动中的选择趋向合理。

综上所述，高等教育分流的运行机制是宏观调控、自主适应和流向指导等多方面机制的综合体系，试图用某一方面的机制来运作分流活动，即用某一方面的分流活动方式来统一、控制甚至代替其他方面的分流活动方式，将难以搞好高等教育分流。因此，只有发挥多方面机制的作用并协调运作，才有可能促使高等教育分流趋向合理化。特别要指出的是，高等教育分流的运行过程也是高等教育分流主体之间利益的协调过程，所以，利益主体协调机制的形成，也是建立和健全高等教育分流运行机制的一个重要保证。

四、利益主体协调机制

利益主体是指拥有各种不同资源的个体、组织或群体。高等教育分流中的利益主体主要有政府、高校、企业、家庭与学生个人等。政府是高等教育分流的决策与调控主体；教育部门和各类高等教育机构是高等教育分流的执行主体；企业、家庭与个人，以及与高等教育分流活动相关的社会组织是高等教育分流的重要参与主体。这些不同的主体都有着各自不同的目标取向和利益追求，高等教育分流实质上是多主体之间的目标与利益关系的协调活动。

政府作为分流的决策与调控主体，控制着社会的各种资源，如政治的、经济的、文化的，等等，因此，它拥有"强力资源"（不仅资源数量多、质量优，而且权力大）；教育行政部门虽然在分流活动中是执行主体，但它代表政府利益，在分流活动中行使政府权力；各类高等教育机构作为分流的执行主体，它们除了拥有优质的"文化资源"（这里主要指经过选择和加工的知识资源以及人文环境等）以外，还拥有一定的分流权力；作为参与主体中的企业及其他相关的社会组织，它们拥有一定的"经济资源"（这里主要指企业和社会组织所能提供的就业机会、物质和资金等）；个体与家庭则拥有"人力资源"（这里指个体所具有的知识和能力的总称），除此之外，他们也有选择分流的权力。

决策主体、执行主体与参与主体之间由于各自拥有不同的资源，且对其他主体的发展具有较大的互补性，因而相互之间具有很强的利益依赖关系。但主体的多元化必然导致目标追求的多元化与利益取向的多元化，进而导致分流过程中出现种种矛盾与冲突，这就需要充分考虑各主体的利益追求，建立和健全协调运行的分流机制，即以统筹兼顾的思想为指导，对决策主体、执行主体和参与主体的利益进行协调，从而实现高等教育分流协调、有序地运行。

第二章 高等教育的质量与公平

　　质量与公平是人们追求美好生活的重要内容,是高等教育改革发展的两条主线,也是高等教育分流的轴心。大力提升高等教育质量,不断推进高等教育公平,是贯彻落实党和国家教育方针政策的必然要求,是为经济社会发展培养创新、创造型人才的必然要求,是为每个受教育者提供优质、适切、合意的高等教育的必然要求,事关国家长远发展,事关民族未来。自党的十八大提出"以质量与公平为主线"的教育改革战略以来,质量与公平逐渐成为高等教育改革的主旋律。2015年开始,政府工作报告将质量与公平同时提出,要求"促进教育公平发展和质量提升"。2016年,政府工作报告进一步提出"发展更高质量更加公平的教育"。2017年的政府工作报告又提出"办好公平优质教育"。2018年的政府工作报告强调"发展公平而有质量的教育"。党和国家对质量与公平问题的高度重视,表明质量与公平已成为国家政策的主要导向。把提高质量和促进公平作为高等教育发展的第一要务,努力实现高质量的高等教育公平,是党和国家在中国特色社会主义进入新时代的关键时期对高等教育提出的新要求,是全面深化高等教育体制机制改革的出发点和推动高等教育合理分流的根本目标。

第一节　质量——高等教育的逻辑起点

　　质量是高等教育改革发展的生命线,是高等学校生存发展的基石,是高等教育分流的逻辑起点。好的质量是高等教育发展的引力,可以实现顺畅的高等教育分流;差的质量则是高等教育发展的阻力,成为高等教育分流的障碍。在全球性高等教育大众化和普及化进程不断加快的过程中，高等教育质量成为社会各界普遍关注的焦点，每个国家与地区、每个家庭与学生都在追求高质量的高等教育。因此，探讨大众化和普及化情境中高等教育质量的内涵及其特征，既具有重要的理论意义也具有深刻的现实意义。

一、高等教育质量是一个多维度、多层次的概念

高等教育质量既是一个动态发展的概念又是一个内涵丰富的概念；既是一个多维度、多层次的概念又是一种具有从属于价值主体倾向的价值判断，具有很强的主观性与相对性，不同的研究者立足不同的立场、从不同的视角可以给出不同的定义。为了较为全面地理解高等教育质量的内涵，我们将对质量和教育质量这两个概念作简要描述的基础上，提出高等教育质量的概念。

所谓质量，从狭义的角度讲是指产品的质量；广义的质量除产品质量外，还包括过程质量、服务质量和工作质量。美国著名质量管理专家约瑟·朱兰（Joseph M. Juran）将产品质量定义为适用性。这是站在用户的角度来看质量。另一位质量管理专家菲利浦·克劳斯比（Philip B. Crosby）则从生产者的角度出发，把质量定义为产品符合规定要求的程度。《质量管理和质量保证——术语》（ISO 8402：1994）将质量定义为：反映实体满足明确和隐含所需的能力的特性总和。这个定义较好地包含了产品的适用性和符合规定性的全部内容，从这个定义中还可以看出产品质量的优劣是用质量特性是否满足人们需要及满足需要的程度来衡量的[1]。

所谓教育质量，我国出版的《教育大辞典》从教育产品的角度对教育质量作了如下定义：它指"教育水平高低的效果和优劣的程度"；"衡量教育质量的标准有教育目的和各级各类学校的培养目标两个方面，前者规定受教育者的一般质量要求，亦是教育的根本质量要求；后者规定受教育者的具体质量要求，是衡量人才是否合格的质量规格"[2]。这个定

---

[1] 彭鹃，姚利民. 论教育质量的基本特征 [J]. 中国高教研究，2006（8）：28-30.
[2] 教育大辞典编纂委员会. 教育大辞典：第1卷 [M]. 上海：上海教育出版社，1990：24.

义是从狭义的角度对教育质量的内涵作出的界定。广义的教育质量还应该包括教育的过程质量（指学校以最优化的教学、科研资源，在培养人才的过程中，为发展科学、振兴学术和社会服务作出的最大贡献率）、教育体系质量（包括教育组织管理质量和教育人员质量）以及学校为人才培养所提供的教育服务质量等。

  高等教育质量作为衡量高等教育水平高低和高等教育效果优劣的基本准则，亦有广义和狭义之分。从广义的角度出发，联合国教科文组织于1998年10月在法国巴黎召开"世界高等教育会议"，大会通过的《面向二十一世纪高等教育宣言：观念与行动》提出："高等教育的质量是一个多层面的概念，它应包含其所有功能和活动：教学和学术活动，研究、奖学金、队伍、建设、学生、基础设施，社区服务和学术环境。透明的内部自我评价和外部评价对于保证质量是十分重要的。因此，必须建立国际认可的机制，但应注意具体环境，避免一刀切。为了提高和保持质量，某些因素是至关重要的，特别是严格筛选与不断的师资开发和流动。在这一过程中，新的信息技术由于其对于获取知识与诀窍的影响而起着重要的工具作用。"这个概念从非大一统的国际质量标准出发，比较全面地论述了高等教育质量所包含的内涵和外延，得到了世界各国的普遍认同。应当说，这是关于高等教育质量界定的一个突破，仅就高等教育质量的"多层面"释义而言，它反映了现代高等教育日益成为"社会的轴心机构"后的基本特征，即高等教育对社会的"多层面"的责任，大学的质量与人才的质量的联系与区别，以及人才培养的过程与结果的辩证关系等①。不过，高等教育质量还有更为狭义的内涵，因为：高等教育对社会的责任，除了提供人才和科研服务以外，还应发挥其传承、生产和创造知识的作用；高等教育机构的办学质量，除了体现学术和精英的要求外，还应当回应大众和职业的要求，使不同层次和类型的院校具有不同的质量定位；人才的质量，除了提供学术型和知识型人才外，还应提供复合型和技能型人才。换言之，不同类型、不同层次的高

---

  ① 卢晓中. 质量是21世纪高等教育的生命 高等教育的新质量观［J］. 有色金属高教研究，2001（2）：3-5.

等教育机构都应当根据自己的办学性质、任务和特点来确定质量标准，使人才培养多规格化和多品种化。

国内有研究者试图突破广义和狭义的高等教育质量划分法，从三个维度对高等教育质量进行界定：（1）内适质量：在知识传递过程中，学生知识准备的充分程度和为以后的"新发现"提供准备的充分程度；在知识生产过程中，表现为生产一部分知识对生产另一部分知识的意义，即学术价值。（2）外适质量：高校所培养的学生满足国家、社会以及用人部门需要的程度。其特点是注重外部需要，并以外部满足的程度作为评价教育质量高低的标准。（3）人文质量：学生个体的认识、情感、兴趣、特长、意志、品质等个性发展程度。强调学生作为人的自主与独立性、完整性、自我指导性，强调学生个体自由发展与在学校和教师帮助下，达成一定阶段的自我实现[1]。

高等教育质量是一个复杂的概念，综合分析认为，高等教育质量是在一定时间和条件下高等教育机构所从事的活动和功能及其所提供的教育产品与服务满足社会、经济、文化发展和学生个性发展明显或隐含需要的特征和特性的总和，包括人才培养质量、科学研究水平、社会服务能力和文化传承创新等，是高等教育理念与目标、主体与客体、历史与现实、过程与状态的有机统一。由于高等教育始终处于发展与改革中，高等教育质量的内涵和标准也会随之发生变化，高等教育质量观也随之逐步更新甚至发生部分质变而使其内涵更加丰富、全面和科学[2]。因此，要较为全面地理解高等教育质量的内涵，需要从以下几个维度去把握。第一，从抽象与具体的角度来看。高等教育质量既包括普遍意义上的教育质量——一切高等教育，都要依据教育目的和高等教育一般培养目标，培养德、智、体、美全面发展，人文素质和科学素质结合，具有创新精神和实践能力的专门人才，又包括各种具体意义上的教育质量——各级各类高等教育机构具体的培养人才的规格和目标。前者是绝对意义上的

---

[1] 蒋立文，经贵宝. 高等教育的质量和质量保证 [J]. 江苏高教，2006（5）：53-56.

[2] 潘懋元. 新世纪高等教育思想的转变 [J]. 中国高等教育，2001（3/4）：22.

界定，而后者却是相对意义上的界定；前者较为抽象，后者相对具体；前者是纲领性的，后者是操作性的。第二，从纵向与横向的角度来看。高等教育质量在纵向上是研究生教育质量、本科教育质量和专科教育质量的聚合体，具有典型的层级性；高等教育质量在横向上既是综合性、单科性、行业性、专业性高校办学质量的反映又是学术型、应用型、技能型高校办学质量的体现，具有明显的类型划分。第三，从广义和狭义的角度来看。高等教育质量既包括教育产品（学生）本身的质量，又包括教学质量、科研质量和服务质量等过程性质量。前者特指教育结果是否合乎一定的规格，是一种广义的质量要求；后者强调教育过程是否合乎一定的规范要求，是一种狭义的质量标准。第四，从需求与供给的角度来看。高等教育质量既是衡量高等教育满足不同个体需求的程度，也是衡量高等教育满足社会不同需要的程度。社会需要包括学生的期待、家长的期待、学科/学校的期待、行业的期待、社会的期待和顾主的期待等方面，高等教育供给包括入学、学习、课程、管理、服务、学习结果、毕业、就业、绩效和终身学习等方面。第五，从过程和状态的角度来看。高等教育质量的内涵应该同时具有过程和状态的特性，是过程和状态的有机统一[①]。高等教育质量的过程特性着重描述高等教育质量的发展变化，而状态特性着重描述办学实体之间的质量比较。

二、高等教育质量具有鲜明的时代特征

作为高等教育分流的一个测量仪，高等教育质量既具有一般产品质量的某些特征又不同于一般产品，既和教育质量有千丝万缕的联系又有区别，既受经济、政治、社会、文化等因素的影响又有相对独立的特性。高等教育质量既是历史的产物，更是现代社会作用的结果，在现代教育情境中具有以下时代特征。

1. 质量理念的发展性

世界是变动不居的，质量是不断发展变化的，高等教育质量理念始终处于发展变化之中。从古到今，由于高等教育所处的社会环境是发展

---

① 欧阳常青. 教育质量：过程与状态的统一[J]. 江苏高教，2005（2）：52-54.

变化的,身处其中的利益相关者对质量的内涵、性质及价值等的认识也是发展变化的。高等教育是持续的质量改进,而质量改进是一个长远的旅途,而不是目的地。历史上所谓的有质量或者高质量,今天看来可能微不足道;而今天所创造的高质量也必将被新的更高的质量所取代,这是教育发展的一般规律。马丁·特罗在总结发达国家高等教育大众化进程的规律时指出,量的增长必然要引起质的变化,包括教育观念的变化、教育功能的扩大、培养目标和教育模式的多样化,课程设置、教学方式与方法、入学条件、管理方式以及高等教育与社会的关系等一系列变化。这一系列变化就是发展,不仅意味着高等教育本身的发展,而且意味着高等教育质量理念的发展。体现在高等教育发展的阶段上,从精英高等教育阶段到大众化和普及化高等教育阶段,高等教育必须通过办学主体、教育方式、培养目标、教学内容等的发展来满足经济社会发展的需要,由此导致高等教育质量理念的不断发展变化。精英高等教育阶段,社会以个人掌握高深知识的多寡作为判定人才质量高低的标准,高等教育质量理念是学术质量观的缩影,具有典型的知识本位倾向;大众化和普及化高等教育阶段,随着社会需求更加多元,高等教育质量表现为人才属性满足多元主体需要及其满足的程度,具有明显的多元主义特征。从学术质量理念到多元质量理念,不仅高等教育质量标准发生根本性变化,而且高等教育质量评价理念也发生重要变化,如果说学术质量理念强调对受教育者进行统一性评价,那么多元质量理念则要求对接受不同类型、不同层次高等教育的学生群体进行适切性评价,倡导"适销对路"的人才培养理念[1]。从推动高等教育发展的角度来说,今天要构建的高等教育质量理念虽然总体上优于传统的质量理念,但它并不是对传统质量理念的全盘否定和彻底推翻,而是以传统质量理念为基础发展起来的,既优于传统质量理念又包容原有质量理念的部分内容,既与传统质量理念有质的区别,又是整个质量理念发展过程中的一个环节。因此,认识、理解和评价高等教育质量,要坚持发展性原则,要与时俱进。

---

[1] 刘亮. 高等教育质量观的发展与高考制度变革[J]. 中国考试,2015(9):22-28.

2. 质量取向的人本性

人是高等教育的中心,"以人为本"是对人在社会发展中主体地位和作用的肯定。其着眼点是充分调动人的积极性,激发人的创造力,提高人的素质,促进人的全面发展。坚持"以人为本"是高等教育的核心思想,是教育工作的出发点和落脚点,也是新形势下高等教育质量观的本质和核心。以人为本的高等教育质量取向有三层含义:一是以学生全面发展为本。高等教育的根本目的是"以育人为本","以学生为主体,促进学生的全面发展,要坚持一切为了学生的发展,一切为了学生的成人成才,一切都着眼于调动和依靠学生内在的积极性","实现受教育者德智体美诸方面的全面发展"①。以人为本不仅是新时代中国特色社会主义人才培养的质量取向,也是发达国家顶尖大学人才的质量取向。正如牛津大学校长卢卡斯所强调:"大学从事的是人的教育,大学应该是这样的一个场所,在这里能够培养独立思考能力、清晰的头脑、想象力等个人成功所必备的品质,而具有这些品质的人,是社会发展进步的保证。"② 二是以学生个性化发展为本。中外大学校长论坛会上许多校长这样认为:21世纪的大学,应按照以学生为中心的新思路和新模式,重新组织教学、设置课程,提供更加宽松的学习环境,为向社会成员提供各种形式终身教育机会创造条件,使学习者享有更为灵活的受教育的选择权③。环顾我国高校人才培养,学生正在成为丧失个性发展的人。举个简单的例子,当今不少高校实验实践技能课程附属于理论课开设,课程评价重理论考试轻实验实践技能操作,使那些善于实践操作的学生在评价中处于不利境地。这种评价机制在抹杀学生个性特长的同时,也不利于最大程度激发学生在实验实践技能方面的潜能,更缺乏对学生评价的公信力。因此,要让学生的个性得到充分自由的发展,必须给学生在专

---

① 周济. 用科学发展观统领教育工作全局:在教育部2005年度工作会议上的讲话[J]. 中国农村教育,2005(Z2):1-2.

② 刘继安,储召生. 向世界一流大学学什么:中外大学校长论坛特别报道[J]. 管理科学文摘,2002(1):52-55.

③ 刘继安,储召生. 向世界一流大学学什么:中外大学校长论坛特别报道[J]. 管理科学文摘,2002(1):52-55.

业、课程等方面的自主选择权,同时要避免用同一把尺子衡量学生的优劣,否则促进学生个性化的全面发展就是空谈。三是办好让人民满意的教育。把"用人单位满意不满意、学生满意不满意、学生家庭满意不满意作为衡量质量的最终标准",这是高等教育的崇高理想,尽管这一理想在现实条件下还难以完全实现,但仍然值得追求。

3. 质量构成的整体性

高等教育质量是由诸多要素构成的整体,是一个整体化、系统化的概念,需要用整体的观念来看待。按照系统论的观点,一切系统都是诸要素间及其与外界环境间的相互协调作用构成的特定的有组织的机构整体,没有整体联系,就没有整体功能,整体功能大于部分功能的简单相加。高等教育质量也不例外,它是一个整体性的系统。按照整体性的观念,一方面,高等教育质量是国家政治主张、社会经济需求、文化发展模式等在高等教育领域的反映,因而高等教育要积极主动适应经济和社会发展的需要,与社会大系统协调发展,才能获得更大的生存空间。另一方面,高等教育质量是高等教育系统内部各要素合力作用的结果,因而在高等教育系统内,各部分要按合理的比例协调发展,要正确处理规模(数量)、结构、质量、效益的关系,使高等教育活动过程的各个方面和各个环节,如师资、投入、管理、教学、研究、服务等因素的配置合理有效,才能保障高等教育的总体质量。

4. 质量标准的多样性

由于现代高等教育具有多方面的目标,因而高等教育质量的标准也不是单一的。社会经济对人才的规格、类型、层次需求是多样的,学校的规格是多样的,学科门类是多样的,学生的个性也是多样的,这些都决定了质量标准的多样化。高等教育只有为社会提供多层次(有博士、硕士、本科、专科等)、多类型(有理论型、应用型、技能型、复合型、管理型等)、多形式(有全日制、非全日制,有普通高等教育、高等职业教育、成人高等教育、远程高等教育、高等教育自学考试等)的教育,才能满足社会对各类人才的需求和个性发展多样选择的要求。因此,学术标准绝非是衡量高等教育质量的唯一标准,高等教育的适切性也是人们关注的焦点。一般而言,高等教育系统内部往往倾向于强调教学、科研的学术标准，强调学科、专业的内在逻辑和科学性；而社会（包括用人单位、学生、学生家长等）更多地关注高等教育活动对现实的适切性、实用性，例如：学校课程设置、教学内容是否有利于日后就业；在交费上学的情况下，投资孩子的教育能否获得更大的回报；高校的科研是否能向企业提供新产品、新工艺，从而给企业带来可观的经济效益①。

5. 质量目标的适应性

高等教育是一种有目的的社会活动，这种社会活动的目的就在于促进人的全面发展和推动社会进步。因此，适应国家、社会和学生的需要，按照学生的性向旨趣和社会的需要办好高等教育，是高等教育发展的本质属性，也是高等教育质量的根本目标。这个目标主要体现在三个方面：第一，适应国家政治需要，即高等教育必须全面贯彻教育方针，依照教育法规，全面推进素质教育，促进人的全面发展，坚持"育人为本，德育为首"，使德、智、体、美等方面有机统一在教育的各个环节。所谓"育人为本"，就是要培养大学生"成人"，就是要使学生学会做人，懂得做人的道理，形成正确的世界观、人生观、价值观，就是要培养大学生"成才"，具备为人民服务、为经济发展服务、为国家建设服务的能力。高等教育改革"要把既'成人'又'成才'作为高等教育质量的根本标准"②。第二，适应人的发展需要，即高等教育质量目标的确定要以人的发展为导向。高等教育质量目标可以分为两个层次，一个是一般的基本质量要求，另一个是具体的人才合格标准。前者所指的是一切高等教育都要依据我国教育目的和高等教育一般培养目标，培养德、智、体、美全面发展，人文素质和科学素质结合，具有创新精神和实践能力的专门人才；后者所指的是依据各级各类高等教育的具体培养目标所规定的质量要求，是衡量所培养的人才是否合格的质量规格。无论从一般的质量要求还是具体的人才合格标准来看，高等教育质量目标要适

---

① 房剑森. 高等教育发展论［M］. 桂林：广西师范大学出版社，2001：192.
② 周济. 大力加强教学工作切实提高教学质量：第二次全国普通高等学校本科教学工作会议上的讲话［J］. 中国大学教学，2005（1）：4-8.

应人的发展需要,都必须把传统的知识质量观以及一度流行的能力质量观转变为包括知识、能力在内的全面素质质量观,这种质量观无论对于精英型高等教育还是大众化高等教育都是适用的[①]。从经验立场的角度出发,这种适应性主要体现为高等教育质量目标与受教育者学习需要的适切度,适切度越大,高等教育质量就越高,反之亦然。第三,适应社会发展的需要。高校培养的人才,即使学富五车、才高八斗,倘若不能适应市场的需要,也只能是"废才"、"庸才"、"蠢才"。说得委婉些,这不是"合用"的人才,也就无须谈论人才质量的高低。在这种意义上,我们可以说,"高校也是有目标市场的"[②],抓市场标准才是一种真正的"实践标准",市场检验才是一种真正的"实践检验"。牛津大学校长卢卡斯认为:"大学一直是服务于社会的,同时不断调整自身以回应社会不断变化的需求。"[③]在高等教育与市场的互动中,"只有当高等教育成功地表现出它对地方社会、地区和国际社会是有用的,能够满足社会需要和个人需要的时候,它才能够得到发展,才能成为群众性的教育"[④]。高等教育要想从市场那里获得丰厚的回报,就必须面向社会、面向市场,培养出切合社会需要的"合用"人才。一旦与社会需求相脱离,高等教育的发展就会落空,经济社会最终也会因此而缺乏发展动力。

6. 质量评价的复杂性

以评价促进高等教育质量改善是当今世界高等教育发展的潮流。随着全球性高等教育大众化及普及化进程的推进,国际社会和世界各国的高等教育质量观已发生深刻变化,高等教育质量的内涵已经从单纯评价学生掌握知识的多少扩展到包含认知发展、社会均衡和学习态度等方面,从而使高等教育质量的内涵更加丰富、标准更加多样,同时也使高等教

---

① 潘懋元. 高等教育大众化的教育质量观 [J]. 江苏高教, 2000 (1): 6-10.
② 李学禄. 高等教育质量与质量管理新论 [J]. 山东大学学报(哲学社会科学版), 2001 (2): 114-119.
③ 刘继安, 储召生. 向世界一流大学学什么:中外大学校长论坛特别报道 [J]. 管理科学文摘, 2002 (1): 52-55.
④ 房剑森. 高等教育发展的理论与中国的实践 [M]. 上海:复旦大学出版社, 1999: 12-13.

育质量的评价更加复杂。高等教育质量评价的复杂性主要表现在：第一，高等教育质量内涵的属性及特征不可一一量化，人们只能凭观察、感受以及经验等来判断高等教育质量优劣，评价结果在很大程度上受到评价主体主观意志的影响，制定具有公信力的评价指标是一件不容易的事；第二，由于高等教育层次的多维性和类型的多样性，人们不可能拿一把尺子一个标准评价所有的高等教育机构的质量，所以如何科学地制定适合每种类型的高等教育机构的多元化评价标准比较困难；第三，评价主体的多元化，不同的主体需求的内容和程度不一，考虑问题角度和重点不同，对同一评价对象有可能给出不同的评价结果。面对纷繁复杂的高等教育活动及高等教育质量评价，高等教育质量管理必须遵循"管办评分离"的原则，按照分类管理、分类评价的原则，制定科学的评价指标，构建多元化的评价主体，使受教育者、高等教育提供者（机构）、受教育者的家长、社会有关部门（企业或其他用人机构）、社会中介机构等共同参与评价活动之中，并在充分吸纳社会中介评价的基础上，采用更为科学的评价方法。

三、提升高等教育质量的核心价值

质量是高等教育的立身之本和发展之基。在我国从高等教育大众化向高等教育普及化迈进的进程中，质量越来越成为高等教育发展的关键。习近平同志说："教育是提高人民综合素质、促进人的全面发展的重要途径，是民族振兴、社会进步的重要基石，是对中华民族伟大复兴具有决定性意义的事业。"提升高等教育质量是实现我国高等教育发展方式和发展路径转变的基本方向，对建设人力资源强国，建设高等教育强国，实现中华民族伟大复兴等都具有重要价值。

1. 建设高等教育强国

建设高等教育强国是实现我国现代化和中华民族伟大复兴的基础工程，是新形势下中国高等教育改革发展的新目标、新任务、新使命，必须以提升高等教育质量为核心，加快高等教育内涵式发展。国务院印发的《统筹推进世界一流大学和一流学科建设总体方案》指出，"坚持以中国特色、世界一流为核心，以立德树人为根本，以支撑创新驱动发展战略、服务经济社会发展为导向，加快建成一批世界一流大学和一流学科，提升我国高等教育综合实力和国际竞争力，为实现'两个一百年'奋斗目标和中华民族伟大复兴的中国梦提供有力支撑","到本世纪中叶，一流大学和一流学科的数量和实力进入世界前列，基本建成高等教育强国"。建设高等教育强国，必须坚持正确方向，深刻把握新时代高等教育的战略定位和历史使命，使高等教育发展同我国发展现实目标和未来方向紧密相连。必须牢固确立人才培养的中心地位，树立科学的高等教育发展观，坚持稳定规模、优化结构、强化特色、注重创新，走以质量提升为核心的内涵式发展道路，培养新时代中国特色社会主义事业合格建设者和可靠接班人。

2. 分类建设世界一流

建设世界一流大学与一流学科体系是提升高等教育质量的重要内容。加快"双一流"建设进程，积极创建世界一流大学与一流学科体系，促进更多不同层次、不同类型的高校发展成为优质高校，增加优质高等教育供给，是实现高等教育合理分流的一条通道。为此，必须着力加强高等教育供给侧结构性改革，提高高等教育供给体系的质量、效率和公平性，促进优质高等教育持续增长，为考生创造更多更公平的优质高等教育入学机会。落实到"双一流"建设的具体行动上，国家需要以质量为中心，以世界一流为目标，以中国特色为导向，探索建立高校分类体系，制定分类管理办法，促使高校克服同质化倾向，根据办学历史、区位优势和资源条件等进行合理定位、各展所长，引导高校在不同层次、不同领域办出特色、争创一流。一是引导不同行业的高等院校分类发展，促进师范、艺术、体育以及农林、水利、地矿、石油等行业性高校按自身规律建设，突出学科专业特色和行业特色，在自己所属的领域内争创一流；二是引导地方政府加强对本省区的地方高校建设，按照扶需、扶特、扶强的原则，发挥政策引导和资源配置作用，支持有特色高水平的地方高校发展，创建地方性一流；三是引导高等职业院校加强内涵建设，以培养一流技术技能型人才为核心，建设高质量的高等职业教育体系。

3. 提高人民满意程度

高等教育是为国家、民族和每个人未来发展作准备的事业，也是为人民谋福利的事业。人民满意是高等教育发展的根本目标和永恒追求，也是判定高等教育发展水平的一个标尺。党的十九大报告强调，必须把教育事业放在优先位置，加快教育现代化，办好人民满意的教育。提高高等教育质量，是"办好人民满意的教育"的题中应有之义，是深化高等教育综合化改革、全面建成小康社会的根本体现，也是落实习近平新时代中国特色社会主义思想的必然要求。当前，我国经济社会发展进入新常态，大力实施创新驱动发展战略对加快提升劳动者素质和受教育水平提出新要求。随着物质文化生活水平的不断提高，人民群众对高等教育的期待越来越高，对提升社会竞争力、追求美好生活的愿望越来越强烈。习近平同志指出："当今世界的综合国力竞争，说到底是人才竞争，人才越来越成为推动经济社会发展的战略性资源，教育的基础性、先导性、全局性地位和作用更加突显。"全面提升高等教育质量，为人民群众提供更加满意的高等教育，是高等教育改革发展的新任务、新挑战。面对新形势，要把人民对美好生活的向往作为高等教育改革发展的奋斗目标。必须坚持内涵发展，加快教育由量的增长向质的提升转变，加快建成高质量的高等教育体系；必须把质量作为高等教育的生命线，坚持人才培养在高等教育的中心地位，努力抓好保障和改善质量的各项工作，不断增强人民的获得感、幸福感、满意感，不断推进全体人民共同富裕。

第二节 公平——高等教育的价值追求

高等教育公平是使所有公民更加平等的一种价值信念、一种生存方式、一种发展途径，它使所有公民均有机会获得更高的经济收入和更高的社会地位。在我国经济社会转型发展加快、产业结构转型升级加速、社会贫富分化加剧的过程中，高等教育成为个体由低社会阶层向高社会阶层流动的阶梯，人们不但追求"普质"意义上的高等教育公平，更倾向于追求"优质"、"特质"意义上的公平。而现实的情况是，我国高等教育规模虽然既大又美，但高质量、多元化、有特色的高等教育仍然稀缺，阻碍了人们追求更高水平的高等教育公平，社会的抱怨声较多，满意度不高。为适应人民群众对美好未来的期待,当今中国高等教育的进一步跨越式发展,不应只是量的增长,而应是质的飞跃,即追求更高质量、更高水平的高等教育公平。高等教育公平作为一项国家政策、政府行为和社会福利分配机制,已成为现阶段我国高等教育改革发展的重要目标和行动纲领。

一、高等教育公平是一个动态发展的理念

教育公平是社会公平的基石,世界各国都在努力用法律和政策保障促进教育公平。高等教育公平是社会公平的重要组成部分,也是社会公平的重要内容。高等教育公平既是人类孜孜以求的理想,也是教育改革的目标。高等教育公平是一个动态变化的概念,随着时间的变化而不断变迁,随着空间的变化而不断丰富。

最初人们对高等教育公平的追求倾向于利用外部手段争取入学机会和教育权利的平等。古代先贤们的教育公平思想,是高等教育公平观的哲学起源。早在二千五百年前,我国教育先贤孔子就提出了"自行束脩以上,吾未尝无诲焉"的"有教无类"的思想,强调对待教育对象要一视同仁,不因为贫富、贵贱、智愚、善恶等原因而剥夺一部分人的受教育权利,把一部分人排除在教育之外,体现了古代朴素的教育平等思想。墨翟提出理想的社会应是人人受教育,蕴含着深刻的教育机会均等思想。西方教育鼻祖柏拉图同样倡导教育公平的理念,他在《理想国》中将教育公平的含义界定为两个层面:为了让每个人的能力得到发展,必须提供相同的教育机会;个人能力的发展不能以妨碍他人或整体社会的发展为代价。亚里士多德主张通过法律保证自由的教育权利。夸美纽斯的"泛智"思想认为,教育应当使所有的人获得包罗万象的知识。

及至近代,西方资产阶级致力于寻求教育公平,教育公平思想在一些西方国家被融入立法精神,通过立法措施在法律上确定了人人都享有接受教育的平等机会。一批教育法律、教育政策的颁布使蕴含在教育家们头脑中的平等思想开始应用于各国教育实践,并在实践的基础上产生了关于教育公平的理论。美国哲学家约翰·罗尔斯(John Rawls)在其著作《正义论》(*A Theory of Justice*)中将"公平"的定义概括为:每个人都应该获得最广泛的、与他人相同的自由;公开个人获得的不均等

待遇、地位、职位和利益；如果起点不同，应该通过补偿处于不利地位的人的利益来保证公平的实现。莉兹·科尔曼（Liz Coleman）认为，完全的教育机会均等只是一种理想，只有当全部校外差别影响消失时才能实现。这一条件只有在寄宿制学校创建以后才可能实现。由于校外影响的差异性，教育公平可能是人类追求的一种理想目标，永远不可能实现。瑞典教育家托尔斯顿·胡森（Torsten Husen）认为，教育公平就是每个人都不受任何条件限制获得学习机会，即不同种族、社会出身的人都能受到平等对待，促使学业成就的机会平等[1]。继罗尔斯、科尔曼、胡森之后，学术界关于教育公平的探讨日益引起政府的关注，并以政策法案的形式逐渐渗透到一些国家的政治主张中。

进入20世纪，教育公平的观念进一步得到强化，高等教育公平越来越受到世界各国的重视。联合国大会1948年通过的《世界人权宣言》指出，"高等教育的入学，应该根据才能对所有人完全平等地开放"。1960年，联合国教科文组织在《反对教育歧视公约》中进一步提出："保证同一级的所有公立学校的教育标准都相等，并保证与所提供的教育素质有关的条件也相等。"在世界各国的共同推动下，有的国家开始在公立学校实施教育标准化运动，有的国家开始在优质大学招生中尝试优惠及补偿政策，以追求一种同质化的公平。

及至今天，随着时间的变化和空间的转移，学界对教育公平有了更多的认识，对高等教育公平也有了更深刻的见解。如果对学术界关于高等教育公平的探讨作一简单梳理，大致可以形成这样的认识：高等教育公平是一个有着丰富内涵的概念，并且高等教育公平的内涵随着时代的变迁而变化；高等教育公平是社会公平的重要基础和核心环节；高等教育公平是实现社会安定团结、经济有序发展、政治局面稳定的重要途径；高等教育公平是现代教育发展的基本原则，其实现是一个渐进的、缓慢的过程，不可能一蹴而就；每个学生都追求公平的高等教育，统一的、标准化的公平并不符合学生自身的特征，高等教育公平必须关注多

---

[1] 托尔斯顿·胡森. 平等：学校和社会政策的目标[M]//张人杰. 国外教育社会学基本文选. 上海：华东师范大学出版社，1991：195.

样性和适切性。概而言之，高等教育公平是一个多元素的聚合体，既有深刻的历史烙印也有鲜明的时代特征，既有主观的价值追求也有客观的实践标准，既是一个因地制宜、循序渐进的推进过程又是一种因材施教、普遍受益的教育结果。当今世界，没有绝对高质量的高等教育，也没有绝对公平的高等教育，高等教育公平受众多的外在和内在因素制约。

二、高等教育公平具有多维度、多层面的内涵

高等教育公平的内涵十分丰富，从不同角度出发会有不同的分类。时至今日，学术界已从不同的视角对高等教育公平进行了种种定义，包括"阶段说"、"正义说"、"平衡说"、"政策说"等观点。概而言之，高等教育公平的内容主要包括权利公平、机会公平和效果公平，这个演变的序列代表着教育公平水平在纵向上的尺度。高质量的高等教育既包括优质的高等教育，也包括特质的高等教育，这种高等教育质量观的变迁标志着教育公平水平在横向上的联系。高等教育公平是水平性公平和垂直性公平的统一体，在纵向的层次上体现为学生获得高质量的专科教育、高质量的本科教育和高质量的研究生教育机会公平，在横向的类型上体现为学生获得高质量的普通高等教育和高质量的职业高等教育机会公平。高等教育公平纵横捭阖的政策机制在于，高质量的高等教育是社会分层的"筛选器"，高水平的高等教育公平是社会合理流动的"稳定器"[①]。在我国经济社会加速发展、高等教育资源总量不断扩大的前提下，追求高等教育公平意味着高等教育理念和高等教育质量观的深刻变革，不仅是一种崇高的理想，也是一个现实的目标。

1. 接受高等教育的权利公平

公民接受高质量高等教育的权利作为一项基本人权，是每个人应公平地享有并由国家法律保障实现的一项重要的受教育权，也是公民享受其他文化教育的前提和基础，必须得到尊重与保护。公民接受高等教育的权利公平主要是针对个体受教育状况而言的，不仅包括受教育机会的公平，而且还包括教育情感资源分配的公平、教育手段利用的公平等诸

---

① 董泽芳，张继平. 以质量保证提升高等教育公平水平的思考[J]. 高等教育研究，2015（3）：2.

多方面[①]。从高等教育公平水平上看，权利公平属于"合格水平"的公平，是最基本、最起码的公平，在破除高等教育特权和减弱阶层分化方面起着基础性、根本性的作用。在一个追求公平正义的社会里，"高等教育如果不能成为缩小阶层差距、促进社会流动的手段，反而成为固化阶级差距的工具和有钱人的特权，那么，高等教育改革的合理性就大可值得怀疑"[②]。从提高改革合法性的角度出发，依法保障人人享有接受高等教育的权利，既是依法治教、依法治招的具体体现，也是依法治国方略在高等教育领域的实践。虽然从宪法的层面来看，确保人人享有高等教育受教育权是一个从法治意识到法治思维、从法治思维到法治信仰、从法治信仰到法治行动的复杂过程，但是，随着我国高等教育大众化的深入推进，大学之门日益向更多人开放，人们公平地接受高等教育的权利问题会逐步得到解决，接受高等教育不再是少数人的特权，而是所有具有相应资格者的一种权利。在此前提下，人们越来越倾向于关注接受高质量的高等教育，越来越热衷于追求深层次的高等教育公平。因此，依法保障公民公平地享有接受高质量高等教育的权利，将成为依法治国的重要方面和实现高等教育治理现代化的必由之路。

2. 获得高等教育的机会公平

高等教育机会公平主要指每个公民都能公平地享有接受社会提供的各种高等教育机会，包括公平的普质高等教育入学机会、公平的优质高等教育入学机会、公平的特质高等教育机会和公平的就业机会。如果按照从低到高的顺序排列，高等教育机会公平又可以分为若干不同层次或者说可区分出若干种不同水平的公平，如及格水平或达标水平的公平、良好水平的公平和优秀水平的公平，温饱水平的公平、小康水平的公平和富裕水平的公平，低满意度的公平、中满意度的公平和高满意度的公平等。无论按何种标准划分，它反映的均是高等教育机会公平水平的发

---

① 苏君阳. 和谐社会教育公平的基本特征与原则 [J]. 高等教育研究, 2011 (12): 10-17.

② 史瑞杰, 等. 从精英教育到大众教育: 高等教育发展中的效率与公平问题研究 [M]. 北京: 高等教育出版社, 2008: 30.

展程度①。机会公平作为起点的公平,是实现高等教育公平的第一道门槛,是各种意义的公平观中最基本的概念,也是保障学生基本人权平等的道德底线。在高等教育大众化时期,高等教育机会成为社会关注的焦点,其不公平必然影响到整个社会的公平,不能不予以重视。

高等教育机会公平作为教育公平的核心内容和社会公平的重要基石,旨在让每个考生都有机会获得高质量的高等教育和取得有价值的高等教育文凭,借此向未来雇主传达能力强的信号,在谋得满意职业的基础上实现生存状况的改善和社会地位的变迁。美国社会学家迈克尔·斯宾塞（Michael Spencer）和罗伯特·索洛（Robert Solow）等人提出的筛选假设理论认为：高等教育作为一种筛选装置、一种识别人之才能的信号,其核心功能不在于提高人的认知水平,而在于对具有不同能力的人进行筛选；筛选是通过文凭揭示个体已有的生产能力,即学历是反映应聘者才能的信号,雇主可以凭借应聘者学历层次的高低、文凭价值的大小判定其能力的强弱；高等教育的筛选作用是人们向未来雇主传达原本不可观察到的生产率的一种方式,被雇用者为了向雇佣者传递自己高能力的信号,会投资于更高层次、更高水平的教育②,会追求更高质量、更加公平的高等教育机会。

机会公平倾向于使能力相同的社会各阶层成员公平地获得高质量的高等教育机会,而不论其家庭出身、性别、种族、地域、财产状况、宗教信仰如何。机会公平是教育公平尺度在纵向上的发展,标志着高等教育公平水平上升到"良好水平"。当今社会,高等教育公平水平与社会公平水平的相关性越来越大,受教育水平直接影响人们创造社会财富和占有社会财富的水平。从教育改变命运的角度看,高质量高等教育机会在人群中的公平分布格外引人注目,高等教育公平正在从单纯地追求入学机会均等转向追求高质量的高等教育机会平等,从追求普质层面上的高等教育机会公平转向追求优质、特质层面上的高等教育机会公平,这

---

① 张继平. 大众化十年：我国高等教育机会公平水平的发展变化［J］. 中国高教研究,2014（3）：31-36.

② Kenneth Wolpin. Education and Screening［J］. American economic review,1977（67）：949-959.

也是高等教育由形式公平向实质公平的转变。《国家中长期教育改革和发展规划纲要（2010—2020年）》指出，"教育公平的关键是机会公平"。对于人的发展来说，"公平的教育机会意味着能够培养更多的优秀人才，社会整体会因此而受益"①。如果说高等教育大众化赋予了人们形式上的高等教育机会公平，那么高等教育质量保障将促进实质性的高等教育机会公平。实质性的高等教育机会公平意味着每个学生不仅有机会上大学，而且均有机会上好大学。在大学文凭不断贬值的情形下，好大学成为雇主筛选人才的重要信号，因此上好大学是低社会阶层、低收入群体改变其社会地位和经济状况的一个重要途径。设若高质量高等教育更多地向低社会阶层、低收入群体开放，就可以提高他们占有社会财富的份额，使多弱者摆脱贫困而向上流动，从而缩小社会贫富差距，提高社会公平程度。

3. 取得高等教育的效果公平

效果公平是指高校学生不因种族、宗教、政治见解、民族、社会出身、性别、户籍、学历、年龄、身高、身体健康状况等而受到社会各界的区别对待与排斥。高等教育效果公平既体现为高等学校及高等教育系统为每个学生提供的高等教育是平等的，又体现为学生接受高质量的高等教育之后所获得的发展机会是平等的。需要指出的是，效果公平的本质，并不是每个来自不同背景的学生在学业成绩上完全的平等，而是将教育无法控制的那部分变量排除之后，只考虑教育系统自身的变量对学习成绩所造成的影响是平等的，这部分的平等才是真正意义上的教育结果的公平。效果公平作为高等教育结果公平的具体体现，是一个可量化的指标，不仅可以评价教育结果本身，还可以对教育起点、教育过程进行评价和衡量，作为一个结果指标检验教育起点和教育过程实施的效果②。

效果公平可谓优秀水平的高等教育公平，高等教育公平最崇高的追求就是教育成功机会均等和教育效果相对均等，即每个学生接受高等教

---

① 杨东平. 中国教育公平的理想与现实 [M]. 北京：北京大学出版社，2006：23.

② 辛涛，黄宁. 教育公平的终极目标：教育结果公平：对教育结果公平的重新定义 [J]. 教育研究，2009 (8)：24-27.

育后都能成人成才，找到满意的工作，谋得理想的职业，创造精彩的人生。从根本上说，高等教育公平的落脚点是就业过程和结果的公平，核心取向是促进大学生实现高水平的就业，从而打破"就业难"与"用工荒"并存的困局，开创"上好学"与"求职易"并存的新局。假如学生花很高成本投资高等教育，却不能获得公平的教育效果，一毕业就失业，不但会形成高收费、低就业的心理反差，而且会造成"因教致贫、因教致困"问题，甚至有可能"导致高等教育实际收益率下降，引发新的社会不公平"[①]。毕竟，上大学是一笔不小的开支。"无论是期望进入大学的，还是已经进入大学的，学生们都期待着能接受一流的教育。"[②]从现实的情况来看，高水平就业在很大程度上得益于高质量的高等教育，因此以质量保证提升就业水平是促进高等教育成功机会公平的根本方法。倘若每一所高校都在其所属领域或行业办出特色、成为一流，每一个学生都能获得名副其实的优质高等教育和特质高等教育，不但能化解高等教育市场上的供需矛盾，而且能减小用人单位对高素质人才期待与现实之间的落差，提高人才培养与社会需求的契合度，以及学生求职与雇主用人的满意度，有效破解大学生就业难的问题，提升高等教育公平水平和社会公平水平。

就业机会公平是最根本的社会公正。在当今的就业市场上，人才招聘单位主要看重的是学生的学历和毕业院校，判断就业机会公平水平，可以从这两个角度来审视人们的满意程度。如果用人单位主要看重毕业生的能力与素质，但也或多或少地考虑学历、毕业院校等因素，则表明就业机会达到低满意度水平；如果所有毕业生在就业中只接受能力与素质考查，不因学历、毕业院校等因素而受到歧视，则表明就业机会公平达到中满意度水平；如果所有毕业生都能按专业、需求找到满意的岗位，则表明就业机会公平达到高满意度水平。在高等教育大众化深入发展的过程中，高校毕业生的数量越来越多，就业压力越来越大，高校毕

---

① 李廉水，吴立保. 和谐社会视野下高等教育公平的制度设计研究［M］. 北京：科学出版社，2010：43.

② 德雷克·博克. 回归大学之道：对美国大学本科教育的反思与展望［M］. 上海：华东师范大学出版社，2008：4.

业生的就业机会公平问题，已经被提到越来越高的位置。

判断高等教育公平与否的标准主要有三个：第一个标准是进入高等教育的机会，即国际通行的入学率指标。入学率分为净入学率与毛入学率，"净入学率指符合官方规定的适龄学生的入学比例，毛入学率指各种年龄的学生总数与官方规定的该教育阶段适龄人口的比例"[①]。第二个标准是接受何种质量的高等教育，即高等教育质量指标。在我国，由于高等教育的层次和类型与高等教育质量存在很大的相关性，通常以学校层次与类型代替高等教育质量指标。我国高等教育的层次分为专科教育、本科教育和研究生教育；高校类型分为教育部所属的全国性重点大学（如"985工程"高校和"211工程"高校）、公立普通本科院校、公立高职高专院校、民办本科院校、民办高职高专院校和独立学院。第三个标准是接受相同高等教育后的效果，即相同起点的学生接受同等质量的高等教育后是否获得同等的发展机会。

虽然国家以法律形式保障人人都享有接受高等教育的权利，规定教育机会面前人人平等，但这并不意味着每个人能真正地享有这种权利，而接受相同的高等教育后也未必达到相同的效果。对于高等教育公平的界定，可以作出以下理解：第一，高等教育公平强调面向全体受教育者的全面发展。既然高等教育公平意味着要促进教育权利的平等、教育资源分配的合理、入学和就业等机会的均等，那么，讲公平就要着眼于"整体"——关注全体受教育者接受高等教育的权利得到保障，而不是"部分"——不能因为重视一些人的受教育权而忽视另一些人的受教育权，更不能是"个别"——不只是为了少数人的权利，这是高等教育改革和政策制定的基本价值取向之一。这种价值取向，需要我们在高等教育实际工作中实现一个重大转变，就是推动高等教育由点到面、由重点到一般发展，向办好每一所学校、教好每一个学生发展[②]。第二，高等教育公平主张尊重每个受教育者的个体差异。教育的根本目的是促进人

---

① 李海涛. 中国教育不平等问题的统计研究 [M]. 杭州：浙江工业大学出版社，2008：12.

② 欧阳河. 做好高等教育质量和公平大文章的五个"每"字 [J]. 现代大学教育，2011（1）：53-55.

的发展,只有尊重个体差异,人才能成为自由和谐发展的人。从人的差异性出发,强调每个受教育者都获得公平的接受高等教育机会并不能片面地理解为,只要入学机会公平和高校办学条件标准化就能实现高等教育公平。从个体成长与发展的历程来看,为学生提供平等的入学机会和标准化的办学条件,只为实现高等教育公平提供了客观条件[①],而学生能否真正接受公平的高等教育和实现公平的发展,更重要的是看受教育者的天赋、能力和兴趣是否得到尊重,看每个受教育者的不同潜质是否得到有效开发。在这种意义上说,学生是否接受公平而有差异的高等教育不是对教育公平的背离,恰是高等教育公平的本质要求。第三,高等教育公平重视满足每个受教育者的现实需求。受教育者的现实需要是高等教育的出发点和归宿,是大学存在与发展的基石。没有需要,就没有"顾客";没有"顾客",就没有大学。实现高等教育公平需要立足学生的需要,重视和体现受教育者的主体作用,保障和维护受教育者的权利,为了促进每个受教育者的发展而组织教育教学活动,充分彰显"顾客"的第一性。由于受教育者的天赋、能力、兴趣等存在很大差异,每个受教育者的需要也必然存在很大差异,教育结果会因个人诸如天赋、机遇、主观努力等的不同而不同,故要实现高等教育机会公平、结果公平需要根据受教育者的具体需要而对每个个体予以不同的教育待遇。

三、高等教育公平的主要特点

高等教育公平是主观与客观、相对与绝对、静态与动态、历史与现实、价值与秩序等的对立统一,是人们对高等教育分流的热望和期盼,也是促进高等教育改革发展的动力。高等教育公平除具有教育公平的一般特点外,还具有鲜明的时代特点。

1. 变迁发展的历史性

高等教育公平是一定历史时期的产物,反映一定历史时期的特征,随着历史的发展而不断演变。在社会发展的不同历史阶段,高等教育公平有着不同的内涵与价值,人们追求高等教育公平的内容与重点各不相

---

① 谈松华,王建. 追求有质量的教育公平[J]. 人民教育,2011(18):2-6.

同。高等教育公平又是一个伴随着经济发展而发展、随着社会民主化进程扩大而深入的过程,在不同的社会历史阶段,高等教育公平问题和重心各不相同。从"谁有权利接受高等教育"的角度来看,高等教育公平大致经历了"权力公平"、"能力公平"和"需求公平"等阶段[①]。在奴隶社会、封建社会,高等教育奉行的是权力本位的公平观,人们接受高等教育的权利与其所属的社会等级具有高度一致性。我国古代的太学、国子监,就是专门为天子或诸侯所设的高等学府,社会平民阶层无法享有接受高等教育的权利。隋唐以来,我国实行科举制度之后,能力本位的公平观日渐渗入高等教育领域,并对当今高等教育产生深远影响。在几百年的历史长河中,"分数面前人人平等"一直是主导我国高等教育发展的主旋律。如今,人们逐渐认识到,接受高等教育是一个人不可让渡的权利,不应受到家庭出身、社会阶层、经济状况等因素的制约,而应倾向于以受教育者的需要和兴趣为准则来分配高等教育资源,需求本位的高等教育公平观成为主流声音,人们主张为每个受教育提供合适的高等教育。

2. 实践标准的相对性

高等教育公平既是一个由实践引发的认识问题,又是一个在实践中不断建构的认识问题。由于人与人之间的差异具有普遍性,由于公平的不同层次之间具有矛盾性,也由于人类生存资源的空间具有稀缺性,高等教育公平是相对的。世界上没有绝对的高质量教育,也没有绝对的高等教育公平。高等教育公平总是相对于某一特定的评价标准而言才有意义,脱离了某一特定的评价标准,高等教育公平就成了一个无意义的存在。一方面,高等教育公平作为一种社会实践活动,都是在一定条件下判断的结果,高等教育公平水平的高低不但受到经济发展、政治文明、社会进步、科技水平等因素的限制,而且受到高等教育发展本身发展的限制,因而,高等教育公平就不可避免地具有相对性。另一方面,衡量高等教育公平与否必须有一个实践标准,而且这个标准会随着高等教育

---

① 林永柏.关于教育公平的涵义及其特征的再思考[J].辽宁教育研究,2006(12):25-28.

发展水平的变化而变化,使得人们对高等教育公平的评价呈相对性,彼一时的公平在此时可能是不公平,而此一时的高水平公平在将来某个时候可能是低水平的甚至是不公平的。真正的高等教育公平必须在承认个体差异的同时允许非基本教育权利、非公共教育资源方面的不公平存在,绝对的高等教育公平本身就是不公平的,也是不可能存在的。

3. 公平取向的多元性

高等教育公平是一个复杂的价值体系,涉及社会的方方面面,是一个多元价值取向的结合体。随着高等教育从禁锢封闭走向动态开放,当代高等教育不仅承认与尊重人在教育社会生活中多种多样的存在意义,而且容纳不同的价值标准与追求。从实践价值取向出发,高等教育公平是在教育实践中完善和不断发展的动态过程,包括起点公平、过程公平和结果公平;从目标价值取向的角度审视,高等教育公平是一个美好社会追求的目标,是教育生活中不可缺少的重要内容,包括近景公平、中景公平和远景公平;从基本价值取向的维度来看,高等教育公平是教育公平的基本内容,是社会公平的基石,既有宏观层面的公平,也有中观层面的公平,还有微观层面的公平;从核心价值取向的角度考察,高等教育公平倾向于让受教育权和受教育机会在不同人群中得到合理分配,这涉及高等教育机会均等、高等教育改革成果的共建共享等内容。

4. 价值判断的主观性

高等教育公平是一种客观存在,又是价值主体进行主观判断的结果。由于高等教育公平是高等教育利益相关者对高等教育进行主体认知时所产生的一种价值判断,即高等教育利益相关者以自身作为主体的需求为基础去看待高等教育,并以这种需求的满足程度衡量高等教育公平,高等教育公平具有很强的主观性。一方面,高等教育利益相关者只接受适合于自己需求性质和价值关系的高等教育;另一方面,高等教育利益相关者又必然排斥不适合自己需求性质和价值关系的高等教育。高等教育公平实际上是价值主体在进行纵横比较中产生的一种心理感受,亦即高等教育公平是公平感与不公平感的博弈。当客观存在的公平事实与高等教育利益相关者的价值预期完全吻合时,便产生公平感;不完全吻合,则产生不公平感。当然，主观公平并不只表现为高等教育利益相关者需求的性质和状态，同时也表现出全体社会成员对高等教育公平程度的价值期待。就这一意义而言，主观公平也就是客观存在经过主体内化以后的价值观或意念的存在形式。

5. 无限追求的理想性

高等教育公平是人类孜孜以求的理想，古往今来的教育家及教育改革者们都在追求。从进入古代的学园到入读今天的现代性大学，高等教育公平始终是一个值得追求的"乌托邦"，正如联合国教科文组织21世纪教育委员会在《教育：财富蕴含其中》一书中所提出的一样，"教育：必要的乌托邦"。由于高等教育公平是一个无限追求的过程，一种无限接近的水平，人们能在多大程度上实现高等教育公平，一方面取决于主客观条件的限制，另一方面取决于人们对高等教育公平的追求。从社会发展进步的角度来看，人们对高等教育公平总是有着更高层次的不懈追求，当低层次的高等教育公平得到满足后，人们会倾向于追求更高层次的高等教育公平。从很不满意到很满意，高等教育公平水平是一个螺旋上升的过程，必然经历不满意、比较满意、满意几个阶段。在高等教育发展水平较低的时期，人们只能追求比较满意的公平水平；在高等教育发展水平达到一定程度后，特别是高等教育大众化的深入发展，人们日益倾向于追求满意水平的高等教育公平；在不远的将来，随着全面小康社会的建设成功及高等教育强国目标的实现，人们将转而追求很满意的高等教育公平。

四、高等教育公平的影响因素

高等教育公平与经济社会发展始终处于互动之中。高等教育公平是社会公平的基石，社会经济发展对高等教育公平形成深刻影响。影响高等教育公平的因素主要包括教育资源因素、社会经济因素、传统文化因素、社会阶层因素等方面。

1. 教育资源因素

高等教育资源的多寡及其合理分布是影响高等教育公平的直接因素。从高等教育机会不公平的角度出发，标志着优质高等教育资源的重点高校地区分布不均是导致优质高等教育入学机会地区不公平的直接原因。

一方面,重点高校多集中在北京、上海、天津等直辖市和江苏、广东等省区。以"211工程"大学为例,在国家重点建设的112所"211工程"大学中,北京占25所,上海占9所,天津占11所,而地处偏远的宁夏、青海、海南、西藏、江西等省区分别只占1所。这些重点大学常常采取偏向所处地的保护政策,直接为当地学生提供了更多的接受优质高等教育的机会。2006年上海市教育部直属普通高校在上海的招生比例平均为46.20%,其余省份分享了53.80%的在沪教育部直属普通高校招生比例,每个省份平均约为1.79%。这意味着2006年上海教育部直属普通高校在上海的招生比例是其在外地省份招生计划的25.8倍[①]。另一方面,河南、山东、河北、安徽、湖南等省人口众多、重点院校数量较少,而且缺乏政策扶持,直接导致这些省份的学生在分配优质高等教育入学机会上受到不公平待遇。因此,要实现现实意义上的高等教育公平,不只是要"做大蛋糕"的问题,也要关注现有资源的合理分配。

2. 社会经济因素

社会经济是高等教育发展的重要影响因素。从中国的国情来看,城乡二元经济结构和社会结构的长期存在是导致高等教育城乡不公平的制度原因。我国长期实行的是城乡二元分割的社会制度,国家推行一种"农业哺育工业和农村支援城市"的发展方略,虽然党和政府一直高度重视三农问题,但"偏袒城市"和"偏袒城市人"的现象仍然明显存在。在科学技术日新月异的21世纪,我国乡村经济的发展虽然速度惊人,但城市经济的发展更为迅速,城乡经济之间的鸿沟始终存在,城里人和乡下人在获得优质高等教育资源方面的经济基础是不一样的。而且,我国在推行计划经济体制的过程中,仍然实行严格的户籍制度,限制着农村人口向城市的流动,如此进一步强化了城乡差别。因而在当前的市场经济条件下,"社会等级关系与市场经济本身有不断扩大城乡收入差距的趋势,而国家执行扶强扶优的政策,使国家宏观调控烫平城乡

---

① 乔锦忠. 优质高等教育入学机会分布的区域差异[J]. 北京师范大学学报(社会科学版), 2007 (1): 26.

差距的政策发生错位与缺位,加快了城乡收入差距的扩大"①。纵观实行"城乡分治、一国两策"以来的50多年,农民和农村往往是城市发展的贡献者,农民和农村的学生在高等教育的受益者中也往往是少数和滞后者。

3. 传统文化因素

中国传统文化对女性的歧视是高等教育性别不公平的文化原因。我国历来有重男轻女的传统思想,高度重视男性的权利,而把女性定性为男性的附属,并限制她们发展个人才能的机会,使中国女性一直生活在社会的最边缘和宗法淫威的最底层,在政治、经济和文化中始终处于不利境地。近年来,尽管我国的女性主义意识正在不断发育,但传统性别意识仍然潜在并固化。传统文化对女性角色的界定更偏重家庭角色,社会、学校、家庭以及女性本身对女性参与高等教育的期待值都低于男性。重男轻女的性别歧视和不重视女性教育的传统观念直接地影响了女性对自身价值的认定,以及对高等教育机会的理解与判断,她们追求高等教育受教育机会的动机也远不如男性那么强烈。在高等教育的顶层,甚至有女生害怕被人称为"灭绝师太"而放弃读博。

4. 社会阶层因素

大量弱势群体的存在是高等教育阶层不公平的社会原因。社会弱势群体是我国经济体制变革过程中阶段性的产物,主要是指创造财富、聚敛财富的能力较弱,就业竞争能力、基本生活能力较差的人群②。弱势群体的具体构成大体上说,包括儿童、老年人、残疾人、精神病患者、失业者或半失业者、贫困者、下岗职工、灾难中的求助者、农民工、城乡无业者、非正规就业者以及在劳动关系中处于弱势阶层的人。弱势群体因为家庭贫困,其子女往往对高学费的重点大学望而却步,因而优质高等教育机会的分布倾向于社会经济背景更有优势的阶层。在追逐更高的学历方面,弱势群体出身的大学生虽然有向高等教育顶层流动的梦

---

① 林光彬. 等级制度、市场经济与城乡收入差距扩大 [J]. 管理世界, 2004 (4): 30-40.

② 李贵成. 转型期社会弱势群体的仇富心理探析 [J]. 河南师范大学学报(哲学社会科学版), 2007 (4): 207.

想，但出于家庭的原因，多数人在本科毕业后选择就业，无法继续接受研究生教育，他们在高等教育体系中失去了更好地、更多地接受优质高等教育的机会。

五、高等教育公平的时代价值

公平、高质量的高等教育既是人民群众对高等教育发展的殷切期待，也是高等教育改革的终极目标。在高等教育后大众化阶段及普及化阶段，深入推进高等教育政策改革以促进高质量高等教育公平，对全面建成小康社会、实现中华民族伟大复兴、促进社会文明成果共建共享等都具有重要价值。

1. 全面小康的着力点

高等教育作为经济与社会发展的"加速器"、科技与产业进步的"孵化器"、文化与文明开化的"稳定器"、社会流动与分层的"筛选器"，具有促进社会发展和社会公平的价值。美国"公立学校之父"贺拉斯·曼（Horace Mann）曾宣称："教育是实现人类平等的伟大工具，它的作用比人类任何其他的发明都伟大得多。"[1] 在全面建成小康社会的进程中，高等教育公平不仅成为社会各界关注的热点话题，也成为社会稳定、和谐发展的重要内容。西班牙教育家奥尔特加·加塞特（Ortega Gasset）曾经指出："一个伟大的国家，一定有伟大的大学；同样，没有伟大的学校，也就成不了伟大的国家。"[2] 大学之所以伟大，不在于大楼之大，也不在于大师之大，而在于大学作为一种高等教育机构，目的是让绝大多数人都能接受公平、高质量的高等教育。党的十八大报告指出，在我国特色社会主义建设事业中，教育公平是社会公平的重要基础，是不断追求的目标，教育公平和民族发展密切相关，教育是否公平关系到百姓的切身利益和中华民族的荣辱兴亡。让每个人都接受公平而高质量的高等教育是全面建成小康社会的根本途径，也是传承文明和知

---

[1] 约翰·S. 布鲁贝克. 高等教育哲学 [M]. 王承绪，等译. 杭州：浙江教育出版社，1987：66.

[2] 奥尔特加·加塞特. 大学的使命 [M]. 徐小洲，陈军，译. 杭州：浙江教育出版社，2001：49-51.

识、培养年轻一代、创造美好生活的重要方法。

2. 深化改革的动力源

高等教育是国家大计，也是民生之计；高等教育是今天，更是明天。努力提升高等教育质量，着力促进高等教育公平，是全面深化高等教育综合改革的必由之路。中共中央于2013年颁布的《关于全面深化改革若干重大问题的决定》提出，要"大力促进教育公平，构建利用信息化手段扩大优质教育资源覆盖面的有效机制，逐步缩小区域、城乡、校际差距"。教育部2015年关于全面深化教育领域综合改革的工作要点提出，要"着力促进教育公平、着力调整教育结构、着力提高教育质量，坚定不移沿着中国特色社会主义教育道路前进"。全面深化高等教育改革要坚持育人为本，以改革创新为动力，以促进公平为重点，以提高质量为核心，推动高等教育事业在新的历史起点上科学发展，加快从高等教育大国向高等教育强国、从人力资源大国向人力资源强国迈进，为中华民族伟大复兴和人类文明进步作出更大贡献。

3. 成果共享的风向标

高等教育改革的成果源之于民，也必将用之于民。党的十八届五中全会通过的《中共中央关于制定国民经济和社会发展第十三个五年规划的建议》将共享作为五大发展理念之一，提出"坚持发展为了人民、发展依靠人民、发展成果由人民共享"。高质量高等教育作为一项优质社会资源，其具有共享性是中国特色社会主义的本质要求；高质量高等教育作为一种社会文明成果，是全社会的文明，而非单个个体的文明[1]。缔造和发扬社会文明的多样化和民族性的特点需要高等教育机构把实行公平原则和培养优秀人才结合起来，向所有社会群体和经济团体的成员敞开大门。这样才能真正地实现让每个人都能在不同程度上直接依靠高等教育来享受共同的知识遗产和最新的研究成果[2]；才能凝聚全体人民的力量，万众一心，致力于国家的经济建设、政治建设、文化建设、社

---

[1] 方世南，齐立广. 促进社会文明建设：政府公共管理的价值诉求与目标导向[J]. 学习论坛，2010 (3)：42-45.

[2] 国际21世纪教育委员会. 教育：财富蕴藏其中[M]. 联合国教科文组织总部中文科，译. 北京：教育科学出版社，1996：106-125.

会建设和生态文明建设；才能不失时机地提升社会主体文明、社会关系文明、社会制度文明和社会行为文明的程度。

4. 政策创新的"推进器"

以政策创新促进不同族群的学生都获得公平、高质量的高等教育机会，是国家教育政策的重要方面。进入新世纪以来，随着国家执政理念不断更新和社会发展目标不断调整，党和国家高度重视教育公平问题，把促进高等教育公平列为国家基本教育政策，把保障不同族群学生公平地享有接受高质量高等教育的机会作为党和政府义不容辞的责任，通过高等教育入学制度创新，努力使寒门学子、弱势群体学子不仅上得起大学，而且能上好大学，人人享有公平的受教育权利。《中华人民共和国高等教育法》（以下简称《高等教育法》）规定："国家按照社会主义现代化建设和发展社会主义市场经济的需要，根据不同类型、不同层次高等学校的实际，推进高等教育体制改革和高等教育教学改革，优化高等教育结构和资源配置，提高高等教育的质量和效益。""公民依法享有接受高等教育的权利。国家采取措施，帮助少数民族学生和经济困难的学生接受高等教育。"《国家中长期教育改革和发展规划纲要（2010—2020年）》指出，"教育公平的关键是机会公平"，应"把促进公平作为国家基本教育政策"，并强调以考试招生制度改革为突破口，"完善高等学校招生名额分配方式和招生录取办法，建立健全有利于促进入学机会公平、有利于优秀人才选拔的多元录取机制"。在法制社会里，政策公平实质上是一种基于能力原则对优质、特质高等教育资源进行公平分配的原则，它所践行的理念和逻辑，不在于以牺牲一部分人的利益而成就另一部分人的发展，而在于实现普遍性受惠，凸显了人人出彩、人人成才的目标，对于减少和消除现有不公平无疑具有重要意义。

第三节 质量与公平：高等教育的内在逻辑

质量与公平是高等教育改革发展的内在逻辑。党和国家始终高度重视质量与公平的重要性，把它们作为高等教育发展的重中之重。接受高质量的高等教育是人民美好生活的重要组成部分，享受公平的高等教育是实现中华民族伟大复兴中国梦的内在要求，发展公平而有质量的高等教育是新时代高等教育事业改革发展的总体要求和人民群众的共同追求，关系亿万人民群众的切身利益和现实愿望，具有非常重要的导向意义。

一、质量与公平具有内在的统一性

高等教育质量与高等教育公平不是非此即彼的关系，强调高等教育质量并不否认高等教育公平的重要性，重视高等教育公平也不否认提升高等教育质量的必要性。高等教育质量与高等教育公平是一个统一体，它们统一于高等教育分流的起点、过程和终点。

首先，在高等教育分流的起点上，质量与公平具有价值取向的一致性。每个学生都期望接受公平而高质量的高等教育，但在高质量高等教育资源供不应求的情况下，优质、特质大学之门只能向部分人开放，由此导致人们对高等教育不平等的不满已经潜在地包含着对高等教育质量的不满和对高质量高等教育资源的诉求。高等教育公平本身就蕴含着高等教育质量的意义，高等教育质量中同样潜藏着高等教育公平的价值；高等教育公平进程的推进来源于人民群众日益增长的高质量高等教育需求，高等教育质量的提升则倾向于保证每个受教育者都公平地接受不同类型的高质量高等教育。将质量与公平的统一性和全面深化高等教育改革相结合，提升高等教育质量是建设高等教育强国的核心价值取向，建设高等教育强国的一个重要目标即是通过构建世界一流大学和一流学科体系，以此为受教育者创造更高质量、更加公平的高等教育入学机会。这就规定了高等教育强国建设和"双一流"建设必须以公平为价值取向，即通过构建高质量的高等教育体系，为学生创造公平的入读一流大学的机会。

其次，在高等教育分流的行程上，质量与公平是相互渗透、彼此影响的过程。没有质量的高等教育公平是缺少内在本质、没有本真价值的高等教育公平。从受教育者接受高等教育的整个行程来讲，其身心发展是一个逐步提升的螺旋上升过程，每个阶段的身心发展水平既与本阶段的高等教育质量密切相关，又与前一阶段的高等教育质量紧密相联，并对后一阶段的发展产生影响，譬如，硕士研究生阶段的教育质量既与本科阶段的教育质量密切相关，又对博士研究生阶段的教育质量产生深刻影响。每个阶段的高等教育公平水平既是前一阶段高等教育公平程度渗透和作用的结果，又对后一阶段的高等教育公平程度产生重要影响，而由于前期不公平教育导致的质量差异将直接并长久地影响着后期教育的公平性，甚至对一个人一生的发展产生不公平的影响，比如，本科教育质量差异导致的不公平对硕士、博士教育的公平性产生重要影响，进而影响到个体终身发展的公平性。在这种意义上说，高等教育不公平内在地包含着高等教育质量的不公平，高等教育差距内在地包含着高等教育质量的差距，高等教育公平和高等教育质量差异是一个问题的两面；反之，高等教育公平水平的提高内在地包含着高等教育质量的改进，高等教育质量提升为缩小高等教育差距提供动力，高等教育不公平程度的缩小恰是高等教育质量改进的结果。

最后，在高等教育分流的结果上，质量与公平具有彼此促进、相互制约的动能。高等教育质量的高低最终体现在受教育者的禀赋、兴趣、潜能是否得到较高程度的发展，高等教育公平的实质最终体现为受教育者的禀赋、兴趣、潜能是否得到充分自由的发展。如果高等教育质量足够高，每个学生的身心发展都能达到很高水平，其多方面兴趣与潜能自然能得到顺利开发，高等教育就能造就足量的社会需要、身心和谐、全面发展的高素质人才；如果高等教育公平水平足够高，每个学生都能接受适合自身个性特长的高等教育，其禀赋、兴趣、潜能则能得到有效开发，毕业后不仅能顺利流向社会需要的岗位，而且能为一生的可持续发展奠基。如此，高等教育可以为学生开拓多条通向成功的道路。反过来，如果高等教育质量堪忧，高等教育公平缺少活力，学生的禀赋、兴趣、潜能则会被淹没在茫茫大海中。

二、以质量与公平为重点的高等教育要克服两种倾向

质量与公平是一个矛盾的统一体，提高质量是高等教育合理分流的主线，促进公平是高等教育合理分流的轴心，提高质量与促进公平同等重要。在实践中，无论是政府还是高等教育机构都很难绝对平衡二者的作用与地位，要么对质量的重视有余而对公平重视不够，要么对公平的强调有加而对质量的关注不够。因此，高等教育改革既要克服重质量轻

公平的价值取向,又要防止重公平轻质量的价值取向。

1. 克服重质量轻公平的倾向

提高质量是实现顺畅的高等教育分流的前提条件。没有质量作为堤坝,高等教育公平就会成为无源之水,高等教育分流就会成为空中楼阁。因此,高等教育分流必须克服重质量轻公平的倾向。

第一,以质量促公平是高等教育分流的逻辑起点。高等教育合理分流是利益相关者博弈的结果,是一个持续改善的过程。不断提升高等教育质量可以提升高等教育公平水平,实现协调顺畅的高等教育分流。从追求卓越的角度来讲,高等教育质量不是能不能提高的问题,而是提高到何种水平的问题;高等教育公平不是做不做得到的问题,而是想不想做到以及做到何种程度的问题。当今社会各界关注"双一流"建设,从本质上讲是关心高等教育质量,从价值取向上讲则是关心高等教育公平。高校的根本任务是培养人才,高等教育质量提升的第一关就是提高人才培养质量。家长把学生送进大学,最直接的愿望就是让学生通过接受高质量的教育,找到满意的工作。遗憾的是,由于高等教育质量不够高,优质高等教育还是稀缺资源,仍然存在着千军万马争过"211工程"、"985工程"、"双一流"学校的独木桥的局面,导致高等教育分流不畅,学生成功成才的通道狭窄。在优质高等教育资源十分有限的情况下,除少数高中毕业生有机会进入"211工程"、"985工程"或者"双一流"高校之外,大多数学生只能选择一般本科院校抑或高职高专,于是一部分学生选择国外的高等教育,另一部分学生在进入优质高校无望的情况下,则主动放弃高考。学生对高等教育的种种拒斥一方面说明我国还没有建立起科学的高等教育分流机制,暂时不能以此引导学生公平竞争、理性选择,另一方面则从深层次反映出高等教育质量不高的现状,没有达到让人满意的地步。只有不断提高质量,高等教育才会形成可持续发展的强大动力,高等教育公平才会有牢固的根基。

第二,有质量而无公平必然损害高等教育分流。高等教育分流以质量为基,但不能背离公平的价值取向,只有质量而无公平的高等教育分流是没有目标、缺乏导向的高等教育分流。在建设高等教育强国的语境下,人们对于提升高等教育质量的热情在增长,但随着"双一流"建设进程的深入推进,"双一流"高校与一般本专科高校的校际落差会进一步拉大,校际落差所造成的后果不仅使原本应该致力于高等教育公平的优质重点高校成为家长、学生等利益相关者的逐鹿场,而且也屡屡滋生各种重点校的腐败和微腐败现象。一方面,重点高校及其招生人员通过使用不正当的权利谋得非法利益,譬如招生人员和培训机构勾结,从中获取暴利。另一方面,重点高校及其教职员工又可以通过拥有不正当的权利,为子女开启一条直通本校的通道,比如那些拥有自主招生权利的高校,可以通过种种暗箱让本校职工之子女在面试环节获得高分,进而冠冕堂皇进入本校。在这个意义上,只有质量没有公平,教育不公的代际差距永远无法消除;即使"双一流"高校从当前的147所增加到500所,如果没有公平公正的高等教育入学制度,不同群体上"好大学"的机会不公平问题仍然不能得到解决,甚至有可能恶化。从惩治教育腐败和微腐败的角度出发,自主招生政策虽然在突破制度藩篱、不拘一格招录人才、提升高等教育质量等方面有积极的作用,但它在损害教育公平方面却有着不可忽视的影响。这种以少数利益相关者获利而伤害多数人的政策,如果不能做到公平公正,就有必要取缔它。重点高校以及其中的教职员工所拥有的稀缺资源是不正当的,他们相对社会弱势阶层所拥有的权力也同样是不正当的,它有违公共教育的公平逻辑。因此,罔顾高等教育质量差异而谈高等教育公平,高等教育分流根本就是缘木求鱼。

第三,扩大高质量高等教育供给才能形成公平有效的分流。从根本上说,高等教育分流不畅、学生发展不公的原因还是高质量高等教育资源的有限性,还是优质、特质高等教育供给不足的问题。克服重质量轻公平的价值取向,必须不断地追求卓越,提升不同类型、不同层次的高等院校追求不同一流的动力,才能创造品种更多、质量更高的高等教育资源,从而根本上保证高等教育分流的顺畅性和高等教育发展的公平性。从满足人民群众对高等教育的期待来看,高等教育只有高质量发展,才能体现其在人才培养和国家发展方面所作的综合贡献,老百姓才会满意,高等教育本身的存在也才有价值。结合当前我国进行得轰轰烈烈的高等教育质量建设工程,在"双一流"建设过程中,如果只注重少数大学或学科的建设,而忽视高等教育质量的整体改善和高质量高等教育体系的建设,那么导致的结果就是少数大学或学科的出类拔萃,而多数大学或学科质量平庸甚至不断下滑,只有"做大蛋糕",建设世界一流大学和一流学科体系,充分扩大优质高等教育供给,才能实现真正意义上的公平,形成顺畅的高等教育分流局面。

2. 防止重公平轻质量的倾向

促进公平是实现合理的高等教育分流的根本保证。高等教育分流的逻辑起点是公平,终极目标也是公平。对于公平的诉求是为了营造一种客观公正的价值环境和建立一套公平正义的制度,而这也正是教育理想实现的关键所在。没有公平作为保证,高等教育质量改进就会失去方向,高等教育分流就会迷失前进的道路。在高等教育改革发展的道路上,必须防止重公平轻质量的倾向。

第一,以公平反哺质量是高等教育分流的强大动力。高等教育合理分流是利益相关者合力作用的结果,是一个动态发展、长期改进的过程。高水平的高等教育公平是高等教育质量提升的结果,不断提升高等教育公平水平可以反哺高等教育质量保证机制的完善,助力高等教育实现更加科学的分流。从人人都上好大学的目标出发,高等教育公平既是一种普惠性教育又是一种个性化的教育,既强调每个人都上好大学又主张每个人都接受适合自己特点的教育。这就意味着,高等教育公平不能简单地满足于大众化水平和普及化水平的提高,而应更加强调基于不同教育理念下高等教育质量的全面提升。党的十九大报告提出"加快一流大学和一流学科建设,实现高等教育内涵式发展"。"双一流"战略的实施,标志着高水平大学建设和提升高等教育公平水平都站在一个新的起点,标志着高等教育改革从关注规模、数量向重视结构、提高质量转变,从不平衡向推进公平转变,发展公平而有质量的高等教育已成为中国高等教育发展的主旋律,这不仅是对高等教育质量改进的直接反映,也是激发高等教育质量提升的重要动力。

第二,有公平而无质量必然侵蚀高等教育分流。高等教育公平发展,归根到底是高等教育质量作用的结果。随着高等教育大众化水平的逐步提高,高等教育"量"的增加提升了高等教育大众化和普及化程度,高等教育入学机会的大幅度提高使越来越多的学生有机会迈入大学的门槛，高等教育入学机会公平在一定程度上较大提高，但如果高等教育入学机会的增长是以牺牲高等教育质量为代价，影响受教育者自身素质与能力的提高，造成高校人才培养与社会需求的割裂，这不仅偏离高等教育公平而高质量发展的根本目标，违背高等教育公平追求质量的本质，并为高等教育事业的可持续发展埋下隐患。试想，人人都能上大学，但人人都无法上高质量的好大学，"人民满意"仍然只能停留在理想状态，高等教育公平永远只能成为一个无法企及的乌托邦。有公平而无质量的高等教育，是一种"畸形"的高等教育，是高等改革必须防止的另一种倾向。正如约翰•罗尔斯所说，"正义是社会制度的首要价值，正像真理是思想体系的首要价值一样。一种理论，无论它多么精致和简洁，只要它不真实，就必须加以拒绝和修正；同样，某些法律和制度，不管它们如何有效率和有条理，只要它们不正义，就必须加以改造和废除"①。在高等教育改革发展中，如果高等教育公平背离质量的本意，就必须加以纠正或终止。

第三，提升高等教育公平水平才能实现优质高效的分流。一方面，高等教育公平水平越高，意味着高质量的高等教育供给越充足，人们可分享的优质高等教育资源越来越多，优质高等教育在整体上能满足人民日益增长的教育需求。另一方面，高等教育公平水平的提高不仅意味着优质"蛋糕"越多，而意味着优质"蛋糕"的分配更加公平。没有公平的资源分配机制和发展机制，即使"蛋糕"很大，而可以参与分配的人很少，人民的满意水平也不会提高，投反对票的人不但不会减少，反而会越来越多。在我国从高等教育大众化阶段向高等教育普及化阶段发展的过程中，提升高等教育公平水平成为头等大事。只有提升高等教育公平水平，各地参差不齐的短板才有可能补齐，一流高校才有可能遍地开花，在不同区域涌现，东中西部区域高等教育发展水平不平衡的矛盾才能得到缓解，重点高校招生"属地化"的问题才有可能从根本上得到治理，不同地区的考生上好大学的机会才可能真正公平。因此，在建设高

---

① 约翰•罗尔斯. 正义论［M］. 北京：中国社会科学出版社，1988：3.

等教育强国的背景下,发展公平而高质量的高等教育是"双一流"建设需要破解的首要问题。"双一流"既是一个突破性工程,也是一个引领性工程、示范性工程,在促进高等教育公平而高质量发展方面起着"显示器"的作用。"双一流"建设要以公平竞争、公平发展为前提,坚持以一流为目标、以学科为基础、以绩效为杠杆、以改革为动力,支持推动一批高水平大学和高水平学科汇聚优质资源,有效带动我国高等教育质量整体提升;要以区域高等教育公平为目标,通过分类建设、分级支持等机制改革,促进中西部高等教育振兴计划的实施,促进中西部高校综合实力提升和基础能力建设等重大工程的实施,引领中西部高校创新发展;要以整体性公平为纽带,通过协同建设,引领和带动地方高水平大学建设,整体提升中国高等教育质量,做强高等教育体系。

三、质量与公平统一的思路:让学生上合适的好大学

合适的高等教育是一种公平而高质量的高等教育,因而是最好的高等教育。发展公平而高质量的教育,让每个学生都接受合适的高质量高等教育,实现适得其所的发展,是解决高等教育质量与公平问题必须跨越的一道栏,也是开启高等教育合理分流之锁的一把"金钥匙"。2018年3月5日,国务院总理李克强在十三届全国人大一次会议上所作的政府工作报告中指出,"发展公平而有质量的教育","让每个人都有平等机会通过教育改变自身命运、成就人生梦想"。让每个学生都接受"合适的教育"作为一种公平而有质量的高等教育发展思路,主要包含三层含义。

1. 以生为本,让天性得到自由发展

"合适的教育"不仅是高质量的教育,而且是以学生为本的教育。以学生的能力、兴趣、需要为根本,让每个学生的天性都得到最大限度的发展,成为自由和谐的人,是高等教育分流的首要目标,也是高校教育教学改革的核心内容和重要任务。如果学生接受不合适的高等教育,即使这种高等教育的质量很高,但由于不适合学生的能力、兴趣和需要,不但不能促进学生的发展,反而会扼杀学生的天性。譬如让学术禀赋很高、学术愿望很强的学生接受高质量的职业技术教育,或让技术天才接受高质量的学术训练,都会造成高等教育功能与学生天性的错位,不仅

会迫使学术型大学削足适履,降低高等教育的品质,而且会变向刺激应用技术型高校拔苗助长,生搬硬套学术型高校的人才培养模式,这对高校发展和学生发展来说都是不公平的。因此,高等学校要以提高人才培养质量为深化内部治理结构的核心,以经济社会发展需要为课程与专业设置向标,科学定位,突出办学优势和特色,满足社会对不同类型、不同层次高校人才输出结构和规格的需要,让每个学生都有接受合适的、优质的高等教育的机会,享受公平而高质量的高等教育过程,进而获得公平而满意的教育结果,实现受教育者充分自由的发展。

2. 尊重差异,不同的情形不同对待

每个学生的起点不同、发展方向与路径不同,质量与公平互促的教育价值追求就是按照"同等情形同等对待、不同情形不同对待"的原则,通过实施优惠性政策、补偿性措施、照顾性政策,在保证每个学生的受教育权利得到尊重和公平对待的前提下,对特殊群体给予特殊对待,让少数特殊群体曾经受损的利益得到适当补偿,并因此而获得更多的接受高质量高等教育的机会,同时促进偏才、怪才、奇才的涌现。罗尔斯认为,少数人的天赋不是个人的财产,而是社会的公共资产。由于大学是一种培养高素质人才和社会精英的机构,是探索高深知识的机构和造就差异的场所,因此针对一些优秀群体或天资聪颖群体,实施"特殊情形特殊对待"的天才培养计划或卓越人才培养计划,让少数特殊群体获得更高质量、更加公平的高等教育,恰是高等教育分流的职能所在。

3. 关注效果,适应经济社会的需要

社会需要是检视高校人才培养质量和教育效果的一块试金石,也是高等教育公平的风向标,因而是高等教育分流的核心目标。合适的高质量高等教育是关照个体特性的教育,更是面向经济社会转型升级、适应经济社会发展需要的教育。在以市场和"顾客"满意为导向的高等教育场域中,社会需求是一条分水岭,不同特性的学生可以获得同等程度的高等教育文凭,却难以形成相同的教育效果——毕业后无法流向相同的就业领域。由于社会对不同专业的学生有不同的需求,所以学生所学专业、所掌握的知识不同,在就业市场上的受欢迎程度也不同。即使学生都获得本科文凭或硕士文凭,但由于社会对其学科专业的需求不同,一些学生流向社会的高收入部门，另一些学生则只能流向社会的低收入部门甚至就业艰难。以社会需要为价值标准，以此判定高等教育质量与公平，对高等学校和学生来说都是公平。如果高校设置的学科专业、课程偏离经济社会发展的需要，学生花费不菲的成本投资高等教育，毕业后却难以找到合适的工作，必然造成教育期望与教育效果的反差，于无形中增强高等教育的挫败感。

第三章 高等教育分流中的质量与公平

质量与公平是高等教育合理分流的价值追求。提高质量是高等教育合理分流的动力源,促进公平是高等教育科学分流的着力点,提高质量与促进公平贯穿高等教育分流的始终,二者相辅相成,不可或缺。《国家中长期教育改革和发展规划纲要(2010—2020年)》提出"把促进公平作为国家的基本教育政策"、"把提高质量作为教育改革发展的核心任务",党的十八大提出"着力提高教育质量"、"大力促进教育公平",党的十八届三中全会在部署教育领域综合改革时进一步要求"坚守促进公平、提高质量的主线",党的十九大强调要"建设教育强国"、"推进教育公平"、"努力让每个孩子都能享有公平而有质量的教育",2018年《政府工作报告》强调"发展公平而有质量的教育",均反映了党和国家对质量和公平问题的高度重视。大力提升高等教育质量,不断增强高等教育公平水平,形成质量与公平之间紧密联系、相互配合、彼此促进的高等教育分流机制,让每个学生都公平地获得不同类型的高质量高等教育,成为不同领域的高水平人才,实现各得所需、适得其所的发展,既是高等教育特色发展、高质量发展的战略选择,也是高等教育合理分流的目标追求。

第一节 质量与公平是高等教育分流的时代诉求

质量与公平作为高等教育分流的两大支柱,是实现我国从高等教育大国向高等教育强国转变的坚实基础,也是打破阶层固化、促进社会公正、推动社会良性发展的必然诉求。在建设新时代中国特色社会主义和谐社会的征程上，高等教育分流既面临着前所未有的新机遇又面临着前所未有的新情况、新挑战、新问题，必须坚持质量与公平并重的道路①。

一、调节高等教育供需矛盾的迫切需要

高等教育供给是由高等教育机构在一定时期内提供给学生或受教育者接受高等教育的机会。高等教育需求是指国家、社会、企业和个人对高等教育基于支付能力的需要。高等教育活动变化发展的过程就是供求不断趋于均衡的过程，也是教育资源不断趋向最佳配置的过程。如果供需失衡，高等教育供求差异超过一定的比率，必然会对社会经济活动与人们的生活造成严重损害，引发各种社会问题。改革开放以来，特别是进入21世纪以来，中国高等教育事业取得巨大成绩，高等教育质量不断提升，高等教育公平水平极大提高，为全面建成小康社会奠定了坚实基础，但当前高等教育供给依然不能满足人民群众的需求，特别是优质、特质高等教育供给严重不足，在一定程度上影响到共同富裕目标的实现，阻碍高等教育合理分流。

供需平衡是高等教育合理分流的前提条件。保持供需结构性平衡的根本目的是让合适的人流向合适的高等教育机构，满足各美其美的需求。没有供需平衡，高等教育市场的运转就会失灵。在竞争激烈的高等教育市场上，供需结构始终处于变化之中。2016年，我国各类高等教育在学总规模达到3 699万人，高等教育毛入学率达到42.70%。其中，研究生招生66.71万人，在学198.11万人，毕业56.39万人；普通高等教育本专科共招生748.61万人，在校生2 695.84万人，毕业生704.18万人；普通高等学校校均规模10 342人②。无论从招生规模、在校生规模还是毕业生规模来看，我国都已成为名副其实的世界高等教育第一大国。随着高等教育规模的高速增长，越来越多的学生跨入大学的门槛，高等教育机会公平水平不断提高，上大学难的问题得到很大程度

---

① 张继平，董泽芳. 质量与公平并重：高等教育分流的本质含义及实现机制[J]. 华中师范大学学报（人文社会科学版），2018（2）：186-192.
② 教育部. 2016年全国教育事业发展统计公报[EB/OL].（2017-07-10）[2017-10-10]. http://www.moe.edu.cn/jyb_sjzl/sjzl_fztjgb/201707/t20170710_309042.html.

缓解，但随之而来的是越来越多的大学毕业生涌向人才市场，曾经被人们顶礼膜拜的大学文凭的价值开始发生嬗变，低质、普质高等教育毕业证书在人才市场上的"符号效应"日益弱化，高质量高等教育的社会分层与流动功能不断彰显。在求职者的能力无法被清晰地识别的情形下，雇主更加倾向于录用持有优质、特质高等教育文凭的求职者，"211工程"、"985工程"已经成为一块职业市场上的隐形敲门砖，用人单位更愿意录用重点大学的毕业生并将他们安置到薪资水平较高、福利待遇较好、发展前景乐观的职业岗位上。在此背景下，人们越来越倾向于追求高质量高等教育机会公平，由此导致我国高等教育的供需矛盾发生根本性变化。

当前，我国高等教育的供需矛盾已由人民群众不断增长的高等教育需求与高等教育供给不足的矛盾转变为人民群众日益增长的高质量高等教育需求与高质量高等教育供给不足的矛盾。在供给端，高等教育毛入学率持续增长，高等教育规模持续扩大，大学的门槛呈不断降低的趋势，人们上大学难的问题已在很大程度上得到缓解；在需求端，人们上好大学的愿望仍然难以满足，优质、特质高等教育机会还只能惠及少数人，甚至成为高社会阶层的专利，高等教育公平还有典型的"符号暴力"的特征，人们期待更高质量、更高水平的高等教育公平。与人民群众对接受更加公平、更高质量的高等教育需求相比，我国高等教育产品供给侧主要存在结构性矛盾较为突出、优质产品供给不足、劣质产品供给过剩、市场供需不相匹配、部分教育产能过剩等问题①。体现在高等教育分流问题上，我国高等教育供给还存在两大短板：（1）发展不充分，突出表现为三个方面。一是高等教育理念发展不充分。高等教育质量是一个随着时代变化而变化的概念，高等教育后大众化阶段及普及化阶段，"高质量"的内涵已发生重大变化，但人们继续习惯于用"985工程"、"211工程"高校入学机会公平来判定新形势下的高等教育机会公平程度，忽视"双一流"建设的质量内涵与特色追求，使高质量高等教

---

① 武毅英，童顺平. 高等教育供给侧改革的动因：链条与思路 [J]. 江苏高教，2017（4）：1-6.

育机会公平标准滞后,对高等教育分流的引导性不强,考生只认可"985 工程"、"211 工程"高校,不认可"双一流"的观念没有发生根本性改变。二是高等教育公平思想发展不充分。高等教育公平观比较陈旧,人们习惯于用精英阶段的高等教育公平观衡量大众化和普及化阶段的高等教育公平水平,忽视人民群众对高质量高等教育的新期待和新要求,使高等教育机会公平思想浮于水面,不接地气。三是高等教育机会公平推进不充分。"双一流"建设强调效率有余而重视公平不够,使高等教育在加速发展的过程中出现更大的公平缺口,人人都因公平地获得不同类型的优质高等教育机会而实现人生出彩、生活幸福的梦想落空。在教育理念发展不充分、教育公平思想发展不充分、教育公平推进不充分的前提下,当今中国高等教育没有形成科学的成才观,没有建立起世界一流大学与一流学科体系,没有形成适应现代社会需要的教育公平制度,由此导致高等教育分流不畅,人们重学轻术、重普教轻职教的思想仍然较为严重,学生成才的通道狭窄,千军万马争过"985 工程"、"211 工程"的独木桥。(2) 高等教育供给侧结构性改革进展缓慢,高质量高等教育资源依然严重不足,优质、特质高等教育的实际供给无法满足人民实际需求的状况并没有得到明显改变,家长、考生、社会对高等教育的满意程度不高。2015 年,我国有普通高等学校 2 529 所,但一流的学术型高校屈指可数,中央部委属高校占普通高校总数的比例仅为 4.67%,教育部与省级人民政府共建"985 工程"和"211 工程"高校、教育部协同其他部委与省级人民政府共建地方高校占高校总数的比例仅为 7.17%。2017 年,我国有普通高等学校 2 914 所,但列入"双一流"建设范畴的高校仅 137 所,一流高校所占的比例仍然偏少;一流的行业型、专业型高校寥若晨星,大众化情境中的众多地方高等院校淹没在"身份固化"和趋同发展的海洋中,以至于其人才培养、社会服务等功能均被人们嗤之以鼻;一流的应用技术型高校凤毛麟角,昔日曾经人满为患的许多高职高专,时下正变得门可罗雀。高等教育的低效供给与人民群众的热切期待形成巨大反差,无法对经济社会发展提供强有力的人才支撑,无法取得改革成果共享的实际效果,社会对高质量高等教育的期望在增长,对低质量高等教育的失望也在增加,"国内高等教育的低质量导致大量学子以脚投票,到发达国家寻求更优质的教育资源,并且这种潮流愈演愈烈,愈来愈低龄化,近几年出国留学人数更以年均30%以上的速度增长"①。对于那些缺少经济资本、社会资本和文化资本的弱势阶层的准大学生群体来说,在面对国内高等教育的低质量和低投资收益率之困,而出国又无门之时,则主动放弃高校学习机会,从深层次反映了他们对高等教育质量现状的不满意和对高质量教育不公平的无奈,也从另一个侧面反映了高等教育供需结构的不平衡。

总体来说,高等教育供需结构性失衡是相对于全面失衡而言的,它是高等教育供需的某一部分且可以调控的失衡。在高等教育后大众化及普及化阶段,完全意义上的供需失衡几乎不会出现,但优质、特质高等教育供需失衡却比较常见。一方面,我国优质、特质高等教育供给的增长速度滞后于教育购买力提高和消费需求升级的速度,导致诸多有经济支付能力的学生无法接受高质量的高等教育,只能流向自己并不中意的高等教育机构,在自己不中意的高等教育中耗费生命,最终学而无获。另一方面,高等教育人才培养结构和社会需求存在脱节现象,导致高等教育市场上产生大量无法匹配市场需求的无效供给,出现高校毕业生结构性失业的问题,而结构性失业又反过来影响考生对高等教育的选择,抑制高等教育的有效需求,阻碍高等教育的合理分流。此外,在我国高等教育从后大众化向普及化阶段发展的过程中,高等教育机会持续增长,高等教育发展方式和消费者的需求层级发生根本性变化,高等教育市场由普遍短缺转为局部过剩,由强调数量规模转为追求质量,因此当前高等教育发展增速放缓看似有效需求不足实则有效供给不足,结构失衡供需错配才是深层症结②。党的十九大报告强调要建设教育强国,并指出通过加强"双一流"建设推动高等教育内涵式发展,"努力让每个孩子都能享有公平而有质量的教育"。针对高等教育结构失衡、质量欠佳、公平水平不高等现实问题,高等教育分流要以供给侧结构性改革为

---

① 王文龙,赵妍.后扩招时代中国高等教育发展危机分析[J].教育学术月刊,2011(10):27.
② 朱玉成.政府职能转变视角下的高等教育供给侧改革[J].高等教育研究,2016(8):16-21.

突破口,通过调整与优化要素配置,在理念、机制、资源、技术等层面推动高等教育的改革与创新,最终建立起短期目标与长期目标兼顾、提高质量与促进公平相结合、能够引领时代发展与进步的高等教育体系。短期来看,高等教育的供给侧改革应着重提质量和去产能,以增加优质高等教育产品的供给和减少劣质高等教育产品的供给;长期来看,高等教育的供给侧改革则需要通过优化产品供给端结构激发需求侧的扩容与升级,进而达到更高水平的供需平衡①。

二、推动高等教育高质量发展的迫切需要

所谓高质量发展,就是我国高等教育从主要依靠扩大招生规模、拓展校园面积、开设新兴专业等方式实现的外延式高速增长,转变为主要依靠提高办学质量、突出办学特色、增强办学效益等举措实现内涵式发展,推动高等学校以中国特色和世界一流为目标,建设一流学科,打造一流队伍,培养一流人才,产出一流成果。这里的"高质量",一曰学术水平高,负责这类高等教育的机构主要是研究型大学和研究教学型大学;二曰社会声望高,提供该类高等教育的机构主要是国家重点建设的"985工程"大学、"211工程"大学及省部共建高校;三曰就业质量高,承担此类高等教育的机构包括特色鲜明的行业型、应用型、专业型、区域型高等院校。如果前两种高等教育可被称作"优质高等教育",那么第三种高等教育则可被称作"特质高等教育"②。高质量发展作为一种理念和价值追求,既是高等教育改革发展的风向标,也是高等教育合理分流的指南针。我国高等教育从高速增长转向高质量发展,是全面深化高等教育改革、建设高等教育强国的战略选择,意味着中国高等教育改革更加强调质量而非速度,更加强调内涵而非外延,更加强调发展而非增长,不仅是发展理念的深刻变革,而且是发展方式的根本性转变,是划时代的变化。

---

① 武毅英,童顺平.高等教育供给侧改革的动因:链条与思路[J].江苏高教,2017(4):1-6.

② 张继平.高质量高等教育公平的十大发展趋势[J].北京社会科学,2016(5):94-102.

高质量发展意味着高等教育发展模式的根本转变，这是高等教育合理分流的核心动力。高质量发展的核心内涵就是要推动高等学校以特色和质量为目标，争创不同类型的一流，建成高等教育强国，为不同能力、不同需要的学生提供不同的高质量高等教育机会，使他们成为最优秀的自己。教育部公布的数据显示，自1998年高校扩招以来，我国高等教育规模呈高速增长趋势。2016年，我国各类高等教育在学总规模达到3 699万人，占世界高等教育总规模的比例达到20%，高等教育毛入学率达42.7%，超过中高收入国家平均水平。无论从学生规模还是从高等教育毛入学率来看，我国都已成为名副其实的高等教育大国，但还不是高等教育强国，社会各界广泛认可的高质量、有特色的高等教育机构还不多。从世界一流大学的角度分析，我国在世界上得到公认的顶尖名校还不多，我国高校进入权威性排行榜前列的大学还很少。在2015年全球范围内最具影响力和权威性的世界三大排行榜——英国《泰晤士报高等教育增刊》（The THES）、英国QS（Quacquarelli Symonds）和美国《新闻与世界报道》（U. S. News and World Report）世界大学排行榜上，中国大陆仅有19所高校进入三大排行榜前500强，远远落后于美国；在2017年英国QS世界大学排行榜上，美国有31所高校进入前100强，中国仅有12所高校进入前100强，不及美国的二分之一。这与教育优先发展的战略目标、与世界最大高等教育体的地位明显不符。一流大学过少，必然造成高等教育分流的通道狭窄，重点大学的入学竞争相当激烈，非公平因素侵蚀高等院校入学招生，不同能力的学生难以流向适切自身特性的好大学。走出高等教育"低质"发展、趋同发展的困境，必须推动我国高等教育从主要依靠扩大招生规模、拓展校园面积、开设新兴专业等方式实现的外延式高速增长，转变为主要依靠提高办学质量、突出办学特色、增强办学效益等举措实现的内涵式高质量发展。我国高等教育从高速增长转向高质量发展，意味着高等教育在发展模式上更加强调内涵而非外延，在公平标准上更加强调质量而非数量，在需求满足上更加强调多样性而非单一性，不仅是实现我国从高等教育大国到高等教育强国的历史性跨越的战略举措，也是提升高等教育质量、促进高等教育公平、引导高等教育合理分流的必然选择。

从高速增长转向高质量发展的核心内容，是促进高等教育系统全面变革，建立更为顺畅、更为合理的高等教育分流模式。因此，当前中国高等教育的改革发展，不必纠结于增长速度快一点还是慢一点，也不必纠结于发展基数大一点抑或小一点，而是要以"双一流"建设为契机，推动高等教育发展质量变革、效率变革、动力变革，实现高等教育从外延式发展向内涵式发展、从低质量发展向高质量发展的转向。从高速发展转向高质量发展，表现在以下几个方面：在办学理念上，由规模扩张为主向质量提升为主转变；在内部管理上，由盲目模仿、趋同发展向个性发展、特色发展转变；在学科建设上，由平均使力、集体平庸向重点突破、分创一流转变；在办学效益上，由高成本、低效益向低成本、高效益的方向转变；在社会期望上，由高期望值、低满意度向高期望值、高满意度的方向转变；在价值取向上，由低水平公平向高水平公平的方向转变。

如果将高等教育分流的终极目标落实到质量与公平问题上，从高速增长转向高质量发展的根本目标，就是要通过高等教育的内涵发展，推动高等教育更充分、更公平地发展，增进人民的获得感。体现在高等教育的结果上，高质量发展更加突出人民群众的教育获得感，使每个家庭、每个学生都能因为投资高等教育而获得丰厚的回报；反映在目标导向上，"高速"指向数量或规模，往往是精英高等教育阶段的价值追求，用以标注高等教育发展得快不快；"高质量"则是高等教育发展达到一定水平之后才会有的目标，强调质量和效益，着重回答高等教育"好不好"。伴随着高等教育扩招政策的实施，高等教育规模不断扩大，越来越多的学生跨进大学校门，学生上大学难的问题逐渐得到缓解。在此情形下，人民群众对接受好的高等教育提出更高要求。因此，高等教育发展要从单纯追求总量扩展，转变为适应人们更高标准、更加多样化的需求。

三、破解高等教育发展不均衡问题的必然选择

不均衡是指高等教育资源整体上较为丰富，但仍然有短板，存在高低不平现象，突出体现为高等教育机会在地区、城乡等方面的分布不

均。按照机会均等的原则，"大学应该面向一切人开放"①。但由于我国优质、特质高等教育十分有限，均衡发展的理想时下还很难完全实现，不均衡发展则可能在较长一段时间内长期存在。

均衡发展是高等教育合理分流的有效措施。均衡发展的终极价值在于面向全体学生，采取各种措施使不同地区、不同家庭出身的学生都能因为接受公平而高质量的高等教育获得共同进步，实现从社会底层向社会中上层流动的梦想，促进高等教育改革成果的共建共享。美国著名经济学家舒尔茨（T. W. Schultz）认为，贫困地区落后的根源不是物质资源的匮乏，而是人力资本的缺乏。高等教育是促进经济发达地区和欠发达地区均衡发展的一个杠杆，也是改变贫困落后地区发展面貌的重要途径。进入21世纪以来，党和国家始终把推动高等教育均衡发展作为教育改革的重要领域，高度重视贫困地区、落后地区的高等教育发展，通过实施"中西部高校基础能力建设工程"、"对口支援西部地区高等学校计划"等举措，不断提高教育落后地区的高等教育质量，有力地促进了区域之间、城乡之间高等教育机会公平。由于历史、地理环境等原因，各地区经济社会发展不平衡，城乡二元结构矛盾突出，虽然各地高等教育质量都在不断提升，高质量高等教育资源总体上不断丰富，但仍然有不少短板，存在高低不平现象，突出表现在三方面：

一是高质量高等教育在地区分布上极为不均，不同地区的学生在高质量高等教育机会的获得上存在很大差异，结果是对一部分人公平，对另一部分人不公平。在我国高等教育招生实践中，重点大学往往利用自主招生权保护本省考生的利益，造成本省名额投放过度，破坏考选制度固有的公平性，造成了城乡差距拉大、东西部地区悬殊加剧的局面②。以北京大学2016年本科生招生为例，公平强度系数最高的省区是北京，为19.64；公平强度系数大于1的省区有青海、天津、上海、西藏、宁夏、新疆、海南、吉林、福建、辽宁、陕西、重庆，分别为5.30、

---

① 卡尔·雅斯贝尔斯. 大学之理念 [M]. 邱立波, 译. 上海：上海世纪出版集团, 2007：148.

② 周洪宇, 申国昌. 我国考选历史的回顾与反思：兼谈我国重点高校录取名额投放问题 [J]. 教育研究, 2006 (4)：46.

4.14、3.88、3.09、1.99、1.92、1.74、1.66、1.46、1.11、1.08、1.02；公平强度系数恰好为1的省区是黑龙江、浙江；公平强度系数小于1的省区为山西、湖北、湖南、内蒙古、四川、云南、贵州、江西、河北、江苏、广西、河南、甘肃、安徽、山东、广东，分别为0.95、0.94、0.89、0.85、0.84、0.82、0.77、0.73、0.73、0.73、0.66、0.65、0.48、0.47。分析表明，"属地化"的名额投放方式对于报考考生少且分配名额多的北京最为有利，对报考考生较少且分配名额较多的青海、天津、上海、西藏较有利，对于报考考生较多而分配名额一般的山西、湖北、湖南等省区不公平，对于报考考生多而分配名额少的山东、安徽最不公平（见图3-1）。重点大学招生名额分配的地区差异，使人口大省、高考大省考生上重点大学的概率下降，竞争加剧，严重背离考选的公平原则。

二是城乡学生在高质量高等教育机会的获得上存在很大差异，城市学生因接受高质量的基础教育而获得更多的高质量高等教育机会，进而获得更多向上流动的机会，乡村学生则相形见绌。在我国高等教育后大众化深入发展的进程中，乡村学生在获得高等教育入学机会的总量上有了较大改观，但在获得高质量高等教育机会方面却变得更加不公平。从城乡学生进入国家重点大学的机会来看，农村学生在国家重点建设高校中所占比例比在一般高校中所占比例低，这与农村考生在全体考生中所占比例形成巨大的反差。教育数据公司麦可思的调查显示，2009届大学毕业生中，来自农民与农民工家庭者，就读"211工程"高校的比例仅为38%，说明农村学生主要集中在一般公立院校、民办本科院校或者高职高专。优质高等教育机会分配不均，使为数众多的农村考生看不到希望，已经成为影响高等教育公平和城乡协调发展的重要因素，甚至对经济社会发展带来了恶性循环[1]，必须通过合理的高等教育分流加以改善和治理。

三是高等院校之间在人才培养质量上存在很大差距，不同层次、不

---

[1] 申长雨. 让更多农村学生享受到优质高等教育[N]. 中国教育报，2013-04-29.

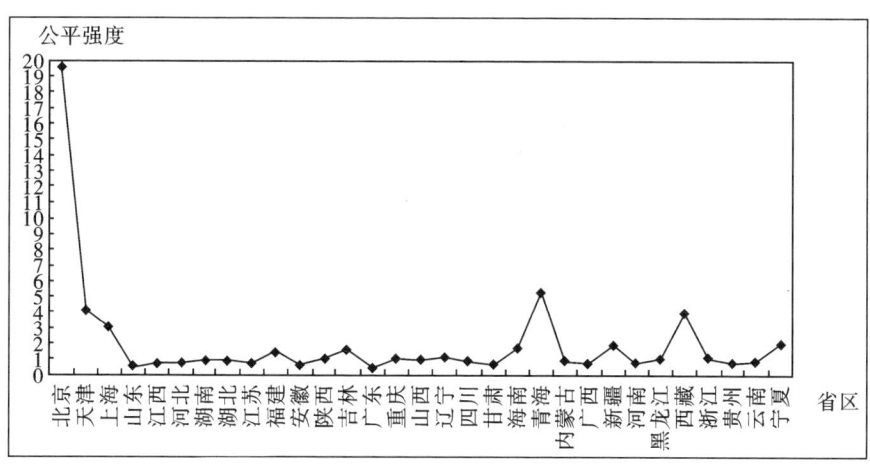

图 3-1 2016 年北京大学招生公平系数比例图

说明：①北京大学在西藏、新疆的招生包括藏班 4 人、疆班 4 人。②按照比例公平的原则，可以计算判定高等教育招生名额分配公平与否的标准——公平强度系数，其计算公式为：公平强度系数＝[（某省区）获得的招生名额÷重点校招生总人数]/[（某省区）考生人数÷全国考生人数]。计算结果表达为：比值为 1 时，于人于己都最为公平；比值大于 1 时，对个人越有利，对别人越不公平；比值小于 1 时，对个人越不利，对别人越公平。

资料来源：①北京大学 2016 年招生 [EB/OL]. [2018-01-20]. http://www.gotopku.cn/programa/enrolstu/6/2016/36/0.html. ②中国教育在线. 2016 年全国各地高考报名人数汇总 [EB/OL]. (2015-05-30) [2018-01-20]. http://gaokao.eol.cn/gkbm/bmxx/201605/t20160530_1404113.shtml.

同类型的高校毕业生发展机会不公平。当今中国还没有形成以特色求生存、以特色求发展的意识，高等教育系统普遍存在同质性强、创新要素发育不足、服务经济社会多样化需要的能力有限等问题，通过教育部评估认证的国家特色专业虽然数量众多，但并不能代表同类专业的最高水平，对多数高校的发展来说只具有象征意义，对多数考生的选择来说不具有参考价值。整体而言，特色鲜明的行业型、专业型、应用型、实用型大学还寥寥无几，特色鲜明的职业型、技能型高校屈指可数，特色鲜明的学科、专业也不多见；国家层面所开展的国家级特色专业建设在表面上促成了特质高等教育发展，但这些特色专业缺乏社会认可度，并没有受到公众的认可，影响到人们对特质高等教育公平的追求。每年高考,不少学生在志愿填报过程中"只选贵的不选对的",宁择"211工程"、"985工程"高校那些失业量大、就业率低、薪资不高的"黄牌"专业乃至"红牌"专业,也不愿报考非"211工程"、"985工程"高校那些失业量小、就业率高、薪资较高的特色"绿牌"专业,这种以己之短攻彼之长的做法,最终导致学生对专业的满意度低,学习效果不佳,挫败感较强。

高等教育发展不均衡在很大程度上影响到高等教育分流的顺畅性和协调性,如果不采取切实有效的措施加以治理和解决,高等教育发展不均衡问题在有些地方和一些方面还会继续扩大,导致区域间、阶层间的差距拉大,矛盾加深,从深层次影响到教育公平和社会公平。

第二节 质量与公平兼济:高等教育分流的本质含义

提高质量和促进公平虽然是两个不同性质特征的概念,却是两条不期而遇的道路、两种不谋而合的分流取向。提高质量的根本目的是创造更多的高质量高等教育,从而保证每个人接受更好高等教育的权利;促进公平的宗旨是保障每个人获得更多高等教育的机会;提高质量与促进公平可以通过公民接受高质量高等教育的权利和机会而有机统一起来,使高等教育分流朝着科学化、合理化的方向发展。提高质量与促进公平相统一的思想表现为,高等教育质量提高会增强高等教育公平程度,高等教育公平的实现又反过来促进高等教育质量的提高,这是高等教育分流最本质、最核心的内涵。

一、高质量的高等教育是多样性的教育

高等教育分流以高质量为目的,并围绕高质量发展而展开,但高质量的高等教育是一个多维的、动态的、复杂的概念,本来就难以进行明确界定或量化,在大众化和普及化高等教育情境中显得更加复杂。要较为清晰地界定高质量高等教育,必须秉持发展性的高等教育质量观和多样性的质量标准。

1. 高质量高等教育有多条判定标准

高等教育质量至今仍是一个存在争议的概念。从质量的特性出发,

高等教育质量是根据价值客体是否能够满足特定主体需要所做出的价值判断。因此,衡量高等教育质量高低的标准也主要取决于价值客体本身的性状和特定主体的需要。在高等教育实践中,由于高等教育价值主体是多元的,包括政府、高校、家长、学生、校友、用人单位、媒体、捐赠人等,每个价值主体都根据自己特定的需要做出价值判断,每个价值主体眼中的高质量高等教育各不相同,这就必然导致高等教育质量标准的多元性,也导致学生选择的多样性,进而形成高等教育分流的多向性。

第一,高等教育分流主客体的多元性决定了高质量高等教育有多条判定标准。每个高等教育分流主体与客体都期待高质量的高等教育,但无论从客体本身的性状讲,还是从特定主体的需要讲,高质量的高等教育都是一个难以界定的对象,因为高等教育质量是一个复杂的、多维的、动态的概念。从高等教育本身的性状看,它是一个多层次、多类型、多形式的系统。不同类型、不同层次、不同形式的高等教育具有不同的教育目标、不同的培养规格和不同的教学任务,相应地就会有不同的质量标准。从高等教育的主体需要看,它要同时满足国家、社会及个人等多方面主体的需要,也就是高等教育要适应国家、社会及个人多样化的需要,并且能为国家、社会及个人提供多样化的人才选择。如国家在经济、科技、文化和军事等各种活动领域对人才有不同层次的需要,社会的不同行业对人才的类型与规格有不同的规定,每个希望上大学的人也会依据自身的兴趣、爱好、天赋、基础等条件来选择不同质量标准的高等教育[1]。

第二,高等教育分流机构从多个维度追求高质量,使高等教育质量标准更加多样。在以社会需求为导向的高等教育场域中,高等教育机构可以围绕不同的社会需求追求不同层次、不同类型的高质量。《国家中长期教育改革和发展规划纲要(2010—2020年)》提出:"把促进人的全面发展、适应社会需要,作为衡量教育质量的根本标准。"设若把国家性质量标准和个体对高质量教育的期待结合起来,我们大致能给出"一

---

[1] 董泽芳,陈文娇. 论我国高等教育质量标准的多样性与统一性[J]. 高等教育研究,2010(6):20-24.

个模糊的但却公认的标准：大学毕业生在工作中的表现"①。如果高校毕业生在工作中的表现与人们的期待相去甚远，人们就会自然而然地认为高等教育质量不高，甚至有下滑的迹象。当然，这必须与高等教育大众化的多样性联系起来。众所周知，高等教育大众化的前提条件是办学模式的多样化和高等教育分流渠道的多样化，但其核心原则是高等教育质量的多样化。这就意味着，高质量的高等教育要有多条判断准则。结合我国的实情，现代高等教育从层次上讲有研究生教育、本科生教育、专科生教育之分，从类型上讲有学术型、应用型、技能型之别，因而衡量高等教育质量的高低不能只用一个标准、一把尺子。而同高等教育层次的多样化、类型的多样化相适应，高质量的大众化高等教育也必然是多样化的。就研究型大学而言，高质量的高等教育应该秉持学术至上的原则，以高水平的学术研究支撑高质量高等教育，"对于担负了这样教育责任的重点高校，其质量观必须建立在学术质量的基础上，对于这些学校来说，放弃了自己精英教育的基础，必将沦为普通的大众化的教育"②；就一般本科院校而言，高质量的高等教育应该树立社会需要导向的标准，把满足国家需要、社会需要和个人需要作为根本出发点，以国家的需要程度、社会的欢迎程度、学生的满意程度作为判定标准；就高职高专而言，高质量的高等教育应该是面向市场的，即人才市场需求导向是专科教育质量最主要的取向，高职高专只有面向个人需要，适应市场变化，才能赢得"顾客"青睐，被人们认定为高质量的教育。

第三，多样性的质量标准是高等教育大众化深入发展的必然结果。随着我国高等教育从大众化阶段向普及化阶段发展，高等教育层次类型更加多样，社会需求更加多元，由此导致高质量高等教育的判定标准更加多元。一方面，高等教育大众化的深入发展使高等教育系统的层次、类型与形式进一步复杂。高等教育大众化时期不同于精英化时期，高等

---

① 周辉. 高等教育质量与本科教学改革的职业化倾向探析 [J]. 黑龙江高教研究，2011 (10): 44.
② 戚业国. 论高等教育大众化时代的质量观 [J]. 高等师范教育研究，2002 (2): 43.

教育系统的目标和任务不再是只造就少量的科学家、政治家与工程师等高层次专门人才,同时要造就数以千万计的各级各类一般层次的专业技术人才,高等教育系统的层次、类型与形式必然多样化。正如潘懋元教授所说:"高等教育大众化的发展前提是多样化,多样化的高等教育要有多样化的培养目标和规格,从而也应当有多样化的教育质量标准。"① 另一方面,高等教育大众化使高等院校内部学科、专业结构与教学、科研、服务等功能必须进一步分化,由此高质量高等教育的标准也更加多样。从高等教育办学主体的变化来看,高等教育大众化必然打破传统的公办格局,形成以国家办学为主、民办、公有民办、社会办学、中外合作办学等多种形式共同办学的格局。从高等教育主体需求的变化来看,高等教育大众化的重要目的就是更好地满足国家与社会,尤其是广大青年日益复杂多样的高质量高等教育的需求,让更多的社会成员不仅具有上好大学的机会,而且能够更好地选择自己的成才方向与途径,实现合意的高等教育分流。高等教育大众化时期的教育质量更主要地体现在所提供的产品和服务能否满足社会和个人需要的程度上。因此,办学主体需求的多样化与个体学习需求的个性化必然要求高等教育质量标准进一步多样化。

第四,高质量高等教育的判定标准是宏观、中观和微观相结合的准则。从国家政策、社会需要、学科专业发展、学生成才的角度考虑,高等教育质量标准的多样性主要反映在三个层面:一是国家宏观层面质量标准的多样性,主要是依据国家对高等教育的总体要求,针对不同层次、类型、地域、形式高校的性质与任务,对各级各类高级专门人才培养质量提出不同的标准。正是根据我国现阶段高等教育已经分化为研究型、研究教学型、教学研究型、教学型、职业技术型等类型,以及大学内部的学科、专业与功能不断分化的实际情况,不能单纯运用学术标准或应用性标准统一衡量它们,而是要因情制宜,区别对待。在确定宏观质量标准的导向上,《中国教育改革和发展纲要》提出,"要区别不同地区、科类和学校,确定发展目标和重点,制订高等学校分类标准和相应

---

① 潘懋元. 高等教育大众化的教育质量观 [J]. 江苏高教, 2000 (1): 6-10.

的政策措施,使各种类型的学校合理分工,在各自的层次上办出特色"。《国家中长期教育改革和发展规划纲要(2010—2020年)》进一步提出,"促进高校办出特色。建立高校分类体系,实行分类管理。发挥政策指导和资源配置的作用,引导高校合理定位,克服同质化倾向,形成各自的办学理念和风格,在不同层次、不同领域办出特色,争创一流"。二是中观专业层面质量标准的多样性,主要是依据社会各个行业、各个部门对不同层次、不同类型高级专门人才培养规格的要求,提出的对不同专业、不同学科、不同课程必须达到的质量标准。教育部、财政部颁布的《关于实施高等学校本科教学质量与教学改革工程的意见》提出,要按照"分类指导、鼓励特色、重在改革"的原则,加强内涵建设,提升我国高等教育的质量和整体实力。《国家中长期教育改革和发展规划纲要(2010—2020年)》进一步提出,"适应国家和区域经济社会发展需要,建立动态调整机制,不断优化高等教育结构。优化学科专业、类型、层次结构,促进多学科交叉和融合。重点扩大应用型、复合型、技能型人才培养规模"。这些规定既为各类高校的专业设置和专业建设指明了方向,也为制订多样性的高等教育专业质量标准提供了依据。三是微观个体层面质量标准的多样性,主要是依据社会成员的不同条件和意愿,提出的对不同形式高等教育在适应性上的不同规定。这种质量标准强调的是质量内容的适应性。任何事物都包含着特定的适应性,每一个适应性就会对应一个质量内容①。由于高等教育的质量最终体现为培养人才的质量,而人才最终都要进入社会,因此高等教育质量内容的适应性主要表现为培养人才的社会适应性。针对多种多样的主体需求必然要求多样性的质量标准。判断个体层面质量高低或好坏的标准是社会对高等教育质量的满意度如何。多样性的质量标准为高等教育发挥创造性提供了广阔的空间,是使高等教育富有时代活力的必由之路。如果按一把尺子衡量人才,就会导致"千人一面",高等教育也就会"死水一潭",最终也会导致高等教育质量的下降。

---

① 杨德广. 树立正确的教育质量观,推动高等教育健康发展[J]. 高教探索,2003(3):4-6.

第五，多样性的质量标准是高等教育分流的应然追求。在高等教育大众化的背景下确定多样性的质量标准，为学生追求多样性的高质量高等教育提供参照，也为学生开启多条通往成功成才的通道，对于构建合理的高等教育分流体系具有多方面的意义。一是有助于促进高等教育发展与社会发展、学科分化相适应。传统的单一的精英型质量标准，是阻碍我国高等教育发展及其与社会发展相适应的重要原因。确立多样性的质量标准不仅能有效地促进各级各类高等教育共同发展，而且顺应当今社会及学科发展既高度分化又高度综合的趋势，使培养出的人才更好地适应社会发展和学科发展的需要。二是有助于促进高校各安其位，办出特色，争创一流。高等教育质量标准的多样性实质是质量标准的差异性，差异性的质量标准有助于鼓励那些目前实力相对较差的高校，在专业设置和学科建设上要针对本地区特有行业的特殊需要，充分发掘自己的优势，扬长避短，努力培育和形成自己的学科特色与专业品牌，以促进不同层次、类型的高校各得其所、各展其长，都能发挥自己的优势，在特定的领域追求高质量。三是有助于满足不断增长的国民高等教育需求。多样性的质量标准能比较充分地考虑到市场中不同主体对不同高质量的需求，更好促进具有不同条件、不同志趣的人选择适合自己特性的高质量教育，实现个性化的发展。

2. 高质量发展是一个螺旋上升的过程

高质量发展是提升高等教育质量和使公民更加平等的一种价值信念、一种生存方式、一种发展途径，它使所有公民均有机会流向适切自身特性的好大学，获得满意的教育效果和实现公平自由的发展①。这里的好大学，是一个相对性的概念，因为比较而存在，因为比较而发展。按照办学水平的优秀程度，可以简单地将大学分为好大学、一般大学和办学水平较差的大学几个层级。所谓的"好"与"差"，不只是人们头脑中的一种主观印象，还标志着大学办学质量的高低以及大学满足社会需求程度的一种考量。在竞争激烈的高等教育市场上，"办学水平较差的大

---

① 张继平. 高质量高等教育公平的主要特点及实现机制［J］. 高等教育研究，2016（2）：13-18.

学"作为一种质量不高的高等教育,其结局要么因发展艰难而被其他大学兼并,要么因社会知名度太低而关门歇业;好大学是高等教育分流关注的焦点,此类大学提供两种高等教育——优质高等教育与特质高等教育,这两种高等教育均是高质量高等教育,广受社会欢迎,是重点建设的对象;一般大学作为一种普质高等教育,人们对它可谓"爱恨交织",人们爱的是它为考生提供大量的高等教育机会,圆广大学生的大学梦,恨的则是它不能提供适切学生个性的、有特色的、高质量的教育,由此导致高等教育分流的一个博弈:一般大学能够普遍存在,但随着市场筛选机制向高等教育领域不断渗透及高等教育普及化的实现,这种大学只能通过转型谋生存,否则会从高等教育市场上渐渐被淘汰。从上办学水平较差的大学的机会公平到上一般大学的机会公平,再到上好大学的机会公平,高质量高等教育公平是一个从低水平公平到较高水平公平、再到高水平公平的螺旋上升过程,其间必然经历"低质"高等教育公平、普质高等教育公平、优质高等教育公平和特质高等教育公平四个阶段,亦称高质量高等教育公平的"四部曲",这"四部曲"的实现,既是现代教育理念的变迁过程,也是高等教育分流的实现过程。

(1)高等教育分流的底线要求:走出"低质"高等教育公平。"低质"高等教育公平是人们所摒弃的高等教育公平,它是一种低水平的高等教育公平。所谓"低质"高等教育,有三层意思:第一,从质量标准的角度来看,就是指高等教育质量低劣下等,没有达到最起码、最底线的标准,非常不合格;第二,从教育投资与回报的角度来看,"低质"高等教育是一种高投资、低收益的高等教育,是教育增殖效应使人们的高等教育机会增加导致需求量减少的高等教育;第三,从消费者满意的角度来看,"低质"高等教育是一种高期待、低满意的高等教育,当一个人的高等教育入学机会增加后,将减少对该类高等教育公平的追求,转而追求更高质量的高等教育公平。全面质量管理时代,走出高等教育"低质"发展的幽谷,打造"中国高等教育升级版",既包含高等教育结构、规模的升级,又包含中国高等教育质量、效率的升级,还包含中国高等教育结果——产品、服务与学生成就的质量升级。"中国高等教育升级版"意味着粗放的发展方式、不合理的高等教育结构、不公平的高等教育现状、低质低效的竞争方式等将逐步被摒弃,追求高效益、有质量、公平性的高等教育发展,是时代发出的中国"好声音"。

环顾我国高等教育的改革发展,随着高等教育大众化的深入,高等教育资源日益丰富,考生上大学的机会不断增加,高等教育公平水平逐步提高,人们对高等教育的需求从有限供给向质量选择转变,对高等教育公平的追求从简单的机会公平向丰富的质量公平转变,办学质量成为人们选择高等教育的主要参照,也成为高等教育分流的一个重要支柱。因此,以提高质量为核心的内涵建设,是改变高等教育低质量发展、低水平公平的关键因素。在以就业为导向的前提下,高等教育质量高低、高等教育公平程度强弱与经济发展水平具有很大的相关性。在经济腾飞阶段,经济快速增长能够提供较多较好的就业岗位,大学生学习的积极性较高,因为无论毕业于"劣质"大学还是优质大学,都能公平地找到比较好的工作,学生对"低质"高等教育并无太多不满情绪;但到了经济平稳增长甚至停滞阶段,就业岗位会减少并且好的岗位减少更为迅速,"劣质"大学的毕业生很难公平地找到理想的工作,高等教育进入"不满的冬天",学生的学习动机会下降,厌学情绪上升①。因此,立足高等学校的生存现状和发展前景,为广大考生提供更为充足的高等教育机会固然重要,但提高质量的任务更为迫切。

进入21世纪以来,在高等教育扩招政策的有力推动下,高校办学规模得到空前发展,众多高校从传统的精英型学院发展为"多元化巨型大学",有的办学规模已经远远超出师资队伍、教学设施、办学经费、后勤保障等办学条件所能承载的容量,一些高校在高等教育扩招过程中出现质量滑坡的现象,办学认可度较低,难以参与以质量为载体的高等教育竞争。尽管有考生选择低质量的高校,但这并不是满意的和最佳的选择,而是出于无奈。家长为低质量的高等教育付费的唯一理由就是不愿意让子女因放弃低质量高等教育而赋闲家中或在社会上厮混,从此走向

---

① 李立国. 普及化高等教育应该是一流多元 [N]. 光明日报, 2016-11-08.

堕落的深渊。每个家长都明白，把学生送入低质量的大学，就相当于给学生买回一张远行的站票，要让学生通过接受高等教育来实现公平的社会流动，几乎是"蜀道之难"。部分学生在"看破高等教育的红尘"之后，无奈地选择辍学回家干活或出门务工，折射出高等教育在推动社会流动方面的某种无助。在一片失望声中，低质量大学失去市场口碑，难以在竞争中生存，规模发展难以为继，更不可能实现可持续发展。高等教育公平发展不是放弃质量而让所有学生都同等地接受低质量的高等教育，更不是稀释原有高质量高等教育资源，其根本途径在于切实提高所有大学的教育质量，挤掉大学教育中的"水分"，让学生获得更多、更高质量的高等教育。

（2）高等教育分流的破冰之旅：跨越普质高等教育公平。普质高等教育公平指人们上一般大学的机会公平，它是一种较低水平的高等教育公平，是高等教育分流需要破解的基本问题。普质高等教育之所以平庸，一是硬件质量不高，主要表现为师资队伍、办学条件、教育资源、学科专业等没有优势，我有人亦有，甚至我有人更优，无法培养出高质量人才；二是软件质量不高，主要表现为办学理念、人才培养目标、管理体制等没有特色，"千校一面"现象严重，难以造就创新创业型人才。从质量标准的维度比较，普质高等教育实质上是一种凡俗的、水平不高的教育，学生接受这种高等教育后很难实现教育预期，达到社会流动的效果；从社会需要的维度考察，普质高等教育并非学生、家长、雇主钟情的高等教育，其存在的逻辑实则是高等教育大众化和普及化。不容置疑，普质高等教育的发展为更多学生创造了公平地上大学的机会，但这种公平是缺乏质量、缺少价值的。

在就业竞争日益加剧的人才市场上，普质高等教育的泛滥，已导致大学文凭不断贬值，大学生之"天之骄子"的本义正在被改写，上大学的里程碑意义不断减弱。对于那些只能进入"普质"高等教育机构的学生来说，高考对改变命运不再具有完全的决定性作用，这条曾经被认为是社会底层流向社会上层之最公平的通道，如今变得越来越狭窄，正在被越来越多的考生放逐。据统计，全国每年有10%左右的学生放弃高考,且最近几年这一数字基本保持稳定①。越来越多的考生放弃高考,在一定程度上反映出学生的选择更加多元、成才的路径更加宽广,但从另一个侧面说明学生对一般水平的高等教育的失望和对低水平高等教育公平的不满。在弃考人群中,绝大多数学生是因为升入重点大学无望,而对众多一般本科院校与高职高专的就业前景又不看好。不同家庭背景的学生在弃考后的选择上存在很大差异,那些家庭经济条件好的学生可以选择出国留学,接受国外的高质量高等教育,而贫家子弟则只能选择外出打工或回乡务农。对照之下,普质高等教育不公平造成的恶果主要由弱势族群来承担,优势社会阶层子女则可以幸免,高等教育不公平的分担机制迫切需要补偿性政策加以调节。当今中国高等教育的大发展,前提条件就是要跨越普质高等教育公平,使高等教育质量达到一个新的高度,使高等教育公平水平上升到一个新的台阶,形成顺应民意、体现民情的高等教育分流机制。

（3）高等教育分流的现实选择：追求优质高等教育公平。优质高等教育是高质量高等教育的一种形式,是人们普遍追求的高等教育,在高等教育分流中发挥着引擎作用。如果说精英高等教育阶段人们追求的是普质高等教育公平,那么大众高等教育阶段和普及高等教育阶段人们追求的是优质高等教育公平。这里的优质高等教育是一个相对性的概念、一种高于普通水平的质量标准,包含三层意思：一曰学术水平优异,不仅顶尖学者云集,而且顶尖学术成果累累,一般高等教育机构难以企及；二曰社会声望显赫,具有众所仰望的名声,家长、学生和社会都心向往之；三曰人才培养质量上乘,是高素质创新型人才的集散地,毕业生广受雇主青睐。基于这三层意思,优质高等教育公平可以通俗地理解为人们上"好大学"的机会公平。在西方高等教育世界,"优质"是"顶尖"、"世界一流"的同义语,因而提供优质高等教育的机构主要指向那些位居金字塔顶端的研究型大学,譬如美国的常春藤大学（Ivy League University）、英国的古典大学（Ancient University）、法国的大学校（Grande école）；或者位居排行榜首的大学,如哈佛大学、耶鲁大学、

---

① 汪明. 对高考弃考需多方归因综合施策[N]. 中国教育报,2014-06-11.

牛津大学、剑桥大学。在中国高等教育场域里,"优质"是"名牌"、"国家重点"的代名词,因而提供优质高等教育的机构主要包括那些国家政策倾斜、重点投资和制度眷顾的大学,如果从大学分层的角度考虑,那就是研究型大学和研究教学型大学;如果用家长和考生耳熟能详的词来表达,那就是"211工程"大学、"985工程"大学;如果用政策性术语加以界定,那就是"双一流"(世界一流大学和一流学科)大学。这些好大学是中国优质高等教育的核心组成部分,成为考生追慕的主要对象。

在高校毕业生逐年增加的情形下,人力资本市场对大学生的需求逐渐超过供给,社会用人单位为提高人力资本的收益率,不断提高学历门槛,以期招录更高能力、更高投资收益的人才,一般本科院校、高职高专院校毕业生的就业难度加大,劳动力市场更倾向于招录重点高校毕业生,使优质高等教育与普质高等教育之间逐渐形成一道深深的鸿沟,导致人们对优质高等教育公平的追求明确地指向重点高校。这一变化表明,优质高等教育作为反映个人高能力的一种信号,是看得见、摸得着的个人属性和特点,雇主据此对毕业生进行鉴别与筛选,并安置求职者到不同的岗位上,归根到底是对社会存在的一种反映。在雇主依据文凭进行筛选的前提下,一个考生获得一张通往优质大学的"门票",就意味着多了一个通向人生成功的机会;出生于低社会阶层、弱势群体、贫困家庭的考生,如果有机会进入优质大学,就意味着有机会打破阶层固化的格局,实现向中上层社会的流动。因此,在社会竞争日趋激烈的情况下,人们不但追求普质高等教育公平,更倾向于追求优质高等教育公平。但在当前条件下,我国优质高等教育资源还比较稀缺,优质高等教育机构的容量还相当有限,加之优质高等教育的地域分布不均,招生名额投放比例失衡,人人都上优质大学还不现实,优质高等教育机会还只能眷顾少数人。面向未来,中国高等教育的发展不仅仅是建设少数几所一流大学,而且是建设一流的、多元的高等教育体系,在让每个学生都获得优质高等教育的基础上提升高等教育公平水平。

(4)高等教育分流的终极目标:实现特质高等教育公平。特质高等教育是高质量高等教育的另一种形式,是因应高等教育后大众化及普及化而提出的一种质量标准,对于提高高等教育分流的顺畅性、协调性具有关键性的作用。按照特色立校、特色兴校的大学发展逻辑,办学特色即为教育质量。一所大学是不是好大学,不在于规模有多大,而在于特色是否鲜明[1]。着眼特色发展的质量观,特质高等教育的核心内涵主要体现在四个方面:一指办学理念独特,既追求卓越又展现特有风貌,以标新立异争创同类高校中的一流,建造同类高校中的高峰;二指办学目标独特,既适切自身个性又善于与时俱进,瞄准特定受教育群体培养个性化、高素质的应用型和技能型人才;三指办学模式独特,既回应行业需求又发挥自身优势,使专业建设、课程设置具有贴近行业发展的前沿性、时代性;四指办学举措独特,既尊重教育的内适规律又尊重教育的外适规律,促进教育教学改革与经济社会发展的良性互动。结合上述四个方面,特质高等教育可以概括为应用技能性强、行业需求量大、社会认可度高、就业高质量的高等教育,负责此类高等教育的机构从类型上讲主要包括特色鲜明的行业型、应用技术型、专业型、区域型等教学研究型或教学型高等院校,从层次上讲主要包括特色鲜明的一般本科院校和高职高专[2]。尽管这些高校的学术水平不如研究型大学抑或研究教学型大学,但学生接受这种高等教育后,能够形成良好生存的技能、持续发展的能力,得到用人单位的高度认可,并由此为学校赢得崇高的社会声望,成为名副其实的好大学。

从人人出彩、人人成功的角度出发,特质高等教育的最大特征是为每个学习者提供合适的教育,使每个学习者都能发挥自己的潜能,从而公平地获得成功成才的机会,实现高水平的教育结果公平。可以说,特质高等教育公平是规模和质量高度统一的公平,是外延和内涵相融通的公平,因而是最高层次、最高水平的教育公平。在高等教育后大众化阶段及普及化阶段,如果说优质高等教育机构仍然秉持精英教育的理念,实行高度选拔性的入学,向极具学术天才的学生开放,让每个人都进入

---

[1] 沈满洪. 彰显大学办学特色的三个层次[N]. 中国教育报,2015-12-14.
[2] 张继平. 高质量高等教育公平的十大发展趋势[J]. 北京社会科学,2016(5):94.

优质高等教育机构学习既不可能也不现实，那么，创建规模宏大、品种丰富、质量可靠的特质高等教育机构则成为一种理想而又现实的追求，让人人都进入特质高等教育机构学习也是完全可能的，这是高等教育分流追求的终极目标。从发达国家高等教育发展的历程来看，高等教育系统分层分类和高等学校多样化、特色化发展，与高等教育大众化、普及化的进程是一致的，高等学校类型多样化、特色化发展是高等教育大众化和普及化的必然要求。全面深化高等教育领域综合化改革，必须用新的发展观、质量观、公平观引领高等教育发展，积极创办内涵更加丰富、形式更加多样的特质高等教育，为学习者提供更充分、更多样、更适合的学习机会，引导高等教育科学分流、合理分流，进而促进社会公平的发展。

3. 高等教育分流在于引导学生追求适切性的教育

高质量的高等教育是多层次、多类型的，高等教育分流的价值在于引导学生追求适合于自己的高质量高等教育。追求高水平的高等教育公平倾向于每个人都不受任何歧视地开始其大学学习生涯的机会，但并不主张每个人都不受限制地接受相同的高等教育，而是强调基于差异性的分层，以促进不同的天性完满生长。从学生的成长来看，天性是一种与生俱来的秉性、品质或性情，一个外界无法改变的习惯或喜好，对每个人都是受用终生的。正是因为天性的存在，所以不同的人才具有不同的创造能力，才有可能成为各个领域的高素质人才；教育分层就是建立在天性的基础之上，而分层又促使创新型人才在各类教育中涌现。一个国家的发展既需要"两弹一星"专家，也需要大量的熟练技术工人，因此实施教育分层，实现因材施教，既是对学生天性的尊重，也是高等教育分流的本真追求。用公平、高质量的教育促进学生的天性生长，其所秉持的价值追求就是相信人人是才，坚信人人皆可以成才。如果学生是珍珠玛瑙，自然可以发出夺目的光彩；如果学生是铜矿铁矿，其成才的道路仍然相对平坦——我们则可以将其炼成钢材；如果学生是普通的泥土沙石，我们同样可以让他成为有用之才——使他成为修建现代化设施的砖瓦。人人成才不仅是一个崇高的教育理想，而且是一个现实的教育目标。这个理想与目标的实现，需要依据每个学生的禀赋、兴趣和才智，给予他们合适的高质量高等教育，建立基于分层的多次分流机制，促进学生选择适合自身天性的教育。首先，根据学生在初中阶段的学业表现和愿望，建立初中毕业后的第一次分流机制，让那些确无学术意愿与潜能的学生流向职业高中或中等职业学校，他们在职业高中或中等职业学校毕业后既可以进入社会领域就业，也可升入高等职业学校接受职业高等教育，向高素质的技能型人才方向发展；让那些学术意愿比较强烈与学术潜能比较突出的学生流向普通高级中学，向高素质的学术型人才方向发展。其次，建立高中毕业后的第二次分流机制，引导学生根据自己的能力与兴趣分别进入普通高等学校与职业高等学校，改变过去"千军万马争过独木桥"的局面，开启多条通往成功的通道。第二次分流机制实现的关键在于加快现代职业体系的发展，构建高质量的高等教育职业教育，提升职业教育的吸引力，让职业教育成为学生实现梦想的通途。再次，建立高等教育系统内的第三次分流机制，即建立高等教育系统内的入学后再选择机制，如果学生在普通高等学校经过一年的学习后，发现自己更适合接受其他专业的教育，或对职业高等教育产生了浓厚兴趣，或不认可本专业的教育教学质量，也可以转校、转专业或跨学校、跨学科选修课程，给学生修正自己不恰当选择的机会。当今一些高校的大类招生、大类培养，为学生的第三次分流提供了更多机会，其运行机制大体为：高校在招生与人才培养过程中，以学科和学院为单位进行专业类别调整，让学生在大学第一年先进行学科类别的基础性课程学习，打牢学习基础，到大学二年级再根据每个学院或者学科的不同要求，按双向选择原则，再进行专业分流，基于此培养厚基础、宽口径、高素质的人才。这种模式对于学生客观发展、合理分流具有重要导向作用，值得借鉴。

二、高水平的高等教育公平是普惠性的教育

高等教育公平与人类社会公平以及追求更美好生活的理想、守望与实践，在本质上是一致的。高水平的高等教育公平是使所有公民更加平等的一种理想与信念，普惠性高等教育是实现高水平高等教育公平的重要手段和途径。普惠性高等教育的实现使所有公民均有机会获得高质量的高等教育机会，进而获得更高的经济收入和更高的社会地位，实现更

加公平的发展。

1. 公平普惠是国家教育政策的基本导向

以提升高等教育质量为改革重点,以促进高等教育公平为发展目标,通过制定各种政策和采取相应措施,建立高质量的高等教育体系,合理调节公共教育资源的供给和配置,让教育红利惠及每一个个体,满足社会公正、享有高质量教育的需求,是新形势下我国高等教育战略调整的政策取向、根本措施和重要内容。《国家中长期教育改革和发展规划纲要（2010—2020年）》提出,"把提高质量作为重点",使"教育质量整体提升,教育现代化水平明显提高。优质教育资源总量不断扩大,更好满足人民群众接受高质量教育的需求",最终"形成惠及全民的公平教育",不断提升高等教育公平水平。坚持高等教育的公益性和普惠性,切入点是要不断完善教育法治体系,规范高等教育招生录取制度,保障公民依法享有接受良好教育的机会。坚持高等教育的公益性和普惠性,基本思路是要建成覆盖城乡、区域的基本公共教育服务体系,逐步实现基本公共教育服务均等化,通过基础教育平等缩小高等教育的区域差距。坚持高等教育的公益性和普惠性,基本措施是要办好每一所高校,使不同层次和不同类型的一流高等教育机构在不同地区大量涌现；教好每一个学生,让不同特长和不同潜质的一流人才在不同领域成长；关照每一个家庭,不让一个学生因为家庭贫困而失去接受高等教育的机会。坚持高等教育的公益性和普惠性,突破口是要优化高质量高等教育资源配置,高等教育资源适当向农村地区、边远贫困地区和民族地区倾斜,切实解决经济落后地区、贫困地区高等教育发展不均问题。坚持高等教育的公益性和普惠性,关键是建立教育扶贫的体制机制,保障社会弱势阶层享有公平的接受高质量高等教育的权利,不让一个家庭、一个学生掉队。

2. 发展普惠性教育是国际高等教育的共同追求

发展普惠性教育是提升高等教育公平水平、促进高等教育合理分流的关键,也是全球高等教育改革关注的焦点和共同追求的价值导向。据联合国教科文组织2017年4月20日发布的政策文件《确保高等教育不落下一个人的六种途径》,2000年至2014年期间,全球大学毕业生人数翻了一番，达到2.07亿人，但许多国家存在获得高等教育机会不公平的现象。2013年，南非接受了高等教育的黑色和有色人种大约只有1/6，而接受高等教育的白人超过1/2；墨西哥只有不到1%的土著人口接受了高等教育。高等教育成本昂贵，使许多贫困家庭无力负担，也形成了潜在的机会不公平。2011年，欧洲26个国家中，高等教育支出占家庭总支出的15%，对于高收入国家的家庭，高等教育支出占家庭总支出的比率更高：澳大利亚为40%，美国为46%，日本为52%。政府若不能给予财政支持，许多家庭将无法负担高昂的高等教育成本[①]。要让高等教育改革成果真正惠及不同族群的人，各国政府还须久久为功，持续发力。

从国内的情形来看，给予学生均等的高等教育入学机会是高等教育公平的第一道栏，因而入学机会公平是高等教育合理分流的起点和基石。《国家中长期教育改革和发展规划纲要（2010—2020年）》指出，"教育公平的关键是机会公平"。对于人的发展来说，"公平的教育机会意味着能够培养更多的优秀人才，社会整体会因此而受益"[②]。如果说高等教育大众化赋予了人们形式上的高等教育机会公平，那么高等教育质量保障将促进实质性的高等教育机会公平。实质性的高等教育机会公平意味着每个学生不仅有机会上大学，而且均有机会上好大学。在大学文凭不断贬值的情形下，好大学成为雇主筛选人才的重要信号，因此上好大学是低社会阶层、低收入群体改变其社会地位和经济状况的一个重要途径。设若高质量高等教育更多地向低社会阶层、低收入群体开放，就可以提高他们占有社会财富的份额，使更多弱者摆脱贫困而向上流动，从而缩小社会贫富差距，提高社会公平程度。

3. 高水平的高等教育公平是普惠性高等教育发展的成果

以普惠性教育发展促进高等教育公平，既是我国高等教育发展的不懈追求，也是当前我国高等教育改革关注的重点。亚里士多德曾经指

---

① 卫香萍. UNESCO政策文件：确保高等教育机会公平的六种途径[J]. 世界教育信息，2017 (12)：72.

② 杨东平. 中国教育公平的理想与现实[M]. 北京：北京大学出版社，2006：23.

出，公平就是每个人"得其所应得"，"公正就是比例，不公正就是违反了比例，出现了多或少"①。这一原理具有很强的普适性，对于我们判定高等教育公平水平具有很强的指导价值。在现实情境中，高等教育公平水平往往是和公民接受高等教育的权利或机会联系起来的，而衡量一个社会中的公民是否公平地享有接受高质量高等教育的权利，最基本的标准就是看符合条件的公民是否有机会跨进相应大学的校门②。因此，高等教育公平水平的高低和公民是否有机会跨进相应大学的校门呈正相关。我们不妨用中国教育情境中较为人们所熟悉的数字来描述高等教育公平水平：如果60%左右符合条件的公民能享有接受高质量高等教育的权利或机会，对高等教育供给持中满意度，即意味着高等教育公平达到了"及格水平"；如果80%左右符合条件的公民能享有接受高质量高等教育的权利或机会，对高等教育供给持较高满意度，则表明高等教育公平水平达到了"良好水平"；如果所有符合条件的公民都有机会享受其希望接受的高质量高等教育，对高等教育供给持高满意度，则表明高等教育公平达到了"优秀水平"。我国从精英高等教育阶段迈向大众高等教育阶段，高质量的高等教育更加多样化，如高质量的学术型大学、高质量的应用型高校、高质量的技能型院校，高等教育公平不是取消多样化，而是要适应大众化高等教育的多样化。《国家中长期教育改革和发展规划纲要（2010—2020年）》明确提出，"把促进公平作为国家基本教育政策"，"把提高质量作为教育改革发展的核心任务"，为民众提供更高质量、更加多样、更加公平的教育。高等教育质量的多样化不是不求质量，而是要求不同类型和不同层次的高校要各安其位、各展其长、各显其能、各司其职，在不同层次不同领域办出特色，在各自的质量标准上力求达到高质量，为不同需求的学生提供高满意度的高等教育，从而使高等教育公平惠及全体学生，让每个学生都看到成功成才的希望。

---

① 苗力田. 亚里士多德全集：第八卷 [M]. 北京：中国人民大学出版社，1994：96.
② 张继平. 大众化10年：我国高等教育机会公平水平的发展变化 [J]. 中国高教研究，2014（3）：31.

4. 人人接受公平而普惠的高等教育是一个移动的目标

让每个都接受公平而普惠的高等教育作为一个教育改革的目标，能否实现或在多大程度上实现，不仅取决于高等教育分流主体的努力，也取决于高等教育分流客体的认识；不仅取决于高等教育质量本身的改进，同时还取决于高等教育质量观、公平观的发展。立足人人成功成才的价值观，高等教育分流要满足人人都上优质大学的可能性还不够现实，因为在当前条件下，我国优质高等教育资源还比较稀缺，优质高等教育机构的容量还相当有限，加之优质高等教育的地域分布不均，招生名额投放比例失衡，优质高等教育机会还只能眷顾少数人。然而，高等教育分流实现特质高等教育公平却可以大有作为，因为特质高等教育的最大特征是为每个学习者提供合适的教育，使每个学习者都能发挥自己的潜能，从而公平地获得成功成才的机会，实现高水平的教育结果公平。可以说，特质高等教育公平是规模和质量高度统一的公平，是外延和内涵相融通、形式与内容相结合、目标与结果相一致的公平，因而是最高层次、最高水平的教育公平，是理想的高等教育分流模式。在高等教育后大众化阶段及普及化阶段，如果说优质高等教育机构仍然秉持精英教育的理念，实行高度选拔性的入学，向极具学术天才的学生开放，那么让每个人都进入优质高等教育机构学习既不可能也不现实，而创建规模宏大、品种丰富、质量可靠的特质高等教育机构一旦成为一种理想而又现实的追求，则让人人都进入特质高等教育机构学习也是完全可能的。从发达国家高等教育发展的历程来看，高等教育系统分层分类和高等学校多样化、特色化发展，与高等教育大众化、普及化的进程是一致的，高等学校类型多样化、特色化发展是高等教育大众化和普及化的必然要求。全面深化高等教育领域综合化改革，必须用新的发展观、质量观、公平观引领高等教育发展，积极创办内涵更加丰富、形式更加多样的特质高等教育，为学习者提供更充分、更多样、更适合的学习机会，进而促进社会公平的发展。

三、质量与公平统一是高等教育分流的内在追求

高等教育质量和高等教育公平都不是孤立的存在体，二者不是相互排斥、相互对立的关系，而是共处于一个生态系统之中，不断进行交互

作用和交互影响，并在一定条件下相互转化、相互促进。提高质量是提升高等教育公平水平的前提条件，高等教育公平水平提升是高等教育质量提高的客观反映；没有质量的高等教育公平只能是暂时的、表面的，没有公平的高等教育质量只能是片面的、肤浅的。提高质量与促进公平是内在统一的，它们共同筑起高等教育合理分流的堤坝。

  提升质量、促进公平是高等教育分流的根本目标，社会各界对此充满期待。但促进教育公平是一回事，提高教育质量却是另一回事，两者既有联系又有区别。赋予每个学生公平的高等教育机会，只为学生成才提供了一个可能的条件。要让学生成长为真正的人才，还得仰仗大学的教育教学。如果仅仅有天赋才能就能成为高素质人才，高等教育似乎会变得多余而无任何作用，围绕高等教育质量保证而进行的种种改革也会显得多此一举。有质量而无公平，高等教育分流就会失去存在的根基；有公平而无质量，高等教育分流就会失去发展的动能。特定大学的质量不高，并不都会产生普遍性的高等教育质量问题；特定群体之间的高等教育机会不公平，并不都会引起普遍性的教育公平问题。当然，这并不是说单纯的质量问题抑或公平问题不会引发高等教育分流问题，当特定大学的高等教育质量问题及特定群体间的高等教育机会公平问题产生时，人们会根据特定社会的价值理念来审视高等教育质量与公平，并由此作出相应的价值判断与价值选择。如果这种价值判断和价值选择是客观事实的反映，并符合主流意识形态领域对此问题的回应，就会形成全社会成员对此问题的认知，成为主导高等教育改革发展的音符。因此，以高等教育质量保证促进高等教育公平，以高等教育公平反哺高等教育质量，是高等教育合理分流的应然选择。在高等教育资源和高等教育机会总量不断扩充和提高的情形下，公平地对待每个学生的受教育机会，提升高等教育质量水平，让每个学生都有机会获得适合自身特点的公平而高质量的高等教育，不仅对于充分开发人力资源、广泛提高劳动者素质具有极为重要的意义，同时也是一个国家在全球化时代抢占有利发展位置的战略。

  质量与公平并重的高等教育分流包括三层逻辑：（1）提高质量与促进公平是高等教育分流的双重目标。从高等教育分流的价值追求出发，拓展高质量高等教育广度和提升高等教育公平水平是两个并行不悖的教育目标，不可偏废。美国高等教育政策在面对机会均等与追求学术卓越时强调，"没有优异的公平是空洞的成就，没有质量的数量是未兑现的承诺"[①]。通过提高高等教育质量，扩大优质高等教育的覆盖率，优异的高等教育公平才不至于成为浮泛的目标；提高高等教育的公平水平，拓展优质高等教育的惠及面，办人民满意的高等教育才不至于成为空洞的口号。（2）提高质量与促进公平是高等教育分流的并行道路。从高等教育分流的实践方略而言，提高高质量高等教育高度和提升高等教育公平水平是两条不期而遇的道路，应该双管齐下。一方面，保障高等教育质量是一条符合众人期望的道路，反映了大众化阶段人们对优质高等教育的迫切期待。优质高等教育的数量越多、供给越足，就越有利于不同族群的考生实现入学机会公平、参与过程公平和就业机会公平。另一方面，提升高等教育公平水平是一条顺应历史潮流的道路，体现了建设社会主义和谐社会对高等教育的强烈要求。高等教育公平水平的提升是社会公平程度加深的表现，在深层次上影响社会公平竞争和合理流动。（3）提高质量与促进公平是高等教育分流的必然结果。从高等教育分流的终极目的来看，拓宽高质量高等教育厚度和提升高等教育公平水平是两种交相辉映的结果，必须统筹兼顾。立足增加高质量高等教育的厚度，高等教育质量作为一种可视化的高等教育结果，其保障机制的建立健全不仅意味着高等教育质量不会因规模扩张和结构调整而走下坡路，而且意味着优质高等教育的类型更加多样、数量更加充实，高等教育公平的底部更加坚实。着眼提升高等教育公平水平的程度，优质高等教育公平作为一种终极的价值追求，其水平的提高意味着高质量的高等教育不断惠及不同群体特别是弱势群体的考生，高等教育政策的包容性更强，教育不平等在更大程度上得到消除。

设若把提高质量、促进公平与社会分层流动相联系，高质量的高等教育是社会分层的"筛选器"，高水平的高等教育公平是社会合理流动的"稳定器"，追求高质量的高等教育公平是教育面向社会主义现代化

---

① 谈松华，王建. 追求有质量的教育公平[J]. 人民教育，2011 (18)：4.

建设、促进社会和谐发展的必然要求。我国高等教育在大众化深入发展的过程中，高等教育机会增加的光环在一定程度上掩盖了高等教育质量的状况，也在一定程度上忽略了高等教育公平的水平，由此导致民众对高等教育的满意度不高，抱怨声较多，为社会主义现代化建设弹奏了不和谐的音符。我们必须深刻认识到，"没有公平的现代化是一种没有灵魂的现代化，没有公平的发展是一种畸形的发展"[①]。让不同族群的受教育者都能享受到高质量的、公平的现代化教育，让高质量的现代化教育普惠到每一个个体，既是高等教育与社会经济发展相适应的外在要求，更是高等教育自身规模、结构、功能、质量等彼此相适应的内在要求。

高等教育分流必须秉承质量与公平并重的价值理念，但在改革前行的道路上会际遇理念与实践的矛盾：高等教育质量提高在一定时期内往往并不会显而易见地提高高等教育公平水平，甚至会引起更大的不公平，高等教育公平水平的发展会出现"一个类似于库兹涅茨倒U曲线的变化过程"[②]。究其根源，由于高等教育质量提升是一个渐进的过程，扩大优质高等教育的覆盖率和惠及面不会立竿见影，急于求成的人们会形成高等教育改革只见政策不见效果的认识。与之相伴而生的悖论在于：一方面是政府的投入不断加大，高等教育质量持续提高，人们获得了越来越多的优质高等教育；另一方面则是社会对高等教育公平的批评成了政府工作的一个难题，人们对高等教育公平的要求越来越高，整个社会对高质量高等教育公平的批评与日俱增。这显然是一个巨大的矛盾和悖论，一个理念与实践上的矛盾和悖论。

坚持运用辩证唯物主义世界观方法论，增强理论自信、道路自信和制度自信，是我国提升高质量高等教育公平水准的法宝，也是高等教育合理分流的重要经验。改革开放以来，在教育民主化思潮的影响下，我国高等教育政策就开始高度关注公平和平等问题，并制定了少数民族考生、农村贫困地区考生补偿政策，旨在促进弱势族群入学公平。20世纪

---

① 杨东平. 中国教育公平的理想与现实 [M]. 北京：北京大学出版社，2006：3.
② 谢维和，李乐夫，孙凤，等. 中国的教育公平与教育发展（1990—2005）[M]. 北京：教育科学出版社，2008：185-194.

末期以来，我国高等教育规模持续扩张引发了人们对高等教育质量的疑虑，社会各界呼唤有质量保障的高等教育大众化，而不只是贴着公平标签而缺乏内涵实质的大众化，高等教育质量越来越成为教育公平的内在规定和本质要求。党和政府准确把握住高等教育发展的态势，在十八届三中全会部署高等教育领域综合改革战略时，明确把提高质量和促进公平作为高等教育改革发展的核心任务，并强调通过提高高等教育质量实现高等教育公平。追求高质量的高等教育公平将成为新形势下我国高等教育改革的新常态，也将成为高等教育分流的重要战略。

第三节　质量与公平并进：高等教育分流的主要特点

提高质量与促进公平是实现高等教育合理分流的两种手段，提高质量旨在让学生接受更满意的高等教育而实现更通畅的分流，促进公平旨在让学生接受更均等的高等教育而实现更合意的分流，提高质量与促进公平同等重要，必须齐头并进。坚持质量与公平并重的高等教育分流思想，其本质就是：强调高校分类发展，提高质量，办出特色，争创不同类型的一流，为高等教育合理分流创造条件；学生分类入学，按能力、兴趣和需要公平地赋予每个人应得的高质量高等教育机会[①]，让不同的学生成为不同领域的一流人才。具体而言，质量与公平并重的高等教育分流具有以下特点。

一、合目的性：让不同的高校争创不同的一流

高等教育的根本目的是培养人，让不同层次类型的高校围绕不同的目的培养不同的一流人才，是学生合理分流的前提。质量与公平并重的高等教育分流作为一种思想，其基本内涵是统筹各类高等院校协调发展，引导不同层次类型的高校围绕自身特色和优势，争创自身所属领域的一流，在建设一流学科、培养一流人才、提供一流服务、形成一流影响等方面形成核心竞争力，借此建设高质量的高等教育体系。

---

① 张继平，董泽芳. 高质量高等教育公平：理念诠释、现状分析与政策进路[J]. 大学教育科学，2017（1）：28-42.

引导不同层次类型的高校培养"不同的一流人才",是推动大学多样发展、学生多向流动的必由之路,有利于破解"千校一面"、"千人一面"的困局。从多样性高等教育质量观的角度出发,一种高校类型代表一种功能,一种高校类型也代表一种特色①,高等学校在层次类型上的差别只反映社会对人才的不同需求,并不代表高校办学水平和质量的高低,每个层次类型都可以找到一流的"排头兵"②,每个方向都可以找到多样性、高质量的高等教育机构。从横向多样性来看,高质量高等教育机构既包括一流的学术型、专业型、行业型、应用技术型大学,也包括一流的综合性、多科性、专科性院校。从纵向多样性来看,高质量高等教育机构既包括一流的部属重点大学、一流的地方本科高校、一流的高职高专,也包括一流的研究型大学、一流的研究教学型大学、一流的教学研究型高校、一流的教学型高校。根据多元标准来争创一流,引导高校在自己所属的领域办出特色,提升质量,促进学生合理分流。这样不仅对学术型高校发展公平,而且对应用技术型高校发展公平;不仅对起点高的学生发展公平,而且对起点低的学生发展公平。让不同的高校围绕高等教育目的争创一流,需要统筹各类高校协调发展:国家性重点大学是培养高素质创新型人才的战略基地,可以把建设一流研究型大学作为目标,全面提升教学质量和科研质量;一般本科院校是培养高素质通用型人才的重要基地,可以把建设一流专业型、行业型、区域型大学作为发展目标,着力提升教学质量和学生能力;高等职业院校是培养高素质技能型人才的实践基地,可以把建设一流应用型、技术型大学作为目标,全面提升教师素质和学生技能。

引导高校争创一流的关键是构建合理的高等学校分层定位体系,促进不同类型层次的高校分类发展、办出特色、公平竞争、建设一流,这既是高校合理分工、创建品种更为丰富的高质量高等教育的根本,也是学生合理分流、培养类别更为齐全的高质量人才的关键。当前,我国高

---

① 胡赤弟. 教育质量:政府与学校的责任[J]. 高等教育研究,2001(11):24.

② 王义遒. 多样化:我国高等教育大众化的关键[J]. 北京大学教育评论,2003(4):17-21.

等教育正际遇高校分类不明、学生分流不畅的障碍：一方面是高校办学定位模糊，办学特色缺失，不同层次的高校之间相似度高，缺乏清晰可见的界限，人才培养与社会需求契合度不高，重点大学的毕业生"上不了厅堂"，高职高专的毕业生"入不了厨房"，高校毕业生的社会认可度不高；另一方面是高校趋同发展导致"产能过剩"，人才供给结构失衡，一流的行业性、应用型人才缺乏，造成高校毕业生就业难与人才市场"用工荒"并存的尴尬局面，学生在谋职过程中常常依靠家庭出身、学历、户籍等因素进行非公平竞争。保证高等教育持续、健康、协调发展，形成各美其美、美美与共的协调发展局面，为民众提供更加多样、更高质量的教育，使学生实现更为科学、更为公平的分流，必须建立起质量立校、特色兴校的高等教育发展机制，促进部属重点大学、一般本科院校、高职高专各安其位，在不同层次与不同领域办出特色，在各自的质量标准上力求达到一流。就像美国加利福尼亚总体规划提供的方法一样，为了让学生获得高等教育系统内的平等机会，使具有适当学术背景的非常成功的学生能从一个部门转到更高水平的部门，大学必须分类发展[1]，分类争创一流。部属重点大学是培养创新型学术人才的主阵地，应该以追求世界一流为目标，秉持学术至上的原则，以高水平的学术研究支撑高等教育质量大厦，形成全球范围内的显著影响和核心竞争力，否则就会沦为"普质"的教育；一般本科院校是造就高素质劳动者的重要场所，应该以追求国内一流为目标，坚持社会需求导向，加速向应用技术型高校转型发展，实现高等教育结构与建设现代职业教育体系的有机融合，提高服务区域经济社会发展的能力，从而打破人才培养的"断头桥"，构建人才培养的"立交桥"，以一流的应用型人才为人才培养目标，建设一流的应用型人才培养体系，形成全国范围内的重要影响；高职高专是实用型人才的训练营，应该以追求省内一流为目标，以就业为导向，按照培养高等技术技能性专门人才的要求，加强与地方经济发展紧密结合，促进人才培养与社会用工的无缝对接，将高校的办学、管理

---

[1] 克拉克·克尔. 高等教育不能回避历史：21世纪的问题 [M]. 王承绪，译. 杭州：浙江教育出版社，2001：108.

和人才培养环节融合于产业链、公共服务链和价值创造链，使高校成为产业、行业、企业的高校。

二、合条件性：依天性培养具有可教育性的人

人生而具有可教育性，即人具有接受教育的天赋素质和潜在能力，这是教育可能对个人发展产生重要影响的前提条件，也是高等教育分流的基础。孔子在提出"有教无类"的教育思想时指出"性相近也，习相远也"。"性相近"说明人人皆有成才成德的可能性，只要高等教育质量足够高，每个人进入大学后都有无限发展的可能；"习相远"说明教育公平的重要性，赋予相同智商的学生不同的高等教育机会，其发展的高度会相去甚远。按照孔子"有教无类"的思想，真正愚钝而不可教的人是极为罕见的。如果一个学生真正到了朽木不可雕的地步，要么是高等教育质量不够好，要么是高等教育公平水平不够高。人之所以具有某种可教育性，一方面在于人具有可塑性——人是未完成的动物，人的感觉器官和心理机能是未特定化的，具有多重作用，能适应广泛的生存环境，从事多方面的学习；另一方面在于人具有创造性——人不仅能创造他人，还能创造自己。人生而具有天赋才能，为个体的多方面发展提供了可能。天赋才能的发展有赖于不断的实践，更有赖于公平而高质量的教育。一个天资聪慧的儿童，如果成年后无所作为，甚至泯然众人矣，那就说明，他所缺少的并不是天赋，而是好的教育。在大学里，高级专门人才的培养亦是如此。一个高素质的学术型或者技能型人才的成长，不完全是由天性造成的，而主要是由公平而高质量的大学教育造就的。倘若大学教育不能依据学生的天性而施以合适的、高质量的教育，学生进门时是天才，出门时就会成为庸才。德国教育家卡尔·雅斯贝尔斯认为，"所谓教育，不过是人对人的主体间心智交流活动，尤其是老一代对年青一代，包括知识内容的传授、生命内涵的领悟、意志行为的规范，并通过文化传递功能，将文化遗产交给年青一代，使他们自由地生成，并启迪其自由天性"[①]。因此，大学选才应该以人的自然本性为基

---

① 卡尔·雅斯贝尔斯. 什么是教育 [M]. 邹进，译. 北京：生活·读书·新知三联书店，1991：3.

础，应当遵循教育对象的天性，根据教育对象的天赋、才能和志趣赋予每个学生公平的高等教育机会；大学改革应当以质量为中心，为不同需求的学生提供不同类型的高质量教育。

不容置疑，许多人在许多方面都具有相同的天性，都能敏捷地思考、灵敏地学习。但每个人的才能却有着不可思议的差别，竟至没有一个人的风格与另一个人的风格相像，也没有一个人的心理结构、生理结构与另一个人的心理结构、生理结构完全相同，有的人天生一副好嗓子，有的人天生诗书气质，有的人与生俱来就对数字敏感，这就是天性的差异。教育的本真追求就是发现人的差异，并依据人的天性差异而施以不同的教育。如果教育消解人的独特性，就会压抑人的创造性，进而泯灭个性，使人变得平庸、卑琐、谨小慎微和盲目从众，缺乏冒险精神、开拓意识和创新能力[1]。苏格拉底在强调按天性的差异培养学生时指出：埃费鲁斯（Ephorus）和提奥旁普斯（Theopompus）各有过人之处，但前者需要鼓励，后者需要抑制。事实上，每个学生都有与众不同的天性。如果对学生之天性辅以精心的培养，就能获得更大的力量，学生步出象牙塔就可能成为社会需要的创新、创造、创业之才；如果高等教育分流引导一个人与自己的天性背道而驰，他就很难在不适合的学业中取得成就，他的与生俱来的才能由于没有在大学里得到很好的开发而被削弱下去。因此，高等教育分流的重要之处，就是要使教育能培植各人的天赋特长，沿着学生之自然倾向最有效地发展他的能力[2]。作为高等教育的投资者，善于精细地观察学生能力的差异，弄清每个学生的天性的特殊倾向，并按学生的特殊天性提出选择大学的建议，人们通常认为这是优秀家长的标志之一。高等教育的招生人员亦应如此，他们应通过阅读学生的档案，敏锐地观察到哪些学生是哪些学科专业的适学个体，哪些学生是哪种层次类型高等教育的适学个体，然后结合学生的高中表现和入学愿望，将学生录到合适的学校、学科和专业中去，使每个学生都

---

[1] 肖川．教育的力量[M]．长沙：湖南教育出版社，2008：76．

[2] M．F．昆体良．雄辩教育思想与《雄辩术原理》选读[M]．北京：人民武警出版社，2010：74．

能发挥各自的长处,学习到想要的知识和技能。

三、合规律性:让合适的学生流向合适的大学

质量与公平并重的高等教育分流作为一条道路,其核心内容是让学生公平地流向适合自己需要和能力的高质量高等教育机构及学科专业,使学生按其身心特点和谐发展、健康发展,这是高等教育分流合乎教育内外部关系规律的要求。

一方面,每个学生的需求不同,有的学生追求高质量的普通高等教育,有的学生追求高质量的职业高等教育,只有让学生流向适合自身需求的高质量高等教育,才能提高教育的满意程度。按教育的内外部规律办事,高等教育分流的核心追求就是要创办一种比现在更有特色、更加多样、更高水平的高等教育,形成一种能满足学生多元需求的高质量高等教育体系,而不是表面化的高等教育平均,更不是消灭差异、消灭层次、消灭多样、消灭特色、消灭品牌。英国经济学家马歇尔(T. H. Marshall)认为,平等的机会意味着展示差异的平等机会,保证公民的平等应该留有余地,承认公民的天赋不同[①]。在大众化高等教育阶段,建立在精英学者团体共同理念基础上的统一的高等教育质量标准,正在被以社会需求多元化为特征的多样化的质量标准所取代[②]。高质量的高等教育既有学术型的,也有应用型的,还有实用型的。建立中国特色的高质量高等教育体系不是所有高校都向研究型抑或研究教学型大学看齐,而是不同类型与层次的高校合理定位,在自身所属的领域内办出特色,成为一流,把适合自身层次、类型、使命、培养目标、培养方式的学生选拔出来,让每个学生都有机会获得适合自己学业要求、兴趣爱好和个性特点的高等教育,促进学生各得其所、各展其长,成为不同领域、不同行业的高素质人才。目前,大部分高校办学缺乏特色与学生对多种高质量高等教育类型的期待之间还存在很大矛盾,必须通过特色发

---

① 李文胜. 中国高等教育入学机会的公平性研究 [M]. 北京:北京大学出版社,2008:6.
② 张应强,苏永建. 高等教育质量保障:反思、批判与变革 [J]. 教育研究,2014(5):19-27.

展加以解决。为此,各高校要避免盲目攀比、趋同发展的做法,静下心来挖掘特色、凝练特色、培育特色、形成特色,广泛开展特色教育,为学生提供更多、更特、更好的高等教育资源。

另一方面,每个学生的可教育性不同,只有让学生流向适合自身能力的高等教育,才能让学生成为最好的自己,顺利成长为社会需要的人才。遵循教育的内外部关系规律,按能力与需求赋予学生不同的高质量高等教育机会,让善歌者继其声,让善教者继其志,最大限度地满足学生的不同需要,是教育公平的最高境界。世界银行出版的《2006年世界发展报告:公平与发展》在定义"机会公平"时指出,一个人一生中的成就应主要取决于其本人的才能和努力,而且这种才能和努力是可控的,而不是被种族、性别、社会及家庭背景或出生地等不可控的因素所限制[1]。在高等教育分流中引导学生理性选择适合自己的高质量大学和学科专业,不是从外部强加给学生压力,而是把他们从教育过程中解放出来,使他们流向最适合自己需要与能力的位置,以便充分地实现自己、完善自己。美国教育家杜威认为,学生的需要与能力犹如黎明时节闪烁着的光辉,只有在迈出学校后的遥远的将来才不断地照耀。如果高等教育分流追求形式上的公平而背离学生的需要与能力,让学生选择力所不能及的优质大学,或让学生选择自己之需所不能达的一流学科,这种光辉将殒落在漫漫的黑夜,不但不能照亮学生发展的长路,反而会助长其入学后的低效能感,导致学生对学校、学科和专业的拒斥,甚至于形成"习得性无助"。当今大学校园的逃学、恐学、厌学、辍学现象仍频,一方面反映出大学教育质量堪忧,另一方面也折射出学生的选择与需求、能力的错位。

四、合发展性:让独特的天性得到自由生长

人是高等教育的中心,人们追寻高等教育公平旨在实现所有人的发展和个人的自由全面发展。从教育使人成为人的角度出发,"个人的理性、才智、品格(德行)以及个性的特质只能在教育的平等关系中发展

---

[1] 李廉水,吴立保. 和谐社会视野下高等教育公平的制度设计[M]. 北京:科学出版社,2010:23.

起来"①，所以，高等教育分流应坚持育人为本的理念，为学生提供相对公平的高等教育机会，让学生成人成才，实现个性化的高度发展，最终达到人人发展公平。质量与公平并重的高等教育分流作为一个目标，其终极价值是依据人的不同天性，使每一个适学个体都能平等地享受到相应的高质量高等教育⑤，让每个学生的独特天性得到自由生长，为自由社会造就自由的人。

人的天性各不相同，依天性而教，是教育公平和社会公正的内在价值。按照柏拉图的天赋人权观，公正就是人在社会秩序中各司其职、各守其序、各得所得，在国家职位中执行一种最适合于他天性的职务。由于每个人的天赋、禀性、兴趣等天性各具特征，因而人与人之间有差异是合理的，这是构成国家存在的基础，也是提高效率的基础。每个人都期望获得公平而高质量的高等教育，但是每个个体的条件迥异、发展潜力不同，所以每个人在接受高质量高等教育的类型、层次等方面会存在差异，这种差异就意味着社会成员不可能完全平等地享有社会提供的高质量高等教育资源。在我们今天这样一个服膺于"丛林法则"（即弱肉强食、优胜劣汰、残酷竞争）的社会②，受教育水平直接决定着人的发展机会和财富的再次分配，因此，保障每个学生尤其是弱势群体考生的受教育权利和获得公平的高等教育机会，无疑是人之成为人的第一要义和第一追求。根据我国高等教育机会公平水平不断提高的现状，在今后相当长的时期内，应更多地关注优质高等教育机会公平和特质高等教育机会公平，让高质量高等教育惠及更多学生，特别是通过全面实施素质教育和因材施教，让每一个学生都受到适切而优质的高等教育，实现个性潜能的自由发展、充分发展、高度发展。

因材施教是个性化教育的本质，是让各类人才脱颖而出的科学方法，因而是教育公平的最高境界，是高等教育分流最合适的通道。通过因材施教，高等教育分流可以更好地消除经济和社会的外部障碍，将每个学

---

① 金生鈜. 教育与正义：教育正义的哲学现象［M］// 王国平. 教育公平与优质教育研究. 杭州：杭州出版社，2013：601.

② 吴永军. 教育公平：当今中国基础教育发展的核心价值［J］. 教育发展研究，2012（18）：1-6.

生分配到与其天赋、禀性、兴趣相称的大学中去,使学术天才在高质量学术型大学里自由生长,使技术天才在高质量应用技术型大学里茁壮生长。在这种意义上,高等教育公平的真谛是按照学生的天性进行教育经验的改组和改造,而无须刻意追求高等教育机会均等,即不同起点的学生既没有必要进入相同层次与类型的大学,也没有必要选择相同的学科和专业,因为人们的天赋、技能、能力和兴趣大相径庭。为此,高等教育改革要立足于人的成长,办好每一所高校,让每一所高校都成为高质量的高校,全面提高高等教育质量,提供促进每个人个性发展和适应社会需要的高等教育,使高等教育真正成为每个人平等流动的阶梯和人生出彩的舞台。评价高等教育分流是否合理的依据不是看不同禀赋、不同兴趣、不同需求的学生是否平等地进入相同的大学或专业,而是看学生是否公平地获得个性化最优发展——每个学生都要发展,但发展的高度不一样;每个学生都要成长,但成长的方向不一样;每个学生都要优秀,但优秀的标准不一样。

第四节　质量与公平合一：高等教育分流的核心价值

提高质量和促进公平虽然是两个不同性质特征的概念、两种不同取向的价值追求,却是两条并行不悖的道路,不可偏废。提高质量的目的是保证每个人获得更好的高等教育,实现更充分的发展;促进公平的宗旨是保障每个人接受更合适的高等教育,实现更自由的发展;提高质量与促进公平的目的殊途同归,它们在高等教育分流机制的作用下使政府、大学和社会机构各尽其职、各显其能、各展其长,让合适的学生流向合适的位置。

一、推动政府树立学有所教、学有所成的责任意识

政府是高等教育分流的宏观管理主体,承担着质量监控和促进公平的双重任务。让学生学有所教、学有所成,既是高等教育分流的基本走向,也是政府公平正义、执政为民的核心使命。所谓"学有所教",就是高等教育分流要坚持公益性和普惠性原则,明确政府提供公共服务的职责,不断提升高等教育质量,促进高等教育公平,使每一个适学个体

都能平等地享受到优质的高等教育资源①；所谓"学有所成"，就是每个学生接受高质量、公平的高等教育后，都能实现个性化、有特色的发展，达到人生出彩的目的。《国家中长期教育改革和发展规划纲要（2010—2020年）》提出"促进公平、提高质量"的方针政策，党的十八大报告提出要"着力提高教育质量"、"大力促进教育公平"，李克强总理在2016年"两会"政府工作报告中强调"发展更高质量更加公平的教育"，党的十九大报告进一步强调要建设教育强国，推进教育公平，"努力让每个孩子都能享有公平而有质量的教育"。以上均是对人们追求公平、高质量高等教育的积极回应，也是对未来高等教育改革发展的合理规划与战略布局。纵观我国高等教育发展的新走向，随着高等教育大众化程度的不断提高乃至高等教育普及化的实现，越来越多的人步入大学殿堂，意味着高等教育机会公平水平得到进一步提升。在此前提下，人们越来越倾向于追求更高质量、更臻公平的高等教育，积极发展优质、特质高等教育已成为高等教育分流的内在要求。现代政府作为公共权力主体，其多重角色的扮演，将从各个维度推动高等教育分流的协调运行。

第一，政府作为高等教育政策制定者、制度执行者、资源分配调节者的角色，既是高等教育质量的"看护人"，又是高等教育公平的"守夜人"，如果能将高等教育这种准公共产品作为一种社会公共福利公平地分配到人群中去，就能最大程度地提高高等教育公平水平；反之，任何人群的多得或少得都会损害社会公平公正。因此，在全面深化高等教育改革的着力点上，政府的政策目标应当以改善社会公共福祉为旨归，积极地对社会成员的教育需求做出回应，并采取切实有效的质量保证措施，公平有效地保障社会成员的受教育权，以便让每个学生都流向最适合于自己的高等教育机构，而毕业后又流向适合于自己的工作岗位，在提高人民满意度的基础上彰显行政美德。

第二，政府既是高等教育利益的创造者又是高等教育利益的分配者，是社会公共利益的代言人和实现高等教育合理分流的主要机构，政府职能的有效履行将最大程度地满足社会公众的利益诉求。政府在回应各利

---

① 夏学銮. 学有所教：有教无类的现代选择［N］. 中国教育报，2008-01-14.

益相关者的诉求时，需要结合个体需求与高等教育质量差异，优化高等教育资源配置，最大限度地整合、调节、平衡各种不同主体的利益需求，形成一种既公平又有效的利益平衡机制，为社会成员创造发展条件，使更多社会成员的合理需求能够通过自身的正当努力得到满足，以达到更高水平的高等教育公平。

第三，政府作为高等教育的举办者与管理者，其管理职能的充分发挥，将有利于统筹推进高校转型发展，建立起高等教育分类管理体系。分类管理是促进不同类型的高校科学发展、公平发展、特色发展的前提条件。没有分类，不同类型的高校之间就没有公平比较的准则，不同特性的考生就没有合理分流的通道。为促进高等教育高质量、公平发展，政府需要将高校按照学术型和应用技能型的人才培养定位进行分类，促进高校依据自身类型合理定位，建立起类别清晰、结构合理、适应经济社会发展需要、具有中国特色的高等教育体系；引导高校分类发展，促进不同类型的高校在各自的领域办出特色、争创一流，为部属高校和地方普通本科高校均提供创建高质量大学的空间创造公平竞争的环境；针对不同类型高等学校人才培养的特点，分类制定办学标准人才培养规格和质量评价体系，为不同类型的高校获得公正的评价和专心办学提供制度保障。

二、促进高校形成育人为本、天下为公的精神守望

大学是高等教育分流的执行主体，是高等教育质量的捍卫者和高等教育公平的守望者，理当秉持育人为本和天下为公的理想信念。强调育人为本就是高等教育分流要以质量保证为根本前提，以为每个学习者提供公平的受教育机会为出发点，不断提高育人水平，使每个学生都获得不同类型的优质、特质高等教育，帮助每个学生都获得最大成功[①]。追求天下为公就是高等教育分流要充分彰显大学的正义精神，把高等教育公平作为社会公平的重要基石，将入学机会公平作为关键性、先导性、根本性的问题加以解决，并通过公平公正的制度设计使每个符合条件的学生都流向心仪的高质量高等教育机构。育人为本与天下为公均是大学

---

① 翟博.育人为本：教育思想理念的重大创新[J].教育研究，2011（1）：8-14.

应该守望的精神义谛,育人为本是大学内涵发展的根本动因,天下为公是大学持续发展的灵魂所在,育人为本与天下为公同等重要。我国高等教育从大众化阶段向普及化阶段发展,大学的精神守望正面临着前所未有的考量:一方面,高等教育大众化的推进使所有高校都不可避免地卷入扩招洪流,一些高校在追求"大而全"的办学中忽视自身特色,淡化育人意识,使高等教育质量不断受到冲击,这已成为高等教育发展的"阿喀琉斯之踵";另一方面,高等教育大众化的深度发展使优质、特质高等教育入学竞争加剧,少数高校由于与诱惑、利益接触而受到污染,在自主招生中暗箱操作,导致一些低水平学生流向高水平大学,使高等教育公平不断受到拷问,人们对大学的精神守望产生了迷茫、困惑、质疑。大学要重建教育理想,重塑本真追求,必须将提高育人质量与促进公平正义作为安身立命之基,才能在现代化教育情境中不走向迷失与困惑,真正地成为引领社会的"灯塔"。

在一个追求自由、平等、公正的教育场域中,天下为公的真谛不只是让一部分人活得有价值,更在于让每个人的价值都能得到体现;育人为本的真义不只是让那些出生好的学生通过接受高质量的高等教育而有精彩的人生,更在于让那些出身不好的学生同样有机会实现人生梦。这就意味着,高等教育改革最重要、最现实的价值在于使处于不利地位的学生获得平等的高质量高等教育,进而摆脱贫穷,实现向上的社会流动,以一人脱贫带动全家脱贫,为全面建成小康社会提供智力支撑。在社会分层没有消除的情况下,贫穷是循环进行的。贫家子弟不仅经济生活条件差,而且父辈受教育程度普遍偏低,使他们缺乏良好教育文化环境的熏陶,在享受家庭资源供给而形成高水平的认知能力方面处于弱势,进而在高等教育入学竞争中常常处于不利地位,就学机会差,很难跻身社会认可的高质量大学,导致他们大学毕业后就业机会差,只能谋求社会地位不高的职位,从事收入报酬较低的工作。这样,一代贫穷,就有可能代代贫穷,如此循环往复,就会形成阶层固化,社会流动受阻。要实现高等教育改革成果共建共享的目标,只有最大限度地提升高等教育质量,最大程度地增强高等教育公平,才能扫除社会各阶层向上流动的障碍,激发人们的创新活力,推动社会共同进步。从教育补偿的角度出发,那些在过去长期生活在社会底层的人群,今天应该获得更多的高质量高等教育机会。或者说,只要那些曾经受到不公正对待的社会底层表现得足够优异,他们就应该在高质量高等教育入学方面得到更多优惠。高质量大学不仅是质量上乘的大学,更是学生满意、教师满意和社会满意的大学①。在教育之"人生地位变化升降机"的功能没有丧失的情形下,给一个贫寒学生接受高质量高等教育的机会,在某种程度上说就是给他一张通往幸福生活的"门票",同时也是给他一个从较低社会阶层向较高社会阶层流动的机会。如果高质量大学放弃通过教育补偿而促成的教育机会公平的努力,不仅会打击那些身居社会底层、勤奋努力却无缘一流大学的学生,而且会变相助长某些身居社会中高阶层、依靠家庭背景而获得优质高等教育入学机会的学生的惰性,于无形中形成高等教育的"格雷欣法则",间接诱使一流大学沦为"二流"抑或"三流"。习近平总书记在谈到教育扶贫时多次强调,"扶贫必先扶智"。高等学校作为教育扶贫的重要机构,要更加深入地认识到处境不利的学生在教育上的不平等地位,把保证高等教育的公益性和公平性作为努力目标,构建弱势补偿的政策和制度,营造扶困济贫的社会环境和氛围,形成"主动式"、"造血式"、"参与式"、"开发式"补偿机制,提高对弱势群体的补偿力度,帮助贫困家庭走出代代贫穷的恶性循环圈。而那些身处不利境地的弱势群体,其入学机会和社会生活状况的好转,会强化两种教育结果:一是强化他们对社会的肯定态度,对社会予以更多的认可,这样就会提高他们的获得感,改善他们的教育价值观;二是强化大学与处境不利学生之间的良性循环,使处境不利学生有更多机会改变自己的不利处境,追求和社会优势阶层同样的生活,真切地享受到高等教育改革发展的成果。

三、满足社会期待多元发展、有效供给的教育需求

社会是高等教育分流的需求主体,是高等教育质量高低、高等教育公平水平高低的客观评判者。在多元化社会里,尽管社会成员对高等教

---

① 何传启. 制度、质量、公平:实现高等教育现代化的突破口 [J]. 中国高等教育,2014 (7):10.

育质量的评价不一，对高等教育公平的褒贬各异，但接受高质量的高等教育是社会成员的普遍追求，追求高水平的高等教育公平是社会制度的核心价值，因此，合理的高等教育分流应该以此基准体现社会成员的高等教育需求与国家的高等教育供给，规定优质、特质高等教育资源在社会群体与成员间的合理分配，使每一个人所想得的、应得的、可得的高等教育有机统一。美国教育家埃里克·古尔德（Eric Gould）认为，当代高等教育的发展主要是为了满足经济社会多方面的需要，而不只是培养富有批判性、社会责任感和自我反思能力的个性化群体[1]。我国高等教育从大众化阶段向普及化阶段逼近，有能力购买并且期望接受高质量高等教育的群体在迅速增长，而高质量高等教育的数量与规模却未实现同步增长，导致高质量高等教育供给不足，非公平竞争加剧，高等教育分流的正向功能失灵，学生不能流向与之相适应的高等教育机构。当前，我国高等教育的主要矛盾是人民群众日益增长的优质、特质高等教育需求与优质、特质高等教育供给不足之间的矛盾，阻碍了人们追求更高质量、更臻公平的高等教育。社会成员对高质量高等教育的期望在增长，对低质量高等教育的失望也在增加。因此，今日之高等教育改革的核心价值在于，通过建立起多元化、特色化的高等教育体系，促进不同类型的优质、特质高等教育增长，增强高质量高等教育的供给能力，让"最好的教育"惠及尽可能多的人。

由于国家、社会、用人单位、学生个人对高等教育的需要和期望是不同的，存在着需要类型和期望值的差异，高等教育越是能够满足这些需要，质量就越高，学生的发展就越公平[2]，高等教育的经济价值和社会价值就越高。因此，面向经济社会转型中众多行业、众多岗位的多样化需求，积极创建高质量的高等教育体系，增加高质量高等教育供给量，提升优质大学的录取率，拓展一流大学的惠及面，让每个学生都有机会接受适合自身需要的"最好的教育"，是普及高等教育的崇高理想。

---

[1] Eric Gould. The University in a Corporate Culture [M]. New York：Yale University Press，2003：197.

[2] 胡弼成. 高等教育质量观的演进 [J]. 教育研究，2006（11）：25.

"经合组织"1998年出版的《重新定义第三级教育》提出:"为达到更高的高等教育就学率,需要大规模调整导向,强调以反映人们多种兴趣的需求为导向,而非以前那样以供给和以院校扩展为导向。"[①] 高质量高等教育公平是以促进公平为取向、以提高质量为重点、以满足学生需求为导向的教育,是一种高水平的教育公平,承载着亿万群众对公平教育和高质量教育的双重期盼。当今中国高等教育的改革发展,不只是把最好的教育给"最聪明的人",还要把最好的教育给"并不聪明的人",也不只是把最好的教育给少数人,还要把最好的教育给尽可能多的人。这样才能缩小教育差距,为不同族群的人提供公平流动的机会,全面提升教育公平水平和社会满意水平。

四、构建学生多元选择、多元成才的目标追求

学生多元选择、多元成才是高等教育分流的理想模型,不仅利于改善高等教育起点不公平和机会不公平的状况,也有助于打破统一考试和"一考定终身"的困局,形成创新、创造、创意型人才脱颖而出的局面。要实现这一理想的高等教育分流模型,可以从三个方面进行努力。

第一,为每个学生提供多种选择的可能。每个学生都要成才,但选择成才的方式不同。有的学生需要接受高质量的普通教育方可成才,有的学生则需要接受高质量的职业教育才能成才。基于学生的需求与能力为每个学生提供不同的高质量教育,对每个学生来说都是公平的,因为每个学生所接受的教育都是最适合的。《国家中长期教育改革和发展规划纲要(2010—2020年)》提出,"为每个学生提供适合的教育"。我国高等教育在从大众化阶段向普及化阶段迈进的过程中,学生的需求更加多元,因应学生的多元需求,高等教育层次结构和类型需要进一步调整,政府要通过思想引导、政策激励等举措促进高校的办学定位具备特色和个性,形成起研究型大学、行业特色大学、地方综合院校、应用技术大学、职业技术学院等多样化办学格局,为学生的多元选择、多元成才提供可能性。

---

① 蔡克勇. 大众化的质量观:多样性和统一性结合 [J]. 高等教育研究,2001(4):8.

第二，为每个学生提供适合的升学通道。随着经济形态日益多样化、社会分工更加精细化、行业发展日趋专业化，用一个标准、一次考试来选拔所有学生，已无法满足经济社会发展对多样化、特色化、个性化、创新性、技能性人才的需要，高等教育改革必须摒弃"一考定终身"、"一卷定高下"的选人模式，建立起分类考试、分类招生的制度，增加高校和学生的双向选择，提高高等教育分流的导向性。在升学通道的拓展思路上，可以探索高职院校与普通本科高校招生相对分开的模式，如此可以兼顾不同群体学生差异，为学生提供多样化入学渠道；与此同时，国家可以加快推进高职院校分类考试，突出职业教育特性，促进高等教育学校招生制度改革更好地为建设现代职业教育体系服务。目前，高校招生模式正在从一元化向多元化方向发展，普通本科高校招生既有面向绝大多数高校的统一招生模式，又有为综合素质高、学科优势突出、特长发展显明的学生提供的自主招生模式、综合评价招生模式，还有提前批招生、艺术和体育等特殊类型的招生以及免费师范生（乡村教师、幼儿教师、特殊教育教师）、医学生招生等，招生类型呈现丰富多彩的特征。如果各种招生能够协调运行，将为学生选择适合自己的升学通道提供多种可能。

第三，为学生提供适合的发展道路。每个学生都要发展，但发展的道路不同。建立质量与公平并重的高等教育分流机制，实际上是为每个学生提供不同的升学渠道和发展道路。首先，每个学生都希望成才与发展，但每个学生在高中阶段的学业表现存在很大差异，如果高等教育质量普遍很高，高等教育机构既能为职业高中的毕业生提供高质量、个性化的课程体系又能为普通高中的毕业生提供多元化课程内容，让每个学生既可以选择高质量的普通高等教育又可以选择高质量的高职高专，学生在高中毕业时按职业教育和普通教育分流则是水到渠成的事。其次，学生的个性存在很大差异，而且每个学生成长的方向不一致。如果每个高等教育机构都能在自己所属的领域办出特色，为学生提供多样化、高质量的高等教育，学生便可以按照自己的兴趣、潜能和未来发展方向选择自己将要报考的高等学校和专业，而避免拥挤在同一条通向大学的路上。学生进入心仪的学校和专业后，也能安心学业，不再为转学、转专业而烦恼，能够提升学生的专业认同感，达到学而有获的教育目的。再次，高中教育和高等教育是一个有机制的统一体，不可割裂。学生从高中毕业后流向何种类型、何种层次的高等教育机构，是高中教育的结果，也是高等教育的开端。如果高校招生能把"高校选科"、"高中选课"与"专业选择"统一起来，建立高等教育与中等教育相融通的招生录取方式，不仅能改变高中教育与高等教育相割裂的局面，打通高中教育和高校人才培养，为学生顺利成才提供制度保障，也有利于高校各专业录取到适合本专业、热爱本专业的学生。

第四章 我国高等教育分流中的公平与质量问题现状
——基于新建本科院校转型分流现状的调查

实证调查是理论联系实际的有效途径，也是人们认识客观事物、分析具体问题、探索客观规律的重要方法。高等教育分流是一项涉及高校、政府、行业/企业、学生及其家长等众多利益相关者的实践活动，不同利益主体都有权利对这一实践活动表达自己的看法，都对其中涉及的高等教育公平和高等教育质量等问题持有各自的价值选择和价值行为，也有义务和责任对这一实践活动提出自己的意见和建议。同样，应用型转型背景下的新建本科院校分流作为高等教育分流的重要组成部分①，其实践活动中的各利益相关者的合理价值取向（其核心是对高等教育公平和高等教育质量的价值选择）是保证应用型转型和高等教育分流顺利实现预期目标的基石，因此，分析新建本科院校转型分流中各利益主体对高等教育公平与质量的价值态度和行为选择，可以充分反映并凸显高等教育分流中的公平与质量现状。同时，在当前价值取向多元、利益关系错综复杂的背景下，通过实证调查了解和分析利益相关者对新建本科院校转型分流的看法和态度，全面掌握转型背景下利益相关者对新建本科院校分流中公平与质量的意见和建议，不仅有助于深入探讨不同利益

---

① 新建本科院校的转型与分流密不可分，转型是分流的背景和目的，分流是转型的重要前提和必要手段。正是基于二者之间这种紧密联系的关系，本研究把二者合称为"新建本科院校的转型分流"。

相关者对新建本科院校转型分流的价值取向,协调新建本科院校转型分流中的矛盾冲突,推动新建本科院校应用型转型的顺利进行,而且有助于我们全面、系统、客观地认识当前我国高等教育分流中的公平与质量现状,探寻破解当前高等教育分流中各利益主体价值取向相互冲突的有效路径,最终实现高等教育的合理分流。

第一节　新建本科院校转型分流中的公平与质量问题调查

一、调查目的与意义

(一) 调查目的

当前,随着社会主义市场经济体制改革的逐步推进,中国的各项改革逐步进入深水区,多元思想相互激荡,不断以各种形式挑战着社会的主流价值观念,各种深层次矛盾也纷纷显现,并盘根错节地联系在一起。教育领域的改革也无不如此——作为高等教育领域的重要改革举措之一,新建本科院校的应用型转型和高等教育分流过程中也不可避免地充满了各种矛盾和冲突,我们必须以系统性的改革眼光来正确认识这些矛盾冲突,以整体性的改革措施来有效化解这些矛盾冲突。虽然目前有关新建本科院校转型分流的矛盾冲突的研究很多,但这些研究成果主要是理论探讨,通过实证调查的方法进行检验的研究较少,这种现状对于认识和指导新建本科院校的应用型转型和高等教育分流缺乏现实针对性,急需从实践中寻找更为有利的支撑。因此,对新建本科院校转型分流中涉及的高等教育公平和高等教育质量等价值取向问题展开实证调查,既是为了弥补现有研究中实践检验不足的缺陷,也是为了进一步验证已有的研究,为下一步的高等教育分流中的公平与质量问题的相关理论探讨奠定坚实的基础。具体来说,本研究的实证调查目的如下:

其一,为了更加全面、系统、深入地了解新建本科院校转型分流现状,借此判断不同利益主体的价值取向,尤其是对高等教育公平与高等教育质量的价值态度和价值行为选择。通过问卷调查和访谈调查,初步了解不同类型利益相关者对于新建本科院校转型分流的价值态度，掌握目前不同类型高校，尤其是新建本科院校分流的开展情况。

其二，为了更加深刻认识新建本科院校转型分流中存在的具体问题。通过深入的问卷调查和深度访谈，摸清新建本科院校转型分流中存在的深层次问题和矛盾冲突，深入掌握不同类型利益相关者对于新建本科院校转型分流的价值态度（尤其是对高等教育公平与高等教育质量的价值态度）及其存在的价值冲突。

其三，为了更加准确地进行新建本科院校转型分流价值冲突的原因剖析和对策探讨。对管理者、企业、学生/家长的深度访谈，能够获得第一手的真实资料，为进一步深入剖析价值冲突（尤其是各利益主体针对高等教育公平与高等教育质量的价值冲突）产生的深层次原因，探讨行之有效的对策打下坚实的基础。

（二）调查意义

运用实证调查的方法了解利益相关者对新建本科院校转型分流的不同理解、看法、真实态度以及行为选择，借此判断其对转型分流的价值取向（核心是对高等教育公平与高等教育质量的价值取向），实际上是将理工科的试验方法引入教育领域，因而，这种研究方法一定程度上能够引起新建本科院校转型分流研究方法论的变革：

其一，有利于将判断价值取向的思维方式由注重逻辑推理转向尊重实践理性。以前，人们主要根据事物是否符合观念中的对象的情况来构成其关于价值的判断，实证调查的方法则使人们主要根据事物的现状形成自己的价值判断。这种转变的价值就在于人们在做出价值判断时并非完全依赖或听从权威的强制安排，而是有了充分的自主性，有了主体根据情景而深思熟虑地进行理性判断的可能，进而为主体的理性选择奠定了坚实的思想基础。

其二，有利于本研究突破主观主义的藩篱，作出更加客观、真实的价值判断。当前，学界和社会对高等教育分流，尤其对新建本科院校的转型分流的认识大多基于过往印象或者逻辑推理，因而对于高等教育分流以及新建本科院校的转型分流的真实现状缺乏客观、全面的了解和认识。通过科学、严谨的实证调查，人们能够将注意力从主观认识转移到客观判断上，能够客观、真实地反映高等教育分流以及新建本科院校转型分流的客观现实，澄清人们主观判断上的模糊认识和武断推理，深化人们对高等教育分流以及新建本科院校转型分流的正确认识和全面了解。

其三，有利于本研究透过表象，厘清存在的问题，剖析深层次的原因，提出有效的对策。高等教育分流以及新建本科院校转型分流是一项系统工程，涉及面广，其中牵涉的利益关系错综复杂。通过实证调查，可以全面、客观、透彻地把握分流中存在的深层次问题、矛盾和冲突，系统、深入地剖析分流中利益冲突的深层次原因，进而为推进新建本科院校的转型分流提出有针对性的，有价值的对策和建议。

二、调查对象与方法

为了全面、系统、深入地了解新建本科院校转型分流现状及其价值取向，为高等教育合理分流以及新建本科院校的转型分流提供有针对性的建议，本研究特进行了此次实证调查。实证调查从2015年6月份开始，不间断调查至2015年年底，前后历时半年多。调查主要采取三种方式：问卷调查、深度访谈和实地调研。如前所述，对新建本科院校转型分流价值取向的调查需要见微知著，只有全面、系统考察转型分流的各个构成要素的具体情况，才能对转型分流的价值取向有比较详细、全面的了解。问卷调查有其优点，即覆盖面较广，便于统计分析，但问卷调查反馈的信息往往较为表面和肤浅，有时甚至因为问卷对象的敷衍态度而给人造成假象，因此问卷调查只能作为参考依据之一，而必须辅以深度访谈和实地调研这两种调查方法，利用深度访谈和实地调研便于挖掘到多方面的、深层次的、客观真实的信息的优点来弥补问卷调查的不足。三种调查方法所选择的调查对象、调查步骤和程序如下：

（一）问卷调查

1. 选定调查对象。本次调查设计了A卷和B卷两套问卷，A卷主要针对与高等院校转型分流密切相关的决策者和实施者，调查对象包括不同类型高校的中层领导和教师（以新建本科院校为主，兼顾其他类型高校）；B卷主要针对与新建本科院校转型分流相关的利益主体，调查对象包括地方教育主管部门的部分工作人员、学生及其家长、企业代表。

两套问卷的调查对象涵盖了新建本科院校转型分流的主要利益相关者，即政府、企业、高校管理者、教师、学生及其家长等。

2. 确定调查内容。实证调查前期，研究者在对相关文献整理的基础上，结合对个别新建本科院校转型分流开展情况的实地调研和初步访谈，梳理出不同利益主体对新建本科院校转型分流的可能的价值态度，以及当前新建本科院校转型分流可能开展的工作以及可能出现的问题、困难等，编制了关于新建本科院校转型分流的两套调查问卷。两套调查问卷经过一定范围的预测后，课题组针对回收的预测问卷存在的问题进行适当修订，形成了最终的匿名调查问卷。其中A卷题型包括填空题、封闭式选择题和开放式选择题、问答题等。调查内容共分四大部分，第一部分主要了解调查对象及其所在学校的基本情况，第二部分主要了解被调查对象对应用型转型和高等教育分流的基本态度，第三部分主要了解被调查对象所在学校应用型转型和高等教育分流的具体实施情况，第四部分为开放式问题，主要了解被调查对象对新建本科院校转型分流的认识；B卷涉及的问题相对简单，主要了解被调查对象对新建本科院校转型分流的基本看法和态度，以及对高等教育分流的有关意见和建议等。

3. 选择抽样方法。选定调查对象并确定了调查内容后，就必须根据调查对象的特点和研究条件来决定调查对象的数量，或者说是选择普遍调查还是抽样调查。鉴于本研究调查对象的复杂性，展开普遍调查不太现实，同时，由于研究条件的限制，本研究选择抽样调查比较切合实际。对于A卷的调查，本次调查利用研究者所在学校正在进行教育部中南地区高校干部培训的机会，对参加培训的中南6个省份的112名不同类型高校的中层干部和高校教师进行了集体问卷调查，并根据地域和学校类型，对中南地区以外的其他11个省份的128名主要来自新建本科院校的中层干部和高校教师采取随机抽样的形式发放了电子问卷。B卷的调查抽样相对复杂：本次调查利用2015年9月份大学新生开学报到的机会，分别对来自东部的2所新建本科院校的14位学生或家长、中部的5所新建本科院校的31位学生或家长、西部的4所新建本科院校的23位学生或家长共计发放了68份调查问卷；通过各种渠道向湖北、河南、云南、海南和广东5省教育厅高教处、职成处、发展规划处的共计17名工作人员（含处级干部）发放了调查问卷；通过各种渠道，对湖北、广东、海南3省的9个与新建本科院校有合作关系的企业共计19名相关负责人发放了调查问卷。

4. 实施问卷调查。在取得调查对象理解和支持的前提下，本研究于2015年8月—10月陆续实施了问卷调查。为了确保调查的效果和质量，本次问卷调查充分利用了各种人脉关系和网络资源，确保调查能够及时沟通，及时反馈，最终取得了较为满意的结果。

最后，通过抽样方法，本次调查共发放A卷240份，回收有效问卷213份，有效问卷数占总样本的88.7%。回收的213份有效问卷共涉及126所普通高校，具体情况如表4-1。由表4-1可以看出，被调查院校既包括老牌本科院校，也包括高职高专院校，院校层次覆盖面较广，具有一定的代表性，且主要以本次调查的主要目标——新建本科院校为主。新建本科院校既有公办院校，也有民办院校和独立学院，既包含综合性院校，也包含工程技术类院校、师范类院校等行业性较强的专业性院校。这样选取调查对象，既考虑了不同类型高校的代表性，又凸显了调查的重点。从调查院校的所属地域来看，本次调查院校主要以中南6省（自治区）为主，辅以辽宁、北京、河北、山东、浙江、江西、新疆、陕西、重庆、云南、贵州等11省（市、自治区）的普通高校，调查院校所在城市也涵盖中心城市和一般城市，基本反映了当前我国东、中、西部不同经济发展水平地区高校的总体现状。

表4-1 问卷调查选取的调查对象基本情况

被调查高校的层次	被调查高校的数量（所）	该层次被调查高校数占被调查高校总数的比例（%）	被调查对象的人数（人）	被调查对象人数占被调查对象总数的比例（%）
老牌本科院校①	21	16.7	30	14.1
新建本科院校	91	72.2	162	76.1
高职高专院校	14	11.1	21	9.8
合计	126	100	213	100

---

① 本研究中的老牌本科院校特指1999年以前即为本科院校的高校。

本次实证调查共发放 B 卷 104 份，回收有效问卷 80 份（其中回收学生或家长的问卷 56 份、教育行政主管部门工作人员的问卷 11 份、企业相关负责人的问卷 13 份），有效问卷数占总样本数的 76.9%，基本达到了预期的目标。

（二）深度访谈

深度访谈在本次实证调查中占有非常特殊而又重要的地位，也是弥补问卷调查缺陷的重要手段。为了确保深度访谈能够取得预期的效果，本研究主要采取了如下措施：

1. 选择深度访谈对象。深度访谈的目的在于从访谈对象身上尽可能挖掘到全面、系统、深入的信息，因此，选择合适的深度访谈对象显得非常重要。根据深度访谈的目的和现实情况，本次深度访谈的对象一是选择对应用型转型和高等教育分流情况较为了解的新建本科院校的校级领导以及发展规划部门、教务部门、对外协作部门和基层院系主管教学的中层领导。之所以选择这些对象进行深度访谈，主要是因为与应用型转型和高等教育分流工作密切相关的中层及以上干部大都直接参与或影响了所在学校应用型转型和高等教育分流政策的讨论、策划、制定与实施，对所在学校的应用型转型和高等教育分流基本情况及其存在的问题、困难和未来发展规划较为了解，同时，上述中层干部大多在担任行政领导的同时，也从事教学、科研等工作，对基层院系的教学、科研工作比较熟悉，一定程度上也能代表基层院校普通教师的想法和意见，因而跟他们的访谈能够挖掘到全面、真实的信息。二是选择省级教育行政主管部门的相关工作人员。省级地方教育主管部门的相关工作人员负责把握、督促、落实国家和本地区的应用型转型和高等教育分流政策，能够起到上通下达的作用，对于应用型转型和高等教育分流工作的推动具有极其重要的影响，因此，对他们的访谈能够全面、深入地了解地方教育主管部门对应用型转型和高等教育分流工作的态度、看法，以及相关工作规划等。

2. 设计深度访谈提纲。本次深度访谈的主要目的在于深入了解访谈对象对新建本科院校转型分流的真实想法、价值态度并挖掘其背后的原因，全面、系统掌握新建本科院校转型分流的现状、存在的问题以及今后的打算。因此，深度访谈提纲主要是开放式或半开放式的问题，内容涉及访谈对象个人和学校对国家推出的新建本科院校转型分流政策的想法、态度，以及本单位或学校对应用型转型和高等教育分流的相关工作安排，面临的困难，存在的棘手问题，下一步的工作计划，最后针对应用型转型和高等教育分流的具体看法也设计了开放式问题。

3. 选择深度访谈方法。在深度访谈方法的选择上，针对不同访谈对象的特点，本次调查主要采用面对面深度访谈的方法进行结构化、半结构化访谈，少数情况下也根据需要采用电话访谈、电子邮件访谈等方式。深度访谈地点一般选择在办公室、宿舍等，访谈时间一般在一个小时左右。访谈时，尽量说服访谈对象进行全程录音，并手记记录谈话要点。深度访谈结束后，根据录音或手记内容及时整理深度访谈资料。有时，在整理资料的过程中，如有疑问或疏漏的地方，会酌情进行必要的回访，以确保相关信息准确无误。

4. 实施深度访谈计划。实施深度访谈计划是一个充满艰辛和曲折的过程。首先，通过各种渠道确定深度访谈对象，向深度访谈对象介绍本次调查的目的和具体内容，以便他们能够预先有所了解和准备，尽可能地提高深度访谈的质量。正式访谈过程中，会首先言明本次调查的相关背景、意义，说明调查所遵守的学术道德，尽量打消访谈对象的思想顾虑，并在访谈过程中努力创设一种轻松愉悦、开放自由的氛围。深度访谈过程中，既围绕事先确定的访谈提纲进行提问，同时也允许访谈对象根据自己的理解自由谈话，以保持谈话的开放性和自由度。在谈话过程中，对于一些较为重要或较为敏感的信息会想方设法地进行追问，以深入挖掘深层信息。深度访谈录音是在访谈开始前在求得对方同意的前提下进行的，如果访谈对象谈到某一敏感话题，认为这一话题不适合录音时，也会及时停止录音。

最终，本次深度访谈共计访谈了6所新建本科院校的8位校级领导，33所新建本科院校的42位中层干部或专任教师，以及湖北、云南、海南3省教育厅发展规划处或高教处的3名处级中层领导。经过整理、归纳后获得的深度访谈录音转换文字和手记资料共计16余万字。

(三) 实地调研

实地调研是一种调查人员在现场通过直接观察或间接询查等方式搜集资料的方法，本研究采用实地调研方法的目的主要是通过实地调研几所有代表性的转型背景下的新建本科院校分流的具体情况，搜集相关信息资料，在此基础上进行个案分析。实地调研主要全面、系统、客观地了解几所新建本科院校对应用型转型和高等教育分流的真实想法、价值态度，以及学校开展的有关工作，存在的困难和问题，下一步的工作计划等内容。本次的实地调研主要采取如下步骤进行：

1. 选取调查样本，制定调查方案。为使研究具有一定的代表性和典型性，本次调查选取了3所新建本科院校进行了实地调研，其中××文理学院（地处 H 省）是综合性院校的代表，××工程学院（地处 H 省）是工程技术类院校的代表，××师范学院（地处 G 省）是行业性学院的代表。为了实地调研顺利进行并达到预期的调查目的，研究者事先与3所院校相关负责人进行了沟通，双方共同制定了详细的调查方案，包括调查的时间、现场考察的地点、座谈与现场考察参与人员，调查的内容及所需资料，等等。

2. 现场查阅资料，明确调查重点。到达调查院校后，根据事先确定的调查方案，研究者现场查阅了相关资料，在初步掌握相关情况后，进一步明确座谈和现场考察的主要目的、需要了解的主要内容，并据此制定座谈提纲。如果从对方提供的资料中无法找到相关需要了解的信息，也会及时向对象提出补充资料的要求，对方一般都会积极配合提供相关资料。

3. 召开专门座谈，全面掌握概貌。在调查院校相关负责人的大力支持和配合下，研究者组织召开了专门的座谈会，座谈会的参加者主要有主管转型工作的校级领导和教务部门、发展规划部门、科研部门、基层教学院系的主要负责人。座谈先由研究者介绍本次座谈的背景、目的和需要了解的内容，然后参与座谈的人员根据自己分管的工作以及个人的看法逐一发言。在发言过程中，研究者注意做到发言的自由性和开放性，可以根据谈话的具体内容深入追问，其他参会人员也可以随时补充,尽量使想要了解的信息更加全面、具体、深入。座谈过程中,研究者会全程录音并同时手记谈话内容,会后对录音和手记资料进行整理、归纳。

4. 现场参观考察,深入询查详情。根据查阅资料和座谈的情况,研究者又深入学校的相关院系、实习实训场所等现场,仔细观察相关情况,遇到问题随时询问对方随行人员,深入了解学校应用型转型和高等教育分流的详细情况。现场参观考察过程中,研究者及时拍照或手记相关情况,参观考察完毕后,研究者会及时将手记内容和观察到的实情如实、详细记录。

最终,本次实地调研共走访3所新建本科院校,查阅相关资料50余份,召开座谈3次,参与座谈人员共计22人,整理录音文字、手记资料合计14万余字。

三、调查结果与分析

对回收的调查问卷进行整理后,对得出的数据采用定量分析的方法进行统计分析:首先,剔除无效问卷,将剩余的有效问卷按照一定顺序进行编码,然后使用SPSS 19.0(中文版)统计软件进行数据的输入、处理和统计分析。通过信度检验,发现调查问卷的科隆巴赫(Cronbach's Alpha)系数为0.965,这说明调查问卷的信度相对较高。

对问卷调查中的开放性问题和深度访谈、实地调研整理后的文字资料采用定性分析的方法:对于这部分资料主要采用描述性分析的方法,先将问题的答案逐条进行整理、分类,然后从中归纳、总结出转型分流基本相同和不同情况之间的主要认识、态度、现状、问题、建议等。同时,在分析有关问题时,为了使研究的问题更加形象、生动,本研究在呈现这些调查资料时,尽可能地采用直接引用的方法,力求原生态地呈现调查对象的认识、态度、意见或建议。

(一)调查对象对新建本科院校应用型转型和高等教育分流的认识和态度

为了系统地了解不同对象对新建本科院校应用型转型和高等教育分

流的基本认识和价值态度,本次实证调查首先问及的就是各类调查对象——不同类型高校中的相关领导、教师,以及地方教育主管部门工作人员、学生或家长、合作企业代表等对转型背景下新建本科院校分流的基本看法和态度,以期通过他们对应用型转型和高等教育分流的基本认识与价值态度判断其价值取向的异同。

1. 不同类型高校对新建本科院校应用型转型和高等教育分流的认识和态度

为了调查不同类型高校对于应用型转型和高等教育分流政策的认识和态度的异同,本次调查把中国高校分为1999年以前即为本科院校的老牌本科院校、1999年以后升本的新建本科院校和高职高专院校3种类型,共选择126所高校的213人进行了问卷调查,并随机对部分被调查对象进行了简单的访谈。

问卷调查首先问及被调查对象对"国家实施和引导高校合理分流,分层分类发展政策的态度",调查结果如表4-2所示:

表 4-2 不同类型院校对于高校分流政策的态度选择对比表

院校类型/态度选择	很有必要		有一定必要		没有必要	
	人数	所占比例	人数	所占比例	人数	所占比例
老牌本科院校（30人）	23	76.7%	7	23.3%		
新建本科院校（162人）	104	64.2%	41	25.3%	17	10.5%
高职高专院校（21人）	15	71.4%	4	19.1%	2	9.5%
合计（213人）	142	66.7%	52	24.4%	19	8.9%

由表4-2可以看出,尽管类型不同,但在国家实施和引导高校合理分流,分层分类发展政策方面,老牌本科院校、新建本科院校和高职高专院校的态度基本是一致的:合计有66.7%和24.4%的被调查对象选择"很有必要"和"有一定必要",可见,不同类型高校均高度认可高校合理分流的必要性。

对于"国家引导600多所新建本科院校向应用型转型分流"的价值态度,不同类型高校的选择结果如表4-3:

表 4-3　不同类型高校对新建本科院校向应用型转型分流的态度选择

院校类型/ 态度选择	很有必要		有一定必要		没有必要		有必要但有顾虑	
	人数	所占比例	人数	所占比例	人数	所占比例	人数	所占比例
老牌本科院校（30人）	26	86.7%	3	10.0%			1	3.3%
新建本科院校（162人）	23	14.2%	29	17.9%	27	16.7%	83	51.2%
高职高专院校（21人）					19	90.5%	2	9.5%
合计（213人）	49	23.0%	32	15.0%	46	21.6%	86	40.4%

由表 4-3 可以看出，不同类型高校对于国家引导 600 多所新建本科院校向应用型转型分流的价值态度呈现出明显的差异：

（1）86.7%的老牌本科院校被调查对象认为国家引导 600 多所新建本科院校向应用型转型分流"很有必要"。通过对随机选取的 6 位选择"很有必要"选项的被调查对象的简单访谈得知，在他们看来，目前的高等教育结构很不合理，大学同质化严重，绝大部分本科院校都向学术型靠拢，这是造成目前大学毕业生结构性失业矛盾的重要原因之一。因此，绝大部分老牌本科院校积极支持国家引导一部分本科院校，尤其是新建本科院校向应用型转型分流。

（2）90.5%的高职高专院校被调查对象认为国家引导 600 多所新建本科院校向应用型转型分流"没有必要"。通过对随机选取的 5 位选择"没有必要"选项的被调查对象的随机访谈得知，大部分高职高专院校均不同程度地面临生源危机、招生质量与就业质量不高等生存与发展危机，他们普遍担心新建本科院校向应用型转型会改变当前高职教育的办学格局，加剧高职院校的市场竞争，进一步挤压高职院校的生存与发展空间，因而对于转型分流政策强烈反对。

（3）分别有 14.2%、17.9%、16.7% 和 51.2% 的新建本科院校被调查对象认为国家引导 600 多所新建本科院校向应用型转型分流"很有必要"、"有一定必要"、"没有必要"和"有必要但有顾虑"，可见，虽然绝大部分新建本科院校支持国家实施和引导的高校分流政策，但对于新建本科院校自身向应用型转型分流的价值态度也出现了一定程度的分化：不到 1/3 的新建本科院校支持此项政策，即认为转型分流政策"很有必要"和"有一定必要";1/6的新建本科院校则不支持此项政策,即认为转型分流政策"没有必要";超过一半的新建本科院校有保留地支持转型分流政策,即认为转型分流政策"有必要但有顾虑"。

可见,不同类型高校因为各自的认识和立场不同,他们对于新建本科院校向应用型转型分流的价值态度差异明显:老牌本科院校对此高度认可,高职高专院校则强烈反对,而新建本科院校内部则出现了一定程度的分化,不到1/3的新建本科院校支持,超过一半的新建本科院校虽然一定程度上支持,但仍然存在思想顾虑,另外1/6的新建本科院校则不支持。

基于超过一半的新建本科院校对于向应用型转型分流存在思想顾虑,本次调查问卷和深度访谈、实地调研针对校领导、教师和学生均继续追问了相关问题,调查结果如表4-4(有关学生的调查结果在后面会专门阐述):

表4-4 新建本科院校不同对象的思想顾虑对比表

对象	顾虑的内容(按照选择的比例由高到低顺序排列)
校领导	1. 降低学校的社会地位,影响学校的办学声誉; 2. 国家政策不配套、不合理会加剧学校间的不公平竞争,影响学校的发展; 3. 影响学校的招生,降低生源质量; 4. 办学条件难以满足应用型教育的要求,影响教育质量; 5. 毕业生就业更加困难,影响学校的就业评价; 6. 地方政府因为不支持应用型教育而减少支持力度,影响学校的发展; 7. 企业对校企合作不热心,应用型教育难开展; 8. 其他。
教师	1. 降低教师的社会地位; 2. 难以适应应用型教育的各种新要求; 3. 教师的工资待遇会降低; 4. 影响学校的招生质量; 5. 办学条件难以满足应用型教育的要求,影响教学质量; 6. 社会公众不支持应用型教育; 7. 企业对校企合作不热心,应用型教育难开展; 8. 其他。

由表4-4可以看出，尽管新建本科院校的校领导和专任教师对于转型分流政策的思想顾虑内容有所差异，但他们普遍关注两个问题：一是转型分流后可能导致的组织和个人社会声誉下降、学校招生与就业难度加剧、学校办学条件不配套、对变革的适应性等学校内部的与教育公平和教育质量相关的问题；二是转型分流的制度环境——地方政府、社会公众、企业对应用型教育的正确理解与舆论支持，以及国家转型分流相关法律制度的完善、配套政策的落实、办学体制机制的改善等学校外部的问题。也就是说，新建本科院校普遍担忧向应用型转型分流可能导致教育公平与教育质量问题，以及制度环境不配套等问题。

为了进一步摸清个体的新建本科院校对向应用型转型分流的真实态度，本地调查中的集体问卷、实地调研和深度访谈均重点考察了此问题。考虑到新建本科院校的校领导，尤其是主要领导对应用型转型和高等教育分流的实际态度对于学校转型分流决策走向的决定性影响，本次调查问卷设计了问题"您所在学校的主要领导对于向应用型转型分流的实际态度是"，调查结果如表4-5：

表4-5 新建本科院校主要领导对于转型分流的实际态度一览表

实际态度	选择人数	占新建本科院校被调查对象总人数的比例
积极支持，并做了大量工作	24	14.8%
有条件支持，做了一些工作	41	25.3%
不支持也不反对，做了一些工作	47	29.0%
表面支持，实则反对，做了一些应付性的工作	28	17.3%
明确反对，且未布置相关工作	22	13.6%
合计	162	100%

由表4-5可以看出，新建本科院校对于向应用型转型分流的实际态度出现了较为明显的分化：各有不到1/6的新建本科院校积极支持和明确反对，1/4的新建本科院校有条件支持，约1/3的新建本科院校对于转型分流态度不明确，超过1/6的新建本科院校表面上支持，实际上反对向应用型转型分流。

进一步分析调查问卷发现，新建本科院校做出上述态度选择与他们对转型分流的思想顾虑直接相关，也就是说，对转型分流的思想顾虑，尤其是转型分流可能导致的教育公平与教育质量问题，以及制度环境不配套的担忧直接影响了新建本科院校转型分流的实际态度选择，并使得新建本科院校在向应用型转型分流的态度选择问题上形成了五种截然不同的类型：

（1）不到 1/6（14.8%）的新建本科院校积极支持向应用型转型分流。进一步分析调查问卷可知，这类院校主要为民办本科院校、本科独立学院，以及升本历史较短（大多不足 5 年）、地处偏僻的公办本科院校。通过深度访谈得知，这类院校之所以积极支持向应用型转型分流，主要是因为：其一，这类院校大多办学基础较为薄弱，学校办学面临较多困境，向应用型转型分流不失为一种摆脱办学困境，实现弯道超车的捷径；其二，这类院校缺少本科办学基础与经验，因而对向应用型教育转型分流充满期待；其三，这类院校升本前的专科办学阶段大多进行高职教育，走的本身就是应用型的办学道路，现在只是提升办学层次的问题，因而转型分流难度相对较小。

基于这类新建本科院校对于向应用型转型分流的积极支持态度，本研究把这类院校称为"积极拥护型"院校。

（2）近 1/4（25.3%）的新建本科院校有条件支持向应用型转型分流。进一步分析调查问卷可知，这类院校主要为一些本科办学历史不长（一般在 10 年左右），办学基础一般的公办本科院校，尤其是一些理工科院校或其他单科性院校。通过深度访谈得知，这类院校之所以有条件支持向应用型转型分流，主要是因为：其一，升本时间不长，通过申报学术型硕士点或国家特需的硕士培育点等实现办学层次提升的希望渺茫，因此，希望通过支持向应用型转型分流获得政策红利，尤其是能够顺利获得专业学位硕士点，实现办学层次的提升。其二，这类院校的大多数学科专业应用性较强，向应用型转型分流的难度相对较小。可见，这类院校并非真心实意地支持向应用型转型分流，而是抱着较为现实的功利目的参与转型分流。通过对这类院校的深度访谈可以预知，一旦这类院校在参与转型分流过程中未能实现办学层次提升的目标，他们可能转而暗中抵制甚至明确反对向应用型转型分流。

基于这类新建本科院校对于向应用型转型分流的有条件支持态度，本研究把这些院校称为"功利支持型"院校。

（3）近1/3（29.0%）的新建本科院校既不支持也不反对向应用型转型分流。进一步分析调查问卷可知，这类院校既包括一些本科历史较长、办学基础相对较好的综合性院校，也包括一些本科办学历史不长、办学基础薄弱的单科性院校。通过深度访谈得知，这类院校之所以对向应用型转型分流既不支持也不反对，主要是因为上级地方教育主管部门将这些院校划归为转型分流的对象，这些院校只能遵从行政指令，布置转型分流工作任务；同时，他们也希望成为转型分流的试点院校，进而能够享受到扩大办学自主权、专项经费支持、增加招生计划名额和教师编制等政策红利。但是，由于一些省级地方政府与转型相关的政策体系、体制机制改革尚未落实或未完全落实，他们担心这些政策红利能否真正享受到，因而只能采取观望态度，视上级政府部门的政策落实情况以及其他兄弟院校的转型工作推进状况来决定学校的转型分流工作进度。也就是说，这类院校采取的是一种务实的观望态度来应对转型分流政策，一旦与之相关的法律制度、政策体系、体制机制改革等得到落实，他们就会积极支持；而如果这些法律制度、政策体系、体制机制改革等未能得到落实，他们就会暗中抵制或明确反对。

基于这类新建本科院校对于向应用型转型分流的暧昧态度，本研究把这些院校称为"左右观望型"院校。

（4）超过1/6（17.3%）的新建本科院校表面上支持，实际上反对向应用型转型分流。进一步分析调查问卷可知，这类院校主要为本科办学历史相对较长、办学基础相对较好的公办院校。通过深度访谈得知，这类院校之所以表面上支持，实际上反对向应用型转型分流，主要是因为：其一，这类院校大多有争取获得硕士点，实现办学层次提升，以及更名办综合性大学的计划，并无向应用型转型分流的动力；其二，这类院校普遍担忧社会公众不支持应用型教育，担心学校向应用型转型难以获得社会公众的心理认同，并会被社会认为是自我矮化，降低学校的社会声誉和社会地位；其三，尽管内心并不接受应用型教育，但按照省级地方教育主管部门的转型分流实施方案，这类学校均属于转型分流的对象,迫于行政压力,他们不得不表面上做出姿态应付上级主管部门的决策,并做出一些表面性的转型工作部署,但实际上并未开展实质性的推进工作,甚至抵制转型分流工作的宣传、推进。

基于这类新建本科院校对于向应用型转型分流的表面上支持,实际上反对的态度,本研究把这些院校称为"暗中抵制型"院校。

(5) 不到1/6 (13.6%) 的新建本科院校明确反对向应用型转型分流。进一步分析调查问卷可知,这类院校主要分两种情况:一种是本科办学历史较长、办学基础较好的公办本科院校,尤其是一些综合性院校,另一种是一些虽然本科办学历史不长,但由于地处省会城市的地利优势,发展势头良好的公办院校。通过深度访谈得知,这类院校之所以明确反对向应用型转型分流,主要是因为:第一种院校因为办学基础较好,并得到当地政府的大力支持,地方政府和学校均以办学较具影响力的地方性综合性大学为发展目标,现在的转型分流政策无疑会阻碍他们的既定发展目标,因而地方政府和学校均强烈抵制向应用型转型分流。如1999年升本的湖北某文理学院(学校所在地被确定为省级副中心城市),地方政府多年来给予学校大力支持,并积极支持学校"十三五"期间更名大学,成为当地响亮的名片。获悉省教育厅要求学校向应用型转型分流后,市委市政府主要领导明确表态反对,并表示一旦学校转型为应用型高校,政府将减少支持力度。因此,该校对于转型分流工作一直持反对态度。第二种院校则因为拥有地利优势,招生生源质量较好,学生就业不成问题,学校总体发展势头较好,因而均有进一步提升办学层次,兴办综合性大学的发展目标。如2007年升本的湖北某师范学院(地处武汉市)"十二五"确定的发展目标为"强本,升硕,办大学"的三步走战略。因此,学校领导一直明确反对向应用型转型分流,坚持按照既定战略目标确定学校的工作重点。

基于这类新建本科院校对向应用型转型分流的明确反对态度,本研究把这些院校称为"强烈反对型"院校。

综上,因为新建本科院校是一个构成相对丰富和复杂的群体,这一群体中既有本科办学历史相对较长、办学基础较好的综合性院校,也有本科办学历史相对较短、办学基础相对薄弱的公办院校、民办本科院校和本科独立学院,同时,因为学校所处的区位条件、行业背景、学科专业、外部支持,以及学校领导与决策机制的相对自主性、灵活性,导致不同新建本科院校对向应用型转型分流的动机与态度各异,选择多元。

2. 地方教育主管部门对新建本科院校转型分流的认识和态度

地方教育主管部门对新建本科院校转型分流的认识和态度极有可能直接影响政府转型分流的相关决策,同时,也会对新建本科院校的转型分流态度选择产生重要影响。因此,摸清地方教育主管部门对国家推出的新建本科院校向应用型转型分流政策的认识和态度是无法回避的话题。本研究主要通过四种方式分析地方教育主管部门对新建本科院校向应用型转型分流的认识和态度:其一是对湖北、广东等5省的11位教育厅相关工作人员进行了问卷调查;其二是对湖北、云南、海南3省教育厅高教处或发展规划处的3位处级领导进行了深度访谈;其三是通过对一些新建本科院校校级领导和中层干部的深度访谈,以侧面了解地方教育主管部门的认识和态度;其四是对一些省级地方教育主管部门出台的相关转型分流政策进行文本分析,以揭示其背后体现出的地方教育主管部门及其上级政府的价值取向。

问卷调查首先问及被调查对象对"国家实施和引导高校合理分流,分层分类发展政策的态度",调查结果显示,11位地方教育主管部门的被调查对象无一例外地选择"很有必要"选项。可见,地方教育主管部门对于国家实施的高校分类指导、分类管理、分类发展,实现高等教育合理分流的相关政策高度认可。

对于调查问卷设计的问题"国家引导600多所新建本科院校向应用型转型分流"的价值态度,11位地方教育主管部门的被调查对象也无一例外地选择"很有必要"选项。可见,地方教育主管部门在新建本科院校向应用型转型分流问题上的态度与国家的相关政策保持高度一致。

为了继续深入了解地方教育主管部门对新建本科院校向应用型转型分流的原因,调查问卷又继续提问"如您认为新建本科院校有必要向应用型转型分流,其原因是",调查结果如表4-6:

表 4-6 地方教育主管部门对转型分流的有关认识一览表

序号	选项	选择人数	所占比例
1	有助于实现高等教育结构的优化	11	100%
2	有利于争取中央财政支持，减轻地方财政压力	11	100%
3	适应经济社会发展的客观要求	10	90.9%
4	有助于消解学校面临的生存与发展压力	5	45.5%
5	顺应世界高等教育的发展趋势	4	36.4%
6	有利于学生的发展	2	18.2%

由表 4-6 可以看出，地方教育主管部门引导新建本科院校向应用型转型分流的最主要目的或者说最首要的动机是实现高等教育结构优化和适应区域经济社会发展的客观要求，争取国家资金支持，减轻地方财政压力，而新建本科院校及其学生的发展则不是地方教育主管部门关注的主要目标或首要目标。

对 3 位来自不同省份教育厅的处级领导的深度访谈也能印证上述结论。例如，在问到 H 省教育厅的 Z 处长"您认为引导新建本科院校向应用型转型分流有必要吗？为什么？"时，他的回答是：

"引导部分本科院校，尤其是新建本科院校向应用型转型是非常有必要的，这主要是因为当前的高等教育确实存在很多问题，尤其是高等教育结构很不合理。拿我们省来说吧，2014 年我们省共有普通高校 123 所，普通本专科在校生 140 多万人，研究生在校生 12 万人左右。在这些高校中，本科院校共有 67 所，其中部属'985 工程'和'211 工程'院校 7 所，省属重点大学 11 所，省属一般公办本科院校 16 所，民办本科院校 9 所，独立学院（本科）24 所，全省本科院校在校生合计 90 多万人，而高职院校在校生数大概 50 万人，职业教育在校生数与普通教育在校生数的比例大致为 1∶2，结构明显很不合理，人才结构失衡，不能很好地适应本省经济社会发展的要求。更为重要的是，省属本科院校，尤其是地方本科院校大多定位不太合理，大家都想更名办大学，或者申报硕士点，都想办成综合性大学，同质化现象非常严重。我们省厅一直为这一问题头疼，压力很大，总想解决这一问题，引导一部分院校转型办职业教育，但迟迟未能下定决心，这主要是因为很多地方本科院校不愿意搞职业教育，一些地方政府也不支持这些院校搞职业教育。现在国家出台的这个转型政策很及时，为我们解决这一问题找到了依据。同时，国家出台的文件也为我们争取中央资金支持，争取项目创造了条件，可以减轻省里的财政压力。当然，推进转型工作过程中肯定会碰到很多阻力，一些本科院校肯定是不愿意转型的，但是为了解决结构失衡问题，为了使人才结构更合理，更好地适应我们省经济社会发展的要求，我们只能硬着头皮推进，对于这一点，省厅从厅领导到一般工作人员都达成了共识。"

本地实证调查也问及地方教育主管部门关于向应用型转型分流的高校对象的选择问题。关于这一问题，教育部高教司张大良司长专门撰文予以明确："……从目前地方本科高校的格局来看，部分地方本科高校尤其是办本科时间较短的高校，应当是当前地方本科高校转型发展的主要对象。"[①] 也就是说，在教育主管部门看来，办本科时间较短的高校即新建本科院校应当是向应用型转型分流的主要对象，至于哪些院校属于"部分地方本科高校尤其是办本科时间较短的高校"，文中并没有明确，目前，从国务院下发的《决定》，到教育部推出的指导性文件或相关政策也均没有明确，这就导致各省级地方教育主管部门对此的理解不一。例如，辽宁省2015年11月份出台的《关于推动本科高校向应用型转变的实施意见》将除部委属院校以外的其他本科高校均列入转型分流的对象[②]，因此，包括拥有众多博士点的沈阳工业大学、沈阳大学等省属综合性大学均被纳入转型分流的范围；云南省在《关于推动部分本科高校转型发展的实施意见》中明确提出转型分流的对象"以2000年以来成立的新建本科高校为重点"，因此，在推动转型分流工作过程中，凡是2000年以后升本的新建本科院校均要求向应用型转型分流；湖北省则在《关于在省属本科高校中开展转型试点工作的通知》中未明确转型分流

---

① 张大良. 把握"学校主体、地方主责"工作定位，积极引导部分地方本科高校转型发展 [J]. 中国高等教育，2015 (10)：23-29.

② 商越. 我省推动本科高校向应用型转变 [N]. 辽宁日报，2015-11-14.

的具体对象，只是模糊地提出"确定若干所省属普通本科高校开展转型发展试点工作，积极鼓励行业特色明显的本科高校参与试点"，不过，在推进转型分流过程中，省教育厅事实上将转型分流的对象囊括几乎所有省属本科院校，包括一些1999年以前升本的省属重点综合性大学。例如，在访谈A学院（1998年升本的综合性院校）主管教学和转型工作的副校长时，该校长对此的说法是：

"国家提出地方本科高校要实行转型发展政策后，省教育厅要求各个学校研究转型方案，积极申报第一批转型试点。学校领导对此非常重视，学校党委书记、校长和我曾经专门私下议论过这件事，后来校长和我还专门到黄淮学院等教育部比较认可的转型试点院校考察、取经，回来后党委就此事认真研究，认为学校是1998年升本的院校，不应该列入转型的范围，同时，学校也不适合向应用型转型分流，但当时由于省里有压力，我们对转不转型还比较犹豫，于是就此问题专门向时任市委书记汇报，市委书记当即表示绝不支持学校向应用型转型，而要坚定不移地坚持原定的发展目标，建设地方性综合性大学，否则，市委、市政府将减少对学校的支持力度。市委、市政府的这一态度坚定了学校领导班子暂不申报转型试点的决心，但为了表示支持省厅的工作，我们也上报了转型方案，将机械与汽车工程学院、物理与电子工程学院两个学院7个本科专业作为转型试点，但因为学校本身不想转型，因此方案做得很粗糙。方案上交省厅后，省厅认为我们试点的面太小，因此没有将我们学校列为第一批试点。到了年底，省厅组织第二批试点院校申报工作，为此，我专门到省厅与高教处X处长沟通，说明我们学校不想转型的想法和理由，没想到X处长听完当场明确表示，如果学校不参与转型，学校以后的生存都是一个问题。这一态度给学校很大的压力，因此，我们第二次申报时只好积极准备，在原有转型方案的基础上又增加了建筑工程学院，共计3个学院11个专业申报专业转型试点，并组织专人研究、撰写转型方案。在开展申报遴选工作之前，我又专门到省厅做工作。年后省厅下发文件，同意学校的试点方案，并将学校列入第二批部分专业开展转型发展试点院校。"

由上可见，地方教育主管部门在选择和确定向应用型转型分流的对象过程中,大多采取的是"一刀切"的方式确定转型对象,而并未严格遵循其在正式文件中所宣扬的"分类指导、分类管理"和"自主自愿申报"等原则,对高校科学分类,并充分尊重各个高校的转型分流意愿。

关于推进新建本科院校向应用型转型分流的方式方法,调查问卷A卷和B卷均设计了相同的问题:"您认为采用何种方式推进新建本科院校向应用型转型分流更为妥当?"经过统计后的地方教育主管部门和新建本科院校选择结果如表4-7:

表 4-7 地方教育主管部门和新建本科院校关于推进转型分流的方式方法对比表

推进方式	地方教育主管部门		新建本科院校	
	选择人数	所占比例	选择人数	所占比例
行政命令	11	100%	12	9.8%
试点推动	9	81.8%	65	53.3%
示范引领	8	72.7%	73	59.8%
自主选择	1	9.1%	122	100%

由表4-7可以看出,在推进新建本科院校向应用型转型分流的方式方法问题上,地方教育主管部门和新建本科院校存在较大的分歧,地方教育主管部门最为看重采用行政命令的方式推进,而不倾向于高校的自主选择,新建本科院校则正好相反,最希望自主选择学校的发展道路,而最不希望地方教育主管部门的行政命令推进转型分流工作。关于这一差异,H省教育厅Z处长的解释是:

"采用行政命令推进转型也是迫不得已。我们在下发文件之前摸过底,如果真正按照自主自愿的原则推进转型工作,省里只有几所高校会自愿转型,因为大部分高校并不想搞应用型,都认为向应用型转型是自我矮化,会对学校的招生和就业造成困难。因此,厅里只有采取强制命令的方式,要求只要是符合条件的省属院校均必须向应用型转型,这并不是'一刀切',而是现实要求这么做。只要我们开口子同意一所院校不转型,其他院校都会跟风,找借口不转型,我们的工作就难推进了。我们的想法是先强制推进,通过几所高校的试点推动和示范引领,把转型工作开展起来,然后再积累经验,确定最终转型方案……采用行政强制的方式推进工作并非出于我们的本意,但在自主自愿行不通的前提下,行政强制方式效率最高,效果最好。"

由上可以看出,地方教育主管部门为了更有效率地推进新建本科院校转型分流工作,往往倾向于采用行政强制的方式,而不太尊重高校的办学意愿。

综上,地方教育主管部门引导新建本科院校向应用型转型分流主要不是基于新建本科院校及其学生的发展需要,而更多的是为了履行自己的教育管理职能和减轻地方的财政压力,同时,为了顺利地履行职能,地方教育主管部门往往倾向于采用"一刀切"的方式确定转型分流对象,选择行政强制的方式推进转型分流。

3. 学生及其家长对新建本科院校转型分流的认识和态度

学生及其家长对新建本科院校转型分流的认识和态度很大程度上集中反映了社会公众对应用型本科教育的看法和态度,一定程度上反映了社会公众的教育价值观,同时,也对新建本科院校转型分流的态度选择产生一定的影响。因此,摸清学生及其家长对国家推出的新建本科院校向应用型转型分流政策的认识和态度非常重要。本研究主要通过三种方式分析学生及其家长对新建本科院校向应用型转型分流的认识和态度:其一是对随机选择的68名学生或家长进行了问卷调查(发放的调查问卷为B卷,最后回收有效问卷56份),其二是对接受问卷调查的12位学生或家长进行了简单的访谈,其三是通过对一些新建本科院校校级领导和中层干部的深度访谈,以侧面了解学生及其家长的认识和态度。

针对学生及其家长的问卷调查(B卷)首先问及其对"国家实施和引导高校合理分流,分层分类发展政策的态度",调查结果显示,44.6%的学生或家长选择"很有必要"选项,37.5%的学生或家长选择"有一定必要"选项,10.7%的学生或家长选择"没有必要"选项,7.1%的学生或家长选择"无所谓"选项。可见,超过八成的学生或家长对于国家实施的高校分类指导、分类管理、分类发展,实现高等教育合理分流的相关政策是认可的。然而,在问到对"国家引导600多所新建本科院校向应用型转型分流"的态度时,学生及其家长的选择则出现了较大分化:10.7%的学生或家长选择"很有必要"选项,16.1%的学生或家长选择"有一定必要"选项，66.1%的学生或家长会选择"没有必要"选项，7.1%的学生或家长选择"不清楚"选项。进一步分析问卷发现，选择"很有必要"和"有一定必要"选项的学生或家长全部为一本院校或二本院校中本科办学历史较长的综合性大学），而选择"没有必要"选项的无一例外均来自新建本科院校，尤其是民办本科院校和独立学院的学生或家长。也就是说，除了少数来自综合性大学的学生及其家长对于国家引导新建本科院校向应用型转型分流比较认可外，绝大部分学生及其家长则对此持反对态度。对于新建本科院校的学生及其家长的这一态度，我们在对新建本科院校的校级领导和中层干部的深度访谈中也可以得到印证。例如，深度访谈中了解到，H省某工商学院（民办本科院校）在布置转型分流工作，积极申报转型分流试点时，学生风闻此事十分激动，以为学校改制成职业院校，学生会干部当天动员了一千多学生在办公楼前静坐请愿，要求学校不要转型。最后，学校董事会集体出面向学生解释，表明学校不参与转型分流的态度后，静坐学生方才陆续解散。又如，访谈H省某经济学院（该校为2002年升本的公办财经类院校）招生就业处领导时，他曾经提道：

"我们学校去年和今年连续调整了党委书记和校长，因为校领导班子的调整，学校一直没有就转型工作进行正式的讨论和部署，但去年（注：指2014年）新到任的校长有次在个人微博中转发了有关转型方面的文件，结果就因为这件事在学校引起了轩然大波，老师们对此议论纷纷，反应最激烈的是学生。因为之前学校没有就国家的政策进行宣传，很多学生认为转型就是搞职业教育，学校转型就是把学校办成职业院校，包括学校校名都要改，因此纷纷抗议，甚至有部分学生到行政楼前集结，要求面见校长，表达他们坚决反对转型的意见，这让学校很紧张。当天晚上，学校很多领导、中层干部和老师、辅导员等均接到学生家长的电话，询问有关情况。为了及时平息此事，校长急忙联系新闻媒介进行解释，并于第二天在电视台接受专访，向学生详细解释国家转型的相关政策，以及学校暂不开展转型试点的打算，这才平息这场不小的风波。这件事事实上也提醒学校，对转型一事的决策必须重视学生及其家长的意见，谨慎行事，因此，我们学校现在还未正式讨论转型一事，目前主要是按照教育厅的相关工作要求，正在各个二级学院调研，广泛征求意见。"

为了深入了解学生或家长对新建本科院校转型分流的认识，分析他们反对转型分流的深层次原因，我们又对12位接受问卷调查，且认为新建本科院校向应用型转型分流没有必要的学生或家长进行了简单的访谈。访谈结果表明，学生或家长其实对应用型本科的认识非常有限，83.3%的学生或家长将应用型本科等同于目前的高职高专教育，新建本科院校向应用型转型分流就是转型成职业院校，这是他们坚决不能接受的。例如，在简单访谈某学生家长时，这位来自江西某县政府机关的工作人员这样表达自己的看法：

"我是90年代中专毕业后分配到现在的单位工作，当时好不容易跳出农门，现在当然希望我儿子混得比我更好。他现在读的是二本，虽然不是很理想，但是好歹也是个本科，如果学校搞所谓的转型，那不就是搞职业教育吗？学校岂不变成职业院校了？职业院校的学生有什么前途？名字不好听不说，孩子毕业后还找不到好工作，难道让他跟农村打工的一样毕业后就去南方打工？如果是这样，我们这么多年的努力岂不白费了？所以，学校千万不能转型，如果转型，我宁可让孩子退学，再回去复读高三，再拼一年考个一本大学，反正我一定要让孩子读个好一点的大学，毕业后能找个更加体面的工作。当然，现在的大学确实需要改革，老师们的教学方式还是老一套，知识也需要更新，最重要的是要提高教育质量，使培养的学生能够适应社会，在找工作时更有竞争力，如果转型能够实现这些目标，我还是支持的。"

由上可以发现，尽管学生及其家长对于新建本科院校向应用型转型分流的认识极其有限且非常偏颇，基本对转型分流持否定态度，但他们同时也对转型分流政策保留一定的期待。一方面，他们担忧向应用型转型会造成以下困扰：用人单位对应用型教育的歧视使自己的就业难度增加；降低学校的教育层次，影响自己的社会声誉；学生难以适应应用型教育的新的人才培养要求；学校办学条件难以满足应用型教育的各种新要求，教育质量难保证。另一方面，他们又希望新建本科院校能够通过转型分流改进当前的教育教学方式，提高专业教师的教学水平和教育质量,增强学生的就业创业能力和社会适应能力,以更有利于学生的发展。可以看出,学生及其家长对新建本科院校向应用型转型分流既充满思想顾虑和怀疑态度,同时又保留一定的政策期待,反映了学生及其家长矛盾的心态。事实上,学生及其家长的这一认识和态度很大程度上反映了社会公众对新建本科院校向应用型转型分流的认识和态度,他们的这一认识和态度也是影响新建本科院校对向应用型转型分流做出态度选择的重要参考因素。

4. 行业企业代表对新建本科院校转型分流的认识和态度

新建本科院校向应用型转型分流离不开行业企业的参与,因此,非常必要了解企业对新建本科院校转型分流的认识和态度。本研究主要通过三种方式分析行业企业对新建本科院校向应用型转型分流的认识和态度:其一是对与新建本科院校有合作关系的有关企业的19名代表进行了问卷调查(发放的调查问卷为B卷,最后回收有效问卷13份),其二是对接受问卷调查的其中5位企业代表通过面谈、电话交谈等方式进行了简单的访谈,其三是通过对一些新建本科院校校级领导和中层干部的深度访谈,以侧面了解行业企业的认识和态度。

针对行业企业的问卷调查(B卷)首先问及其对"国家实施和引导高校合理分流,分层分类发展政策的态度",调查结果显示,41.7%的合作企业代表选择"很有必要"选项,33.3%的选择"有一定必要"选项,16.7%的选择"没有必要"选项,8.3%的选择"无所谓"。可见,80%的合作企业对于国家实施的高校分类指导、分类管理、分类发展,实现高等教育合理分流的相关政策是认可的,但也有少数企业认为国家的高等教育分流政策没有必要或者无所谓。

然而,在问到对"国家引导600多所新建本科院校向应用型转型分流"的态度时,合作企业代表的选择则出现了一定程度的分化:30.8%的合作企业代表选择"很有必要"选项,38.5%的选择"有一定必要"选项,23.0%的选择"没有必要"选项,7.7%的选择"无所谓"选项。可见,近七成的合作企业认为有必要引导新建本科院校向应用型转型分流,而超过三成的合作企业则认为此事没有必要或者不太关心。为深入了解合作企业做出上述选择的深层次原因,我们继续对其中接受问卷调查的部分企业代表通过面谈、电话交谈等方式进行了简单的访谈。在访谈到其中的行业企业（该企业为国有中型石化企业）代表D1（企业人事处负责人，也负责与高校的合作接洽工作）为什么认为国家引导新建本科院校向应用型转型分流"很有必要"时，他说：

"这些年我们企业发展很快，近五年接收的高校毕业生接近120人，既有名牌大学的，也有一般本科院校的，还有高职院校的。经过这几年的观察我们发现，名牌大学的毕业生综合素质较高，适应能力相对较强。但由于我们不在省会城市，待遇、环境等各项条件都有限，这些人才很难留得住，一般干一两年就走了。高职院校的毕业生对待遇、环境等倒不是那么挑剔，适应具体的工作岗位最快，但综合素质还是不行，发展潜力很有限。一般本科院校的毕业生我们招收最多，也最头疼，他们虽然对待遇、环境等有所挑剔，但总体的人员流动不大，相对比较稳定，最大的问题是眼高手低，动手能力比较差，但是我们综合权衡认为，虽然他们的综合素质比不上名牌大学的毕业生，但从企业的长远发展来看，他们是最值得培养的，不过，这种培养最首要的是从高校开始。所以，我们觉得国家引导新建本科院校向应用型转型是很有必要的，真的需要提高一般本科院校学生的综合素质，尤其是应用技术的应用、研究、开发能力。"

在访谈到其中的行业企业（该企业为处级事业单位）代表D3（该单位人事处负责人）为什么认为国家引导新建本科院校向应用型转型分流"没有必要"时，他的理由是：

"我们单位这些年招收了很多高校毕业生，名牌大学的毕业生很少，以一般本科院校和高职院校的毕业生为主体。高职院校的毕业生很听话，但对这些毕业生我们总体是不满意的，主要是综合素质不强。一般本科院校的毕业生还不错，综合素质比高职院校的要强，基本能够适应工作岗位的要求。国家现在搞的应用型转型，所谓应用型就是职业教育嘛，转型那就是转向搞职业教育。这些年的用人经验告诉我们，职业院校毕业的学生素质还是差一些，所以我们觉得新建本科院校向应用型转型是没有多大必要的，搞不好最后可能是好事办成坏事。"

在访谈到其中的行业企业（该企业为民营中小企业）代表D5（企业

人力资源主管）为什么认为国家引导新建本科院校向应用型转型分流"无所谓"时，他的理由则是：

"我们企业属于劳动密集型企业，招聘的大学毕业生主要从事一些管理性、技术性的工作，工作难度不大，一般本科院校的毕业生就能胜任。我们对于应用型教育不太了解，转不转型对我们影响不大，只要毕业生能够胜任工作岗位，减少我们的人力资源成本就行。"

由上可以看出，尽管大部分校企合作企业认为国家有必要引导新建本科院校向应用型转型分流，但也有相当一部分企业对于应用型教育不甚了解，对于新建本科院校向应用型转型分流不太关心或者不太支持。对于大部分企业来说，他们最关心的还是毕业生能否胜任工作岗位的要求，减少企业的人力资源成本，而对于学生毕业院校的类型以及转型政策本身并不太关注。

对于当前新建本科院校与行业企业开展的校企合作效果的总体评价，问卷调查显示，无人选择"非常满意"，只有7.7%的选择"满意"，而有23.1%的选择"不太满意"和69.2%的选择"很不满意"。可以看出，超过90%的行业企业代表对当前的校企合作现状不满意。

那么，为什么大部分行业企业对与新建本科院校开展的校企合作效果不满意呢？访谈中，一位与B学院有着长期合作关系的农业科研院所人事部门负责人道出了部分实情：

"我们与B学院从2001年就开始了合作关系，但直到现在也仅限于学生的实习，以及接受学校老师来挂职、培训，这两年也有少量的科研项目合作。学校其实很想跟我们合作，这几年农学院领导几次跟所领导商谈合作培训我们的员工和学校的老师，合作办农学专业，共同培养人才的事，但是所领导都没有答应，主要考虑跟学校合作没多少意思，合作培养人才需要我们付出人力、物力、财力，我们到其他学校直接招聘成本更低，这是不划算的买卖。所里曾经提出直接由我们所来培养人才，毕业后直接来所里工作，但是学校说这样不符合教育部的相关规定，并提出了很多我们没办法做到的要求，最后也是不了了之。合作培训也不行，老师们的水平也就那样，培训我们的员工只能是一些简单的低层次的东西，前沿的、高端的培训我们一般是去××农业大学，或者邀请知名的专家来所里培训。"

由上可以看出，行业企业主要基于经济利益的考虑与新建本科院校开展合作，一旦无法获得必要的经济利益，这种校企合作的效果将不会太好，也很难深入进行，从而形成了"学校热而企业冷"的校企合作局面。

综上，行业企业主要出于经济利益的目的与新建本科院校开展校企合作，对于大部分企业来说，他们最关心的还是毕业生能否胜任工作岗位的要求，减少企业的人力资源成本，而对于学生毕业院校的类型以及转型政策本身并不太关注。因此，在新建本科院校转型分流问题上，行业企业是一种典型的实用主义教育价值观。

（二）实证调查结果小结

通过实证调查，本研究得出如下结论：

1. 因为各自的认识和立场不同，老牌本科院校、新建本科院校和高职高专院校对于新建本科院校向应用型转型分流的价值态度差异明显。老牌本科院校对此高度认可，高职高专院校则强烈反对，而新建本科院校群体的态度则出现了一定程度的分化：由于角色和利益关注点的不同，新建本科院校的校领导和教师对于转型分流存在不同的思想顾虑，但普遍担忧转型分流可能导致教育公平与教育质量、制度环境不配套等现实问题。这些担忧不同程度地影响了新建本科院校转型分流的实际态度选择——各有不到1/6的新建本科院校积极支持和明确反对，1/4的新建本科院校有条件支持，约1/3的新建本科院校对于转型分流态度不明确，超过1/6的新建本科院校表面上支持，实际上反对向应用型转型分流，使得新建本科院校在转型分流的态度选择问题上出现了五种截然不同的类型："积极拥护型"、"功利支持型"、"左右观望型"、"暗中抵制型"和"明确反对型"。

由此可见，对转型分流中可能涉及的高等教育公平和高等教育问题的不同价值态度导致不同新建本科院校面对应用型转型做出了不同的价值选择，也就是说，对高等教育公平和高等教育质量的认识分歧是导致不同新建本科院校做出不同政策选择的症因所在。

2. 地方教育主管部门对于新建本科院校转型分流抱有较强的政策功

利性,并往往采取简单粗暴的"一刀切"方式确定转型对象,贯彻、落实相关政策不够到位;大部分学生及其家长对于转型分流政策的认识极其有限且非常偏颇,在对新建本科院校转型分流政策基本持否定态度的同时,他们也对这一政策保留一定的期待;大部分校企合作企业认同转型分流政策的必要性,相当一部分企业虽对于转型分流政策不太了解、关心,但仍对其抱有较为直接的功利性期待。

可见,在新建本科院校转型分流问题上,政府、行业/企业、学生或家长等利益相关者均持有各自不同的价值诉求,而这些价值诉求背后反映的是转型分流的利益主体对其中可能涉及的高等教育公平和高等教育质量的认识分歧以及由此做出的不同价值选择。因此,与新建本科院校群体一样,对高等教育公平和高等教育质量的认识分歧是导致政府、行业/企业、学生或家长在转型分流问题上做出不同价值判断或行为选择的症因所在。

第二节 新建本科院校转型分流中的公平与质量问题表现

新世纪以来,我国高等教育快速进入大众化阶段,高等教育分流也随着发展迅速,并在部分领域取得突出成绩。但是,由于多方面的原因,当前的高等教育分流在快速发展中也存在多方面的问题和矛盾,这些问题和矛盾集中体现在利益相关者对高等教育公平和质量的不同利益诉求上。同样,作为高等教育分流的重要表现形式之一,新建本科院校转型分流也存在较多问题和矛盾,对高等教育公平和质量的不同价值追求导致利益相关者在转型分流过程中出现不同层面、不同形式、不同性质的问题和矛盾。因此,全面、系统地分析这些问题及其在现实中的具体表现,深入剖析导致这些问题的深层次原因,对于优化新建本科院校转型分流,以及正确地处理高等教育分流中的公平与质量的关系具有重要的意义。

一、利益主体的价值目标冲突形成公平与质量的认识差异

人们在认识和实践活动中的各种判断和选择、行为实践,背后均有

一定的价值前提和取向选择，也即价值取向。价值取向在实践活动中具有非常重要的作用：它能评价价值客体的价值，唤起价值主体对价值客体的态度，指引并调节价值主体的行为的定向功能，进而决定并支配价值主体的价值选择。正因为如此，价值取向对价值主体自身、价值主体与价值客体间的关系、其他价值主体均有重大的影响。在价值论者看来，人的认识活动的根本目的不是"为知识而知识"，而是要按照人的尺度来建构一个有利于人的生存与发展、对人有价值和意义、更符合人的本性的"应然"世界和"应然"社会①。作为高等教育领域中的一种重要的实践活动，高等教育分流中的利益相关者均对这种实践活动抱有某种目的，而这一目的又是依据一定的价值取向而确定的。价值目标既是建构高等教育分流的核心要素之一，也对整个分流活动起到重要的评价和定向功能：如果价值取向合理，高等教育分流就能够较好地处理各利益相关者之间错综复杂的矛盾，协调各方面的关系；如果价值取向不合理，高等教育分流的目标则可能脱离经济社会发展以及高等教育发展的实际，造成各利益相关者之间的目标冲突，从而带来新的矛盾，影响高等教育分流活动的顺利进行。

高等教育进入大众化阶段后，政府、高校、学生及其家长、行业/企业等高等教育各利益相关者高度关注高等教育公平和高等教育质量，社会公众的公平意识和质量问责意识明显增强，他们均期望高等教育能够更加公平和高质量地满足各自的利益诉求。同样，高等教育分流涉及各级政府、各级各类高校、教师、行业/企业以及学生及其家长、社会公众等众多利益相关者，这些利益相关者对分流活动中涉及的高等教育公平和高等教育质量均有其各自的不同的价值诉求，要顺利实现高等教育分流的目标，就必须满足不同利益相关者对高等教育公平和高等教育质量的价值诉求。

(一) 政府的价值诉求：建设一个公平而有竞争力的社会

《国家中长期教育改革和发展规划纲要 (2010—2020 年)》(以下简

---

① 史秋衡，王爱萍. 高等教育质量观：从认识论向价值论转变 [J]. 厦门大学学报 (哲学社会科学版)，2010 (2)：74.

称《纲要》)将促进公平作为国家基本教育政策,将提高质量作为教育改革发展的核心任务。整个《纲要》渗透了通过促进公平和提高质量来实现高等教育水平整体提升的补偿性教育政策思维[①]。这一政策思维也体现在政府对高等教育分流的顶层设计中。2015年10月由教育部、国家发改委和财政部三部委联合出台的《关于引导部分地方普通本科高校向应用型转变的指导意见》(以下简称《意见》)中明确指出:"推动转型发展高校把办学思路真正转到服务地方经济社会发展上来,转到产教融合校企合作上来,转到培养应用型技术技能型人才上来,转到增强学生就业创业能力上来,全面提高学校服务区域经济社会发展和创新驱动发展的能力。"从这一指导思想中的"五个转变"可以看出政府推动新建本科院校向应用型转型分流的核心目的:一是促进社会公平,即"增强学生的就业创业能力",希望通过推动部分高校的应用型转型分流,让应用型转型分流的主体——新建本科院校等相对弱势高校的学生也能获得更高质量、更加公平、更加有用的高等教育;二是增强国家的竞争力,即通过应用型转型分流"全面提高学校服务区域经济社会发展和创新驱动发展的能力",实现知识的积累和创新,并通过知识和科技创新,使国家在地区和国际竞争中掌握主动,实现国家经济和社会持续、稳定、健康发展的目标。

(二)高校的价值诉求:实现公平竞争和可持续发展

当前,高等教育全球化、国际化、信息化已经形成一种风潮,并逐渐影响到高等教育大众化背景下的中国每一所高校。要想在这股风潮中站稳脚跟并实现可持续发展,高校必须想方设法提高教育质量、办学声誉,彰显办学特色,这就必须要求各高校准确定位,积极谋求自身的特色发展、协调发展。高等教育分流无疑为各高校实现特色发展、协调发展提供了一种道路选择。以新建本科院校的应用型转型分流为例,正如实证调查中了解到的,新建本科院校对于应用型转型分流政策的价值期待按照比例从大到小排列依次为:1. 希望通过应用型转型分流进一步

[①] 张烨. 走向高等教育质量公平:基于我国高等教育制度建构轨迹的思考[J]. 高等教育研究,2012(10):10.

改善办学环境，使弱势高校能够赢得与综合性大学平等的社会地位；2. 希望国家能够尽快落实相关配套政策，使参与应用型转型的高校能够享受到政策红利；3. 希望国家制定的高等教育资源分配政策更加公平、合理，并能够与综合性大学平等竞争；4. 希望能够获得专业硕士（博士）学位点，进一步提高学校的办学层次；5. 希望借此提高学校的办学声誉和生源质量；6. 希望能够获得更多地办学自主权；7. 希望进一步改善学校的办学条件，提高办学质量；8. 希望更多地赢得地方政府的支持；9. 希望与行业/企业深化合作关系；10. 能够引进更多高水平的师资和来自行业/企业技术骨干的双师型人才。由此可见，处于弱势地位的高校对于高等教育分流的价值诉求更多地偏向于两点：一是外部办学环境的改善，尤其期望政府能够平等地对待弱势高校和综合性高校，以及更多地获得来自地方政府和行业/企业的支持和合作，从而赢得一个公平合理的竞争环境；二是通过改善办学条件等硬件建设，以及学位点建设、人才引进、生源质量改善等软件建设，以实现内部办学质量的提高并获得可持续发展的核心竞争力。

（三）专业教师的价值诉求：满足对自主发展和自我实现的需要

作为高等教育的当然利益主体，专业教师是确保学生公平地享受高质量高等教育的关键，因为他们是促进高等教育公平和保障高等教育质量的最直接、最前沿的实践者，对高等教育公平和高等教育质量最有发言权。在高等教育分流实践活动中，专业教师当然也有自身的价值诉求。根据我们对新建本科院校转型分流的实证调查，专业教师对转型分流的态度存在矛盾：一方面，专业教师期待转型分流能够改变学校在激烈的高等教育市场竞争中的不利态势，实现学校办学层次的提升和内涵的发展，并在学校发展过程中实现自我发展，体现自我的价值，并享受转型分流的政策红利，使个人得到更多经济利益，提高个人的社会地位。另一方面，专业教师又担心社会不理解、认同和支持应用型教育，学校向应用型转型分流可能会降低他们的社会地位；担心转型分流会影响自己的经济利益，导致现在的生活质量下降；担心难以适应应用型教育的各种新的要求，尤其是绝大部分专业教师均缺乏行业企业一线实践工作经历，应用型教育强调的实践教学对于他们而言的确有难度。上述矛盾心态说明，专业教师在高等教育分流活动中一方面希望能够自主发展，自己选择和决定适合自己的教育教学模式，不希望学校采取一刀切的方式强迫自己向应用型转型分流，违背自己的意愿，不顾自身条件去从事应用型教育；另一方面，他们渴望通过应用型转型分流实现自我价值，提高个人的社会地位和经济收益。

（四）学生及其家长的价值诉求：实现全面发展和人力资本增值

在当前的高等教育大众化深入发展阶段以及市场经济条件下，教育成为一种特殊的服务性产业，学生及其家长成为高等教育的主要消费者，自然成为高等教育服务的主体，也是高等教育公平和高等教育质量最直接的利益相关者，因此，学生及其家长的利益主体地位不容忽视。高等教育分流活动中，学生及其家长当然也有自身的价值诉求。根据我们对新建本科院校转型分流的实证调查，新建本科院校的学生及其家长对转型分流基本持担忧和否定态度，但在担忧和否定的同时，也对转型分流抱有一定的期待和利益诉求。一方面，学生担忧社会不理解、认同和支持应用型教育，学校向应用型转型分流可能会降低他们的受教育层次，影响他们及其家庭的社会声誉；担心难以适应应用型教育的各种新的要求，尤其是实践教学方面的新要求；担心专业教师难以胜任应用型教育，难以保证教学质量；担心学校的硬件设施难以满足应用型教育的要求，尤其是缺乏实验、实习、实训设备和校内校外实践教学基地；担心就业市场歧视应用型人才，转型分流会加剧就业难度。另一方面，学生内心希望学校向应用型转型分流能够改变学校当前的面貌，能够提高学校的社会影响力，尤其希望转型分流能够提高专业教师队伍的教育教学能力，增强教学的针对性和实效性，提高教学水平和教学质量，使学生能够提高综合素质和就业创业能力、市场竞争能力，顺利地在就业市场中实现理想就业，以实现自身的人力资本增值，获得教育投资的合理回报和未来的可持续发展。由此可见，学生主要从实现自身的全面发展和人力资本升值的价值取向出发，对新建本科院校向应用型转型分流持有一种既担忧和否定，又有所期待的矛盾心态。

（五）行业/企业的价值诉求：满足对人力资本和技术支持的需要

行业/企业是高等教育产出（主要是高素质人才和科学技术）的主要

使用者和合作者、顾客，因此，在高等教育分流活动中，行业/企业自然也成为重要的利益相关者。同样，行业/企业是新建本科院校毕业生的主要就业市场，是新建本科院校应用型科学研究的主要合作者和消费用户，因此，行业/企业理应新建本科院校转型分流中的重要参与主体和推动者，没有行业/企业的参与和推动，新建本科院校的转型分流目标不可能实现。通过我们的实证调查发现，行业/企业希望新建本科院校参与应用型转型分流后能够与其进一步深化校企合作：能够共享学校的先进教学设备设施或实习实训场地，减少企业的硬件投入，降低企业的运营成本；能够获得较为稳定的、高质量的人才供应渠道，减少人力资源招聘成本；提高学校人才培养质量，增强人才的岗位适应能力，减少人力资源培训成本；学校能够为企业培训员工，提高企业员工的竞争力；能够为学校培训专业教师，获得丰厚的经济利益回报；与学校开展应用性科研合作，开发更多具有市场潜力的应用型产品，提高企业产品的市场竞争力；能够直接办某一专业或学院，或者合作组建职业教育集团，实现行业/企业的多元化发展；能够获得政府必要的免税或减税优惠，或者可观的经费支持；能够在政府扶持下，与学校共建区域产业急需的技术创新研发机构；能够与学校合作制定行业从业标准，扩大行业/企业的社会影响和社会声誉。总之，行业/企业希望通过与新建本科院校的合作，实现减少其运营成本，拓展行业/企业资源来源渠道，增强行业/企业的市场竞争力，扩大行业/企业的社会影响等多重价值诉求。可以看出，行业/企业的众多利益诉求主要体现出其追求高质量的人力资本支持和创新性技术支持的价值取向。

（六）社会公众的价值诉求：获得丰厚的投资回报

高等教育进入大众化阶段后，在职业发展需要和终身教育趋势的推动下，作为纳税人、监督者等多重角色的社会公众是高等教育不可或缺的利益相关者，他们对高等教育的选择力量、消费预期和个性化需求正在逐步增长[1]，因此也要求高等教育彰显其公共属性。高校不仅要在促

---

[1] 聂永成. 利益相关者视界下的高职院校教学质量管理框架构建[J]. 教育学术月刊，2012（4）：76.

进社会公平方面发挥其独特的作用，而且还要在致力于新知识的探索，为社会提供新知识、新技术等方面承担其社会责任，提供高质量的社会服务。具体到高等教育分流活动中，社会公众也有着自身独特的价值诉求。根据我们对新建本科院校转型分流的实证调查，尽管社会公众对应用型教育缺乏了解和应有的舆论支持，但是，他们对新建本科院校转型分流则保留一定的政策期待：基于对当前新建本科院校教育教学水平和人才培养质量的不满，社会公众希望新建本科院校通过转型分流，能够提高专业教师队伍的综合素质和教育教学水平，提高人才培养质量，尤其是提高学生的就业创业能力和市场竞争能力，以更有利于学生的潜力发挥和可持续发展。或者说，社会公众希望高校更有效地利用办学资源，提高办学质量和效益，他们也希望高校的应用型转型分流能促进社会的发展和进步，进而保护和增加社会公众的利益，使教育的公共投资获得丰厚的回报。

综上可见，大众化阶段的高等教育分流活动关涉到各方利益，各利益相关者有着不同的价值诉求，而这些价值诉求均共同关注其核心利益，即对促进高等教育公平和保障高等教育质量的追求。作为高等教育分流活动决策主体的政府和实施主体的高校，只有兼顾各利益相关者的价值诉求，才能实现合理分流。然而，政府和高校均有自身的不同于其他利益相关者的价值诉求，因此，在现实的高等教育分流活动中，一些利益主体过于关注自身利益而忽视或者矮化其他利益相关者的利益，其价值诉求难免偏颇和片面，自然而然会导致高等教育分流目标与其他利益主体的价值诉求产生冲突和矛盾。

二、管理制度缺乏民主性和科学性导致公平与质量的权力失衡

顺利推进以公平与质量为目标的高等教育分流改革，必须依靠一定的高等教育管理制度。这是因为，高等教育管理制度的科学与否直接影响和制约着高等教育分流的策略选择。要使高等教育分流策略合理，就必须制定完善、科学的高等教育管理制度。影响和制约高等教育分流的高等教育管理制度有很多，就目前的高等教育分流现状而言，导致公平与质量的权力失衡主要管理制度因素如下文所述。

(一)高校缺乏办学自主权

办学自主权是高校作为独立法人所应有的权利,也是高校作为一个学术性自治组织的最基本诉求。依法保障、落实并扩大高校的办学自主权,是建立中国特色现代大学制度的基本前提和重要保证,也是高等教育改革与发展的重大课题。《国家中长期教育改革和发展规划纲要(2010—2020年)》明确指出,要"完善治理结构","落实和扩大学校办学自主权。政府及其部门要树立服务意识,改进管理方式,完善监管机制,减少和规范对学校的行政审批事项,依法保障学校充分行使办学自主权和承担相应责任"。我国《高等教育法》也明确规定"高等学校应当面向社会,依法自主办学,实行民主管理",同时高校拥有表4-8所列的7项具体办学自主权:

表4-8 《高等教育法》规定高校拥有的7项办学自主权一览表

序号	权利性质	权利的具体内容
1	招生权	根据社会需求、办学条件和国家核定的办学规模制定招生方案,自主调节系科招生比例
2	依法施教权	依法自主设置和调整学科、专业;根据教学需要,自主制定教学计划、选编教材、组织实施教学活动
3	自主科研权	根据自身条件,自主开展科学研究、技术开发、社会服务,及在科学研究技术开发和推广等方面进行多种形式的合作;自主开展与境外高等学校之间的科学技术文化交流与合作
4	机构设置权	自主确定教学、科学研究、行政职能部门等内部组织机构的设置和人员配备
5	人事管理权	按照国家有关规定评聘教职员工并进行津贴及工资分配
6	学生管理权	对学生进行学籍管理,实施奖励或处分,颁发证书
7	经费使用权	对举办者提供的财产、国家财政性资助、受捐赠财产依法自主管理和使用

资料来源:胡娟.厘清权利性质是落实高校办学自主权的关键[J].中国高教研究,2009(6):38-41.

从我国的现实看，尽管高校的办学自主权在法律上已经被确认，但由于自主权的来源不是自然形成，而是政府的逐步让渡[①]，因此，扩大和落实办学自主权其实是高校与政府博弈的过程。从目前高校办学自主权的落实情况看，其总体趋势是中央向地方放权、政府向高校放权，但相对而言部属高校办学自主权落实得较好，而地方高校落实得较差[②]。本来，在新建本科院校转型分流中，是否参与转型分流、何时参与转型分流、如何转型分流，这些都该由新建本科院校自主决定，但由于办学自主权未落实或未完全落实，导致新建本科院校不仅不能自主决定转型分流决策，从而与政府在转型分流问题上产生价值取向冲突，而且自身的自主发展和和谐发展也受到影响，这主要体现在：

1. 高校不能自主决定转型分流决策。转型分流决策决定新建本科院校未来一个时期的发展方向和发展道路，事关重大。作为转型分流的决策主体之一，新建本科院校必须自主决定是否参与转型分流，这就要求新建本科院校必须立足现实国情、高等教育发展现状和自身所处的具体环境，以及教育传统、国民观念等客观因素和学校相关利益主体的综合素质、个性特征、发展潜力等主观因素，结合学校做出的中长期发展规划，发扬民主精神，吸收相关利益主体的意见，对转型分流进行全面、系统、审慎地论证，分析其利弊得失，最终自主地做出转型分流决策。然而，尽管教育部在各种场合均要求地方教育主管部门要遵循"自主自愿"的原则推进转型分流，但很多地方出于自身政治、经济利益最大化的考虑，往往在贯彻、落实过程中实行简单粗暴的"一刀切"推进方式。同时，一些地方地市级政府在新建本科院校转型分流的决策问题上，也采取或明或暗地施加一定行政压力的方式，诱导或强迫新建本科院校按照地方政府的发展需要做出决策，导致一些新建本科院校不能根据学校自身的办学条件和发展规划决策是否参与转型分流试点，有些新建本科院校最终的转型分流决策甚至完全违背了学校自身的意愿，或者

[①] 胡娟. 厘清权利性质是落实高校办学自主权的关键[J]. 中国高教研究，2009（6）：38-41.

[②] 何慧星，孙松. 现代大学治理下高校落实办学自主权的问题、难点与对策[J]. 国家教育行政学院学报，2014（12）：15-19.

放弃当初学校花大力气制定且实施了较长一段时间的发展规划。

2. 高校不能自主招生和依法施教。虽然《高等教育法》明确赋予新建本科院校依法招生权和施教权,但实际上,新建本科院校不能完全自主地行使这些权利,主要体现在:首先,高校不能完全自主决定招生计划。目前,高校的招生方案不能自主制定,而必须首先根据教育主管部门核定的总招生规模确定各专业的招生比例,同时,招生方案必须经过地方高等教育招生主管部门的审批方可对外公布、实施招生录取工作。这种做法尽管有利于避免一些高校盲目扩大招生规模,但也导致一些社会需求较高、办学基础较好,确实有必要扩大招生规模的高校难以实现规模化发展和体现规模效应,从而影响了学校的办学效益和限制了学校的继续发展。其次,高校不能完全自主设置学科、专业。目前,高校设置新学科、专业必须经过省级教育主管部门的严格审批,尤其是对一些目录外专业把关较严格,一般必须经过省级专业设置委员会投票表决通过才予以批准,而专业设置委员会的委员来自各学科领域,因而大部分并不熟悉该申报专业领域的发展现状,很多时候只能凭直觉决定支持或否决这一新专业,导致一些新专业难以"合法化",错失发展良机。再次,高校不能完全自主制定人才培养方案。目前,高校制定各专业的人才培养方案受到较多限制,这种限制主要体现在一些公共课的设置上。例如,一位大学教授公开致信《人民日报》,反映高校开设的公共课与专业课所占课时,即学分比例大致为4.5∶5.5,这一比例分配严重削弱了专业课的分量,但因公共课的开设是教育部规定的,各个高校无法调整①。这里的公共课主要包括"两课"、形势与政策课等课程,因为课时和学分均已固定好且占公共课的较大比例,各高校只能在剩下的有限课时中艰难地调整课时和学分比例,从而影响专业课的课时和学分比例分配,这就自然降低了专业课的分量。最后,高校不能完全自主选编教材和实施教学活动。目前,教育部组织编写了很多所谓的"规划教材",甚至有些课程(如"两课")指定使用固定教材,对于各高校"规划教

---

① 胡娟. 厘清权利性质是落实高校办学自主权的关键[J]. 中国高教研究,2009(6):38-41.

材"或指定教材的使用情况看，教育主管部门甚至在一些评估检查活动中会抽检执行情况，高校为了应付检查，不得不使用这些教材。同时，少数课程的教学内容国家也有明确规定（如"两课"），教师只能在规定的范围内开展教育教学活动，很少有自主决定的空间。

3. 高校不能完全自主开展科研活动。根据《高等教育法》，新建本科院校可以根据自身条件，自主开展各种形式的科研活动，然而，这一权利在实施过程中事实上受到颇多限制。首先，高校不能自主设置研究机构。有时候，高校为了在某一领域内开展科研攻关，必须集中一定的人力、物力和财力组建科研机构，以达到资源集中使用的效果。但科研机构的设置必须经过民政部门和科研主管部门的审批，这些主管部门对科研机构的设置有很多条款限制，审批流程较烦琐，费时费力，很多时候这种低效率的行政审批流程影响了高校开展科研活动的积极性和效率。其次，高校对外科研交流与合作受到较多限制。目前，高校与境外高校开展科技文化交流与合作必须首先得到外事部门的审批，而外事部门有时出于贯彻国家反腐精神或政治形势的需要，对高校与境外高校开展科技文化交流活动的时间、规模乃至内容进行限制甚至否决，导致一些科研活动难以顺利开展，影响科研合作效果，甚至错失科研合作良机。

4. 高校不能完全自主管理人事。按照《高等教育法》的规定，高校享有自主设置机构权和人事管理权、学生管理权，但事实上，高校这三项权利的行使也受到较多限制。首先，高校不能完全自主设置机构。目前，行政主导体制下的高校事实上成为政府的附属机构，这一体制导致高校内部组织机构的设置和人员配备，包括组织机构的领导职数、专业技术人员和行政后勤人员的配备比例等均需经过政府行政主管部门的审批，且政府为了办事的方便，往往倾向于要求高校的内设机构与政府部门保持一致，这就限制了高校根据外部环境变化的需要，灵活调整和设置内部组织机构的权利。其次，高校不能完全自主管理人事。目前，新建本科院校在聘任教职员工过程中只有建议权，没有决定权，决定新建本科院校的教职员工的编制数量，以及教职员工是否聘任的权利掌握在省级或市级人事主管部门，这导致很多新建本科院校很难聘任那些有着丰富实践工作经历但学历条件不符合相关要求的行业企业优秀专业人才。同时，专业教师队伍的职称评定和晋升也由省级教育主管部门和省市人事主管部门根据有关规定共同决定，而目前科研导向的职称评定规定导致很多教学水平较高而科研能力相对偏弱的专业教师，尤其是来自行业企业的"双师型"教师无法顺利晋升职称，很容易打击他们的工作积极性，甚至导致一些专业教师愤而离职。此外，由于地方人事和财政部门对高校教师的工资总额有上限规定，这种对待导致新建本科院校也不能完全自主根据个人工作绩效分配津贴和工资，这样也会影响教职员工的工作积极性和创造性。

5. 高校不能自主决定办学经费使用。根据《高等教育法》的有关规定，高校可以对政府提供的财产、国家财政性资助、受捐赠财产依法自主管理和使用。但事实上，高校行使这一项权利同样受到较多限制。前面我们已经提到，目前国家实行的"生均经费＋专项补助"的政府拨款模式存在较多问题。对于新建本科院校而言，政府拨款中生均经费占比较少，而专项补助占比较多，由于专项补助来源于不同的政府部门，各部门对专项经费的使用有较为明确的规定，一般均要求专款专用，并会对专项补助的资金使用情况进行检查和审计。同时，由于新建本科院校向社会筹集资金的能力较弱，自营收入较少，导致生均经费即经常性经费只能主要用于维持正常的教育教学运行和教职员工基本的工资福利。因此，这种拨款模式导致新建本科院校很难从中抽出办学经费根据学校自身的内涵发展需要自主支配使用，从而限制了学校的内涵建设，也限制了学校的内涵发展和特色发展。

（二）高校内分流管理制度不合理

1. 重科研轻教学的倾向明显。科研工作是新建本科院校的重要职能之一，新建本科院校的科学研究要紧紧围绕应用型人才培养，围绕教学工作展开，并直接服务于区域经济社会发展的需要。实证调查显示，新建本科院校普遍重视科研工作，这可以从他们聘任和考核专任教师的导向上明显体现出来。针对调查问卷中的问题"您所在学校聘任专业教师时最看重专业教师的何种能力或经历"和"您所在学校评价或考核专业教师时最看重专业教师的何种能力或经历"，三类不同院校的调查统计结果如表4-9和表4-10所示。

表 4-9　三类不同院校聘任教师内容一览表

评价内容	老牌本科院校占比	新建本科院校占比	高职高专院校占比
学历学位	23.3%	25.9%	47.6%
教学能力	6.7%	10.5%	9.5%
科研能力	63.3%	55.5%	0
社会服务能力	0	1.3%	14.3%
企业/行业工作经历	0	0.6%	23.8%
其他（如高职称/海归）	6.7%	6.2%	4.8%

表 4-10　三类不同院校评价或考核教师内容一览表

评价内容	老牌本科院校占比	新建本科院校占比	高职高专院校占比
教学能力	16.7%	20.4%	66.6%
科研能力	73.3%	72.5%	4.8%
社会服务能力	6.7%	5.6%	23.8%
其他（如管理能力）	3.3%	1.5%	4.8%

由表4-9和表4-10可以看出，与老牌本科院校一样，无论是在专业教师的聘任环节，还是在考核评价环节，新建本科院校普遍重视专业教师的学历学位和科研能力，而对专业教师的教学能力等则相对不太看重。基于学校的聘任和评价导向对专业教师工作精力分配的决定性影响，我们可以判断，新建本科院校专业教师的大部分精力会投入科学研究工作上，而教学工作投入相对较少，这反映了新建本科院校较为普遍的重科研轻教学的倾向。

2. 重视基础性研究，轻视应用性研究。为继续了解新建本科院校科研工作中为教学服务的教学研究工作开展情况，调查问卷中涉及了问题"您所在学校近3年的教学研究立项课题经费大致占到学校科研经费总量的比例是多少"，问卷统计结果显示，77.2%的新建本科院校选择"5%以下"，17.3%的选择"5%—10%"，5.6%的选择"10%以上"。可见，近80%的新建本科院校教学改革立项课题经费占学校科研经费总量的5%不到，这就意味着绝大多数新建本科院校不太重视"科研为教学服务，为应用型人才培养服务"的理念。

科学研究从目的、内容和方法上区分,大致可以分成基础性研究、应用性研究、开发性研究三种基本类型,如果将高校开展的科研项目从来源上来区分,则大致可以分为各种社会委托的横向科研项目和各级各类纵向科研项目。为了解新建本科院校开展科学研究工作的主要类型,调查问卷设计了两个相互关联的问题"您所在学校近3年来源于各种社会委托的横向科研项目自主经费大致占到学校科研经费总量的大致比例"和"您所在学校近3年来源于各级各类的纵向科研项目自主经费大致占到学校科研经费总量的大致比例",调查统计结果如表4-11所示。

表4-11 新建本科院校横向和纵向科研经费占比情况

科研项目类型	科研项目经费占比情况				
	20%以下	20%—40%	40%—60%	60%—80%	80%以上
横向科研项目	78.4%	14.2%	5.6%	1.9%	0
纵向科研项目	0.6%	1.9%	6.8%	17.9%	72.8%

由表4-11可以看出,虽然两类项目加总稍有问题,但总体数据应真实可信。他们反映出来的问题即是:超过70%的新建本科院校开展的科研工作以各级各类纵向科研项目为主,接近80%的新建本科院校开展的各种社会委托的横向科研项目占比不到20%。基于国内的基础性研究主要来自各级各类纵向科研项目的资助,而应用性研究、开发性研究则主要来自各种社会委托的横向科研项目的资助,我们据此可以推断,新建本科院校开展的科研工作主要以基础性研究为主,而应用性研究、开发性研究开展较少。可见,新建本科院校的科研定位以基础性研究为主,应用型研究不太重视。

(三)教师和学生缺乏分流自主权

1. 教师不能完全自主决定发展方向。正如实证调查中所了解到的,新建本科院校在贯彻、执行教育主管部门的转型分流政策,完成学校的转型分流目标过程中,往往不尊重专业教师在转型分流中的自主发展诉求和个人意愿,简单、粗暴地按照"一刀切"的强制性方式要求专业教师向应用型转型分流,如强制性要求专业教师去行业、企业挂职锻炼,或者去相关单位或高校培训、学习等形式主义的做法,使得专业教师很难按照自己的职业生涯规划实现自我发展，而不得不违背自己的意愿，或者学非所长地被动适应应用型教育。新建本科院校这种强迫式的，形式主义的做法实际上反映了深层次的学术权力和民主权利弱化等问题——更大意义上来说，内部治理体系的失衡是新建本科院校办学自主权得不到有效落实的重要原因之一，体现在新建本科院校转型分流问题上，即是行政权力与学术权力失衡，民主权利形式化问题。转型分流决策本来属于决定学校今后一段时期发展方向的重大事项，既必须通过学校党委会的决议，也必须经过学校学术委员会表决通过，还必须付诸教职工代表大会、学生会等民主机构讨论通过才可最终决定，但是，由于新建本科院校内部治理体系失衡，行政权力泛化，并过度干涉学术事务，从而导致学术权力日益式微，甚至转型分流的决策可以不经过学术委员会和教职工代表大会、学生会审议，而只需在党委会上讨论通过即为学校的最终决定。这种局面很大程度上削弱了新建本科院校学术的独立性和民主权利的行使，削弱了教授治学和民主治校的能力，最终影响新建本科院校办学自主权在内部的落实。

2. 学生不能完全自主实现教育分流。学生是新建本科院校转型分流的主要对象和受益者之一，也是转型分流的参与主体之一。本来，新建本科院校应该根据学校总体转型分流目标和具体转型分流任务，并结合学生自身的兴趣爱好、知识基础即其他条件，有计划、分层次、按比例地将学生分别流向不同的学科、专业、课程、班组、课堂以及不同的年级，但是，由于新建本科院校内部治理体系失衡，尤其是学生权利未能受到应有的重视甚至被无视，导致新建本科院校在推进转型分流工作过程中，学生自主发展的权力受限，尤其是自主选择分流渠道的权力非常有限。主要体现在：首先，学生不能完全自主选择专业。目前的专业分流主要是在高考录取时确定的外分流形式，这种专业选择更多代表的是家长的意愿而非学生的兴趣、爱好、特长。其次，学生自主选择课程的权利有限。目前，新建本科院校的选修课比例一般较小，且在有限的选修课程中，学生也只能选修课程而不能选择教师，导致可选择的余地变得更小。最后，学生不能自主选择学习方式。由于目前新建本科院校的教学模式相对统一，培养策略缺乏灵活性和选择性，学生只能按照学校统一的计划和安排，按部就班地进行学习，而不能根据自己的发展需要选择学习时间、学习地点和授课教师，也不能自主选择考核时间、考核方式和毕业时间，因此缺乏自我计划、自我学习的主动性、积极性和创造性。

三、高等教育结构设置不合理导致公平与质量的结构差异

高等教育分流公平与质量并重的目标的实现与高等教育结构关系密切，这是因为，高等教育分流的功能能够反映社会人才需求的结构及其得到满足的程度，只有高等教育结构合理，高等教育分流的功能才能充分发挥，因此，合理的高等教育结构直接影响着高等教育分流公平与质量并重目标的实现。高等教育结构大致可以分为宏观层面的布局结构、层次结构和科类结构以及微观层面的学科专业结构、队伍结构和知识结构等，此外，还有不同类型和结构的高等教育之间的沟通与衔接等。目前，我国的高等教育结构在诸多方面均存在结构性矛盾，这些矛盾直接影响了高等教育公平水平和高等教育质量的提高。

（一）层次结构不合理，中低端人才供给过多而高端人才供给不足

高等教育的层次结构主要包括专科、本科和研究生三个层次，不同层次结构的人才培养目标和培养规格均有所区别，其对经济社会发展所起的作用也不尽相同。进入新世纪以来，我国各个层次的大学毕业生均呈倍数增长，这一趋势一直保持到2010年。2010年以后，本科和研究生毕业生数量呈缓慢上升趋势，而专科毕业生数量则基本趋于稳定[①]。不过，从劳动力市场对各层次人才的需求情况来看，高等教育的结构性矛盾就显得十分突出：

首先，近年来毕业的地方高校应届本专科毕业生质量难以满足市场要求，导致就业的结构性矛盾突出。根据教育部统计，近十年来全国高校毕业生数量呈快速增长的趋势，2005年全国高校毕业生为338万人，2007年为495万人，2015年则达到749万人，十年间高校毕业生人数

---

① 徐小洲，辛越优，倪好. 论经济转型升级背景下我国高等教育结构改革[J]. 教育研究，2017（8）：66.

增长至 2.2 倍①。与此同时，随着中国经济的增长进入新常态，以及全球经济持续性的不景气，国内企业对大学毕业生的实际需求一直在下降。根据人社部一线观察得到的数据，2014 年毕业大学生占整个劳动力市场新生劳动力的 47%，但是，从 2011 年到 2013 年以来，聘用高校毕业生企业的比例下降明显，2013 年一季度比 2011 年一季度下降二十几个百分点，这就使得高校毕业生连续几年遭遇"史上最难就业季"，而且高校毕业生就业"没有最难，只有更难"。据统计，2011 年全国高校毕业生的初次就业率为 77.8%，其中"985 工程"院校毕业生就业情况最好，其次为"211 工程"院校，包括本科独立学院在内的新建本科院校等地方高校和高职院校就业情况最低，且专业对口率和就业质量均不高②。造成新建本科院校等地方高校和高职院校毕业生就业难的原因是多方面的，一方面，随着中国经济下行压力增大和经济结构调整步伐逐步加快，企业的用人需求下降，并对大学毕业生的综合素质和技能要求越来越高，另一方面，众多高校，尤其是新建本科院校等地方高校和高职院校自身缺乏办学特色，毕业生学非所用，缺乏市场竞争力，由此形成了企业对大学毕业生要求越来越高与大学毕业生越来越缺乏竞争力的矛盾，就业难问题也就在所难免了。

其次，高素质人才供给不足，难以满足市场的旺盛需求。在新建本科院校等地方高校各高职院校遭遇招生难与就业难的同时，劳动力市场则连续多年遭遇"用工荒"，众多企业难以找到所需的大量高素质应用技术型人才。当前，中国正处于全面的调整经济结构、转变发展方式、促进产业升级的历史进程中，中国要实现产业升级由劳动密集型向技术密集型优化，制造业从低端向高端的转型升级，进而实现从制造业大国向制造业强国迈进的目标，必须培养和储备大量高素质的技术技能型人才。然而，从 2001 年到 2012 年的 12 年间，劳动力市场岗位空缺与求

---

① 麦婉华. 2015 年大学生毕业秀：就业难和用工荒并存 [R/OL]. (2015-07-15) [2018-01-28]. http://career.eol.cn/news/201507/t20150715_1288644.shtml.

② 应用技术大学（学院）联盟，地方高校转型发展研究中心. 地方本科院校转型发展实践及政策研究报告 [R]. (2017-04-27) [2018-01-28]. http://skb.jlbtc.edu.cn/file_content.aspx?id=21.

职人数的比率呈现出逐年上升的趋势，已由2001年的0.71∶1上升到2010—2012年连续三年的年均1.04∶1。表面上看，市场供求总量整体上基本相当，然而，进一步深入观察则会发现，市场供求的匹配度出现越来越大的差距，尤其是技能型劳动者和专业技术人员的供求缺口明显加大，从2003年以来一直保持在1.5∶1以上，而2010—2012年年均比率已经超过2∶1的水平①。可见，高素质应用技能型人才缺口很大，并且，根据预测，未来5—10年，我国的"技工荒"，尤其是高素质技术技能型人才短缺矛盾仍将持续突出。数据显示，我国共有高技能人才2 863万人，技术工作从业者1.12亿人，后者占总从业人员的比例不足13%，其中技师、高级技师仅占技能劳动者的5%。麦肯锡全球研究生的一项研究显示，到2020年，中国技术人才缺口将达到2 200万人，届时，中国的高科技企业将受到技术人才短缺问题的严重困扰②。此外，在"中国制造2025"等战略驱动下，劳动力市场对博士毕业生等高端人才的需求旺盛。然而，国内高校的博士毕业生人数在毕业生研究生总数中的比重则呈现出逐年下降趋势，从2005年的13.27%下降到2015年的9.64%。可以推断，如果高端人才的供给现状得不到及时改变的话，应用型人才和高端创新型人才的供给满足不了社会与技术变革对人才的需求的问题将日益凸显③。

（二）学科专业设置雷同，专业调整滞后

1. 学科专业设置雷同现象严重。高等教育专业设置必须根据劳动力市场环境的变化适时调整，否则可能造成高等教育专业设置与劳动力市场人才需求的脱节。根据我们对全国91所新建本科院校进行的问卷调查分析发现，81.3%的新建本科院校2015年招生专业超过30个，47.3%

---

① 中国就业促进会. 积极有效地应对结构性就业矛盾：关于就业结构性问题的研究［R］. （2014-03-21）［2018-01-28］. http：// www. lm. gov. cn/NewsCenter/content/2014-03/21/content_906695.htm.

② 刘教民. 推进地方高校转型发展，大力培养搞技术技能人才［J］. 华夏教师，2013（9）：5-8.

③ 徐小洲，辛越优，倪好. 论经济转型升级背景下我国高等教育结构改革［J］. 教育研究，2017（8）：66.

的新建本科院校2015年招生专业超过40个，2015年这91所新建本科院校招生专业平均数约为38个。不过，根据对国内605所地方本科高校的一项调查显示，地方本科院校部分专业设置高度重合，其中合并组建的120所院校中，工商管理类、电气信息类和外国语言文学类专业开设的广泛率高达98%以上，公办院校开设率也达到90%以上，其中，工商管理类、电气信息类、经济学类和外国语言文学类四大专业的招生总数占到全部7 543个招生专业总数的49%，也就是说，接近一半的地方本科院校学生就读于这四大类专业。这项调查也发现，公办院校偏向"学历教育"，更多开设数学、物理、化学、生物学等理学专业，民办院校则偏向"就业教育"，更多开设机械、土建、轻工纺织食品等工学专业[①]。以重庆市为例，电子信息产业是该市的支柱性产业，近几年这一产业的用人缺口在20万人以上，然而，重庆市属高校中，经济类、管理类、文学类、法学类和艺术类专业的培养规模占到该市高校培养总规模的55%，其中，21所高校均开设了英语专业，该专业的在校生达到2.6万人[②]，专业设置雷同由此可见一斑。

2. 应用型、创新型学科专业设置难以满足市场需求。当前，中国正处于全面的调整经济结构、转变发展方式、促进产业升级的历史进程中，中国要实现产业升级由劳动密集型向技术密集型优化，制造业从低端向高端的转型升级，进而实现从制造业大国向制造业强国迈进的目标，必须培养和储备大量高素质的应用型人才。然而，如上所述，当前我国的应用型人才供给严重不足。应用型人才的短缺实际上反映的是我国高等教育的应用型学科专业设置过少，进而高等教育难以满足劳动力市场对应用型人才的旺盛需求。实际上，从近年来与科技创新最为紧密关联的理工科毕业生研究生数量也可以看出这一点：近年来，理工科毕业生的研究生比例稳定在43%左右，这一比例甚至低于十年前的水平[③]，

---

① 刘云波. 新建地方本科院校的专业设置结构分析 [J]. 中国教育财政，2015 (7/1)：1-10.

② 储召生. 地方本科高校转型应走出身份困惑 [N]. 中国教育报，2015-06-17.

③ 徐小洲，辛越优，倪好. 论经济转型升级背景下我国高等教育结构改革 [J]. 教育研究，2017 (8)：67.

未能很好地反映当前劳动力市场对高素质应用型、创新型人才的实际需求。

3. 研究生层次的专业学位教育发展缓慢。如上所述，当前，中国要实现产业转型升级既需要大量高素质的中低端应用型人才，也需要大量高素质的高端专业型人才。然而，现实表明，当前高等教育的专业设置和人才培养越来越难以适应迅速变化的市场环境，相对于经济发展环境的快速变化对经济结构调整的强劲驱动，高等教育专业结构调整具有滞后性①。近几年来，硕士层次的专业学位教育增长速度较快，而博士层次的专业学位教育发展则相对缓慢：2012—2015年，专业硕士毕业生的比例从20.48%增长到40.05%，而专业博士毕业生的比例则从2.73%增长到4.06%，总量和增长速度都远低于专业型硕士的增长②。这种现状一方面导致劳动力市场对高端专业型人才供不应求，另一方面也从侧面反映出高等教育的博士层次的应用型学科专业设置不合理。

（三）高等教育与职业教育的沟通衔接制度不完善

贯彻终身教育理念必须有完善的普通高等教育与高等职业教育的沟通和衔接制度，职普沟通和衔接制度完善且通畅，才能很好地满足不同学习者对高等教育的多元化需求，更好地促进高等教育公平和提高高等教育质量。然而，目前我国的高等职业教育与普通高等教育之间的沟通和衔接存在不少问题，主要表现在：

1. 高等教育与职业教育的沟通渠道单向。目前我国的高等职业教育与普通高等教育之间的沟通渠道是单向性的，只能从高等职业教育转向普通高等教育（而且，这种转流的比例较小），而普通高等教育转向高等职业教育的制度建设则相对滞后，不仅学生转流的成本较高，而且缺乏规范的制度约束，操作难度较大，这在很大程度上影响了学生顺畅地双向转流。这种状况很难适应当前学生对双向转流的需求。据调查，

---

① 谢作诗，杨克瑞. 大学生就业难问题探析［J］. 教育研究，2007（4）：34.
② 国家统计局. 中国统计年鉴2013［EB/OL］.［2018-01-28］. http://www.stats.gov.cn/tjsj/ndsj/2013/indexch.htm；国家统计局. 中国统计年鉴2016［EB/OL］.［2018-01-28］. http://www.stats.gov.cn/tjsj/ndsj/2016/indexch.htm.

47.3%的高职学生计划进一步提升学历,即接受普通本科教育,然而,目前能够实现这一愿望的人数比例大致只有15%左右①。与此同时,不少在参与就业竞争时因缺乏实践能力导致求职失败的本科院校毕业生希望回到高职院校接受职业教育,然而,职普沟通制度的单向性导致这一愿望也很难实现。

2. 职业教育与普通教育的沟通渠道单一。目前,高等职业教育与普通高等教育之间的沟通渠道只有两种:要么由专科层次的高职教育转向本科层次的"专升本",要么由高职院校与普通本科院校联合培养本科层次的应用型人才。一方面,这种狭窄的沟通渠道导致很难满足学习者的学习需求;另一方面,因为目前高职教育的最高学历限定在专科层次,而没有像普通高等教育那样完善的体系设置,导致高等职业学校毕业的学生没有上升和进一步发展的空间与机会,进而形成了普通高等教育一枝独大,职业教育发展上升道路阻断、发展空间不足的"h"型结构体系。这种"断头式"的职业教育道路显然不利于我国教育事业健康发展,无法满足社会经济发展对各类人才的需求②。

四、人才培养模式僵化影响了公平与质量的操作过程

21世纪初,发达国家纷纷出台的国家创新战略和竞争力计划中,都毫不例外地将创新人才以及创新人才培养摆在重要的位置予以重视。当前,中国正处于产业转型升级的关键时期,高等教育还不能完全适应国际竞争的新形势和产业转型升级的新要求,因此,创新高等教育的人才培养和有效供给对于国家顺利实现产业的转型升级目标尤为重要。这就要求高等教育正确处理公平与质量的关系,提高高等教育质量,走内涵式发展道路,而创新人才培养模式是促进高等教育公平和提高高等教育质量的关键,也是实现高等教育注重规模增长到内涵式、特色发展转变的重要途径。然而,目前我国高等教育的人才培养模式问题较多,这些问题直接影响了高等教育公平水平和高等教育质量的提高,也给国家产

---

① 彭志武. 高等职业教育学制研究 [D]. 厦门:厦门大学,2007:123.
② 徐培培. 地方高校转型发展中的问题及改进路径研究 [D]. 沈阳:沈阳师范大学,2017:12.

业转型升级目标的实现带来不确定性因素。当前我国高等教育人才培养模式的问题主要表现在以下几个方面。

（一）专业和课程设置不合理

高等教育人才培养的质量涉及很多因素，其中专业的设置时间、设置空间、设置方向以及设置口径等的形态设计，以及课程结构和课程内容等的设置方式，将直接影响高等教育人才培养的质量。纵观我国的高等教育人才培养，在专业和课程设置上均存在很多问题，具体体现在：

1. 专业设置模式不合理。首先，专业设置时间不合理。从适应学生个性差异、促进学生差异化发展的角度来说，专业分流和进入专业学习的时间应当因人而异，不应该"一刀切"，因此，高校在专业设置的时间选择上应该充分考虑学生的个性差异和兴趣爱好，为学生的选择提供便利。但当前国内高校的专业设置实践主要是两种：一种是进校即确定具体专业并开始专业学习，以后不进行专业分流；一种是学生进校学习一段时间后进行专业分流（一般在大一课程结束后完成专业分流），并根据选定的专业进行学习。这两种专业设置方式在时间上对学生来说都太早，很多学生的专业兴趣还未确定或即使确定了也不稳定，这样过早地确定专业，且中途再无分流即重新选择专业的机会，自然影响学生的专业发展。其次，专业设置空间过小。进校即确定专业并开始专业学习，以后也不进行专业分流，这种专业设置管理模式对学生的专业限制毋庸讳言。其实，对于那些进校学习一段时间后才进行专业分流的高校来说，学生在专业分流的管理过程中选择的空间也极其有限。专业分流大部分局限在一定的学科大类内，可供学生选择的专业是有限的。即使有些学校允许学生跨学科转专业，但也对转专业的方式设置了极高的门槛，条件比较苛刻，程序繁杂，且转专业名额有限，竞争性太强，因而转专业的成功率不高。最后，专业设置口径过窄。目前，国内高校均按照教育部统一制定的《高等学校专业目录》来设置专业，这种与计划经济体制相适应的专业设置管理办法已经越来越不适应以市场经济为主的经济发展模式以及对人的个性解放的新要求。尽管近年来教育部组织修订《高等学校专业目录》，并对学科专业进行一定的调整，但仍未能从根本上解决专业调整僵化滞后、专业面向和专业口径狭窄、专业设置比例失调等弊端①。更为重要的是，这一专业目录没有给新兴学科和交叉学科预留发展空间，进而影响新兴学科和交叉学科的合法性发展。

2. 课程设置方式不合理。首先，课程结构不合理。就通识课程与专业课程而言，国内高校的通识课程比重普遍偏低，且缺乏与专业课程的有效衔接。高校的通识课程中很大比重被"两课"、英语、体育、计算机基础等公共课占用，而文学、历史、哲学等人文教育类课程比重极小。而且，通识类课程大多在前两年开设，后两年主要开设专业类课程，这种课程结构不利于学生的个性发展，也会造成学生专业学习因缺乏适应性、过渡性课程而难以顺利衔接课业。就必修课程与选修课程而言，高校重视必修课而忽视选修课。国内高校的必修课比重普遍过高，而选修课比重普遍偏低，且开设数量不足，更缺乏个性化和灵活性的课程安排。据调查，高校的必修课学分在总学分中的比重普遍超过70%，且大部分必修课集中在大学1、2年级开设，造成学生课业负担过重，没有时间根据自己的兴趣再去选修其他课程。就实践课程与交叉学科课程而言，高校的实践实验类课程建设薄弱，学科交叉课程十分匮乏。高校的课程结构中实践类课程的比重普遍偏低，且大多只是作为理论课程的补充和辅助，即使如此，学生在实践类课程中可以参与的与课程有关的实践和科研活动依然太少。交叉学科课程建设是我国高校课程建设的短板，目前多数高校的教师不仅缺乏开设跨学科课程的能力，而且缺乏彼此合作所需要的凝聚力②，这也限制了交叉学科课程的开设。其次，课程内容建设滞后。国内高校的通识类课程目前大多处于无专家设计、无专门机构管理、无专门经费支持的状态，课程内容大多是相关学科的概论课或者相关院系的专业课，且以单科课程和理论课程为主，跨学科课程和实践课程较少，从而使通识课程结构乱、内容杂、质量差成为普遍事实。专业课程则一方面内容陈旧，未能及时反映学科发展前言，另一方面内容过窄过专，导致学生的发展空间和发展潜力受限。

---

① 纪宝成. 中国大学学科专业设置研究 [M]. 北京：中国人民大学出版社，2006：56.

② 陈向明. 大学通识教育模式的探索 [M]. 北京：教育科学出版社，2008：21.

（二）教学组织形式面临革新

教学活动很大程度上就是引导和组织学生学习的活动，从促进学生个性发展、提高教学质量的角度来看，如果教师在教学中确实尊重学生在教学中的主体地位，承认学生的活动是他们个性素质发展的基础，那么就必须看到教学组织形式影响甚至决定着教育教学的效果和质量。当前，班级授课制依然是国内外大学最基本的教学组织形式。不过，班级授课制不利于学生的个性发展和个别指导，因此，国外很多大学采取诸如控制班级规模、开设小班研讨课和辅导课、个别指导等形式来保证班级授课制的质量。我国大学在这方面还做得很不够，教学组织形式亟待革新。首先，国内高校的教学组织形式仍然以班级规模较大的大班上课为主，30人以下的小班教学比例较小，这就导致教师主宰课堂，教学过程中难以充分体现学生的主体地位以及学生的个性差异。尤其一些公共必修课、通识必修课和选修课情况尤为严重，班级动辄上百人，这样的教学组织形式虽然便于教师集中授课，但教师很难管住到每一个学生，深入的师生互动更无可能。其次，小班研讨课开设数量严重不足。Seminar（小组研讨）等形式的小班研讨课是实现启发式、探究式和参与式教学的重要教学形式。然而，受办学经费、教学场地等诸多现实因素的限制，目前国内采用这种形式授课的高校较少，即使少数高校采用了这种形式授课，但真正实行研讨教学的课程数量比例也较小，难以满足学生的个性化发展需求。最后，传统教学方式依然占据课堂教学主流，教学质量堪忧。大班额的班级授课制仍然是当前高校教学组织形式的主流，由于班级规模过大，教师在授课过程中不得不采用传统的讲授为主的教学方式，满堂灌现象较为普遍。即使采用小班教学形式，部分教师一时也难以改变自己的传统教学观念，教学方式无法适应创新型或个性化人才培养的要求，教学质量难以得到保证。

（三）教学管理模式过于刚性

创新型人才培养要求在教育教学管理过程中实现民主化管理，然而，当前中国高校的民主化管理程度较低是一个普遍存在的突出问题，行政权力主导高校的管理和运行是当前中国高校不争的现实，很多高校提出的"民主管理"目标更多的只是停留在口头上或形式上,而未真正落实到教育教学管理实践中,由此造成学术权力弱化,广大师生参与民主管理的权力被削弱,师生的教学主体地位旁落,教学自主权难以保障,严重压抑了师生进行教学改革的积极性,进而影响人才培养质量。具体来说,当前高校的教学管理主要存在三个问题:首先,教学管理理念僵化,难以适应创新型人才培养的要求。当前高校主要流行的还是传统的教学管理理念,这一理念的主要特点就是追求整齐划一,即采用统一的教学计划,管理过程中采用单一模式,集体管理、统一要求,这样的管理理念与创新型人才培养要求的独特性、主体性、创造性的发展不相适应。其次,教学管理制度僵化。现行的教学管理制度主要以管理者为本位,以教学控制为中心,一定程度上限制了学生的学习自由。如在自由选课制度上,目前学生选课的自由度仍然十分有限。在班级管理制度上,由于"专业"占据主导地位,班级划分依然是按照专业划分的固定自然班,课程安排、教学管理也由专业决定,这在一定程度上造成教学管理制度僵化,教师在教学中很难根据学生特点和课程特点灵活安排和调整教学,这种做法自然不利于学生个性化的发展。最后,教学管理方式单一。目前国内高校大部分采用校院(系)两级管理的方式管理教学,这种做法往往使学校层面的教务处和二级学院(系)之间的权责划分不明,甚至造成相互推诿的现象。一些二级学院由于对创新型或个性化人才培养的意义认识不足,重视不够,认为这种革新式的人才培养模式给学院带来了额外的工作压力和工作负担,所以对实行创新型的教学管理模式动力不足,积极性不高,这种心态下的教学管理自然难以适应创新型或个性化人才培养的要求。

(四)教学评价制度相对落后

教学评价制度不仅是检验学生学习效果的手段,而且对教师的教学和学生的学习能够起到导向作用,还在适应学生的差异化发展、激励和引导学生全面发展、提高学生创造性等方面发挥着重要作用。目前我国高校的人才培养模式在教学评价制度方面主要存在如下问题:首先,评价目的偏颇。教学评价的根本目的在于反馈、矫正、调控教师的教学和学生的学习,但目前国内高校的人才培养在评价目的上仍然存在重鉴别、评定和淘汰,轻反馈、矫正和调控的倾向。如众多学校在考核学生时将考试成绩和班级排名与学生评先评优、升学、入党、就业等紧密捆绑,从而使教学评价目的变得功利化。由于教学评价目的对教师的教学和学生的学习均有导向和调控作用,过于偏颇的评价目的对创新型或个性化人才培养模式的影响是全局性的,它使教师的教学和学生的学习背离创新型或个性化培养的理念和要求,导致创新型或个性化的人才培养理念与制度面临落空的危险。其次,评价依据狭隘。考试分数目前仍然是评价学生的主要依据,而创造性思维、创新能力、实践能力等个性发展的重要素养未受到应有的重视。这种评价依据导致众多学生不注重创造性思维、实践动手操作能力等综合素质的提高,而只是通过考试前的突击复习、背诵知识点等方式应付考试,难以反映学生的真实水平。最后,评价方法单一。理论上,评价方法的选取应综合多种因素,采用不同的方法和形式,从不同角度考查学生的真实水平和综合素质。然而,目前高校在评价方法上仍然主要采用闭卷考试为主,开卷考试较少,笔试多,口试、讨论、情境测验、论文写作等方式较少;终结性考试多,过程性考试少;理论知识考试多,实践操作等能力考试少;标准化考试多,综合性考试少等。评价方法单一,导致学生的个性特长和兴趣志向等无处施展和激发,不利于学生挖掘自己的创造潜能以及思维能力、实践能力的提高[①]。

五、办学定位模糊不清降低了公平与质量的实现水平

高等教育分流是一项系统性工程,其中的一项重要工作就是各高校按照自身在高等教育系统中所处的位置和自身条件合理办学定位,走特色化的办学道路,在各自领域办出一流。这里,高校的合理办学定位不仅事关学校发展的总体战略,统领学校工作全局,引导学校的改革和发展方向,是统整高校办学秩序的重要保障,有助于提高高校的办学效率,有助于发挥对教职员工起到激励作用,更为重要的是,它关系到对每个学生的公平对待,亦即因材施教,特色培养,也关系到人才培养的

---

① 王晓辉. 一流大学个性化人才培养模式研究[D]. 武汉:华中师范大学,2014:169.

整体质量。因此,不同层次、不同类型的高校能否合理定位、特色办学,是高等教育公平与质量的实现水平能否提高的重要保障。

高校的办学定位本质上属于组织定位,即高校根据内外部环境以及自身的特点和需要,对自身在某一时期的高等教育系统内外所处的位置和发展方向、角色特征等的选择和确定。究其实质而言,高校办学定位的选择既是对延续其办学历史、分析其现实基础、规划其未来发展的理性考量,也是对自身内部各个要素及其复杂关系的再认识。从内容上来说,高校办学定位主要包括选择和确定学校的发展目标、办学层次、办学规模、专业设置、服务面向等。纵观当前我国高校的办学现状,我国高校在办学定位方面还存在较多共性的问题,以应用型转型分流背景下的新建本科院校的办学定位为例,这些主要表现在:自升格以来,面临转型方向选择的新建本科院校在定位问题上进行了艰难的抉择,尤其是近年来,在国家一系列转型政策的引导下,93.8%的被调查新建本科院校均宣称选择以"应用型、地方性、国际化"等为主要特征的应用型高校的总体定位[①],并将这一总体定位写进了学校的事业发展规划甚至是办学章程中。一些新建本科院校,如黄淮学院、平顶山学院、常熟理工学院等遵循高等教育规律,根据区域经济社会发展需求、自身办学条件和发展潜力,在办学实践中不断调整定位,逐步明确了应用型高校的总体定位,并在办学实践中按照这一定位开展教育教学改革,面向地方和所在行业培养所需的应用型专门人才,积极从事应用型科学研究和社会服务工作,走出了一条应用型高等教育的新路子。无疑,这些正在积极向应用型教育转型的新建本科院校为其他新建本科院校选择和确定应用型高校的定位提供了典型示范和经验借鉴。如果所有新建本科院校真能如他们所宣称的那样,确定应用型高校的总体定位,坚定不移地走应用型高等教育的办学道路,中国新建本科院校的转型之路将会异常顺利与平坦,这对新建本科院校办学的特色化和中国高等教育系统的多样化发展,对于中国经济社会的持续、稳定、协调发展无疑将具有异乎寻常的

---

① 柳友荣. 百校调查:中国"新大学"发展研究[J]. 现代大学教育,2012(1):18-23.

意义。然而，深入调查则发现，相当一部分新建本科院校并非真如他们表面所宣称的那样坚持应用型高校的总体定位，他们的定位带有一定的趋同性，并且这种趋同定位中还出现了一些不良倾向和误区。具体来说：

（一）发展目标虚高

发展目标定位是对学校未来一个时期的发展趋势和发展方向的前瞻性预见和创新性谋划，是学校定位首先必须予以全面、综合考虑的问题。它的主要内容包括确定学校在某一发展阶段中的奋斗目标、办学类型、服务面向、办学特色等带有全局性、方向性意义的重大决策。学校的发展目标定位具有科学性和相对稳定性，确定的过程必须经过严格的思考和论证，一经确定后一般不能轻易更改。新建本科院校的办学历史、办学基础和内外部环境决定了其应用型高校的办学类型定位和其服务区域、服务行业不宜过于分散，服务面向的层次定位不能过高，而应针对区域经济社会发展需要和行业发展需要，培养面向基层、面向中小企业、社区和农村，面向生产建设、经营管理和咨询服务一线的应用型专门人才[①]。然而，85.7%的受访对象认为新建本科院校在确定学校的发展目标过程中缺乏科学论证，23.6%的受访者甚至认为发展目标定位主要是书记或校长个人的"长官意志"或"拍脑袋"决定的结果，这一现象带来的最直接后果往往是学校主要领导的变动就意味着发展目标定位的变化，且一届领导比一届领导制定的目标要高，最终必然导致确定的发展目标偏离学校实际。如华南某民族院校升格之初确定的发展目标定位是："经过十年左右的努力，把我院建设成为一所人才培养质量和学术水平较高，民族教育特色明显，主要面向××地区，辐射华南，在国内同类院校中处于一流水平的区域性应用型民族本科院校。"应该说，这一发展目标定位比较符合当时的办学实际。然而五年后，随着主要领导的变动，学校的发展目标定位改成："经过十年左右时间的努力，把我院建设成为一所人才培养质量一流，科研水平领先，办学特色明显，主要面向华南，辐射全国，办学水平在国内同类院校中处于领先地位，

---

① 朱中华.关于新建本科院校发展定位的研究［J］.高教探索，2004（4）：37-40.

在东南亚地区具有较高影响力的教学研究型大学。"短短五年时间，办学类型定位由"区域性应用型民族院校"转向"教学研究型"，服务面向定位由主要面向地级区域转向主要面向更大的区域，原有的民族教育特色则在新的发展目标定位中消失殆尽。本次调查表明，超过 2/3 的新建本科院校五年或十年的发展目标是建成教学研究型大学，只有不到 1/3 的新建本科院校将五年或十年的发展目标确定为建成应用型大学或教学型大学。也就是说，大部分新建本科院校并不打算固守应用型大学的定位，而是着眼于在他们更为看重的教学研究型大学。这样的发展目标定位反映了新建本科院校深层次的较为普遍的急躁、冒进心理，能否实现这样的发展目标自然值得怀疑。

（二）办学层次攀升

办学层次定位主要涉及新建本科院校在整个高等教育系统中如何选择人才培养层次的问题。我国的高等教育一般分为专科教育、本科教育和研究生教育三个层次。在确定办学层次定位时，高校应根据自身的发展目标和办学软硬件设施，合理确定其办学层次。考虑到其办学基础等多重因素，新建本科院校主要应当以应用型本科教育为主，办学基础较好的新建院校也可选取若干优势专业开展专业型研究生教育。然而，本次实证调查发现，相当部分新建本科院校不顾自身办学基础，盲目攀比和模仿办学历史悠久，办学基础较好的传统研究型大学，屡屡试图拔高办学层次，专科教育升格本科教育才几年时间，本科教育刚刚进入正轨，就筹备积极申报硕士点，甚至少数新建本科院校刚刚具备硕士研究生培养资格，就开始积极筹备申报博士点。例如，云南 D 大学是 2001 年合并升格的本科院校（合并时称"D 学院"），2003 年即取得硕士学位授予权，之后，在办学基础比较薄弱的条件下，学校又积极申报博士点，经过几次努力，终于于 2015 年顺利更名为"D 大学"并成为云南省立项建设新增博士学位授予单位。短短 14 年时间，学校办学层次实现"专科—本科—硕士—博士"的跨越式发展。调查发现，90.7% 的本科层次新建本科院校计划进一步提升办学层次，而只占新建本科院校总数不到 1/6 的硕士层次新建本科院校中也有 82.6% 的院校计划近 3 年进一步提升办学层次。可见，超过 90% 的本科层次新建本科院校计划近期申报硕士点,力争成为硕士学位授权单位,而超过 80% 的硕士层次新建本科院校计划近期申报博士点,力争成为博士学位授权单位。也就是说,不管是本科层次的新建本科院校,还是硕士层次的新建本科院校,他们中的大部分均计划进一步提升办学层次。调查结果也显示,83.3% 的新建本科院校计划近 3 年更名办大学,并积极着手准备,另有 12.9% 的新建本科院校虽未积极准备,但也有这方面的考虑。也就是说,几乎所有的新建本科院校均有计划更名办大学的打算。可见,大多数新建本科院校未打算坚守本科层次人才培养,办学实践中办学层次定位期望不断攀升,积极向学术型大学靠拢的取向较为明显。

(三) 办学规模趋大

本次调查结果显示,91 所被调查新建本科院校中,93.4% 的院校 2015 年当年全日制在校生超过一万人,61.5% 的院校 2015 年当年全日制在校生超过一万五千人,12.1% 的院校 2015 年当年全日制在校生超过两万人,91 所院校 2015 年当年全日制在校生的平均数约为 16 100 余人。因此,绝大多数新建本科院校是名副其实的"万人大学"。然而,调查发现,大部分新建本科院校并不满足于现状,72.7% 的受访新建本科院校计划近 3 年进一步扩大招生规模。可见,新建本科院校办学规模定位趋大的取向明显,并成为一种较为普遍的现象。正如广西××师院招生就业处的负责人所言,新建本科院校竞相扩大办学规模的初衷无非有两点:"第一是为了解决经费不足的问题。学校的经费来源渠道有限,主要依靠政府财政拨款和学费收入,而政府财政拨款极其有限,学校建设和发展到处要钱,只能靠扩大招生规模来增加学费收入。第二是为了上规模,扩大影响。学校要形成像学术型大学一样的社会影响,就必须有他们一样的办学规模,有了规模才能形成规模效益,才能进一步扩大社会影响。"这位受访对象的想法道出了新建本科院校热衷于扩大办学规模和模仿学术型大学办学模式的深层次原因。

(四) 专业设置求全

高等教育中的学科建设与专业建设既密切相关,又区别明显,以科研为主要取向的学术型大学一般以学科建设为主,而以应用或职业为主要取向的应用型高校一般以专业建设为核心。办学功能的服务型和服务面向的区域性等特点决定了新建本科院校不以学科体系设置专业，而应紧跟区域经济的产业结构特点和人才需求的特征及变化，积极围绕相关行业、产业进行专业布局，设置特色专业和优势专业，进而形成基于区域经济需要的、校企互动合作的、具有错位竞争优势的特色专业群[①]。然而，一些新建本科院校认为办学应该像学术型大学一样，专业越多越好，正如湖北××学院的一位中层干部所言，"专业数量某种程度上能够反映学校的办学水平和办学实力，专业数量越多，学校的社会影响越大"。在这种价值取向的影响下，一些新建本科院校不顾自身条件，在没有进行认真的市场预测和科学论证的基础上，盲目性地、随意性地申办或扩招所谓的"热门"专业，单科性院校向多科性院校发展，多科性院校向综合性院校发展，综合性院校向研究型大学发展，导致一些专业重复设置现象严重；同时一些社会急需的新兴应用性专业或交叉性、综合性专业则发展不够：这样就造成专业设置雷同和专业结构失衡。总体上看，专业设置雷同和专业结构"全而杂"现象严重，必然会影响新建本科院校的特色发展和可持续发展以及高等教育系统的多样化。

总之，尽管大部分新建本科院校表面宣称坚持应用型高校的总体定位，但实际在定位问题上存在发展目标虚高、办学层次攀升、办学规模趋大、专业设置求全等与学术型大学趋同的倾向[②]。实际上，新建本科院校的办学定位存在的突出问题在国内普通高校，尤其是非研究型大学中普遍存在。基于定位在高校办学实践活动中的定向和驱动作用，这种趋同倾向必然使得绝大多数高校沿着学术型大学的办学路径前进，可以预见，这种趋同的办学定位必然难以实现国家和社会期望的实现高等教育合理分流的改革目标，也必然给整个高等教育系统，乃至整个国家经济社会的持续、稳定、健康发展带来不利影响。

---

① 顾永安，陆正林. 我国新建本科院校的设置情况分析及其启示 [J]. 现代教育管理，2014（11）：66.

② 聂永成. 新建本科院校办学定位趋同的理性分析 [J]. 湖北社会科学，2016（12）：159.

六、高等教育资源配置不佳阻碍了公平与质量的整体效果

高等教育事业发展是国家实施科教兴国战略的需要。高等教育分流的重要内容之一就是师资、经费、办学硬件等高等教育资源的分流,这是因为,高等教育资源是高等教育发展的物质基础,高等教育资源配置的方式直接影响到高等教育发展的方向。党的十九大明确提出,我国社会的主要矛盾已经转化为人民日益增长的美好生活需要和不平衡不充分的发展之间的矛盾。同样,中国高等教育的主要矛盾也已经转化,正如中国教育学会会长钟秉林所言:"一方面是人民群众要求上好大学,要求享受优质高等教育资源的需求非常迫切;另外一方面,我们国家当前优质高等教育资源供给研究短缺,而且发展不均衡。这使得现代教育质量问题和教育公平问题更加凸显。"[①] 也就是说,我国高等教育发展方式正在发生深刻的变革,即从以规模扩张和空间拓展为特征的外延式发展,转变到以提高质量和优化结构为核心的内涵式发展[②]。因此,延续多年的计划经济时代的高等教育资源配置方式存在较多问题,已经不能适应我国高等教育发展方式的转变,发展重心调整的需要和高等教育合理分流的新要求,亟待改变。具体来说,当前我国高等教育资源配置存在的问题主要有以下几点。

(一) 高等教育资源配置的投入总量不足

近年来,在以政府投入为主、多渠道筹措经费的体制下,我国高等教育资源的投入总量不断提高,高等教育的总体办学环境得到一定程度的改善。2017 年,我国教育经费投入总量为 42 557 亿元,比上年增长 9.43%,其中高等教育经费投入总量 11 109 亿元,比上年增长 9.72%。高等教育经费中,高等职业教育经费总投入 2 023 亿元,比上年增长 10.16%。乍一看,这一数字相当不错,然而,据联合国统计,我国对教育的投入低于其他发展中国家。2012 年以来,我国的财政性教育经费

---

① 高辰. 教育专家:中国教育的主要矛盾已发生转变 [EB/OL]. (2017-11-14) [2018-01-28]. http://www.Chinanews.com/gn/2017/11-14/8376541.shtml.
② 钟秉林. 加强综合改革 平稳涉过教育改革"深水区" [J]. 教育研究, 2013 (7): 5.

支出占 GDP 的比重终于达到多年想实现而未能实现的 4% 的目标，然而，即使这好不容易达到的数字也始终低于世界平均水平，甚至低于低收入国家的平均水平。2017 年，我国财政性教育经费支出占 GDP 的比重达到 4.14%，低于世界的平均水平 4.6%。相比之下，美国的这一比重在各年都超过了 5%，我国的邻国印度、韩国等国家的比重也皆高于我国。这反映出与其他国家相比，我国在教育上的投入仍然不够。2017 年，我国高等教育经费比重不到 GDP 的 0.2%，占当年财政性支出总额的 3.5%[1]。这种低水平的投入根本无法满足快速扩张的高等教育事业的需求，导致众多高校办学经费常年紧张，学生宿舍、教室、体育场所、图书馆、实验室等基础设施难以满足正常教学的需要。为此，为了在有限的财政性教育经费中争取更多份额，大多数高校不惜动用各种手段进行竞争，由此所造成的高等教育资源浪费更加剧了高等教育财政性经费资源的短缺。高等教育资源总量投入不足的现实一方面给高校的办学带来困扰，使得各高校围绕总量不足的办学经费展开激烈的争夺，另一方面也为区域间、结构上配置的不平衡埋下了隐患。

（二）高等教育资源配置的结构布局失衡

首先，院校和师资的区域分布不均衡。我国幅员辽阔，各地区经济、科技、文化、教育基础差异较大，高等教育资源的布局不仅仅是一个政策上的空间安排，还涉及社会经济发展水平的均衡发展程度和文化的同质性程度，以及教育思想和教育观念。具体而言，主要指高等学校和在校生数量的布局，是不同的学校和学生数量在空间位置上的分布及其相互关系。这种布局应与地区经济的发展、布局，与地区科技、文化和教育的发展现状及发展趋势相适应。然而，尽管近年来我国高等教育院校数量上有了较大的增幅，但院校的分布具有不均衡性：国家投资建设的重点大学在区域间分布不均，过于集中在东部沿海发达地区，东部地区的高校在校生的数量在整个高校在校生总数中占有相当大的比例且有增加趋势。以 2010 年的统计为例，沿海经济发达省份的在校生数量，占

---

[1] 陈寒冰. 我国高等教育资源配置存在的问题及对策 [J]. 教育探索，2012 (3): 33.

到当年中国高等学校在校生总数的60%，中部地区高等学校的在校生总数是30%左右①，整个西部地区高校在校生总数大致在10%左右，区域分布的不均衡尤此可见一斑。我国的高等教育资源不仅在高校数量的分布上存在区域不均衡性，而且在决定教育实力的师资水平方面也存在着区域差异。有数据显示：从专任教师的数量上看，东部地区的专任教师数量大大超过了西部地区。东部地区专任教师的数量超过3万人的有北京、江苏、广东、山东、辽宁五个省、市，而西部地区没有教职员工超过3万人的省、自治区、市。另外，专任教师数量最多的江苏省是西藏的50倍②。

其次，不同层次院校间的资源分配不均衡。2005年，我国普通高校的生均教育经费为13 629元，其中预算内经费6 055元，预算外经费7 574元，预算内经费占生均经费的44.43%，预算外经费占55.57%，由此可看到我国高等教育经费中，虽然政府财政投入依然占据较高比例，但从其他渠道获得的预算外经费已经超过了一半，成为经费来源的主体。不过，不同层次院校间的生均经费差异明显：在我国高等教育系统的"金字塔"结构中，处于塔尖的极少数高选拔性研究型本科院校，即首批进入"985工程"的"2+7"所的核心院校的生均经费达47 838元，为普通"985工程"院校的1.65倍，"211工程"院校的2.06倍，一般本科院校的3.22倍、高职院校的4.47倍。从经费构成来看，预算内经费所占比例也随着院校的学术选拔性降低呈明显递减趋势。其中，包括"985工程"院校和"211工程"院校在内的研究型大学的比重在50%左右，教学型本科院校为45%，而专科院校则降至42%左右。这表明，学术选拔性较低的院校所获得的政府财政投入严重不足，使得这类院校不得不依赖于学费收入等外部资金筹措渠道③。

---

① 岳武. 中国高等教育资源配置改革问题及对策研究[D]. 长春：东北师范大学，2012：50.

② 李艳. 高等教育公平：基于财政资源配置的视角[J]. 高教探索，2010(1)：29.

③ 鲍威. 我国高等教育资源配置差异影响因素的多层线性模型分析[J]. 教育发展研究，2011(19)：4.

最后，资源分配的"马太效应"明显。近年来，随着高等教育由"规模扩张"向"内涵提升"的战略转变，我国高等教育资源总量不断增长。但在高等教育资源富集区和高等教育资源匮乏区之间，资源分配呈现出"马太效应"趋势且这种趋势愈演愈烈。一方面，高等教育资源富集区的规模效益、累积优势不断凸显，呈现日益增强的马太效应；另一方面，高等教育资源匮乏区所占有的高等教育比重逐年缩小，教育资源向富集区域汇集的趋势愈发明显。具体来看，1997年，高等教育资源水平全国前五的省份（北京、江苏、上海、湖北、广东），其高等教育资源总水平为高等教育资源水平后五省区（贵州、海南、宁夏、青海、西藏）的3.12倍。而经过15年的发展，到2012年度，高等教育资源水平全国前五省区（北京、江苏、上海、广东、山东）与后五省区（新疆、海南、宁夏、青海、西藏）间的高等教育资源水平，扩大到16.40倍[①]。

（三）高等教育资源配置的规模效益不高

我国的高等教育已于2004年正式迈入大众化阶段，实现了"历史性的跨越"，经过近年来的快速发展，我国的高等教育已经形成世界上最大规模的高等教育体系，人力资本总量与美国相当。从教育经济学的角度，高等教育回报率是衡量我国高等教育发展效益的重要指标之一。在1990年代以后，我国高等教育效益经历了一个显著的提高过程，明瑟收益率（Mencerian rate of return）从7.23%提高到目前的13.21%的水平，这说明我国高等教育资源配置效益通过规模扩张得到很大提升[②]。但从世界经济论坛公布的《2016—2017全球竞争力报告》显示，我国经济竞争力的排名高于教育竞争力，而教育质量的排名又低于入学率的排名。在138个研究对象中，中国的总体排名第28位，高等教育排名第54位。这种排名当然只具有参考价值，但高等教育质量在国际上的相对位置提醒我们：高等教育效益是我国国际竞争力中的弱项，应当引起高度关

---

① 段从宇，迟景明. 中国高等教育资源配置的历史态势及未来进路：兼论地方本科院校转型发展［J］. 教育科学，2015（3）：52.

② 岳武. 中国高等教育资源配置改革问题及对策研究［D］. 长春：东北师范大学，2012：49.

注。从教育管理的角度,高等教育的完成率、高等教育分学科领域研发支出、高等教育生均支出、教育机构支出占GDP的比重、高等教育公共补贴、高等教育研发、校均规模、生师比都是衡量高等教育系统内部效率的有效指标。通过当前社会经济发展对高等教育的批评,如教育资源严重短缺,远远落后于高校规模的增长,再加上生源质量下降、教学基础设施缺乏,高等教育质量将难以保证,最关键的是合格师资的数量和结构难以满足扩招后的需求。可以看出高等教育资源配置的效益还存在一定的问题。

(四) 高等教育资源浪费现象严重

高等教育资源浪费是指投入高等教育领域里的各种资源未能得到充分合理利用或没有实现资源使用应达到的效果。高等教育资源投入的成本效益比没有达到社会一般资源的使用水平,机会成本太大。从目前来看,我国高等教育资源浪费严重,主要表现在以下两方面:首先,高校物质资源闲置浪费严重。根据世界银行统计,我国高等院校的教学设备、实验室和资料室等使用率不足60%。而根据国家国有资产管理局对高等院校的抽样调查结果显示,我国高等院校闲置存放的资产和低效无效使用的资产约占高校总资产的15%以上。国家教委统计数据显示,我国高等院校教学设施、科研仪器设备约有20%以上处于闲置存放状态,而一些价格不菲的大型科研装备使用率最高不过15%。另根据对北京市中关村地区部分高等院校5万元以上的3 690种大型仪器使用效率的调查研究发现,这些昂贵的机器设备每年开机率大多不到400小时,没有使用的占40%以上①。其次,高校的重复建设现象严重。高等教育大扩招以来,一些高校不从实际需要考虑,一味地追求大、多、快,一方面到处"招兵买马",另一方面没有规划地增建院系、开设新专业,结果造成专业设置重复、教育投资分散、教学质量低、规模效益难以实现等后果,使得教育资源被严重浪费。不少高校兴建的"新校区"、"大学城",也不同程度上存在着资源浪费和重复建设等情况。有的学校在校

---

① 陈寒冰. 我国高等教育资源配置存在的问题及对策 [J]. 教育探索,2012 (3): 34.

园规划和建设上一味追求高标准，利用国家对教育用地的优惠政策大量圈地，给学校带来了沉重包袱，导致教育资源浪费。

第三节　高等教育分流中的公平与质量问题的原因

一、高等教育分流缺乏有效的价值协调机制

从政治学角度来说，高等教育分流是一项涉及政府、高校以及专业教师、社会公众、行业/企业、学生及其家长等众多利益相关者的公共性的教育政策，这一公共政策是否具备合法性，以及政策是否能够得到有效的贯彻、落实，这主要取决于政策制定的主体政府与其他利益主体之间能否实现价值互认，也就是说，政府只有实现自身在高等教育分流中的价值取向与其他利益主体的价值取向的有效整合，方能保证高等教育分流政策的贯彻、落实，从而保证高等教育分流政策赢得合法性，实现自身政策价值取向与政策利益实现的统一。然而，从我们对新建本科院校转型分流现状的实证调查来看，目前政府在高等教育分流政策的顶层设计和统筹协调方面做得还很不够，各利益主体之间未能实现价值互认，从而导致不同内容、不同形式、不同程度的价值取向冲突。

（一）政策制定过程中对利益主体的诉求重视不够

1. 政策制定缺乏公民参与，导致社会公众"冷眼视之"。美国学者戴维·伊斯顿认为，公共政策是对社会价值作有权威的分配[①]，也就是说，公共政策包含政策制定主客体的价值取向。随着现代社会事务的日益复杂化和多样性，良好的公共政策单靠政府和极少数精英已很难胜任治理的重任，而必须走"群众路线"，最大限度地在公共政策中体现社会公众的利益诉求，并发扬民主精神，吸收社会公众参与政策的制定和执行。高等教育分流在政策制定和执行过程中至少存在以下三点不足：首先是社会公众参与的缺失。从新建本科院校转型分流政策的制定过程来看，政府未能重视社会公众的利益诉求，这一点也可以从教育部、国

---

① 占志刚. 公共政策的合法性探析［J］. 探索，2003（6）：40-43.

家发展改革委、财政部联合出台的《意见》中看出来。在《意见》中，政府较为重视营造良好的改革氛围和舆论环境，但这种重视主要针对的是高校内部的领导干部和师生员工，以及校外的专家学者和用人单位，而对其他社会公众则只字未提，政府对社会公众在政策制定和执行中的参与性主体地位的忽视由此可见一斑。政府对社会公众参与性地位的忽视，直接导致新闻媒介、理论界缺少对社会公众在传统文化观念制约下对应用型教育的偏颇理解的及时反应和研究，从而造成了在社会公众眼中转型分流政策缺乏透明性和合理性的印象。这样，以学生家长为代表的社会公众对转型分流政策基本持否定态度也就可以理解了。其次是政策制定程序的缺失。公共政策的合法性要求政策程序遵循科学性、民主性的价值标准，以最大限度地实现公众的权利诉求。政策程序的科学性和民主性要求其首先具有开放性，即保证政策能够使公众准确地把握政策问题的实质，及时了解政策制定的目的和目标，并顺利表达自己的利益诉求，反馈各种政策信息，提高政策质量[①]。然而，从新建本科院校转型分流政策的制定过程来看，政府未能遵照政策程序的科学性、民主性原则，通过各种渠道和途径为社会公众创造一个自由、平等对话的条件，充分听取社会公众的意见和利益诉求，使社会公众全面、客观地理解应用型教育以及国家转型分流政策的目的和目标，从而争取社会公众对转型分流政策的理解、认同和支持，提升政策的可行性和认可度，正是这种程序性的缺失，造成社会公众对应用型教育的误解和转型分流政策的偏颇性认识。最后是针对新建本科院校转型分流采取的是激进式的强制性制度变迁路线。尽管教育部在各种场合均要求地方教育主管部门要遵循"自主自愿"的原则推进转型分流，但很多地方出于自身政治、经济利益最大化的考虑，往往在贯彻、落实过程中实行简单粗暴的"一刀切"推进方式，同时，一些地方地市级政府在新建本科院校转型分流决策问题上，也采取或明或暗地施加一定的行政压力的方式，诱导或强迫新建本科院校按照地方政府的发展需要做出决策，导致一些新建本科

---

① 吴永生. 公共政策的合法性：基于制定程序的视角 [J]. 理论探讨，2006 (5)：139-142.

院校不能根据学校自身的办学条件和发展规划决策是否参与转型分流试点，有些新建本科院校最终的转型分流决策甚至完全违背了学校自身的意愿，或者放弃当初学校花大力气制定且实施了较长一段时间的发展规划。

2. 未能协调搭建合作平台，导致行业企业"袖手旁观"。三部委出台的《意见》指出，新建本科院校要"以产教融合、校企合作为突破口，根据所服务区域、行业的发展需求，找准切入点、创新点、增长点"，可见，国家对行业企业与新建本科院校携手合作，推进产教融合、校企合作寄予厚望，并将其视为新建本科院校转型分流的突破口和重要途径。然而，现实中的产教融合、校企合作则是"学校热而企业冷"，行业企业在校企合作中更多的是扮演一种"旁观者"角色，其参与办学的积极性不高，不能给新建本科院校提供深层次的高质量的合作、支持和服务。

应该承认，目前新建本科院校在校企合作过程中存在一系列的问题，但是，促进产教融合、校企合作靠新建本科院校的单方面热情是不够的。因为目前国家法律、政策不健全，体制机制存在障碍，导致产教融合、校企合作中的很多深层次问题难以解决和突破，而这些问题只能依靠政府发挥统筹协调能力，积极搭建合作平台才能解决。然而，正如实证调查中揭示的，尽管新建本科院校期待政府在促进产教融合、校企合作中发挥其应有的、关键性的作用，但是，目前，政府在积极发挥宏观调控、统筹协调功能，促进产教融合、校企合作方面的作为不多，无论是推进产教融合、校企合作方面的顶层制度设计，还是实施各种政策引导，或者推进体制机制改革，政府均未能有所作为，取得多少可圈可点的实质性突破，导致行业企业合作热情不高、新建本科院校心有余而力不足，产教融合、校企合作难以深入进行。正如《光明日报》所指出的"强化政策支持和监管保障"，这短短11个字，寄托了中国职业院校太多的希望，在恰当的时间里将这11个字硬化、细化、具化、深化为职业教育看得见摸得着的实际依靠，正是职业院校最深切、最急迫的诉求。总之，促进产教融合、校企合作，提高校企合作的层次和质量，实现产教深度融合，政府该做的还有很多。

(二) 政策执行过程中利益协调整合不够

1. 政府利益不均与政绩观作祟，导致政策落实出现"变形"。政府是公共政策的制定者和推动者，担负着利益整合的公共责任，其自身也在利益整合过程中自觉不自觉地成为重要的利益主体，从而使其在履行公共责任的同时，也形成了自身的独特的政府利益。政府组织结构的多层次性、价值取向的多维性等特点决定政府利益是一个多元的组合体，中央与地方政府（包括地方省级政府和地市级政府）的利益是其中政府利益的重要组成部分。与以国家利益最大化为己任的中央政府相比，市场经济条件下的地方政府虽然没有合法的市场主体地位，但作为中央政府和地方利益的"双重代理人"，地方政府既肩负着维护国家利益和中央政府权威的责任，也在履行地方行政管理职责的过程中扮演着争取中央政府政策支持，实现本地区政治、经济利益最大化的角色。同时，当前地方政府官员的选拔与晋升直接与地方政治、经济、社会发展状况挂钩，这就必然导致不同地方之间为了凸显政绩而展开利益竞争。

三部委国家出台的《意见》基本明确了中央政府和地方政府在转型分流中的权责分工，其中中央政府主要负责政策的顶层设计和宏观调控，而省级政府则是统筹协调、贯彻落实转型分流政策的主体，这就意味着省级政府在拥有制定本地区转型分流方案、确定本地区试点高校名单等权力的同时，必须履行贯彻落实国家转型分流政策核心精神，加大对参与转型分流高校的政策支持和经费支持，推进配套制度改革，促进产教融合、校企合作等的责任。然而，在贯彻、落实国家的转型分流政策过程中，一方面为了维护国家利益，保证国家转型分流政策基本精神的落实，另一方面，为了实现本省政治、经济利益最大化，凸显本地区的政策业绩，各省级政府必然不遗余力地推行转型分流政策，并突破中央确定的"试点引领、示范推动"指导思想，将转型分流的对象"一刀切"地泛化为所有新建本科院校，并采取行政强制的方式推动新建本科院校转型分流。不可否认，这是一种效率极高的贯彻、落实公共政策的方式，它既保证了国家政策基本精神的落实，也因为转型对象众多而提高了争取中央政府政策支持的概率，从而为本地区争取了更多的利益，还在一定程度上因为中央的政策支持而减轻了本地区的财政压力，同时也可能因为转型分流政策贯彻、落实到位而凸显了政府的业绩,这种"一石四鸟"的高效率做法最大化实现了本地区政治、经济利益。也就是说,在贯彻、落实转型分流政策过程中,本地区的政治、经济利益成为各省级地方政府关心的焦点。因而,各省级政府不但在纵向上与中央政府进行利益博弈,通过"一刀切"的行政强制方式推行转型分流政策以争取更多的中央政府政策支持,而且,在横向上,不同地区的省级政府之间在凸显自身的政绩和经济利益方面存在着激烈的竞争。然而,这种追求利益最大化和急于凸显政绩的价值取向带来的是国家转型分流政策核心精神的"变形",并在一定程度上影响中央政府的权威。同时,畸形政绩观主导下的不同地区之间的盲目攀比和不合理竞争,不仅使得新建本科院校的办学自主权进一步丧失,而且因为相互争夺中央政府的有效资源而产生内耗;不仅影响转型分流政策最终目标的实现,而且可能影响整个国家经济社会的持续、稳定、健康发展。

2. 政府政策欠周全与行政强制推进,导致高校"态度暧昧"。从三部委出台的《意见》文本可以看出,政府引导新建本科院校向应用型转型分流的政策设计思路比较强调政策的诱导性,即为引导部分新建本科院校积极申报转型分流试点,在政策设计中设置了一系列特殊政策和优惠条件。这些特殊政策和优惠条件无疑对大部分处于办学困境中的新建本科院校极具诱惑力,如果能够得到完全落实,参与转型分流试点无疑会享受到实实在在、方方面面的政策红利,这也是部分新建本科院校投机性的申报试点的主要动力。然而,国家的转型分流政策本身以及各级政府贯彻、落实转型分流政策至少存在两点缺陷:其一是转型分流政策及配套改革措施未得到完全落实。三部委出台的《意见》中明确提出了给予转型分流试点院校如"扩大试点高校的考试招生、教师聘任聘用、教师职务(职称)评审、财务管理等方面的自主权"等诸多优惠政策以及配套的改革措施,然而,从目前各地贯彻、落实政策的情况来看,这些优惠政策及其配套改革措施基本未能完全落实,有些省份甚至无一落实(如我们调查中发现H省试点方案中列出的8项支持政策至今没有一项有任何实质性的落实迹象)。因为政策未得到落实,导致一些本来对转型分流抱着观望态度暂时未参与试点的院校,或为争取眼前利益而投机性参与试点的院校对转型分流政策产生怀疑，进而打消参与试点的念头，或者消极应对转型分流试点任务。其二是工作推进中的行政强制性削弱了政策的合理性。为了履行政府职能，维护国家根本利益，地方政府必须准确、完整地贯彻、执行国家的转型分流政策。然而，部分政府工作人员一方面为了追求本地区政治、经济利益最大化，急于凸显本部门的工作业绩，另一方面，由于缺乏对国家转型分流政策核心精神的学习、领会，或者由于自身的协调、执行等业务能力不强，或者本部门的执行资源不足，或者外部的监督机制不完善等，在统筹协调、贯彻落实国家的转型分流政策过程中，采取刚性的"一刀切"的方式确定转型分流对象和推进转型分流任务。这样不仅违背了国家倡导的"自主自愿"原则，进一步侵蚀了新建本科院校的自主选择权，而且还可能使新建本科院校产生对国家转型分流政策的抵触情绪，影响政策的权威性和合理性。

二、高等教育管理缺乏系统设计和制度创新

高等教育管理制度的合理、科学与否将直接影响高等教育分流能否顺利推进，因此，实现高等教育分流的目标，必须制定配套的、科学合理的高等教育管理制度，这就要求制定制度的主体必须适应高等教育分流的需要，系统设计管理制度，并努力实现高等教育管理制度的创新。对当前的中国大学而言，系统设计、建设和完善现代大学制度，规范大学与政府、大学与社会、大学内部的关系，使大学在政府的宏观调控下，面向社会依法自主办学，实行民主管理，这对于顺利推进高等教育分流显得尤为重要和必要。然而，高等教育分流政策的制定主体——政府和高校，在高等教育管理制度的系统设计和创新方面均存在不同程度的"越位"、"缺位"或"错位"现象，究其原因，主要有两点：

（一）政府的高等教育管理制度顶层设计不足

1. 中央政府未能充分发挥宏观调控和市场机制作用，以优化高等教育分流的制度环境。首先，政府未能推动健全法律制度，以消除影响分流的隐性壁垒。当前，一些法律制度还不够健全或完善，有些甚至成为影响高等教育发展和高等教育分流顺利推进的体制性障碍和政策性制约

第四章 我国高等教育分流中的公平与质量问题现状

因素。如1996年颁布的,对应用型转型分流影响较大的《职业教育法》从内容上来看过于宏观,也缺乏实施细则,而且对职业教育,尤其对应用型本科教育的法律地位等关键性问题也未能予以明确。为此,职教界和法律界已经多年呼吁完善《职业教育法》,但政府在这方面所做的工作乏善可陈,进展缓慢。再如,近年来中央推动各个领域的"放管服"工作,然而,政府在高等教育领域呼吁多年的扩大高校办学自主权等问题上作为不多,目前依然未能有突破性进展。其次,政府在推动重点领域的综合改革方面进展缓慢。高等教育分流是一项系统性工程,政府本应在认真调研的基础上,全面、系统总结近年来高等教育改革的成功经验和失误教训,将这些有益的成功经验充分运用到高等教育分流的政策体系设计中,并在政策设计中充分吸取以往的失误教训,推动高等教育分流政策体系的不断完善和优化,尤其应着力推动影响高等教育分流的瓶颈等重点、难点领域的综合改革,着力探索可复制、可推广的高等教育分流新经验,以期通过高等教育的合理分流,实现高等教育领域深水区改革的新突破。然而,以应用型高等教育的合理分流为例,目前政府在急需有所突破的重点领域的综合改革进展缓慢。政府对应用型高等教育进行科学的分类管理,应实现应用型高校的科学设置和合理布局;针对不同层次的应用型高等教育与普通教育的互联互通作好顶层设计;推动应用型教育的考试制度改革,尝试开展并及时总结适合中国应用型教育的自主招生制度;推动建立适应应用型高校办学需要的,具有中国特色的,科学、规范的学校内外部治理结构,引导应用型高校实现治理能力现代化;综合运用行政手段、市场手段等多重方式,着力引导应用型高校调整、优化学科专业设置,推动应用型教育更加对接社会需求、更加符合应用型高校的办学定位;联合教育、人事、财政等政府部门,着力推动应用型高校的师资队伍建设改革,引导建立一支专兼结合、素质优良,能够较好适应应用型教育发展需要的"双师型"教师队伍;等等。

2. 地方政府未能建立区域统筹和联动机制,以促进高等教育分流的协同推进。首先,地方政府在合理制定高等教育的区域规划和建立区域统筹机制方面未能充分发挥其作用。实现高等教育的合理分流,地方政府应充分发挥其宏观管理和统筹协调职能,构建或优化基于战略规划的区域性高等教育统筹机制,做好区域性的学科发展规划、布局结构发展规划等影响高等教育分流的基础性工程的编制工作,并紧密结合国家、区域中长期发展规划,充分考虑区域经济社会发展趋势和行业产业人才需求等多方面因素,对推进高等教育分流过程中需要重点破解的重点、难点问题进行全面分析和科学预测,并根据分析和预测结果提出未来一段时期优化区域高等教育的规模、层次结构和空间布局的总体目标及实施路径,以实现未来一段时期区域高等教育在人才培养规模、层次、类型和学科专业结构等方面大致能够与国际、区域人才需求相匹配。然而目前,很多省级区域的高等教育人才培养、层次结构、学科专业结构不能很好地与区域人才需求相匹配,这也从侧面反应地方政府在这方面所做的努力程度和工作成效。其次,地方政府未能很好地落实中央的有关高等教育政策。例如,按照中央的统一部署,地方政府应当在应用型的转型分流工作中切实贯彻落实统筹责任,履行管理、协调职能,按照试点先行、示范引领、试点一批、带动一批的总体要求,率先探索应用型本科办学模式。同时,地方政府应根据实施方案,切实落实和扩大试点高校在考试招生、教师聘任聘用、职称评审、办学经费自主支出等方面的自主决定权,并加快推进试点院校自主设置适应市场需求和产业发展趋势的新专业等配套的改革举措;真正加大对试点院校的政策支持和经费支持,尤其在扩大试点专业自主招生名额、增加"双师双能型"教师事业编制、加大对应用型教师的培养培训支持力度、优先支持试点院校与境内外同类院校合作办学,以及真正落实并不断加大对试点院校或试点专业的倾斜性经费支持等方面,应落实有关责任,加大支持力度。然而,根据我们的实证调查,很多地方政府在推进这项工作中却未能很好地贯彻落实国家的相关配套政策,对试点高校的政策支持和经费支持均不足。最后,政府未能推动建立区域联动与协同机制。高等教育的合理分流离不开社会、行业/企业对高校的支持和配合,这就要求地方政府充分发挥统筹协调职能,加强区域内新建本科院校与社会公众、产业界、科技资源的统筹以及相关部门之间的沟通、协调,推动区域内高校与社会公众、产业界、科技界等建立合作关系或战略联盟关系,从而构建区域联动与协同创新、合作育人机制。然而,目前地方政府在为高校牵线搭桥,综合运用行政手段、经济手段或法律手段等多种途径,促使高校更好地与当地创新要素资源紧密对接,与区域内的经济技术开发区、创新产业聚集区紧密对接,与区域内的中小型企业人才培养和知识应用、技术创新需求对接方面做得很不够。根据我们的实证调查,新建本科院校、行业/企业等对政府在协调推动校企合作方面所做的工作认可度不高,这也间接证明了政府在协同推进高等教育合理分流方面未能充分发挥其应有的作用。

(二) 高校内部管理存在制度惰性,创新不足

高等教育的合理分流需要高校在管理方面实现制度创新,而高校管理制度的创新必然要求打破管理常规,制定并实施新的更加符合高等教育分流实际的管理制度。因此,从这一意义上来说,高等教育分流客观上推动了高校管理体制的制度变迁。高校的内部管理制度并非一成不变,它有一个自我完善、新陈代谢的发展过程,在管理过程中,不符合高等教育管理规律、不适应高校管理实际的旧的制度必然在管理实践中被新的制度所取代。同时,制度又具有相对稳定性,现有的管理制度会在一定时期内长期发挥作用,即使新的制度出台,人们也因为长期适应了旧制度而对新制度产生心理抵触,哪怕这种新的制度更加符合管理实际,更加能够发挥管理效益。因此,人们对旧的制度总有一种心理依赖,而对新的制度必然也有一个适应期。也就是说,制度变迁不会与社会效益的优化同步进行,制度变迁中存在制度惰性。所谓制度惰性是指初始的制度所带来的社会收益达到一定临界点时,尽管被人们意识到其缺陷,但人们还会选择沿用初始制度,制度变迁不会立即发生,具有滞后性,表现出很强的延续性和顽固性[①]。

制度惯性是普遍存在的管理实际,高等教育分流也无不如此。以新建本科院校转型分流为例:在新建本科院校转型分流中,制度惰性体现为尽管高校内部的管理者和专业教师都知道学校面临的发展困境,都明白改革势在必行,但由于惰性思想作怪,管理者和专业教师往往倾向于

---

① 郭佩文. 当代中国政治体制改革中的制度惰性的原因探究 [J]. 山东农业大学学报 (社会科学版), 2012 (3): 85-89.

沿用原有的办学模式或教育教学模式，而采取各种手段抵制新的改革，从而导致向应用型转型分流任务很难落实。人们在转型分流过程中会产生制度惰性的原因主要是：首先，获取转型分流政策信息的不对称导致难以调动人们改革的积极性。向应用型转型分流是一项系统工程，涉及高校内外部的方方面面，这就需要人们对政策有较为明晰的认识，这就需要获取与政策相关的详细信息。只有当人们对政策有充分的认识并认为对自己有利，且具备可行性的时候，人们才会真正接受这一政策方案。然而，由于转型分流政策出台相对仓促，高校内外部对转型分流政策宣传、解释不到位，信息的不对称使得人们对政策认识迟缓，导致制度惰性。其次，对转型分流前的教育思想观念和教育教学模式的路径依赖导致制度惰性。对于新建本科院校的管理者而言，向综合性大学模仿和赶超的惯性思维导致他们形成了趋同综合性大学办学模式的路径依赖；专业教师则形成了要么沿袭专科办学时期形成的教育思想观念和教育教学模式，要么模仿综合性大学的教育思想观念和教育教学模式的路径依赖。这种路径依赖一旦形成，制度就倾向于保守，人们就会抵制变迁，反对制度带来的新变化。也就是说，不论是管理者，还是专业教师，都倾向于沿用旧的教育思想观念和教育教学模式，而抵制应用型的教育思想观念和教育教学模式。最后，转型分流中的既得利益群体的利益冲突导致制度惰性。对新建本科院校而言，向应用型转型分流需要对学校系统内部的构成要素以及要素间的关系进行分化和调整，这必然会涉及利益的博弈，影响到一部分管理者和专业教师的利益，转型分流中的利益受损者必然会通过各种方式、采取各种手段抵制转型分流政策的推进，从而导致制度惰性。

尽管制度惰性在制度变迁过程中不可避免，但它会给制度变迁带来一系列不利影响。就新建本科院校转型分流中的制度惰性而言，新建本科院校内部的管理者和专业教师因为制度惰性而对转型分流政策产生误解、缺乏动力、丧失信心，甚至通过各种方式、采取多种手段抵制、阻碍，或者迟滞、延缓转型分流任务的推进和目标的达成。同样，正是因为高等教育领域中的制度惰性的存在，导致部分高校内部的利益相关者——管理者、教师和学生的改革动力不足，进而影响当前的高等教育管理制度创新，进而影响高等教育分流工作的顺利推进。

三、高等教育结构缺乏相互协调的制度设计和科学管理

高等教育分流功能的发挥与高等教育结构是否合理密切相关，而合理的高等教育结构又必须有相互协调、相互配套的制度设计来保障。然而，目前我国的高等教育结构还未能建立起比较成熟的、相互协调的高等教育体系和制度框架以及科学合理的高等教育结构管理体制，导致当前的高等教育及其分流出现诸多结构性矛盾。

（一）高等教育结构调整缺乏顶层设计和科学谋划

高等教育以及高等教育分流的结构设计具有复杂性，它是一个多层次、多流向、多形式的立体交织、相互渗透的网格体系，是一项复杂的系统工程。同时，高等教育以及高等教育分流的结构在功能上体现出整体性，无论是宏观的高等教育布局结构、层次结构、科类结构，还是微观的专业结构、队伍结构、知识结构，它们均有其各自的功能。然而，高等教育以及高等教育分流的整体功能并非各种结构功能的简单叠加，而是各种结构的合理组合。因此，只有对整体的高等教育结构进行科学的顶层设计和科学谋划，实现各种结构的优化组合，才能获得高等教育以及高等教育分流的最佳功能。然而，由于很多高等教育规划及其配套制度的颁布主体是教育部、国家发改委、财政部等不同部委，甚至是教育部所属的发展规划司、高等教育司、职业教育与成人教育司等不同的内设机构，由于不同部委、不同部门关注的角度不同，同时又缺乏联系沟通的机制，导致制定的高等教育规划及其配套制度存在相互冲突的现象，制度效力的内耗较为严重[①]。同时，高等教育的宏观管理方面，由于中央政府的简政放权还不到位，中央政府与地方政府的关系还有待进一步理顺，中央与地方教育结构调整的协调机制以及以省级政府为主体的教育结构调整机制还未建立起来，因此，地方政府缺乏结构调整的权限和动力，导致其作为区域高等教育结构调整的主体的地位和作用未能充分体现和发挥，高等教育结构布局的区域统筹规划科学性、合理性欠

---

① 李东航．高等教育分流制度研究［D］．武汉：华中师范大学，2015：70．

佳。此外，政府也未能充分发挥行业/企业在人才需求预警机制和动态调整机制中的独特作用，导致目前的高等教育人才需求预测的科学性欠佳，引导性和协调性作用未能充分发挥。这种的现状导致目前我国的高等教育在教育结构的战略研究和科学谋划方面"政出多门"，教育规划难以真正贯彻执行，教育政策的监督和适时调整也很难真正落实，进而导致不同地区高等教育的错位发展、协调发展和共同发展难以实现。

（二）高等教育还未建立起科学合理的分类管理体制

首先，高等教育的分类理论研究不足。高等教育分类理论是一项高等教育的基础理论研究领域，也是技术性、应用性很强的现实问题，同时也是高等教育结构管理科学化的基础。当前，高等教育的分类管理、分类评价、分类管理等现实管理难题急需高等教育分类理论提供有效的理论支撑。然而，目前学术界对高等教育的类型划分以及分类管理、分类指导的理论研究缺乏，尤其对三个关键性问题缺乏研究：1. 对高等职业教育和普通高等教育各自的边界限定不清，对应用型本科教育的本质内涵和属性归类界定不明，未能从根本上解决社会对新建本科院校向应用型转型分流后究竟姓"高"还是姓"职"，或者属于第三姓的持续争论。2. 对于高等职业教育与普通高等教育的沟通衔接制度等相关理论问题，学术界也缺乏系统性研究，导致当前的职普沟通和衔接在实践操作层面缺乏科学的理论支撑。3. 对于硕士及以上层次的专业学位适用范围及其具体种类缺乏系统研究，这导致目前的高端应用型人才培养不足，难以满足经济社会发展对高层次应用型人才的需求。

其次，当前理论界对于中国高校的分类设置、评价、指导和拨款等分类管理体系的相关理论和实践问题缺乏深层次的系统性研究，导致目前的高校分类基本以学校的办学层次为标准进行分类。如"985工程"、"211工程"以及当前的"双一流"高校遴选等均未能按照学校类型进行合理的分类，而只是简单地按照办学层次进行类型划分，这种简单的分类方法及其配套的资源分配制度可能对高校的横向联系与合作以及政府的资源配置与管理带来某种程度上的便捷性，但是也会导致高等教育学科结构缺乏互补性，高校的专业设置基本雷同。因此，急需制定科学、合理的分类标准以及相应的资源配置管理制度。

最后，高校的分类评价科学性不强。评价体系对高校办学起着强有力的导向作用。当前，高校的评价系统过多地偏向考核高校的科研能力，指标设计上更多地鼓励学术型，这与应用型高校注重人才培养的实用性和学术研究的应用性以及为区域经济社会发展服务的基本办学宗旨相违背，从而导致应用型高校在分类评价中处于不利境地，进而变相导致这类高校办学实际定位竞相模仿或趋同于研究型大学，高校的分类发展、特色发展、协调发展很难实现。

（三）高等教育的结构调整未能充分发挥市场机制作用

行业企业、劳动力市场等市场力量是高等教育专业设置调控中不可忽视的主体，市场力量在专业设置调控中具有较多功能优势：首先，具有劳动力的市场供求平衡功能。即不同专业的毕业生在劳动力市场中的就业情况会直接刺激或抑制高校的专业设置，高校会根据不同专业毕业生的就业率相应调整招生专业数量和招生人数，进而实现人才供求的宏观平衡。其次，具有资源优化配置功能。市场机制能够根据劳动力市场供求的变化以及随之影响的专业就业率波动，直接影响稀缺的高等教育资源配置方向和数量，从而引导高等教育资源实现短期的优化配置。再次，具有专业市场分流功能。即高校能够根据社会需求的差异合理进行专业分类定位，以特色化的专业满足差异化的市场需求，从而实现高等教育专业设置的整体分流与分化。最后，具有市场信号传递功能。各专业毕业生就业率的市场信号能够及时传递到市场，使高校主动加强各专业与市场需求的内在联系，提高专业人才培养质量、增强培养特色，也能使政府根据市场信号直接或间接调控高校的专业设置，还能使学生及家长根据市场信号对就读专业做出理性选择。正是通过发挥上述功能，市场力量能够在高等教育专业设置管理中构筑起纵横交错的调控网，从而在高等教育专业设置调控中起到难以替代的作用[①]。

正因为市场力量在高等教育专业设置调控中的独特作用，高等教育的结构调整就必须重视并充分发挥市场的积极作用，并建立基于市场机

---

① 聂永成. 高职教育专业设置预警机制的构建[J]. 职业技术教育，2017（28）：45.

制的灵活、可持续的高等教育结构调整机制,以适应劳动力市场对各级、各类人才的需求,并使高等教育能够根据劳动力市场的变化及时进行专业设置的调整。然而,目前的高等教育结构调整管理则未能充分发挥市场的独特作用,尤其在鼓励高校新建国家产业转型升级所急需的战略性新兴产业、先进制造业、现代服务业、"一带一路"倡议相关专业这方面,以及优先发展支柱产业等主导产业相关专业,加快传统专业改造,推动产业适应性差、市场需求度低、布点重复率高、就业率低的专业调整专业设置、专业方向等方面①,市场机制的多方面作用未能充分发挥。

(四) 国家战略区域结构调整体系建设不到位

高等教育对区域经济社会发展具有明显的带动作用,实现区域经济社会的协调发展以及产业的转型升级,首先必须实现高等教育的协调发展和均衡推进,而高等教育的协调发展和均衡推进,则要求高等教育结构调整遵循共享理念,均衡协调布局,以实现高等教育的全面发展、错位发展。然而,目前我国的高等教育未能建立起国家战略区域结构调整体系,尤其是未能建立以城市群为主体的区域高等教育结构体系,形成国家教育中心城市、省级教育中心城市和地市教育中心城市网络体系,便无法充分发挥区域高等教育中心的战略引领作用,这一不足导致高等教育的区域布局不均衡,尤其是"985工程"、"211工程"等高层次院校在东、中、西部的分布严重不均衡,优质高等教育资源过度集中在省会城市或大中型城市,而向西部欠发达地区和中小城市的辐射效应远远不足。同时,由于非重点大学或新建本科院校大多地处中西部地区和东部地区的非省会城市或非中心城市,地理位置的劣势以及高等教育资源配置的不合理导致其在办学经费、高端人才引进、合作企业等方面均处于不利境地,进而影响其进一步发展以及对区域经济社会发展的支持和带动作用的发挥。

四、人才培养理念落后且缺乏系统化建构

高等教育实现合理分流,最重要的内容之一就是实现不同类型、不

---

① 高书国. 新一轮高等教育结构调整特征与对策分析[J]. 高校教育管理,2017(5):20.

同层次高校人才培养的多样化、特色化，以保证不同类型、不同层次高校在各自领域均能培养出高质量的高素质人才，这就要求高等教育首先要树立科学的人才培养理念——这是因为，人才培养理念对高等教育的人才培养实践起着先在、先决和先导的作用。分析我国高校人才培养模式中存在的诸多问题，其深层次的原因是高校的人才培养理念难以适应大众化高等教育的新要求，具体来说：

（一）人才培养理念保守且功能弱化

首先，人才培养理念不能与时俱进。新世纪以来的我国高等教育正处于经济社会大变革和整体转型的关键时期，知识爆炸且迅速扩散、资源全球化、交往网络化是这一时期的主要特征，生产技术的发展以知识创新为基础，社会需求的是大批能够协同合作，能够解决工作、生产、生活中的现实问题的高素质劳动者，这一社会背景客观上要求高等教育必须坚持并践行适应大众化时代要求的高等教育人才培养新理念，采用能够培养出具有创新精神、创新技能和创新个性人才的人才培养模式。然而，当前我国的高等教育人才培养一直受到传统的应试教育的束缚，尤其是人才培养理念保守落后。在人才培养目的上，我国的高等教育还未能实现由培养"守成性"的人向培养"创新性"的人转变——目前主流的高等教育人才培养实践依然是维持与适应，培养的是具有服从能力、机械重复能力和适应封闭静止环境的能力的人，而未能培养具有独立思考与开拓实践的意识，能通过创造性活动应对挑战、战胜危机的能力的时代新人；在人才培养功能上，我国的高等教育未能实现由强调个体社会化向个体社会化与个体个性化协调发展的方向转变——目前的高等教育依然把完成个体社会化作为个体自身各种社会功能赖以实现的基础。然而，大众化时代的高等教育实践以及经济社会发展的实践证明，高等教育的各项功能要实现创新性发展，就不能仅仅依赖于个体的社会化程度，还必须重视个体的个性化，个体越是具有主体性和创造性，社会的发展程度才越高，人才培养质量也才能得到确实保证；在人才培养模式上，我国的高等教育还未实现由"接受性教育"向"主体性教育"转变——当前高校中流行的还是传统的应试教育模式①。这一模式最典型的表现是忽视学生的主体性，且人才培养实践重智育、轻德育，重知识传授、轻个性培养和自主发展，重学历、轻能力，重复制、轻创造等人才培养观念，其结果正如杨叔子院士所言，"过弱的文化陶冶，使学生人文素质不高；过窄的专业教育，使学生的学术视野不宽；过重的功利主义导向，使学生的全面素质培养与基础训练不够；过强的共性制约，使学生的个性发展不够"，导致当前的高等教育人才培养模式仍然以知识传输和教师讲授为主，学生缺乏探究知识的主动性和创造性，还不能完全适应人的全面发展及个性成长的需要，不能完全适应当前新形势对创新型人才培养的需要。

其次，人才培养理念的引导和调控功能弱化。人才培养理念的引导功能主要是指人才培养理念是人才培养的风向标和指挥棒，先进的人才培养理念能够对高校教师、管理者和学生的高等教育观念起着重要的目标引导功能。然而据调查，现实中，无论是从高校层面来看，还是从高校的管理人员、教师和学术层面来看，人才培养理念的目标引导功能均因为人才培养理念建构滞后而被弱化。从大学层面看，人才培养理念建构滞后。虽然各高校均一直强调培养学生的个性，并推行创新型或个性化的人才培养模式，但学校制定的相关政策文件和培养方案表明，较多高校对个性化人才培养的理念认识十分薄弱，进而导致人才培养理念无法充分发挥对人才培养和模式建构的目标引导功能；从管理人员和教师层面看，这些利益主体也对人才培养理念认知不清，进而导致教师和管理人员很难更新自己的人才观、教学观、学生观和质量观，在教学实践和管理实践中自然也难以践行新的人才培养理念；从学生层面看，他们对人才培养理念则基本没有形成正确、完整的认知，这种状况也会导致人才培养理念难以发挥对学生正面的引导和激励功能，使他们在学习中难以获得自我发展的充足动力和明确的学习目标②。人才培养理念的调控功能是指人才培养理念对人才培养过程和人才培养模式均发挥着重要

---

① 龚怡祖，殷祥文. 试论高校创新人才培养理念的建构［J］. 南京农业大学学报（社会科学版），2003：72.

② 王晓辉. 一流大学个性化人才培养模式研究［D］. 武汉：华中师范大学，2014：149.

的调控功能。由于人才培养理念的缺失或模糊，一些高校对创新型或个性化人才培养的实质内容并不十分明确，导致培养主体的人才培养实践与培养理念偏离或脱节，或者因为培养主体的重视程度不足而导致人才培养理念出现弱化甚至空谈的现象。

（二）人才培养理念缺乏系统化建构

在高等教育的语境和现实中，高等教育人才培养必须解决好教育理念的确立、人才培养目标的设定、人才培养对象的甄选、人才培养主体的开发、人才培养途径的选择、人才培养过程的优化、人才培养制度的保障等几个主要问题，而解决问题的关键和首要工作是确立适切的人才培养理念，因为人才培养理念对其他几个主要问题起到统领和导向、调控作用。确立适切的人才培养理念，必须对人才培养理念进行系统化建构。然而，当前我国的高等教育人才培养理念系统性不强，还未实现人才培养理念的体系性建构，主要体现在：第一，人才培养理念缺乏时代性。即在人才培养理念上依然未能摆脱传统文化中"学而优则仕"、"万般皆下品，唯有读书高"等思想的影响，未能坚持与时俱进，紧密融入高等教育大众化、全球化、国际化、信息化等全新教育理念，并将这些影响当今世界的高等教育新理念融入人才培养理念和人才培养实践中。第二，人才培养理念缺乏人本性。即制定的人才培养目标设计不符合创新型人才的基本内涵和需求特征，而是坚持传统的人才观，单纯重视学生的认知性发展，注重培养某一狭窄专业领域的专精型人才，而不注重学生的整体型人格转变，不重视将学生培养成既掌握直接而基本的理论知识，又有较强的核心素养和关键能力，还有较强社会竞争力和可持续发展能力的人，以及更有远大眼光、通融识见、博雅精神和优美情感的全面发展的人。第三，人才培养理念缺乏针对性。即在人才培养面向设计上，很多高校往往脱离实际，未能结合高校自身实际，紧密围绕区域发展规划，坚持服务行业产业一线，坚持服务区域经济社会发展，并把社会要求、产业需求和职业素养等内容融入人才培养理念中。第四，人才培养理念内在联系性不强。即在人才培养内容设计上未能坚持知识、能力、素质全面发展，做到理论教育强调获取知识、实践教育突出培养创造能力、素质教育注重强化职业素养，从而导致理论知识、实践能力和职业素养相脱离。第五，人才培养理念缺乏全域性。即在人才培养的空间设计上未能突破固有的课堂界限，单纯重视第一课堂而轻视第二课堂和校外实践活动，未能做到通过第一课堂、第二课堂和社会实践等的有机结合，提高学生的理论知识、实践能力、创新精神和职业素养。第六，人才培养理念缺乏多样性。即在人才培养方式的设计上，未能真正尊重并充分利用学生的主体地位和教师的主导作用，改革适应创新型人才要求的教学方法和考核方式，为学生提供更多的自主学习时间、学习平台和适合自身发展的多元化选择。

五、外部环境与内部发展观的不合理导致高校办学定位趋同

中国高校的办学定位趋同及其影响前文已经论述，那么，究竟是什么原因导致绝大多数高校选择与研究型大学趋同的办学定位呢？以应用型转型分流下的新建本科院校为例，导致中国高校办学定位趋同于研究型大学的主要原因其实与外部的社会环境和高校自身的惯性思维发展观密切相关。

（一）外部环境影响下的定位趋同

新制度主义认为，任何组织只有适应环境才能生存和发展。同样，市场化环境下的新建本科院校是一个处于一定历史影响和社会环境中的制度化学术组织，是在与周围环境的不断相互作用下，不断调整与适应周围环境的产物，这里的环境主要分为两类：一类是技术环境，即要求新建本科院校按照效率最大化的原则来选择和确定组织结构与行为。新建本科院校只有更好地适应技术环境，才能更有效地获取、配置和利用资源，提高学校的办学效率和经济效益，否则就会在激烈的教育市场竞争中处于不利境地；另一类是制度环境，即要求新建本科院校遵循外界的法律规章制度、社会规范和传统文化观念等为人们广为接受的"社会事实"或称之为"合法性机制"[1]。新建本科院校只有适应制度环境，遵从"合法性机制"，才能被社会认可和接受，否则就会引发不利于己的社会舆论，从而导致"合法性危机"，影响组织的生存与发展。因此，

---

[1] 周雪光. 组织社会学十讲[M]. 北京：社会科学文献出版社，2003：70-77.

新建本科院校在选择和确定定位时，不仅需要考虑学校的办学效益、办学资源条件、市场关系等技术环境，还需要考虑学校面临的法律制度、教育政策、社会评价、文化传统观念等制度环境。

对于影响新建本科院校定位选择的技术环境来说，最主要的是当前的高校分类评价制度以及教育资源配置制度的影响。"985工程"、"211工程"以及"一本"、"二本"、"三本"高考梯次招生录取制度等实质上是中央政府主导下进行的"官方分层/分类定位工程"（以下简称"工程"），即高校分层/分类评价制度，而教育资源配置制度又直接与高校分层/分类评价制度挂钩。以科研实力为主要评价取向的高校分层/分类评价制度导致列入"工程"名单的往往是办学历史悠久、科研导向的"一本"学术型大学，这些大学能够享受中央政府经费、政策等支持的"工程"所附带的巨大资源配置制度红利——充裕的配套建设经费，其他各种配套政策倾斜等，这些学术型大学也因此获得了较为有利的优势教育资源和相应的社会声誉[①]，其他未能进入"工程"名单的地方院校则不能享受此种制度红利。与此同时，地方院校普遍存在基础差、底子薄，吸纳社会资金的能力不足，办学资源获取渠道单一等现实问题，因此，只能在资源相对贫乏的地方政府中争取教育资源。而当前地方政府实行的是"综合核定＋专项补助"的拨款模式，这一模式基本沿袭"工程"思路，其资源配置有利于科研导向的"一本"学术型大学或综合性大学而不利于新建本科院校等"二本"、"三本"院校。在这一政策导向的直接影响下，其他未能进入"工程"名单的高校（大部分为新建本科院校）必然通过各种方式，努力向享受"工程"红利的学术型大学模仿和学习，以便能够搭上"工程"附带的制度红利的便车，享受与进入"工程"名单的学术型大学一样的待遇。换句话说，政府主导的高校分层/分类评价制度和教育资源配置制度对新建本科院校产生激励作用，新建本科院校选择与学术型大学趋同的定位也就顺理成章了。

对于影响新建本科院校定位选择的制度环境来说，最主要的是当前

---

① 卢晓中. 对高校分层定位问题的若干思考 [J]. 高等教育研究，2006（2）：52-56.

政府推出的各项转型政策和社会主导文化观念的影响。首先是应用型转型政策的影响。自2014年以来，国务院、教育部以及各级地方政府针对新建本科院校转型陆续推出了各项引导性的政策，尽管这些政策表面上是引导性的，实际上具有一定的强制性，新建本科院校只有遵从"合法性机制"，按照政府规定的转型政策，确立"应用型高校"的总体定位，并按照这一定位来设计组织结构、规范组织行为才会被政府和社会所认可，也才能享受政府推出的一系列转型政策的红利；否则，就会引发"合法性危机"，影响学校的生存与发展。其次是社会主导的传统文化观念的影响。新制度主义认为，观念性制度之所以稳定并成为人们的一种共享思维方式，是因为观念性制度能够将社会范畴的分类自然化[1]，也就是说，观念性制度能够将一些事物进行分层/分类，并在对比中使类别化的事物成为人们毋庸置疑的都能接受的东西。对于新建本科院校来说，其应用型高校的属性归类已经成为政府、市场和社会的共识，因此，新建本科院校从"学术型高校"的定位向"应用型高校"的定位转向，已事实上成为社会的共享观念。在这一共享观念的影响下，新建本科院校只有选择"应用型高校"的总体定位，才符合"合法性机制"，才能得到社会的认可和接受。因此，在转型政策和社会主导文化观念的共同影响下，新建本科院校不约而同地选择"应用型高校"的总体定位就不难理解了。

  由上可以看出，技术环境要求新建本科院校选择与学术型大学趋同的定位，而制度环境要求新建本科院校选择"应用型高校"的总体定位，两种不同环境的要求使得新建本科院校在定位选择上出现矛盾与冲突。如何解决这一矛盾呢？按照新制度主义的观点，技术环境与制度环境对新建本科院校的要求往往是不一致的，技术环境要求学校运行更有效率，制度环境则要求学校耗费资源去满足合法性，因此二者常常相互矛盾和冲突。为了满足这些相互冲突的环境要求，组织常常采用不同的组织结构或组织行为来应对，其中一个选择就是将内部运作与外部结构相分离，也就是说，组织可能为了遵从合法性机制而不得不采用了某些

---

[1] 周雪光. 组织社会学十讲[M]. 北京：社会科学文献出版社，2003：82-85.

迎合制度环境的规章制度，并使其形式上成为正式制度，但是在实际运行中并不实施这些制度，而实际运行的是符合技术环境要求的某些规章制度（称之为非正式制度）。这样，正式制度是适应制度环境的产物，其实是不起任何实质性作用的仅供外部人看的摆设，而非正式制度则成为规范组织运行的实际制度[①]。也就是说，适应制度环境的"应用型高校"定位尽管被写进学校规章制度甚至章程中，但它并不发挥实际作用，仅仅作为应付政府等外部人士检查的象征性定位，而适应技术环境的"应用型高校"定位是在学校实际运行中真正起作用的事实性定位。换言之，新建本科院校采用事实性定位与象征性定位相分离的做法消解了合法性压力与效率之间的矛盾，其中"应用型高校"的象征性定位是做给社会公众看的表面的定位，是适应制度环境的产物，而与学术型大学趋同的事实性定位是新建本科院校的非正式定位。

（二）院校惯性思维发展观影响下的定位趋同

新建本科院校大多由地方性的师范专科学校或教育学院、行业性高等专科学校，或民办专科院校、专科独立学院等单独或合并升格而成，本科办学的历史较短，因而一时很难摆脱专科办学的惯性思维。这一办学背景导致新建本科院校在激烈的教育市场竞争中不得不依靠惯性思维指导下的模仿型和赶超型发展观来确定办学定位，从而形成了与学术型大学定位趋同的现象。

1. 模仿型的发展观。当前，中国经济社会正处于整体转型的关键时期，高等教育大众化正向纵深发展，这一社会背景既为新建本科院校的转型赢得难得的发展机遇，也使得它们面临诸多严峻的挑战和多变的环境。高等教育背景的这种深刻变化决定新建本科院校只有解放思想，果断转型，大胆创新，全面、深刻分析与掌控所面临的形势和环境，把握难得的发展机遇，直面学校内外部的挑战，才能在竞争激烈的教育市场之林中站稳脚跟。然而，由于一些新建本科院校自身办学基础薄弱，思想僵化保守，从学校领导到普通教职员工都很难摆脱旧有的办学思维，他们对学校自身在教育市场化和高等教育大众化条件下的未来发展趋势

---

① 周雪光. 组织社会学十讲［M］. 北京：社会科学文献出版社，2003：70-77.

难以全面、准确地把握和应对,因而虽有强烈的转型意愿,且历经艰难的探索,但因为自身能力与条件受限,这种探索更多的是一种"自发自为的探索阶段",一时很难找到破解学校发展难题的突破口。此时,找到一种可以模仿而又稳妥可靠、简便易行的办学定位以指导办学实践,无疑是万般无奈下的万全之策。在这些新建本科院校看来,那些办学历史悠久的学术型大学拥有较高的社会认可度,模仿这些大学的定位,并以此来指导学校的办学实践,不失为一种提高办学成功概率、最大限度地避免办学失误的保守之举。可见,外界环境的不确定性诱导了新建本科院校选择与学术型大学定位趋同的行为,新建本科院校选择与学术型大学趋同的定位是一种理性计算下的行为选择。

2. 赶超型的发展观。随着教育市场化的逐步推进和高等教育大众化的深入发展,非中央直属高校,尤其是经由各种途径升格而成的新建本科院校不再由政府全额拨款,这一背景倒逼其办学资源必须在市场条件下实现来源多样化,而由于自身造血功能不足,向社会筹集资源的能力有限,刚刚挤进本科院校队伍系列的新建本科院校不得不与其他传统的学术型大学同台竞争,争夺地方政府提供的有限的教育资源,这样,赶超学术型大学以赢得同等的竞争机会,就成为新建本科院校的当然选择。然而,学术型大学大多有深厚的办学积淀,因此,短时间内实现赶超的目标显然不太现实。于是,选择与学术型大学趋同的定位,并在定位的指导下,通过规模扩张等外延目标的跨越式发展以实现内涵的快速提升的办学成为一种理性选择。在这一理念的指引下,新建本科院校扩建或新建校区,年年递增招生数量,新设置社会上所谓的"热门"专业或办学成本投入低而产出效益较高的专业。然而,赶超性发展趋势下的新建本科院校往往会忽略自身的要素禀赋结构——办学物质条件、师资结构、科研积淀、办学特色等[①],这样,盲目赶超外延目标的做法,出现办学定位乃至办学模式趋同,办学规模无序扩张,专业设置低水平重复,人才培养模式雷同的现象就不可避免了。

---

① 林云,张河森. 地方高校趋同现象及化解路径 [J]. 湖南师范大学教育科学学报,2015(4):115-118.

综上，不合理的高校分层/分类评价制度、高等教育资源分配制度等技术环境和各项转型政策、社会传统观念等制度环境，以及新建本科院校自身的模仿型和赶超型惯性发展观共同影响并导致新建本科院校选择与学术型大学趋同的定位。事实上，占据中国高校绝大多数的非学术型大学的办学定位现状与新建本科院校并无二样。由此可见，不合理的外部办学环境和高校自身的不合理的办学理念共同导致大多数中国高校的办学定位趋同于学术型大学，这种趋同现象对于高等教育分流以及整个高等教育系统，乃至整个经济社会的协调、持续、健康、稳定发展无疑是相当不利的。

六、高等教育资源配置制度建设不完善

高等教育资源配置方式是否合理将直接影响高等教育分流能否实现预期目标。总结我国高等教育资源配置管理存在的问题，其根本原因在于高等教育资源配置的制度建设缺失，主要体现在以下几个方面。

（一）高等教育资源的产权制度不明晰

实现高等教育资源的优化配置的前提是高等教育资源的产权必须明晰。高等教育资源的产权制度是制度化的高等教育资源产权关系或对高等教育资源产权关系的制度化，是划分、确定、界定、行使和保护高等教育资源产权的一系列规则。产权清晰的高等教育资源具有实现资源的优化配置、减少产权的不确定性等功能。然而目前，我国高等教育的资源管理则产权不够清晰，主要表现在：首先，产权主体责任界定不清。虽然《高等教育法》对高校的法人地位做了规定，但实际上高校内的资产依旧没有明确的产权关系，缺少人格化代表。大学的所有权、举办权和管理权集中于国家，使得没有独立产权的高校缺乏对自己行为负责的财产保证。如公立高校，虽然产权主体是清晰的，但产权主体责任模糊，这与出资人所有权和法人财产权相分离的现代产权制度的要求是相悖的，而民办高校因为投资者与各产权利益相关者关系界定不清，使投资者、管理者与教职工各方在财产方面的责权利关系难以理顺。正因为产权关系不明晰，高校资源秉承了国有资产非价值化、商品化的特性，使大量的高校资源要素难以流动或合理组合，影响了高校资源的有效利

用和价值的实现。由于高校资源的产权不明晰，从而造成权责不清，使得资源的使用没有体现"利益最大化"原则。其次，产权制度缺乏有效约束。中国的公立高校，政府既是其财产的唯一出资者，也是其财产的最终所有者。不同高校同属一个主体，客观上降低了相互竞争的可能性，高校自身不存在经营风险，也就是说，在产权范围内，公立高校享有相应的权利却没有承担与之相对应的经营风险义务，使得产权缺少约束功能。在这种制度安排下，政府和高校双方均只能对高等教育资源配置的低效率采取容忍的态度而无法采取有效措施进行约束。最后，各种产权主体的权力边界不清晰。理论上，因为不同性质的高校的产权各项权能分离和重组导致各高校产权权能结构的不同，各高校产权主体所享有的权利自然有所区别，因此，不同性质高校的产权安排应该是形态各异的，但现实情况则由于高校产权权能结构界定不清，因此无法明晰高校产权主体和其他相关权利人各自所应该享有的权责，更不能划清各自的权力边界，从而无法切实保护各方的利益[①]。

（二）高等教育资源配置中的权力分配不合理

影响高等教育资源配置的权力主要有四个：政府权力、市场权力、学术权力和行政权力。其中政府权力和市场权力是高等教育资源配置的外部权力，学术权力和行政权力是高等教育资源配置的内部权力。这四种权力，因为不同的制度安排，在高等教育资源配置中发挥不同的效力。合理的制度安排，就是要使这四种权力处于均衡状态，互相制约、互相促进。然而，目前的高等教育资源权力配置是典型的行政主导型。首先，政府权力地位特殊，一方面，行政机构主导高等教育事业的发展，因此政府权力在资源配置中占据绝对主导地位，另一方面，政府在分配高等教育资源时更多地考虑效率因素，因此很难做到公平、公正分配，有时甚至存在角色缺位现象。其次，政府在进行高等教育资源分配时的程序设计不当，社会力量和中介机构等参与不足，人民代表大会等权力监督机构对高等教育预算的审核权和监督权基本难以落实，因此，市场权力在高等教育资源配置中基本没有发言权。再次，在高等教育资

---

① 吴云勇. 中国高校产区青年制度创新路径研究［J］. 教育研究，2015（8）：51.

源配置游戏中，高校内部的行政权力变成了政府权力配置资源的延伸，学术权力也只是在政府权力"规定"的范围内开展学术研究，对资源配置无能为力，学生等民主权力事实上也在资源配置中缺乏话语权。因此，真实的高等教育资源配置游戏中，一方面权力界限不清，政府权力和市场权力交织在一起，学术权力和行政权力交织在一起，造成了分工不明、责任不清。本该政府配置的资源由市场配置，市场想配置的资源却配置不了；学术权力决定不了需要配置的资源，行政权力配置资源时不受学术权力的影响。另一方面，行政权力泛化，高等院校资源配置多由行政权力来决定，学术权力成了资源配置的"咨询机构"，导致资源配置缺乏合理性、科学性、高效性，"一言堂"、权威人士的"考虑"在高等院校资源配置中屡见不鲜也就不难理解了。

（三）高等教育资源配置评价制度不合理

高等教育资源配置评价制度能够深入了解高等教育资源的使用状况，优化资源配置，促使政府和高校合理地使用资源，避免资源浪费，把有限的高等教育资源投入必需的高等教育各项事业中，以获得最佳的资源使用效益。合理的资源配置评价制度能够在三个关键方面发挥其引导和调控功能：第一，能够科学优化高等教育人才资源配置，逐步实现人才配置的基本合理和相对公平，充分挖掘人才资源的最大效益，使各类人才都能找到合适的岗位和环境。第二，能够逐步实现区域内高等教育资源的共享，使高等教育资源真正为区域经济社会发展和高等教育自身的健康发展服务，从而实现资源利用的最大化、最优化、科学化和效益化。第三，可以有序开发潜在的无形资源，尤其是打造良好的高等教育信誉，积累科学的管理经验，能够营造良好的高等教育竞争氛围。然而，目前的高等教育资源配置评价机制并不合理，主要表现在：首先，评价导向不合理。当前的高等教育资源配置更多地强调办学规模、办学条件等硬件条件，而忽视了对资源配置过程和质量等软件的评价。这一导向导致资源配置主体更多地关心资源的投向和数量，对资源配置与高等教育公平与质量的内在联系关注不够，存在重结果、轻过程，重投入、轻产出，生均经费和专项经费结构失衡等倾向。其次，评价机制不健全。一方面，因为权力配置不合理以及信息不对称，高等教育资源配置的决策部门难以及时有效地掌握资源配置的走向,相关政策的出台缺乏科学依据,另一方面,高校、市场等利益相关者也无法对高等教育资源配置施加有效的影响,而民主监督、市场监督等也时常处于缺位或信息不对称状态。最后,问责机制不健全。目前,国家出台的有关法律和政策制度对高等教育资源配置决策和实施过失缺乏有效的问责和约束机制,相关政策的条款也是语焉不详,缺乏可操作性,缺乏对决策质量尤其是决策失误行为进行真正有效的责任追究和法律或行政问责。

(四) 高等教育资源配置的市场机制发育不完全

高等教育大众化、国际化、全球化的时代背景下,我国高等教育的发展越来越受到市场机制的影响,各高校必须在激烈的全球高等教育市场中争夺师资、学生、科研项目等高等教育资源,这就要求我们必须改变传统的计划经济的做法,更多地运用市场手段去配置和使用高等教育资源。然而,由于中国高等教育的市场化是在中国特色的社会主义市场经济背景下完成的,特殊的国情和管理体制使得高等教育的市场化是通过与"国家行动"的双向互构得以实现的,因此,高等教育的市场化带有强烈的"国家行动"特征[①]。正因为如此,我国高等教育发展中的市场机制是不充分、不完全、十分有限的。同样,高等教育资源配置的市场机制作用也发挥得十分有限,这种有限性主要表现为:虽然我们引入了"面向市场办学"的高等教育市场观念,并在学科建设、专业设置、人才培养等方面都较为充分考虑了市场经济的发展,甚至大学在产学研合作、协同创新方面呈现出学术资本化的趋势,但是,市场经济对高等教育资源配置的影响只是加剧了高等教育资源配置的非均衡发展的程度,使不同区域高等教育非均衡发展的"马太效应"越来越明显,而市场经济所包含的"自由竞争机制"没有被纳入高等教育资源配置非均衡发展的机制中来。换言之,对高等教育的资源配置,我们在实践中采取的主要是基于"国家行动"的实践逻辑,我们关注市场经济,也面向市场办学,但排斥了市场机制中最为核心的"自由竞争机制",这就使得

---

① 徐永. 区域高等教育非均衡发展的形成机制及其检视 [J]. 教育发展研究, 2013 (19): 21.

高等教育资源配置秩序的构建中呈现鲜明的"政府主导取向"。在此意义上，所谓"重点大学"的名号，不是通过基于程序正义的"自由竞争机制"获得的，而是通过"211工程"、"985工程"等项目依靠行政手段指定的；而所谓"研究型大学"、"高水平大学"并不是通过学术、教学上的相互竞争，"狭路相逢勇者胜"决出的，而是在一轮又一轮项目认定的基础上，通过"资源配置的剪刀差"形成的。其最终的结果便是，处于高等教育系统"金字塔"顶端的高校永远无后顾之忧，而处于金字塔系统低端的新建本科院校、高职高专院校等弱势高校几乎难以通过自己的努力改变自身的处境，这导致高等教育资源配置中"差序格局"的固化，而这种格局的固化正是由于缺乏基于"自由竞争"的高等教育资源配置市场所致。

第五章　国外高等教育分流促进公平质量并重的经验借鉴

他山之石，可以攻玉。二战后的美国、欧洲一体化进程中的法国，以及第三次大规模教育改革中的日本，为了追求公平与质量并重的目标，在高等教育分流中采取了许多有效的措施，也取得了明显的成效。总结与借鉴这些经验，对于促进我国高等教育分流更好地实现公平与质量并重目标，应该是很有必要的。

第一节　二战后美国高等教育分流追求公平与质量的措施与经验

二战后，美国高等教育的迅猛发展期：1940年至1976年美国有各种高等院校从1 708所增加3 026所，注册大学生人数从1947年的261.6万增加到1980年的1 209.7万，适龄人口的入学率也由1940年的16%增至70年代的50%[①]，高等教育开始由大众化向普及化阶段迈进。20世纪70年代以来，随着世界性经济危机的爆发，美国经济发展速度明显放缓，高等教育在规模快速扩张之后也暴露出一系列问题。为保持其世界经济霸主地位，美国全面展开各领域的综合改革，高等教育也不例外。不同于之前的规模扩张和数量增长，70年代以来美国的高等教育改革重在内涵式发展，更多关注调整结构和提高质量。

---

① 饶燕婷. 20世纪70年代以来美国高等教育结构调整的特点及启示 [J]. 中国高教研究，2009（10）：48-50.

一、美国高等教育分流追求公平与质量的措施

综观当今世界各种大学排行榜，无论侧重考量大学的哪一方面，美国大学都可谓是独领风骚，始终走在世界高等教育的前列。以2018年"上海交通大学世界大学学术排行榜"为例，在世界大学前100名中美国大学占据46个席位，前50名中占了31名，而且名次越靠前优势越明显[①]。美国作为世界高等教育强国，向全世界展示了什么是优质的高等教育、如何成就优质的高等教育，也自然成为众多学者研究的对象。而目前我国大众化阶段高等教育改革的重点也当是对结构的优化，公平与质量的追求。美国20世纪70年代以来高等教育分流模式改革的经验值得我们研究与借鉴。

（一）深化公平、提升质量，追求卓越的分流目标

随着二战后民主观念在国际范围内的贯彻及冷战环境的刺激，以及美国国内良好的经济、人口、就业及社会环境，美国政府高度重视高等教育问题，并通过颁布《1944年军人再调整法》（1944）、《国防教育法》（1958）、《高等教育法》（1965）、《高等教育法修正案》（1968）等一系列法案，使高等教育的入学对象扩大到包括队伍军人、贫困学生及少数族裔在内的大多数人，同时通过财政资助、社区服务等措施加大对发展中的学院和社区学院的支持力度，大大促进了高等教育的平等化、大众化进程。

20世纪70年代以来教育公平与质量问题日益受到重视。通过1976年的"返回基础"教育运动，高等学校录取标准放宽，学生的学习自主权得以扩大。同时期开展的"肯定性行动"（Affirmative Action Programs）则增加了女性接受高等教育的机会。80年代，里根政府削减教育支出，加之经济的萧条使高等教育质量不断下滑，引发社会提高教育质量的呼声。以《普及科学——美国2061计划》为开端美国开启了新一轮的高等教育改革[②]。

---

① 2018年上海交通大学世界大学学术排行榜［EB/OL］．［2018-01-14］. http://www.shanghairanking.com/ARWU2018.html.

② 孙炘．美国实施《普及科学——美国2061计划》述略［J］．扬州教育学院学报，2004（2）：60-63.

90年代人类社会步入了信息、科技时代,通过高等教育培养高科技人才日益成为国际竞争的关键因素,进一步提高高等教育质量问题显得愈来愈重要。1991年4月,乔治·赫伯特·沃克·布什签发了《美国2000:教育战略》强调要完善高等教育形式结构,提倡终身教育,构建学习型社会。1994年3月克林顿总统签署了《目标2000:美国教育法》赋予各州及地方行政组织以更多的教育自主权。1998年,博耶本科教育委员会发表题为《重建本科教育——美国研究型大学发展蓝图》的报告,重点探讨如何提高美国本科教育特别是研究型大学的本科教育质量问题。

进入21世纪以来,在推进深层次公平的基础上,美国更加关注高等教育质量问题。2006年9月21日,美国高等教育未来委员会(即Spellings委员会)发布了题为《领导能力的一次检验:绘制美国高等教育未来》的报告。Spellings委员会报告共有四个主题:入学机会(accessibility)、可支付性(affordability)、质量与创新(quality and innovation)、问责(accountability),其中提高入学机会、增强支付能力,建立绩效责任制归根结底还是为了提高教育质量。2008年8月14日《高等教育机会法案》正式生效,法案主张通过奖助学金等援助措施保障少数族裔、贫困学生、退伍军人、残疾人士等平等接受大学及研究生教育。2009年奥巴马总统一上台即号召高等教育为人人,人人能从高校毕业,同时颁布一系列法案,旨在提高高等教育公平与质量程度。

(二)调整结构、优化布局,适应社会经济发展的要求

20世纪70年代以来,为提高高等教育质量,提升美国高等教育国际竞争力,保持其高等教育世界霸主地位,美国政府对高等教育的分流层次结构、形式结构、科类结构及地域布局结构进行了调整与变革,使美国高等教育分流的结构布局趋于优化,为质量的提升提供了实施载体。

首先,增加副学士和硕士学位的授予量,优化分流层次结构。美国高等教育机构数量众多,种类繁杂。《卡内基高等教育机构分类》(*The Carnegie Classification of Institutions of Higher Education*) 2010年修订版的常规分类法(basic classification)将美国的高等教育机构分为六个大类:部落学院(tribal colleges)、专业院校(special focus institutions)、副

学士学院（associate's colleges）、本科学院（baccalaureate colleges）、硕士学位授予学院和大学（master's colleges and universities）以及博士学位授予大学（doctorate-granting universities）①。归结起来，当代美国逐渐形成了包括高等职业学院、社区学院、文理学院和综合大学及研究生院大学的高等教育四级分流结构，以及由副学士、学士、硕士和博士构成的四级学位制度。值得注意的是，在四级学位制度之外，美国还存在另一种比较特殊的学位，即第一专业学位（the first professional degree）。作为一种本科后教育，其时间起点与硕士相同，但完成学位所需时间则要超过攻读硕士学位所需的时间。美国目前主要在法律、医学、药学、神学等10个职业领域设置了第一专业学位，目的是培养特定行业的高级专业人员。

一直以来本科教育在美国高等教育的主体，学士学位授予量远远超过其他几类学位。20世纪70年代以来社区学院和研究生教育发展迅速，学位授予的层次结构梯度逐渐缩小。副学士学位和硕士学位获得长足发展，年均增长率分别达到8.2%和6.1%，在学位授予总数中所占比例分别由1970年的16.2%和16.4%上升到2009年的25.4%和20.6%。相比之下，学士学位和博士学位的增长较为缓慢，年均增长率分别为3.2%和4.0%。其中，学士学位虽然仍在学位结构中占据半数，但所占比例不断下降，与其他学位的比例差距日渐缩小。第一专业学位和博士学位的授予比例基本保持在2%到3%之间，变动幅度不大②。

其次，大力发展私立大学，完善分流形式结构。1970年以来美国私立高校迅速扩张，与公立高校的数量差距进一步拉大。按照不同的产权归属、运作方式和收益分配，美国私立高校可以分为营利性高校和非营利高校。长期以来，不仅公立高校是非营利的，绝大多数私立高校也不是以营利为目的的，私立营利性高校在整个高等教育系统中占的份额非

---

① The Carnegie Classification of Institutions of Higher Education [EB/OL]. [2018-01-14]. http://carnegieclassifications.iu.edu/classification_descriptions/basic.php.

② 饶燕婷. 20世纪70年代以来美国高等教育结构调整的特点及启示 [J]. 中国高教研究, 2009 (10): 48-50.

常小。70年代以来这一情况发生了巨大的变化，美国私立营利性大学规模迅速扩张，从1970年的55所剧增到2006年的986所，占所有高校数的22.9%，占私立大学数的37.5%[①]。

私立营利性大学不仅在院校数量上扩张迅速，在入学人数上也急剧增加。1990年，私立营利性高校的秋季录取学生数仅为21.4万，2000年这一数据增至45万，2010年则升为202.3万。其增幅与其他类型高校相比更为显著（见表5-1）。这源于20世纪七八十年代以来，随着经济的萧条和高等教育大众化背景下质量的下滑，美国民众对优质高等教育渴望的攀升。与传统非营利性大学源源不断的政府经费支持相比，私立营利性大学的经费更多地来自学生家庭交纳的学费，因而它们更具竞争意识，更加关注成本和质量，与传统非营利性大学相比更能提供优质的教育服务。一旦满足市场需求，其在市场竞争中将占据有利地位，进而获得市场收益。私立营利性大学的快速崛起在完善高等教育体系，提供优质高等教育资源，促进高等教育向高质、卓越方向发展等方面起到重要作用。

表5-1 美国各类高校秋季录取人数（单位：千人）

	1990年	2000年	2010年	2016年
公立高校	10 845	11 753	15 142	14 583
私立高校	2 974	3 560	5 877	5 258
私立非营利高校	2 760	3 109	3 854	4 078
私立营利高校	214	450	2 023	1 180
总数	13 819	15 313	21 019	19 841

资料来源：National Center for Education Statistics. Degree-granting Insitutions Enrollment by Level [EB/OL]. [2018-01-28]. https://nces.ed.gov/programs/digest/mobile/Enrollment_DGI_Enrollment_by_Level_and_Attendance.aspx.

其三，支持应用交叉学科发展，适应经济社会发展的科类分流结构。20世纪70年代以来，美国高等教育应用学科，如服务行业、卫生福利、商业法律和工学等发展迅速，1971至2005年其学位授予比例日渐上升，

---

① 饶燕婷. 20世纪70年代以来美国高等教育结构调整的特点及启示 [J]. 中国高教研究, 2009 (10): 48-50.

年均增长率分别达 3.9%、2.5%、1.6% 和 0.8%；而人文艺术、社会科学、自然科学、农学等传统学科，学位授予比例由于市场需求下降呈逐年下降趋势[①]。同时，随着各学科不断深入、细化，相互渗透融合，一大批交叉学科应运而生，如食品营养和家庭装饰、农业与农场管理、装饰园艺学等专业。

学科结构的调整，应用学科及交叉学科的快速发展首先源于美国崇尚实用主义的文化传统，特别是自 1862 年《莫雷尔法案》的颁布实施以来，应用技术学科获得法律和学术上的认可，逐渐在高等教育中扮演重要角色。其次，美国职业界特别是医学界、法律界通过合作教育、提供资金资助和参与大学的评估等手段间接地影响大学的学科设置。最后，相关机构通过对劳动力市场及就业结构变化的定期预测，为高校学科专业设置提供依据。比如由美国国家教育统计中心（National Center for Education Statistics，NCES）编制、美国教育部（U.S. Department of Education，USDE）发布的美国学科专业分类目录（CIP）通过民主决策，定期修编，严格增列、删减和调整，使高校可以根据国家、社会及科学发展趋势，适当设置新学科新专业。应用交叉学科的快速发展，与经济发展的步调相协调，适应了新时期经济社会发展对人才的特定需求，有助于高等教育培养优质有用人才，更高效地发挥其社会服务功能。

其四，各区域共同发展，与经济发展相一致的地域分流结构。二战以来，美国高等教育区域布局在经历了大众化后期的迅速发展，特别是西部高等教育崛起和中部高等教育赶追之后，20 世纪七八十年代以来逐渐进入各区域共同发展的新阶段，区域高等教育规模与经济、人口的相关性持续提高。在 1944 年《1944 年军人再调整法》和 1958 年《国防教育法》的推动下，五六十年代美国西部高等教育飞速发展。1960 年西部地区高校在校生总数较 1958 年增长 90.5%，几乎是东部增长率的两倍。在 1965 年《高等教育法》及 1972 年《高等教育法修正案》的政策刺激下，60 年代初到 70 年代末美国中部地区高等教育发展迅速。1969 至

---

① 饶燕婷. 20世纪70年代以来美国高等教育结构调整的特点及启示[J]. 中国高教研究，2010 (10)：49.

1979年，虽然中部地区高校数量增长率和在校生数量增长率的绝对值并不高，分别为21.0%和28.2%（东部两项数值为25.6%和41.9%，西部为30.0%和53.4%），但是，美国中部地区的高校总数增长速度已由大众化初期的3.3%提高到这一时期的21.0%，增幅之大可见一斑①。20世纪80年代以来美国高等教育进入普及化阶段，发展速度趋向平稳。各地区高校数量的增长速度均有较大程度的回落，且差距缩小明显。1985至1998年，在校学生数增长速度均有提高，差距进一步缩小。同时研究发现，1981至2010年，美国高校数量、高校在校生数量及高校经费量的变异系数在减小，说明了高等教育区域分布的相对差距不断缩小，各区域进入协调发展的新阶段②。

同时区域高等教育规模与经济、人口的相关性不断提高。比如，加利福尼亚、得克萨斯、纽约州的经济水平在美国居于前列，也是高水平研究型大学最为集中的3个州③。这也得益于美国高等院校在设置前的审批环节对学校布局的合理性认证。另外，美国高等教育的重心并不像其他国家那样依托在大城市，而是分散在各地，社区学院也已覆盖每个中小城市。同时，多校区大学的建设促进了美国区域间高等教育的协同发展。美国多校区大学发展迅速，如今已作为美国公立高等教育的主导模式而发挥重大作用。

美国各区域高等教育协同发展，区域高等教育规模与经济、人口规模相协调，有利于发挥高等教育的社会服务及促进经济发展的功能，使各区域学生公平具备接受高等教育的机会。多校区大学大大促进了各个区域间高等教育的合作及专业化程度，从而在扩大各个区域入学机会的同时有利于发挥集群优势促进整体高等教育质量的提升。

---

① 尹晓丽. 政策分析视角下美国高等教育区域布局成因研究 [D]. 大连：大连理工大学，2014：15.

② 何曼. 美国高等教育区域布局演变研究 [D]. 大连：大连理工大学，2014：42-46.

③ 陈然，赵庆年，钟耿涛. 中美两国在高校区域分布上的比较及启示：高校分布与区域经济社会发展的关系角度 [M] // 南京农业大学高等教育研究所. 中国农学会教育专业委员会四届二次学术年会会议论文集，2010：10.

(三) 把握环节、分流培养，促进各类学生发展

美国高等教育在对人才进行分流培养的过程中，重视抓好入口、培养与就业分配等关键环节。

首先是制订个性与统一相结合的全面入学评价策略、奖学金与助学金相结合的学生资助策略，把好学生的入口环节。美国不存在全国统一的高校入学录取标准，各州、各高校在招生方面拥有较大自主权，一般会从高中平时成绩、大学预修（AP）课程的统考成绩、SAT 和 ACT 考试、开卷的入学短文、高中推荐、面试、课外活动及志愿活动的参与等方面综合考察。至于实际选取哪些方面、各方面的具体比重，各高校并没有统一标准，比如耶鲁大学就表示：我们并没有一个统一的入学评价公式，我们只是视乎学生的能力类型和能力强弱而定。其中，AP 课程（Advanced Placement Program）即跳级分配，是中等教育和高等教育的衔接，供中学生提前修读的大学水平课程，有利于中学生及早适应大学学习。SAT（Scholastic Access Test，学术性向考试）和 ACT（American College Test，大学入学考试）是全美统一的两种测试形式，由独立于政府、高校及中等学校的民间非官方组织美国高校入学考试理事会（College Entrance Examination Board）及其衍生机构教育考试服务中心（Educational Testing Service，ETS）主办。高校入学考试理事会创始人巴特勒曾提出理事会的三大目标：一是"让混乱的高校录取变得有序"，二是"让高校和中学的工作结合得更紧密"，三是"提升全国中等教育的标准"[1]。因此理事会坚持"招考分离"、"不干涉各校招生决策"的原则，努力确保入学考试是"为招而考"而非"为考而考"，始终忠实地服务于高校招生录取和学生申请入学。SAT 侧重考察考生是否具备高校学习所需的知识与能力，预测学生能否在大学取得较好学术表现，ACT 更侧重关注高中毕业生现有知识能力水平。SAT 每年考 7 次，ACT 每年考 5 次，学生从高二起就可以参加考试，并可自愿选择合适的时间及地点，录取时以最好的成绩为依据。美国高校或实行开放性招生政策，录取所有的入学申请者，从而使人人都有接受高等教育的机会；或实行选

---

[1] Nicholas Murray Butler. Across the Busy Years [M]. New York：Scribner，1939，p. 18.

择性、竞争性招生政策，通过多方面考核选拔学生，从而选取到优质生源，进而提高高等教育质量。

美国政府一向重视处境不利群体的教育问题，为了保障低收入阶层子女的入学机会，二战后制定了各种奖助学金政策。1974年，美国政府在经济危机冲击下开始实施联邦"佩尔奖学金"和州学生激励奖学金计划，维护贫困学生接受高等教育的权利。20世纪80年代以来，随着对高等教育质量的重视程度日益加深，联邦政府希望吸引更多有才干的学生继续接受高等教育，因此才能在学生资助政策中的作用越来越重要，由此联邦及各州政府的资助重点从助学金项目转移到了奖学金项目，如1993年乔治亚州设立的"希望奖学金"、1997年佛罗里达州的"光明未来奖学金"、1996年新墨西哥州的"彩票成功奖学金"及2000年内华达州的"新千年奖学金"等。新世纪以来，美国政府继续增加奖助学金的发放额度。2007年9月乔治·沃克·布什总统签署了《高校入学与成本降低法案》。法案规定，美国政府将在未来5年增加联邦佩尔助学金至114亿美元，并计划2012年增加"佩尔奖学金"到5400美元[1]。奥巴马政府继续实行扩大"佩尔奖学金"政策，同时着手改革联邦学生贷款体系[2]。政府助学金的发放提高了贫困学生的高等教育入学机会，奖学金政策则有助于激发学生的学习动机，提高高等教育质量。

其次是制订多样化与个性化的培养策略，抓好学生的培养环节。多样化与个性化结合的培养主要通过灵活贯通的转流制度来实现，具体有学分制、选修制、转学教育等，其中选修制可以说是学分制的起源，学分制是转学教育得以实现的基础，转学教育又以社区学院与四年制大学的衔接最为典型。

选修制与学分制。1779年，针对传统的大学模式已难以适应美国经济社会发展需要的状况，杰斐逊倡导增加可供学生自由选择的实用课程，实行选修制。1825年，弗吉尼亚大学开始试行选课制，随后各校纷

---

[1] 何曼. 美国高等教育区域布局演变研究 [D]. 大连：大连理工大学，2014：42-46.

[2] 周红安. 二战后美国高等教育入学机会政策的发展与变革 [J]. 当代教育论坛，2011 (13)：121.

纷效仿。1871年,威廉·艾略特在哈佛大学进行选修和学分制改革,从此,选修制与学分制作为教学管理制度在美国大学间迅速确立。在经历了自由学分制、限制学分制和弹性学分制三个阶段后,学分制向着更加灵活、自由、弹性的方向发展。

当代美国选修制与学分制的形式多样,既有全开放式的自由选修、一些工学院的半开放式选修、主修课加辅修课式,又有基础课与专业课并行的低高年级分组选修,学生享有较大的自由度。学生在学科和专业选择上也比较灵活,可以随时转流至其他科系,只要学完规定课程和学分就可毕业并获得学位。同时,实行弹性化学制,入学时间、年级与班级划分、教学计划等都具有弹性,依据不同学校,不同学生实际情况而论。大学之间学分的互换互认提高了大学生在不同高校间流动的可能性。不仅如此,中学学分和大学学分也可转换。如果参与了高级课程学习的中学生通过了教育测试机构的考试并获得3.50以上绩点,就可以转换成相应大学学分。作为一种较完善的教学管理制度,学分制以选课制为基础,通过绩点和学分衡量学生学习质和量的综合教学管理制度,有利于学生的个性化分流,从而培养学生创新能力,提高教育教学质量[1]。

社区学院的转学教育。美国社区学院具有以转学为目的的通识教育和职业教育双重功能。其中,以转学为目的的通识教育,又称转学教育,是转流入四年制大学的关键所在,也是美国高等教育分流人才培养的一大特色。

20世纪20年代到六七十年代,是美国社区学院飞速发展期,成为融合转学教育和职业教育的综合性高等教育机构。20世纪80年代以来,随着社会发展对人们受教育程度要求的提高,接受学士学位水平的教育成为一种公众需要和社会利益诉求。在州立法机关或州高等教育理事会推动下,社区学院的转学教育功能重新受到重视。继加州立法承认社区学院的转学教育功能后,各州纷纷进行改革,加强社区学院转学教育功

---

[1] 张成刚. 美国高校学分制研究[M]//王传生,范延英. 突破创新:学分制改革与探索. 北京:首都经济贸易大学出版社,2016:151-157.

能。克拉克·克尔曾言："我们增加了转学权利，这一点很重要，使得在任何一所社区学院学习适当好的人能够或者转学到一所州立学院，或者转学到加州大学。这也意味着在社区学院、州立学院和大学的课程之间更加需要连接。"①

为保证社区学院与四年制大学课程的衔接，社区学院需要和四年制院校签订转学课程协议（Transferable Course Agreement），同时社区学院必须重视与四年制大学前两年的课程相匹配的普通教育课程。教育认证机构制定社区学院学生转四年制大学的入学准则，并监督转学情况、保证转学质量②。作为一种独特的教育管理模式，美国高等教育认证制度保障并提高了转学质量。

其三是在尊重学生自主选择的基础上，制定多方密切配合的就业指导策略，抓好就业分配环节。20世纪七八十年代后，随着高等教育普及化进程的推进、科学技术的发展与产业结构的变化，在"婴儿潮"现象及经济衰退的综合影响下，美国就业形势越来越严峻。从官方统计数据来看，1965年美国总失业率为4.5%，1970年为4.9%，1975年迅速升至8.5%。80年代失业率仍居高不下，1980年和1981年分别为7.1%和7.6%③。其中，大学生的就业形势也不容乐观，表现为失业率上升，市场对毕业生的吸纳能力有所下降。1994年美国长期失业（失业超过99周）率为4.0%，2014年上升到11.1%。同时，随着大学毕业生人数的不断增加，社会对大学毕业生的需求却在某种程度上缩减，从而导致人才浪费及失业问题。同时，大学毕业生能力素质与社会需求严重脱节，导致毕业生难以找到满意工作，就业单位难以招到合适人才。为摆脱就业困境，美国政府、社会、高校及大学生个人都采取多种措施积极应对危机。

---

① 克拉克·克尔. 高等教育不能回避历史：21世纪的问题 [M]. 王承绪，译. 杭州：浙江教育出版社，2005：141.

② 张成刚. 美国高校学分制研究 [M] // 王传生，范延英. 突破创新：学分制改革与探索. 北京：首都经济贸易大学出版社，2016：151-157.

③ 朱传一. 科学技术发展与美国就业问题 [M]. 北京：劳动人事出版社，1985：218.

政府通过专门机构提供就业信息，制定就业法规政策。美国政府不对大学生就业进行直接干预或限制，主要是做好就业调查、制定宏观政策等基础性工作。联邦政府劳工统计局及各州政府就业发展局主要职能是统计分析、预测就业情况，通过互联网和发行《职业展望手册》(*Occupational Outlook Handbook*) 的方式向社会公布统计结果，为政府和个人择业提供依据。法律法规方面，1994 年美国政府制定《从学校到就业机会法》，将学校与就业问题紧密地结合在一起，论及了从学校向就业过渡中涉及的诸多问题，注重培养就业所需的知识、技能以及经验。1998 年颁布《劳动力投资法案》，开始"一站式就业服务"体系的建设。2009 年出台的《美国复兴与再投资法案》以"创造 300 万个就业机会"为目的。2008 年金融危机之后，政府出台了"为美国而教"、"美国公共服务行动计划"、鼓励青年奉献社区的"2009 青年塑造计划"等公益项目，鼓励大学生从事公共服务工作。美国政府还开展了一系列的旨在提升大学生就业技能的培训。比如 2002 年的"总统社区就业培训拨款计划"及 2003 年启动的"高增长行业就业培训计划"。

高校建立专门的大学生就业的指导与服务机构。美国高校对大学生就业的指导与服务主要有两种途径。一是建立专门就业指导机构。美国高校的毕业生就业指导中心（Career Center）一般按 1∶200 的比例配置人员对在校学生进行职业准备（Career Preparation）和就业服务（Career Service）工作。比如，佛罗里达大学就以其优质的职业服务而享誉全美。其就业指导机构，又称职业资源中心（Career Resource Center），致力于为学生提供涵盖职业发展、体验式教学、劳资关系的职业规划设计[①]。佛罗里达大学的职业课程设置也颇具特色，分为职业生涯规划和求职策略两部分，分别针对初、高年级大学生开设。职业资源中心也积极整合各种资源为在校学生提供就业服务。中心还设立了实体图书馆及电子图书馆，通过图书、杂志、视频及在线职业门户——Gator 职业链接等途径专门服务于在校学生的职业生涯指导。同时，中心还提供开发 career

---

① 资料来源于佛罗里达大学职业资源中心（University of Florida Career Connections Center）网站，网址为 http://career.ufl.edu/about/.

search 数据库，创办了《职业之声》(Career Buzz) 在线刊物，提供面试服务等途径，供学生求职和就业参考。二是大力推行创业教育。推行创业教育，培养创业型人才，是美国在知识经济时代解决就业问题的又一重要途径。其中以百森商学院最具代表性，它曾连续14次在全美最佳大学排行榜中荣获创业教育排名第一的佳绩。该中心于1968年在全球第一个开设本科生阶段的创业学主修课程，分为初级"管理和创业基础课程"、中级"竞争环境下的有效管理和经营"和高级"为高年级学生创业实习定制路径"三个阶段[①]。百森商学院还努力为学生提供各种实践拓展机会，包括"创业名人堂"的业界精英讲座、著名的"欧林三角"课程体系，以及举办创业计划大赛，为学生提供创业锻炼机会。

社会多方主动配合、积极参与。美国的社会中介组织通过与用人单位的天然联系积极参与大学生就业。比如，创建于1956年的民间非营利性就业组织全美高校和雇主协会通过出版物职业选择和职业网站发布第一手就业信息，在求职者和雇主之间搭建起共赢的桥梁。另外，美国很多大公司，如微软、通用电器公司、惠普公司等推出"实习生计划"，为毕业学生提供实习机会。

引导大学生树立正确积极的择业观。美国高校重视通过多种方式对大学生进行就业指导，培养他们良好的社会责任感和"自我负责，自由择业"的自主择业观。在择业中能够较好地了解社会对人才的需求，同时具有较为正确的自我认知、自我评价与自我定位和较为平稳的心态，能做到脚踏实地以平和的心态面对现实，承认自身与社会需求的差距，从而进行理性择业。美国大学生能积极配合学校的就业指导工作，除了积极参与就业指导部门开展的大型招聘会、企业宣传、模拟招聘等活动之外，学生还充分利用就业指导部门的资源，如当前求职市场和用人单位的现状、社会对专业人才的需求量及对求职人员各项素质的需求以及相关的调查数据等，以提高求职的针对性。

二、美国高等教育分流追求公平与质量的效果

美国高等教育分流追求公平与质量的效果主要体现在：一是缩小社

---

① 梅伟惠. 美国百森商学院的创业教育哲学 [J]. 高等农业教育，2009 (2)：93.

会差别，促进了社会公平，使社会成员能够在不同的职业岗位与社会层次之间的合理转换与变动；二是因人制宜，分流培养，使每个学生都能发挥其个性特长，展现其智慧才能，实现其人生抱负。

（一）低收入阶层子女进入高校比例提高

20世纪60年代早期以前，美国高等教育通常被视为有钱人的特权。1968年美国卡内基高等教育委员会发表的报告书《质量与平等：联邦高等教育责任的新高度》指出："几乎1/2的大学本科生来自全国1/4收入最高的家庭；只有7%来自收入最低的家庭"，"1/2最富有家庭青年进入高等学校的机会是1/2最低家庭青年的3倍"。随后，联邦政府支持力度的加大，鼓励了低收入阶层学生大胆求学，高等教育入学人数和人口类型发生变化。从表5-2可见，1976年到1995年，最低收入阶层的高校入学率增加了0.8%；1989年到1995年，最低收入阶层的高校入学率则增加了2.1%。可以说，美国高等教育入学机会的不平等状况有所缓解，虽然不同情况和不同程度的不平等现象仍然存在，但美国高等教育分流在一定程度上的确促进了低收入阶层人口的向上流动。

表5-2 美国四个收入阶层学生的高校录取情况

收入阶层 入学比率	最低收入阶层	次低收入阶层	次高收入阶层	最高收入阶层
1976年入学比率（%）	10.0	26.0	25.1	38.9
1989年入学比率（%）	8.7	22.6	22.8	45.9
1995年入学比率（%）	10.8	22.0	17.2	50.0

资料来源：William G. Bowen, Martin A. Kurzweil, Eugene M. Tobin, et al. Equity and Excellence in American Higher Education [M]. Virginia Press, 2006: 291.

（二）少数族裔高等教育入学率上升

种族主义和种族歧视在美国由来已久，并渗透在高等教育分流对象的选择中，黑人和少数族裔学生接受高等教育的权利受到许多限制。1954年，美国联邦最高法院否决了1896年学校"分离但平等"（separate but equal）原则，明确指出黑白隔离的学校制度违反宪章规定。之后实施的"肯定性行动"（Affirmative Action Programs），对于改变在美国历史上少数族裔在政治、经济、教育等方面的不利地位产生了积极的作用。全美人口调查（Current Population Survey，CPS）的数据显示，1990年，黑人、西班牙族裔的高等教育入学比例分别为9.3%、5.8%，到2016年这一比例分别升至13.7%、18.2%。此外，亚洲族裔/太平洋岛民学生的高等教育入学率也有所增加（见表5-3）。一系列政策的保护使少数族裔获得高等教育的机会增多，从而增加了改变其弱势地位的机会。

表5-3 美国不同种族学生的高等教育机构秋季入学率

种族＼年份	1990年	2000年	2010年	2016年
白人	79.9	70.8	62.6	56.9
黑人	9.3	11.7	15.0	13.7
西班牙裔	5.8	9.9	13.5	18.2
亚洲族裔/太平洋岛民	4.3	6.6	6.3	6.9
美国印第安人/阿拉斯加土著	0.8	1.0	1.0	0.8
两个或两个以上种族	0	0	1.6	3.5

资料来源：National Center for Education Statistics. Degree-granting Institutions Enrollment by Race and Ethnicity [EB/OL]. http://nces.ed.gov/progarams/digest/mobile/Enrollment_DGI_Enrollment_by_Race_and_Ethnicity.aspx.

（三）弱势群体获得的资源补偿增多

弱势群体因其不利的经济条件和社会环境，获得优质高等教育资源的机会受到限制。许多来自社会经济底层的属于社会公认的尖子学生，被迫放弃了完成甚至接受高等教育的机会。一项对1980年美国最有才能的青年（约占全美青年总数的1/4）的教育程度与社会经济背景的关系的调查发现：这部分青年中，有33%的人来源于社会经济水平低下的劳动阶层，其中有7%的人根本没有接受高等教育，仅有14%的青年最终完成了四年制的高等教育，这两类人分别占本阶层属于社会公认的最有能力的青年总数的21%和42%。这类本应凭借其优异才能获得优质高等教育资源的青年，与其他社会经济背景的才智青年的教育状况存在明显差异。如今,流入高等教育系统,接受优质高等教育资源的弱势群体逐渐增多。

(四) 社会下层向上流动的机会增加

美国是一个较为开放的社会,在诸多决定个人前途的因素中,教育最为重要,教育程度的差异,足以导致不同行业、不同职业和不同前途的发展。在美国,只有高中学历的人在体力职业中度过其大部分生涯,而受过高等教育的人则在非体力职业中度过较多时间。体力劳动者的儿子大都从事非体力劳动,而非体力劳动者的儿子大都从事非体力劳动,只有学院教育能使体力劳动者的儿子进入劳动市场中的中等阶级职业。20世纪70年代以前,高校的多数学生为白人男性,此后的学生有一半以上是女性,约75%是有色人种,15%来自低收入家庭。表5-4为美国2011年各种族中各收入家庭成员的高校录取情况,比较各种族家庭成员的高校录取情况可见看到少数族裔家庭中一个甚至两个及以上的成员被高校录取的数量有所增加,间接促进了处于社会下层的家庭成员向上层的流动。

表5-4 美国2011年各种族中各收入家庭成员高校录取情况(单位:千人)

家庭 \ 高校录取人数	无人被高校录取	一人被高校录取	两个及以上人数被高校录取
所有种族家庭	32 308	5 602	1 017
收入低于20 000美元家庭	5 059	479	53
收入20 000至75 000美元家庭	12 802	2 069	315
收入高于75 000美元家庭	8 295	1 889	425
白人家庭	25 013	4 346	783
收入低于20 000美元家庭	3 397	296	29
收入20 000至75 000美元家庭	9 940	1 555	225
收入高于75 000美元家庭	6 951	1 575	346
黑人家庭	5 017	740	123
收入低于20 000美元家庭	1 365	130	15
收入20 000至75 000美元家庭	1 995	334	49

续表

高校录取人数 家庭	无人被高校录取	一人被高校录取	两个及以上人数被高校录取
收入高于 75 000 美元家庭	620	124	38
亚洲族裔家庭	1 356	384	103
收入低于 20 000 美元家庭	117	36	8
收入 20 000 至 75 000 美元家庭	427	122	41
收入高于 75 000 美元家庭	531	154	38
西班牙族裔家庭	6 261	917	191
收入低于 20 000 美元家庭	1 535	147	13
收入 20 000 至 75 000 美元家庭	2 949	456	109
收入高于 75 000 美元家庭	680	164	29

资料来源：National Center for Educational Statistics. List of Current Digest Tables [EB/OL]. [2018-01-30]. http://nces.ed.gov/programs/digest/current_tables.asp.

三、值得我国借鉴的经验

我国高等教育分流正逐步走向科学和规范，但至今仍然未形成合理有效的分流机制。尤其伴随着高校扩招和昂贵学费的收取，大学生的阶层结构发生了变化，农村高中毕业生流入高等教育的比例偏低，弱势群体获得高等教育分流的机会受到限制。研究并借鉴美国高等教育分流的成功经验，无疑具有重要的启示意义。

（一）政府强大的立法和财政支持，保障分流顺利运行

二战以来，在高等教育入学机会分配方面，美国政府通过立法和资助手段发挥了积极的作用，尤其是为处境不利者流入高等教育创造一个公平的机会。在 1963 年《高等教育设施法》的基础上，联邦政府于 1965 年正式通过《高等教育法》。法案规定，国会通过每年拨款 6.5 亿美元用以资助落后的高校及学生，以向全民提供更为公平的教育机会。法案在对原有的高校学生资助方式进一步确认之外，还通过了两种新的学生资助模式——"教育机会助学金"（Educational Opportunity Grants,

EOG)和"担保学生贷款"(Guaranteed Student Loan,GSL),使高校学生资助真正走向法制化。1977年美国联邦教育部颁布的《1998—2002年战略规划》明确提出:"所有的学生应该都能够到18岁时,为上大学做好准备,并至少要上两年的大学……经济上的效率与公平要求我们,如今至少要使两年的中学后教育像中学教育一样普及。"联邦政府的法律政策推动,保障了流入高等教育的人数和人口类型。此外,联邦政府还直接对高校进行资助,促进高等教育资源再分配,鼓励高校招收特殊的学生群体。联邦政府提供的低息贷款对低收入阶层学生有巨大吸引力,鼓励了这类学生大胆求学。这样,从助学金到学生贷款乃至"工读",美国高校学生资助的体系基本上建立起来。可以说,政府的支持对弱势群体流入高等教育权利的保护具有深刻的法理学意义。

(二)社区学院与普通高校相结合,构建分流多元体系

美国传统的高等学校因其一定的录取条件及其他要求,限制了流入高校的学生数量和人口类型,增加入学机会的作用明显受限。而作为普通教育延续的社区学院的发展弥补了这一缺点。社区学院是一个广泛化的机构,接受所有希望学习的人进入其中,而不考虑财富、传统,或者曾经的学术经历。开放招生的社区学院收取不高的学费甚至免学费,使得大量过去被普通高校排斥在外的弱势群体接受高等教育。社区学院的招生对象包含许多低收入阶层者、少数民族族裔和首次接受中学后教育者等弱势群体,为其提供接受继续教育的准备,或者终结性教育从而为未来的生活做好职业准备。社区学院还具备职业教育、转学教育、补偿教育和社区教育四大职能,其职能的实现促进了学院规模的不断扩大以及学生来源的多元化。社区学院开放和多元化的入学模式及其职能的发挥极大地拓展了美国民众接受高等教育分流机会的覆盖范围,成为促进美国社会分层流动的重要途径。随着美国公众对高等教育入学机会需求的增加,社区学院协同美国各类普通教育机构承担了不同层次和类型的高等教育入学机会的提供。

(三)人性化的高等学校升学制度,提供分流合理依据

美国的高校在对学生进行分流时实行综合评价制度。美国的高中毕

业生流入高校必须具有三方面的材料：标准化学力测试成绩、在学校的平均成绩及其他相关的申报材料。其中，标准化的学力测试属于甄别性的测试，包括学习才能测试SAT（Scholarly Aptitude Test）和学术能力测试ACT（Academic Competency Test）两种，学生可任意选择参与其中的一种考试。待成绩公布之时，不仅有学生本次测试获得的总成绩，还有其本次成绩在总体中的排名。并且这类测试每年举办多次，学生可多次参加并选择最满意的成绩申请升学；在学校的平均成绩GPA（Grade Point Average）是学生高中各门成绩的一个综合平均值，这些成绩来源于学生高中所修学分；其他相关的申报材料包括学生提交的介绍本人情况的短文（goal statement or essay）、校方的推荐信以及学生在校期间参加的课外活动情况（extracurricular activity）等。具备上述条件，学生则可以根据自己的条件申请多个高校。可见，美国的高校注重对学生真实学习水平的考察。除看重学生的平日成绩外，还经常举办标准化学力测试，从中选其优者，这样的选拔便足以代表学生的学习水平与能力。同时，美国高校升学制度还允许学生可随时在准备好的时候报名参加考试，充分体现了以人为本的精神。

（四）竞争性教育流动模式的实施，保证分流培养质量

竞争性流动是指精英的地位是一个开放的竞争情境下的奖励，取决于个人的努力与付出。依据特纳的"教育流动论"，美国的社会流动模式就是典型的竞争性流动。在竞争性流动的社会，教育制度一般会倾向于延缓分流，将竞赛的时间拉长，一边让大家有机会通过努力来选择自己理想的专业以及将来的职业，从而获得自主的发展。为适应这一社会模式，美国高等教育实施竞争性教育流动模式：首先，初次分流定大类。大学教育分为基础教育阶段和专业教育阶段，美国大学本科生一般在一、二年级用于打基础，高校给学生充足时间来尝试和明确自己的真正特长和兴趣，从而有利于学生专业和综合素质的发展。其次，中期分流定专业。学生通常在二年级结束或者三年级开始前选择主修专业。但在主修专业选定后，学生仍可以随时改变其主修专业。最后，后期分流定出路。对于毕业的大学生来说，有可能继续学业，但大部分学生，尤其是低收入阶层学生会选择就业。因此，后期分流主要以职业为导向，

充分体现学生的自主性,从而更好地达成高等教育分流目标。

第二节 欧洲一体化进程中法国高等教育分流追求公平与质量的成效及启示

以巴黎大学为代表的中世纪大学是当代大学的典范,法兰西民族也曾以其拥有世界上最杰出的高等教育而自豪。然而20世纪以来,法国高等教育却问题丛生,如高学业失败率、教育不公平、教育国际竞争力不强,特别是传统双轨制(精英与大众、教育与科研的分离)等带来的一系列问题,严重阻碍了法国高等教育的发展。但随着1999年《博洛尼亚宣言》的发布,法国高等教育逐渐冲破封闭、孤立状态而融入欧洲一体化进程,其高等教育分流模式改革中的下列经验也值得我们研究。

一、法国高等教育分流追求公平与质量的举措

法国通过高等教育分流模式改革追求公平与质量,其主要措施有三。

（一）精英教育与大众教育沟通

传统"双轨制"使法国高等教育质量下降。2015年"上海交通大学世界大学学术排行榜"前50名中,法国仅有巴黎第六大学和巴黎第十一大学2所入围,分列第36和41名,前100名仅有4所,与美、英等国家差距明显[1]。虽然此排行榜以其只重学术、忽视教学及社会服务等大学功能而广受诟病,其在世界范围的影响力还是不容小觑。事实上,自20世纪以来法国高等教育已与英美等西方主要发达国家有相当差距,这与其传统"双轨制"不无关系。所谓"双轨制",是指综合大学（Les Universites）和大学校［Grande Ecoles,也称高等专业学校（Les Ecoles Superieures）］的分立。法国大学校兴起于18世纪,其目的是为国家关键部门培养军政等技术人才,在拿破仑时期获得进一步发展,并逐渐演变成精英教育的代名词。大学校的选拔和录取制度非常严格。获得高中毕业会考文凭的学生要通过严格的"竞试"进入预科班（Classes

---

[1] 2015年上海交通大学世界大学学术排行榜[EB/OL].[2018-01-28]. http://www.zinch.cn/top/university/world-university-academic-ranking-of-shanghai-jiaotong-university2015.

Preparatoires），再经过两年艰苦学习后参加高标准、高难度的大学校入学考试，按照成绩排名进入不同层次的大学校。以巴黎高等矿业学校为例，2009年报考人数有4 000多人，进入复试者1 000人，最后仅录取考试成绩前90名的学生①。这种高选拔、高淘汰的入学制度及优秀的师资力量支持，保障了大学校的精英教育质量。普通综合大学的门槛则非常低，学生只要通过了高中毕业会考证书（Baccalaureat，即BAC）即可注册进入综合大学，因而综合大学承担了法国高等教育大众化的责任。综合大学与大学校形成的"双轨"相辅相成，分担大众和精英的高等教育任务，但两个系统的相对封闭与对立不利于精英教育与大众教育的协调合作。如何加强二者的沟通与协调，处理好精英与大众的矛盾，成为法国高等教育界努力的方向。

博洛尼亚进程下实现了精英与大众的沟通，共同促进了高等教育的国际竞争力提升。1998年5月，高等教育改革委员会提出《建立欧洲高等教育模式》报告，主张协调一致的欧洲高等教育，大学和大学校合作组成"省区大学集团"（PUP），加强二者沟通，协调课程和学位文凭，交换和流动教师，实现资源共享等。1999年法国与欧洲其他28个国家共同签署了《博洛尼亚宣言》，宣言有两大目标：一是增强欧洲高等教育对国际学生的吸引力；二是促进欧洲内部的学生流动②。为响应《博洛尼亚宣言》，法国高等教育进行了一系列改革，力图通过一个学历互认、学分互认的学制来加强综合性大学与大学校的联通，融入"欧洲一体化"进程，提高高等教育的国际竞争力。2002年法国第2002—482号法令规定："按照欧洲学士、硕士、博士三个层次重新设置法国高等教育学习框架；按照学期和教学单位组织教学；实施欧洲学分转换制度。"③从此各个大学逐步改用新的LMD学制。在取得BAC基础上，经

---

① 陈维嘉，罗维东，范海林，等. 法国"大学校"办学模式及其启示："教育部行业特色型大学发展考察团"考察报告［J］. 中国高等教育，2010（24）：11.

② 张惠，董泽芳. 法国高等教育分流模式发展的新趋向［J］. 现代大学教育，2013（2）：57.

③ 高迎爽. 法国高等教育质量保障历史研究（20世纪80年代至今）：基于政府层面的分析［D］. 上海：华东师范大学，2010：126.

过3年学习得到180欧洲学分,可获学士学位（Licence）,5年得到300欧洲学分可获硕士学位（Master）,8年得到480欧洲学分可获博士学位（Doctorat）。2002年,法国有三所大学开始试行LMD新学位,到2004年75%的法国大学加入进来,到2005年9月,近90%的法国大学已经采用了LMD学制。LMD学制以其开放性和包容性,促进了欧洲大学生跨区域、跨国家的流动性学习,使法国高等教育进一步向欧洲乃至世界开放。2000年中国留法学生不到400人,2004年在法国的中国留学生已多达4万人。2006至2007年,法国高等教育共吸引265 000名外国留学生,2008年增至266 400人,2012学年增至289 000名,占法国大学生总人数的12.1%。2008年11月菲利普及其领导的大学与大学校新合作委员会向法国教育部长提交了工作报告《大学和大学校还能建立哪些新的合作》,主张大学与大学校合作,共同打造法国的国际教育品牌。这就打破了大学校和综合大学以往相互对立的格局,促使二者进一步靠拢,为建设一个更加开放的高等教育分流体制提供了保障。随着博洛尼亚进程的深入,大学与大学校将逐渐由原来的"双轨分离"向"一体化合作"迈进,法国精英教育与大众教育之间将架起沟通的桥梁,共同促进高等教育质量的提升。

（二）优化结构与调整布局同行

出于对自由、平等及精英的双重追求及终身教育、学习化社会思潮的影响,法国高等教育机构数量庞大,种类繁多。现有3 500多所公立和私立的高等院校,其中公立大学83所,大学校包括230所高等商业学校,250所工程师学校,140所艺术和建筑类学校,以及政治院校等[①]。借助实施博洛尼亚进程及"欧洲一体化"之机,法国通过系列改革,使高等教育分流结构得以完善。

一是重视高等职业教育,突出职业性的流型结构。职业化教育是精英教育与大众化教育的最佳结合点。以众多"小而精"的大学校为代表,法国高等教育培养了大批政治界、商业界、艺术及建筑界的高端人

---

① 法国高等教育署赴法留学服务网站[EB/OL].[2018-01-28]. http://www.chine.campusfrance.org/zh-hans/.

才服务于经济社会发展。伴随博洛尼亚进程，法国又增设了一批职业培训大学，设立了职业型学士文凭及专门机构管理职业文凭和资格证书，强化了法国特色的高等职业教育流型结构。

法国政府陆续出台了一系列规定，引导高等教育朝职业性方向发展。早在1998年《建立欧洲高等教育模式》的报告就提出"应当保证所有大学生在离开高等教育时都具备一种有职业价值的文凭"[①]。1999年法国设立了与研究学士（Licence Recherche）相对应的大学职业学士文凭（Licence Professionnelle），学制一年，招收获得大学技术学院文凭或高级技术员证书或完成普通大学二年级学习的学生，课程以企业实践教学为主，毕业后可直接就业。比如巴黎狄德罗高中职业学士的课堂学习为450课时，另外900课时为企业实习。截至2005年年底，法国已经有4万余名学生获得1 438个职业学士学位，2006年又增设了25个职业学士学位。只要达到相应学分要求，学生在任何一个阶段都可自由择业或继续深造，实现职业学位与学术学位的灵活转换，这有利于加强二者之间的联系与融合，促进综合素质人才的培养。根据新的LMD学制，法国政府还开设了专门的职业培训大学，并设立了大学工程文凭（DUT）和高等专业教育文凭。

为加强对高等职业教育的指导和监督，法国设立专门机构和组织规范管理职业文凭和资格证书。比如国家职业学士学位评定委员会，其成员由企业组织、全国高等教育和研究委员会与大学生联合会组织以及高等教育机构的三方代表组成，主要职能是调查职业学士学位的教学及毕业生就业情况。2002年，法国成立了职业认证委员会，主要职能是管理职业教育文凭和资格证书，为个人和企业提供相关信息。

职业分流领域的强化缓解了法国大学生学业失败及其导致的失业问题，也有利于扩大出身中下阶层的学生接受高等教育的机会，对于优化高等教育结构、合理配置教育资源及维系社会公平正义等起到了积极作用。

---

① 马晶. 法国高等教育"358"学制改革研究［D］. 石家庄：河北师范大学，2007：9.

二是建立多种学习类型与文凭种类，形成多元化的流形结构。法国原有高等教育结构复杂，学位及文凭种类独特而繁多，不易与国际或欧盟通行的高等教育文凭与学位联通。博洛尼亚进程启动后，法国一方面通过文凭补充说明文件 SD（Supplement au Diplome）寻求与欧盟国家统一的文凭和学位制度。文凭补充说明文件是"高等教育学业证书原件的补充文件，即在博洛尼亚进程框架内，由国家机构颁发对各国、各类型文凭的官方说明，有效地提高各国文凭的相互可比性，改善各国间的学历认可问题"[①]。另一方面，为响应博洛尼亚进程重视职业教育和终身教育的号召，促进高等教育分流形式向多层次、多元化的发展，法国不断丰富高等教育形式和文凭、证书类型：既有长期教育，又有短期教育；既有普通与职业化课程，又有应用型和研究型培养；既有综合大学，又有专业学院。其中，长期高等教育以综合性大学和大学校为代表。综合性大学毕业颁发国家文凭（DE）或校级文凭（DU）；大学校毕业时可获得 BAC+5 文凭。短期高等教育以短期高等技术院校（FFT）为代表，有一般附属于综合大学的大学技术学院（IUT），只包含商业管理、社会工作等 23 个特殊专业，毕业获大学技术文凭（DUT），大约 2/3 学生选择继续深造；还有一般设在普通高中和中等技校以及少量中等职业学校内的高级技师学部（STS），毕业之后获得高级技师文凭（BTS），直接进入企业工作，也有约 1/3 的学生申请到综合大学或大学校三年级继续深造，毕业可获国家专业技术文凭（DNTS）、学士文凭（Licence）乃至更高的学位。还有高等专科学院（ESS）等专门高等教育，培养某一领域的高级应用型专业人才，一般为 2—6 年，授予国家卫生或社会文凭或专门学校文凭，同时取得相关行业资格。

此外，为贯彻"终身教育"理念，法国还非常重视开展现代远程教育。直属教育部的国家远程教育中心（Centre National d'Enseignment à Distance，CNED）是欧洲最大、最有效的远程教育平台，其经费预算的 30% 为政府拨款，每年接受 35 万学生报名学习[②]。多种高等教育学习类

---

① 朱华山. 传统与变革的抉择：细读法国教育［M］. 沈阳：辽宁人民出版社，2011：120.

② 李亚婉. 法国远程教育：国家实现终身教育的依托——法国国家远程教育中心主任奥立佛·杜格教授专访［J］. 中国远程教育，2004（11）：5-7.

型及文凭种类的供给，丰富了法国高等教育供给类型，适应了学生多样化的教育需求，"各取所需"的多元化高等教育流形结构也有利于公平而高效地配置教育资源，提高各类型人才培养质量。

三是按照均衡化与集群化相结合的思想调地区布局结构。法国原有高等教育不仅在管理上实行中央集权化管理，在地理分布上也高度集中于大城市尤其是巴黎地区，而且学科分布亦存在不均衡状况。为融入博洛尼亚进程，应对高等教育大众化、国际化的挑战，改变高等教育地理分布的过分集中以及教育资源配置的分散、失衡局面，法国政府在权力下放的同时实施了高等教育均衡化集群战略，力图调整不合理的流域结构。法国于20世纪90年代实施的"U2000规划"通过高等教育与社会的有效对接，基本实现了高等教育地方化与均衡化。同时实行地理上的就近招生，对于稳定当地青年人口数量、保证地区发展的人才需求也起了积极作用。作为"U2000规划"的继续，1998年秋法国开始实施"U3M规划"（第三个千年规划），时任国民教育部部长的阿莱格尔将其概括为"少点混凝土，多点灰色物质（指相对于教室等硬件建设而言的软实力的环境建设）"[①]。针对法国历史上形成的以及"U2000规划"所导致的高等教育机构资源分散、规模小、单学科等状况，规划提出发挥大学集群的优势，多所高等教育机构联合组建"省区大学集团"进行资源共享。

随着博洛尼亚进程改革的不断深入，法国高等教育的"欧洲化"程度不断提高。为进一步提高法国科研实力及高等教育的国际化，2006年4月法国出台《科研规划法》，倡导建立高等教育与研究轴心（PRES）。至2011年，法国已组建了21个PRES，囊括了约60家综合大学和其他逾50家高等教育与研究机构[②]。PRES并非传统意义上的高校合并，而是"被重组"院校以科研、研究生教育为主要目标的某种战略联合。2008年2月，法国政府推出了"大学校园计划"（I' operation Campus），各PRES兴建共同的新式校园，旨在提高法国高校魅力，吸引国内外学

---

① 高迎爽. 法国高等教育质量保障历史研究（20世纪80年代至今）：基于政府层面的分析[D]. 上海：华东师范大学，2010：138.

② 汪少卿. 全球化时代大学改革的法国道路[J]. 外国教育研究，2012（3）：69.

生及学者。为了提升法国高校的全球知名度,PRES 还致力于推出各成员机构统一的文凭和出版物署名。作为"地理上临近地区高等教育与研究机构的资源与活动实现互动的工具"①,PRES 的建立体现了高等教育发展中规模与效益的关系,通过在大学、大学校及科研机构之间集中优化配置优势资源,有利于实现其范围内资源共享,同时合作中的优势互补也有利于提升各成员机构在国际竞争中的地位,进而提升高等教育质量,是谓"在公平与共享中追求质量"。

通过均衡化与集群化改革,法国各高等机构的地区布局得到一定程度的优化,有利于促进高等教育公平和地区之间经济、文化事业的均衡发展;集群效应在合理配置优质高等教育资源的基础上成就了各个高等教育成员机构间的共赢,有利于法国高等教育整体质量的提升。均衡化与集群化战略,在完善法国高等教育流域结构的同时,实现了高等教育公平和质量提高的统一。

(三) 改进策略与完善政策并重

从 1999 年博洛尼亚会议的召开,至 2009 年欧洲诸国共召开 6 次部长级双年度会议,不断推进博洛尼亚进程,法国高等教育分流培养体系亦不断完善:通过改进招生及奖助学金政策,使分流依据趋向民主化;通过 ECTS 学分转换与积累体系改变过去的"三阶段分流",使分流时机趋向灵活化;通过创业教育及就业指导政策,使流向结构更加明晰。

一是改进招生及奖助学金政策,使分流依据趋向民主化。依据法国批判社会学家布尔迪厄的文化再生产理论,法国上层社会由于拥有更多的文化资本及社会资本,在高等教育场域内处于优势地位,并且通过"符号暴力"使得不平等合法化,而得以"再生产"不平等。长期以来,法国的精英教育即大学校一直被上层社会子女所把持,中下阶层子女的高等教育入学机会极其有限。享受了优质教育资源的学生毕业后大多继续在社会上层岗位工作,这种"从精英到精英"的分流模式导致法国社会阶层固化,影响了教育的平等与和谐发展。而博洛尼亚进程的实施,

---

① 高迎爽. 从集中到卓越:法国高等教育集群组织研究[J]. 清华大学教育研究,2012(1):61.

为打破这种局面提供了契机。实施新的 LMD 学制以来，无论普通院校还是精英院校，都更多采取民主化的方式依据成绩水平来选择学生。这得益于一系列招生及奖助学金政策的实施。

为促进入学机会均等化，使法国的精英教育融入高等教育国际化进程，许多大学校纷纷启动了帮助贫困区学生的政策及行动。2002 年法国高等经济与商业学院（ESSEC）创办了"预科班、大学校，为什么不是我？"的项目。该项目旨在为成绩优秀却出身弱势的学生提供入大学校，均等接受高等教育的机会。2007 年，巴黎高等商校（HEC）主要面向贫困区的高中生，推出了数项"机会均等"举措。2001 年巴黎政治学院（IEPP）推出了"社会混合"招生政策，设立面向优先教育区域（ZEP）的高中生的特别入学考试，并规定了预科班接纳这些学生的配额，从而为中下阶层及贫困学生提供了进入该校的机会。里尔政治学院、蒙田学院等也采取了相似政策招收来自中下阶层的学生。为保证新学制改革的落实，法国教育部增加了高等教育奖助学金的发放力度，扩大了中下阶层子女接受高等教育的机会，也使普通学生有可能进入名牌大学接受优质高等教育。2003 年"社会救助计划"助学金已覆盖 30% 的学生，2005 年该项资金达 130 万欧元。2006 年，约占总数 30% 的 5 万名大学生获得了基于社会标准的高等教育助学金。2006 至 2007 学年有 1 450 名学生获得高达 6 102 欧元的优秀助学金。大学校也积极进行奖助学金改革。2009 年巴黎政治学院的"奖学金生"比例为 20%，巴黎高等商学院、高等经济与商业学院和欧洲高等管理学院等，"奖学金生"的平均比例也达到 12.3%[①]。同时为了鼓励学生的国际流动，教育部还增加 25% 的流动助学金，交各个大学自己管理，资助赴国外深造的学生完成学业。

招生政策改革和奖助学金的投入扩大了中下阶级子女接受高等教育的机会，体现了法国高等教育分流依据的民主化倾向，有利于打破"精英到精英"的固化模式，促进法国社会各层次之间的良性流动，在实现

---

① 张惠，董泽芳. 法国高等教育分流模式发展的新趋向 [J]. 现代大学教育，2013（2）：60.

高等教育公平和社会正义方面起到了积极作用。

二是从实行"三阶段分流"到"灵活转流",使分流时机趋向灵活化。法国高等教育传统学制为"三阶段式"。第一阶段为通识教育,BAC+2,可获普通大学学习文凭(DEUG)或科学与技术大学学习文凭(DEUST)。第二阶段为专业教育,学制两年,一年可获学士学位(Licence),即BAC+3;两年可获旧制硕士学位(Maîtrise),即BAC+4。第三阶段培养高级人才,学制四年,第一年用于攻读高等深入学习文凭(DEA)或高等专业学习文凭(DESS),通过后三年的考核获得博士学位(Doctorat),即BAC+8。博洛尼亚进程开始后,法国采用了欧洲学分转换和积累体系(ECTS)。修满60欧洲学分视为完成大学一年级课程,修满120学分视为完成大学第一阶段课程;修满180欧洲学分,获得新学制的学士学位及继续攻读硕士学位的资格,修满300欧洲学分,获得新学制的硕士学位和继续攻读博士学位的资格;修满480欧洲学分,可获得新的博士学位。ECTS以灵活的转流培养打破了以往的三阶段分流模式。首先,ECTS通过灵活的学分转换制度有利于实现各国高等学历互认。第二,由于学分可累计并在欧洲诸国普遍承认,为学生的跨国、跨校、跨专业等"转流"学习提供了便利。同时,根据ECTS,两所或更多的高校共同修订课程计划,有利于解决不同课程间的衔接问题。同时为结束综合性大学与大学校之间长期的隔离状态,实现转流的可能,法国在二者之间设立了"衔接过道"。大学校除了对完成规定学业和成绩合格的毕业生颁发大学校毕业文凭(LDEGE)之外,同时颁发五年(BAC+5)高等教育文凭和新学制的硕士学位文凭(Master)[1]。

"灵活转流"的培养模式,有利于学生跨专业、跨学校、跨区域学习,满足了学生向社会上层流动的需要;加速了法国融入"欧洲一体化"进程,有利于提高高等教育质量与国际竞争力。

三是开展创业教育及就业指导,使分配策略趋向人性化。"二战"

---

[1] Bologna Process 2020—The European Higher Education Area in the New Decade [EB/OL].〔2018-01-28〕. http://www.ond.Vlaander.be/hogeronderwijs/bologna/conference/documents/Leuven_Louvain-la-Neuve_Communique_April_2009.pdf.

后，法国成就了经济发展的"辉煌三十年"，1970年代中期以前，法国社会"充分就业"，基本上不存在失业问题。后来受经济危机影响，法国15—29岁人群失业率从2008年的13.2%上升到2010年的16.4%[1]。为促进就业，法国政府出台了一系列法案。2009年4月出台的《青年法案》规定，学校要向学生提供到工作单位实习的机会，并给予接纳青年就业的公司一定补助[2]。法国政府还联合高等教育机构创建并不断完善专业信息指导制度，对高中生开始实施指导，为他们提供有关大学专业、课程及就业的详细信息，包括往届毕业生的就业方向及不同专业在当今就业市场的前景等，从而结合自己的兴趣和学术追求，理智地确定专业方向。同时，法国高等教育界兴起创业教育热潮。2007年8月法国议会通过的《大学自治与责任法》重新定义了大学职能，要求大学对学生进行职业导向和入职教育，最大限度地减少学业失败和失业问题[3]。在政府政策的支持下，各高等教育机构纷纷开设创业课程，指导学生就业。比如法国工程师学院排名前5位的巴黎中央理工大学，不仅将创业教育融入日常教学之中，还设立了专门的创业课指导学生进行创业实践[4]。企业人员也可以直接参与课程设计及教学，同时企业接纳学生实习，把学生实习情况反馈到学校，便于学校了解社会需求，改进课程设置，提高教学的针对性。同时，企业还可适当参与学校的管理及学位的评估工作。此外，为配合开展博洛尼亚进程，促进欧洲一体化，法国广泛开展了国内、国际合作办学模式，比如，巴黎第一大学、巴黎综合理工学校、巴黎政治学院与美国哥伦比亚大学等合作实施了"联盟计划"，培养高层次双文凭人才[5]。这种联合培养活动不仅扩大了学生的专业视

---

[1] Youth Unemployment and Youth Employment Policy [OB/OL]. [2018-01-28]. http://library.fes.de/pdfa-files/id/09474.pdf.

[2] The State of Apprenticeship in 2010 [EB/OL]. [2018-01-28]. http://cep.lse.ac.uk/pubs/download/special/cepsp22.pdf.

[3] 王晓辉. 双重集权体制下的法国大学自治 [J]. 比较教育研究，2009（9）：57.

[4] 刘敏. 法国创业教育研究及启示 [J]. 比较教育研究，2010（10）：74.

[5] 方友忠，马燕生. 法国高等教育国际化：进展与挑战 [J]. 世界教育信息，2014（24）：12.

野,还增加了体验和适应异域文化的能力,无疑有助于学生就业能力的提升。

创业教育及就业指导政策提高了高等教育教学对社会与职业的适切度和专业化水平,扩大了学生受教育范围,促进了高等教育的职业针对性,为学生就业奠定了人性化基础。欧洲一体化进程下的法国"358学位"制度改革兼顾了精英培养和广大青年的就业需求,创造性地融合了效益与平等[1],在精英与大众兼顾的同时实现了公平基础上的质量飞跃。

二、法国高等教育分流追求公平与质量的成效

法国高等教育分流模式在博洛尼亚进程的改革中,扩大了高等教育的公平并提升了高等教育质量,其成效主要体现在以下几个方面。

一是扩大了各阶层人群子女接受高等教育的机会。首先,教育"民主化"作为法国博洛尼亚进程中高等教育改革的目标之一,扩大了基础阶层子女接受高等教育的机会,使一般劳动大众的子女更多地享有接受高等教育的权利,特别是其中有关入学费用与助学金调整的政策,减小了由于社会阶层或地区差异而导致接受高等教育机会的不公平性。其次,新的学分转换体制的实行增加了高等教育阶段的分流次数与分流灵活性,也加剧了高等教育阶段的竞争与淘汰。通过逐阶段多次选拔的体制对人才进行多次、逐年深入的分流,从客观上提供了社会人才选拔流动的公平性,杜绝了因一次分流决定终生的不公平分流因素。再次,法国响应博洛尼亚进程"终身教育"的政策,采取认可先前的学习、灵活的入学方式、学分互认等推进终身学习的措施,为提高平等接受高等教育的机会提供了切实保证,使高等教育成为面向更多的人的开放系统。这项政策的实施推广为各个阶层、各个年龄段的社会成员提供更多的平等接受高等教育的机会。

二是促进了人才的社会流动与职业分工。实施博洛尼亚进程改革后的更具多样化的法国高等教育分流体制,不仅从分流对象来源上增强了多元化因素,同时也促进了法国社会人才流动与分层的多样化,对推进

---

[1] Samuel, Caddick. Back to Bologna: The Long Road to European Higher Education Reform [J]. EMBO Report, 2008, 9 (1): 18-21.

不同种类的社会职业分工协作起到了积极作用。首先，新的学分制的实行和学制的灵活性使得法国高等教育体制更开放化和国际化，这就从源流上丰富了高等教育分流的对象，从而通过高等教育对欧洲范围内，甚至世界范围内的人才流动与分层起到了积极推动作用。其次，多样化的文凭种类和多类型的资格证书，给予学生更广泛的分流取向、分流类型、分流层次的选择，促进了社会人才流动与分层的多样化，有利于不同种类的学术职业、组织目标的实现，有利于学术活动效率的提高与学术劳动力资源的合理配置，使不同层次的高等院校针对自身发展的优缺点合理进行目标定位，为社会各个领域培养了相应的人才。

三是优化了社会人力资源的配置结构。新的改革政策中对高等职业教育的强化，为法国各个阶层的子女通过高等教育参与社会流动和升层的公平性提供了更多的保障，有利于基础阶层向上流动进入中间阶层，使底层的精英能够通过正常的渠道流动到较高的阶层。职业教育的强化提高了中下等收入阶层子女的受教育程度，对出身中下等的受教育者的向上流动起到了重要作用，也促进了对社会分工和社会结构的优化，对社会人力资源的合理有效配置起到了至关重要的作用。在法国，职业教育的生源大多是中低收入家庭的子女，职业教育的发展状况直接关系这些家庭的利益，关系这些平民子女接受教育的机会和质量，关系他们的就业生计和这些家庭的生活水平，因而职业教育的强化有利于基础阶层向上流动进入中间阶层，而中间阶层是实现社会稳定和发展的主要社会基础。此外，职业教育的强化还可推动同一阶层的水平流动，促进各社会阶层水平结构的多样性与丰富性。

四是促进了国家与区域间的全球性流动。博洛尼亚进程特别强调流动的社会维度和国际维度，通过克服障碍促进学生、教师、研究者和管理人员有效地畅通流动，达到增加欧洲高等教育系统的国际竞争力的目的。新的开放性的学制使得大学生在高等教育阶段进行跨区域、跨国家的流动性学习，也为进入社会后的国际范围内的流动增加了便利。法国的博洛尼亚进程流动政策的实现是建立在透明的欧洲高等教育区的基础上，主要依赖欧盟的伊拉斯莫斯项目对参与国学生与教职员的短期流动的大力支持，随后由欧盟提出的便携式的国家贷款或资助等措施，也是进一步推进流动政策的实施的必要保证。目前已有80%左右的国家为流动学生提供便携支持，约40%的国家同时提供便携式贷款和资助。根据联合国教科文组织的数据，从2000年到2007年，欧洲高等教育区总的外国学生的人数增长了116%（全球增长60%）。实施博洛尼亚进程促进了法国与欧洲其他国家之间的流动，也从宏观上增强了欧洲高等教育区与世界其他国家与区域的人员与社会资源的流动。

三、法国高等教育分流模式对我国高等教育的启示

一是实现多元化分流形式，有利于改善单一化人才结构。高等教育多元化是高等教育大众化的必然要求，也是为满足经济、社会发展对不同类型、不同层次人才的多元化需求，因而多元化的高等教育分流形式是社会多元化的人才需求对高等教育提出的必然要求。目前我国大学合并、扩招和升格，使得我国大学整齐划一地走向了综合化、大型化、标准化。单一化的高等教育发展方向与多样化的人才需求矛盾，势必导致大量的大学生学非所用，毕业生结构性失业的问题日趋严重。借鉴法国高等教育多元化的分流体制，目前我国必须及时改革单一的高等教育分流结构体制，改变"一体化"模式，走"多样化"发展道路，加大吸收社会民间资金力度，积极发展民办高等教育，构建多层次、多元化的高等教育分流系统，以适应社会对高等人才的多样化需求，满足不同经济条件、不同程度的学生流动和升迁要求。

二是明确分流机构定位，有利于打破"趋同化"定位。合理的分流机构定位是影响高校毕业生社会流向多、巨化的重要因素，也是解决目前我国大多数高校普遍存在的办学目标定位"趋同化"的有效措施。合理的分流机构定位是高等教育管理体制改革适应社会主义市场经济体制的必然，也是高等学校面向社会行使办学自主权的需要。目前我国高等院校分流定位中最突出的问题便是趋同性，这种趋势的隐患在于使从高校流向社会的流动人才取向和人才类型单一化，其主要表现为：一是各层院校办学目标定位都趋于高层次；二是各类院校办学模式趋向本科化。由于我国高等教育已经进入大众化阶段，许多学校在强大的竞争压力下迫切想得到跨越式发展，在进行办学目标定位时都纷纷争创"一流大学"，不是"国际一流"就是"国内一流、省内一流、区域一流"。因

此，首先，要结合国家和社会发展的需要，在完善社会主义市场经济体制的过程中，考虑到社会对从业人员综合素质要求普遍提高的趋势以及人才需求多样化的趋势；其次，要根据本校现有的教学、科研条件、师资队伍现状、管理模式与水平等条件，扬长避短，发挥优势，突出特色。

三是制定科学的分流政策，有利于实现社会资源的合理配置。科学的分流政策是高等教育分流机会均等的重要前提，也是高等教育机会均等的重要保障。当教育的费用超出学生支付能力的时候，学业优秀但经济困难的学生往往会对接受高等教育望而生畏。在我国，这种情况更由于城乡差异而在农村中普遍存在；而社会中的优势群体，由于占有大量的经济、权力、人脉等资源，可以通过一定的非正规手段为其子女争取更多的接受高等教育的机会，社会贫富差距导致的教育机会不均等的问题仍普遍存在。借鉴法国高等教育改革中针对入学费用和助学金等相关政策改革，首先，政府应出台相关政策加强教育公共政策研究，并加大高等教育经费和资源投入差异，合理分配教育资源，减少地方性院校因办学资源不足提高入学费用导致的不公平因素；其次，要加大高校贫困学生的救助力度，提高社会弱势群体参与机会，让各个社会阶层的学生不论家庭出身、经济状况、区域差异都享有更平等的接受高等教育的机会。

四是鼓励大学生的职业性流向，有利于填补职业技术人才的市场缺口。对高等教育职业性流向的重视，是有效缓解我国职业技术人才供求不平衡、填补高级职业技术型人才缺口的重要手段。从目前我国人才市场劳动力供求状况看，伴随着经济快速增长和产业结构调整，国内市场各技术领域的劳动力需求普遍大于供给；又加之全球金融危机的影响，我国制造业面临前所未有的挑战，企业亟须加快发展方式的转型，实现用工模式由"劳动力密集型"向"技能型"的转化。这更加剧了职业技术人才，特别是高技能人才的严重短缺。我国目前的职业技术人才结构是典型的"金字塔形"，全国 7 000 万技术工人当中，初级工大约占 45%，中级工约占 40%，高级技工占很少比例，技师和高级技师更是凤毛麟角；而在西方发达国家，这一结构则是"钻石形"。法国博洛尼亚进程中对高等教育职业性流向的强化，启示我们应更加重视高等教育的职业性分流取向。职业学校应密切追踪企业对职业技术人才需求的变化，及时调整培养方向和重点。例如，可在高等教育机构与雇主之间开展广泛的课程设计、认证与教育方案的质量保证、将知识和研究应用于实践等方面的讨论，进而推动高等学校的课程设置面向社会需求的课程改革，使教育方案中课程设计更注重课程内容的职业性与对学生就业技能的培养。

五是构建灵活的分流机制，有利于促进人才的合理转流与发展。适时而灵活的分流时机给人才的转流和升层创造了更广阔的空间，打破"一考定终身"的分流体制，弥补因个别考试的偶然因素导致的不公平现象的缺陷，增加了整个社会人员流动的转流与升层的机会。目前我国大学多是采取"一次性分流"或是"入学分流型＋中期分流型"的模式，这不仅限制了大学生分流的时机，也减少了高等教育过程中分流的次数，不利于高校毕业生自主选择社会流动取向。因此可在分流"入口环节"采取"开放入学"，在中间环节将整个教育过程分为多个阶段，通过逐次考试淘汰选拔，促使学生流层升迁，这样既能保证平等的入学机会，有利于推行"大众教育"，又能保证优秀人才的选拔，促进"精英教育"，帮助大学生逐步升迁层次、合理确定职业流向，使不同层次和类型的人才各施其才。同时也提高了学生自主学习与职业规划的积极性与竞争性。

六是建立开放性分流体制，有利于拓展人才的区域和国际流域。建立开放的分流体制并实施国际认证的质量保障与认证体系是增强国家间、区域间人才和社会资源流动性的重要途径，也是法国实施博洛尼亚进程的主要目标之一。这种流动性特别强调流动的社会维度和国际维度，通过克服人员学历质量认证和标准的地域障碍促进区域间、国际间学生、教师、研究者和管理人员畅通有效的流动，实现社会资源流通范围的扩展。其流动形式包括文凭流动、学分流动和其他的短期流动（如语言课程、实习等）。而我国在当今高等教育国际化的大趋势下，更要扩展本国高等教育的国际化流动空间。实现高等教育人员的国际流动依赖于一个开放性的高等教育分流体制、合乎国际标准的办学评估标准和与国际认证的质量保障体系，这也对平衡区域间人才和资源分布不均，实现我国社会经济长期稳定的可持续发展起到积极的推进作用。

第三节　以公平与质量并重为目标的日本第三次高教分流模式改革

始于20世纪90年代并在21世纪不断深入的教育改革是日本继明治维新、"二战"之后的第三次大规模教育改革。此次教育改革是针对日本的经济、社会、人口、教育等方面存在的新问题,以实现高等教育的个性化、信息化、国际化、终身化,尤其是公平与质量并重为目标,在高等教育管理与运行体制,以及高等教育分流模式等诸多领域进行了大刀阔斧的改革,并取得了一定成效。以公平与质量并重为目标的日本第三次高等教育分流改革中的部分经验,值得我们研究借鉴。

一、适应时代发展需要,确立公平、质量并重的分流目标

日本第三次高教分流模式改革能够确立公平、质量并重的分流目标,既是日本经济社会发展的强烈呼唤,也是高等教育自身发展的迫切要求。

(一) 经济社会发展呼唤在维护教育公平基础上提高人才培养质量

20世纪80年代末日本泡沫经济崩溃,此后经济发展一蹶不振,长期处于低迷与停滞状态,实际经济增长率在"失去的十年"中一度出现零增长甚至负增长。虽然自2002年日本经济稍微摆脱长期萧条,2002至2007年实际GDP保持连续6年正增长,失业率也从1999年的战后最高水平4.9%下降到3%,但日本的国际竞争力已大不如从前,GDP占世界的比重由1994年18.4%下降到2005年的10.2%,曾经的超级经济大国仅留下最美好的回忆。经济的长期萧条,不仅给社会带来了沉重的负担,也导致文化教育的荒废。全社会也普遍缺乏创新创业精神及实干意识,青年没有理想追求、精神颓废、态度冷漠、拜金主义等现象普遍存在。而愈来愈严重的"倒三角"人口结构又导致劳动力缺乏,加剧了经济、市场的萎缩,消减了教育的活力。

为了提高经济活力,"科学技术创造立国"成为日本新的国家发展战略。1995年日本公布《科学技术基本法》,成为实施21世纪科技战略的纲领。1996年,日本内阁出台《科学技术基本计划》,明确提出"科学

技术创造立国战略"①，强调通过科技创造振兴经济，提高国际竞争力。同时，为了应对人口危机，在青年中培育健康向上的价值观，进而带动社会整体风气的改善，日本意识到必须进行高等教育改革，在维护高等教育公平、保持社会稳定基础上提高人才培养质量、提升高等教育的国际影响力。而且，"日本的教育体制、人文环境等，不利于鼓励创新，这也是导致日本在高新技术竞争中失利的重要原因"②。因此，无论是为了改变经济颓势振兴经济，还是保持社会稳定，抑或扩大教育影响力，在发展科技与经济的同时大力发展文化教育事业，追求精神的充实，都是日本政府的不二之选。于是日本又提出"21世纪文化立国方案"，强调对文化教育特别是高等教育进行重点资助。

（二）传统高等教育的目标追求与现实矛盾迫切需要高教改革

战后日本的高等教育培养了大量人才服务于国民经济的恢复和发展，这也符合日本人民一向重视教育，重视教育为国家服务的传统。正如前文部大臣永井道雄所说："日本经济之所以能够迅速发展，可以举出多种原因……实际上，最主要的是因为民族国家所教育出来的一亿日本人没有流向国外，而留在日本列岛，并对国家经济的恢复和发展做出了贡献。"③ 1947年日本在美国当局占领下颁布了《教育基本法》，确立教育的基本原则是"为个人"，之后关于修改《教育基本法》的提议便不绝于耳。最终日本政府于2006年修改《教育基本法》，新增"尊重公共精神"、"热爱……祖国与故土"、"大学……要将其成果广泛提供给社会"④等条款，标志着"国家"教育目的的法制化。

20世纪90年代以来，面对复杂的经济、社会状况，日本高等教育不会也不可能置身事外，而是通过自身的分流模式改革培养和稳定高质量人才服务于国家的经济发展，通过保障高等教育公平维持社会稳定。

---

① 汪辉，李志永. 日本教育战略研究［M］. 杭州：浙江教育出版社，2014：16.
② 王洛林，余永定，李薇. 20世纪90年代的日本经济［J］. 世界经济，2001(10)：15.
③ 崔巍. 战后日本教育如何为经济发展服务［J］. 日本问题研究，2003（2）：34.
④ 臧佩红. 日本近现代教育史［M］. 北京：世界知识出版社，2010：375.

然而，当时的日本高等教育在政策、财政及教育资源等方面普遍存在不公平现象，也限制了教育质量的提高。受制于中央集权的管理体制，国家的教育资金集中在国立大学，地方政府财政支持公立大学，为数众多的颇具发展潜力的私立大学不得不自筹经费，而由于经济的整体萎靡形势，导致私立大学经费困难，发展步步维艰，国立及公立大学也由于缺乏竞争及危机意识而失去活力。在 2005 年 THE-QS（Times Higher Education and Quacquarelli Symonds）世界大学排名 200 强中，日本仅有 9 所大学入围，其中仅有 3 所位列前 90 名。2007 年情况并无大的改善，有 4 所大学位于前 90 名，10 所入围前 200 名，其中第 10 所名列第 199 名。与此形成鲜明对比的是，中学生在诸如比萨测试等国际学生评价测试中表现突出[①]。

这引起了日本社会各界的担忧：为何在较为公平且质量优异的中等教育基础上，整体拥有政府及家庭强大资金支持的高等教育反而质量堪忧？何况在人口保持负增长，高等教育普及化阶段情况下，入学机会大大扩展，"买方市场"已然形成，各高等教育机构为争夺生源展开激烈竞争，客观上会刺激高等教育服务质量的改善，而现实却不容乐观。如何提升普及化阶段高等教育的公平与质量、提高国际影响力成为日本各界关注的焦点。

（三）国家提出以公平与质量为取向的高教分流模式改革目标

为改变经济萧条状态，维持社会稳定，通过保障高等教育公平保持社会稳定，通过优质高等教育培养高科技人才成为日本的首选策略。2001 年 6 月，日本文部科学省发表《大学（国立大学）结构改革的方针》（又称"远山计划"），针对以往国家教育资金在国立、公立及私立大学间的分配不均衡，各种高等教育机构国际竞争力不强的状况，主张在各高等教育机构中全面引入由第三者评价带来的竞争原理。为推行"远山计划"，日本从 2002 年起实施"21 世纪 COE 计划"（COE 是 center of excellence 的缩写，意为"卓越研究中心"），并成立"21 世纪

---

① Goodman, Roger. The Rapid Redrawing of Boundaries in Japanese Higher Education [J]. Japan Forum, 2010, p. 70.

COE 计划"委员会统一领导计划的实施，设立了"研究基地建设费补助金"制度。该项目由国家提供重点财政资助，计划在日本大学中建立若干以学科为单位的世界最高水平科研基地，旨在建设特色鲜明且具有国际竞争力的大学，培养世界顶尖的创造型人才[①]。2008 年起文部科学省又开始实施"高质量大学教育推进计划"，又称作"教育 GP"、"优秀教育改革方案"，主要是从大学、短期大学、高等专科学校的教育改革方案中选出 GP 进行重点财政资助，实现资源的共享，强化各大学的人才培养功能和办学特色[②]。该计划有利于大学的个性化发展，服务社会发展功能的发挥，同时保证了大学教育改革的公平与公正。

"远山计划"通过在各类大学间公平分配教育资金并全面引入竞争机制，使各高等教育机构在更加公平的基础上参与市场竞争，有利于提高高校办学自主权，激发办学活力，提高教育质量。"21 世纪 COE 计划"和"教育 GP"的推行，使得国家教育资金可以集中分配重点培育一批优势学校、学科和科研基地，培养高质量创造型人才，进而带动了整体高等教育的发展。

二、优化高等教育分流结构，实现在保证公平基础上提升质量

日本"全入时代"（即人人都可以上大学）的高等教育，依然存在不公平因素，突出表现为公立与私立大学在学费及教学质量方面的不对等；学术型、职业型大学在生源数量及质量方面的不均衡等。如果单纯为了促进绝对公平而调整公立、私立大学学费标准，模糊学术型、职业型大学的定位，提高高等教育质量将无从实现，只有二者结合，通过合理的分流形式结构、层次结构及类型结构调整，分别从入学、教育过程及教育结果等层面保障公平，才有可能实现教育质量的提升。

（一）完善多渠道的分流形式结构，保障各类高校的质量

二战以来，日本不断完善高中后教育形式以满足学生的多样化入学

---

① 杨栋梁. 日本推行高等教育改革的新举措:《21 世纪 COE 计划》评述 [J]. 日本学刊, 2003 (5): 122.

② 李文英, 陈君. 日本"高质量大学教育推进计划"探析 [J]. 河北师范大学学报（教育科学版）, 2009 (10): 9.

需求，目前主要有大学、短期大学、高等专门学校、专修学校四种高等教育形式。根据1947年《学校教育法》及后来文部省制定的《新制国立大学实施纲要》，1949年日本正式对各类大学实施改组，将旧制的帝国大学、高等学校、专门学校等近十种高等教育机构统一组建成四年制国立大学。国立大学以学术研究为中心，在传授广博的知识的同时，讲授、研究高深的学术理论，以"提高学生智育、德育和实际应用能力"为目的。其中多数是综合大学，少数是多科或单科大学。学校下设学部（系），学部下设学科（专业）。至2005年，日本有国立大学99所，地方公立大学76所。

二战后，根据教育刷新委员会的建议，那些办学条件差、教育质量低、达不到新制大学设置标准的旧制高等教育机构改组为短期大学。1949年的《学校教育法》修正案及《短期大学设置标准》，详细规定了短期大学的目的、性质、组织结构、师资队伍、课程设置等。1950年短期大学作为一种"暂定措施"正式建立。1964年法律规定短期大学得以作为一种正式高等教育形式存在。由于明确的培养专业技术人才的定位，灵活多样的专业、课程和授课方式，以及较低廉的学费，满足了战后大量转业军人，及在较短时间内掌握一种专业或充实文化科学知识的女性的教育需求，短期大学在成立后迅速发展壮大。至2010年，日本有短期大学395所，学生155 273人，其中89%为女生。

20世纪60年代，为达成《国民收入倍增计划》提出的10年经济翻一番的要求，社会上需要大量高质量的中级技术人才，1972年文部省决定建立高等专科学校，主要设置机械、电气、土木、建筑、金属等学科，招生对象是初中毕业生，基本上都是男生，学制为5年，前3年为高中，后2年为大学阶段。毕业后90%以上的学生直接就业，少数继续深造的毕业生可直接插入大学3年级。从批准成立至1982年的10年间，高等专科学校共培养出中等技术人员11万余人，基本满足了产业界对专科人才的需要。

1976年，日本又设立了专修学校，学习年限为一至三年。设三种课程：专门课程（属于高等教育结构，招收高中毕业程度者）、高等课程（招收初中毕业程度者）、一般课程（无入学资格限制）。专修学校因其可在较短的学校时限内颁发资格证书而广受社会欢迎,成立后的第3年(1978年)学生人数就达到40万。

除了上述所提到的四种形式外,日本还建立了其他新型大学,比如技术科学大学、图书馆情报大学、体育大学、教育大学等。经过三十多年的变革,日本逐步设立了以上述四种类型为主体、多渠道多种形式并存的高等教育形式结构,它们适应了经济发展和社会就业形势的变化,服务于不同群体的个性化教育需求,为社会培养不同层次、不同水平的人才,共同致力于促进高等教育入学的公平。

(二) 优化多样化的分流层次结构,保障各层高校的质量

上述各种高等教育形式各有其独特的层次选择及培养目标。四年制大学特别是国立大学,提供本科和研究生教育,以学术研究为中心,坐拥全国重大科研设施和项目,在日本高等教育和科学研究方面发挥着重要的作用,为日本拥有世界级一流的高等教育做出了重大贡献。短期大学的学科设置偏重于家政类、教育、法商等人文社会学科,是日本实施文化教养、妇女教育及职业预备等教育的综合性教育机构。高等专科学校、专修学校及其他新型大学主要在于提高文化素养或职业及实际生活中所需的技能,属于专科性质的学校。

与此相对,日本研究生教育质量堪忧。20世纪80年代中期,日本经济已经迅速超过英、法、德等西方国家,跃升为仅次于美国的第二大经济强国。但80年代末日本经济陷入低迷期,以IT产业为标志的高科技领域与美国相比处于下风,日本70年代确立的"技术立国"神话破灭。经反思,人们意识到日本经济赖以重振的基础研究和高等教育,特别是研究生教育出了突出的质量问题[①]。为此,从20世纪90年代开始,为培养高端人才,提高高等教育质量及国际竞争力,大学审议会先后拟定了《关于研究生院数量整备》(1993)、《21世纪的大学及今后的改革方策》(1998)等报告,进行研究生教育及学位制度改革,大力发展研究生教育。

---

① 孟卫青,吴开俊. 日本研究生教育质量评估体系的转型:经验与问题[J]. 继续教育研究,2010(6):65-66.

研究生教育制度改革主要包括创设研究生院大学，成立独立研究科，实行"研究生院重点化"。研究生院大学是指没有本科教育而只实施研究生教育的大学，有利于集中教育资源提高研究生教育质量。不同于一般研究科设于学部，教师既要负责本科生教育，又要担负研究生教育，独立研究科是指独立于学部的研究科，教师只负责研究生教育。"研究生院重点化"则改变过去教师属于学部的旧制度，建立教师属于研究科、重点负责研究生教育的新制度。同时，文部省依据研究科分配大学经费，而不再依据学部，这也有利于提高研究生教育经费。

同时改革博士学位授予制度。去除一直以来加在"博士学位"头上的神圣化光环，认为博士学位只是对研究者丰富学识和高深研究能力的肯定，并修改博士课程，降低博士学位门槛，增加博士学位授予量。在政策推动下，研究生教育规模迅速壮大，2008年在校研究生数量达到了224 000人，其中在校博士生为74 000人[①]。改革后，研究生入学资格及教育年限趋于弹性化。日本大学审议会在《关于研究生教育制度的弹性化》规定，在大学学习3年以上并修足必需学分的大学生可以参加研究生入学考试。本科毕业以后从事过两年以上研究工作且取得了一定成果的社会人士可以参加博士研究生入学考试[②]。

专科和本科教育的不断完善、研究生教育制度、学位制度的改革，丰富了日本高等教育的层次结构，有利于专业技能型、应用型、研究型等各层次人才的培养，保障高等教育培养过程环节的公平。

(三) 调整多专业的分流类型结构，保障各类学生的质量

20世纪50—70年代，日本进入以重工业、化学工业为龙头产业的经济高速发展时期。而此时的高等教育却重文法、轻理工，自然科学和工程技术教育发展滞后，远不能适应经济发展对职业、科技人才的需求。1957年理工科大学生占大学生总数的百分比为21.9%，而英国为

---

① 叶林. 日本博士生教育的现状及启示 [J]. 清华大学教育研究，2009 (5)：96-97.

② 刘向虹. 20世纪90年代以来日本研究生教育改革与发展探析 [J]. 日本问题研究，2007 (2)：35.

44.5%，联邦德国为 41.6%，法国为 44.3%①。基于日本高等教育不合理的科类结构，应经济界的要求，日本政府陆续通过了《关于振兴科学教育方案》（1957）、《国民收入倍增计划》（1960）及《大学教育专业结构调整计划》（1960），增设理、工科科系，扩招理工科学生，扩充科学技术教育规模并提高质量。至 70 年代中期，理工类大学生比例已超过 40%，日本大学科类结构得以初步完善。然而自 20 世纪 80 年代中后期起，由于经济泡沫经济盛行，日本又出现"逃离理工"现象，即使是理工科学生在择业时也普遍逃离制造业，这使得高等教育理工科的培养数量及质量远远不能满足企业的要求，进而导致日本产业结构失衡。

为扭转局势，日本政府确立了理工教育振兴战略，进一步加强理工科人才培养。2006 年的《第三期科学技术基本计划》（2006—2010 年的日本科技发展基本方针），要求在大学、高等专门学校、专门学校中加强实践性地培养技术人才②。文部科学省从 2007 年开始实施"数理学生支援工程"，开发应用于大学理科系的特殊考试方法与教育项目，以便进一步有效培养理工人才。研究生教育也向理工科的倾向，如 2005 年度日本在校研究生人数的专业比例为工学 31.3%，工、农、理、医共 58.3%，人文艺术与法经共 26.9%（法国 2003 年理、工比例为 50.1%，英国 2002 年比例为 43.6%）③。

通过不断调整科类分流结构，日本大学在稳步发展人文社会学科的基础上加强理工科建设，既满足了学生个人的不同个性与兴趣追求，又满足了日本经济社会发展对高科技人才的需要。而"能根据学生个性与基础的差异因材施教"④是教育过程公平的体现，培养出符合社会需要的人才是对教育结果公平的诉求。而所谓质量，在一定意义上就是满足

---

① 庞笑萌，张艳. 日本高等教育结构发展对我国的启示 [J]. 高等农业教育，2009（10）：83.
② 臧佩红. 日本近现代教育史 [M]. 北京：世界知识出版社，2010：400.
③ 臧佩红. 日本近现代教育史 [M]. 北京：世界知识出版社，2010：401.
④ 董泽芳. 教育分流的理论探析与模式构建 [J]. 中国教育科学，2014（4）：112.

个人与社会的需求的程度。从此角度出发，日本构建的多专业的分流类型结构，同时适应了个人与社会的发展水平，既是对教育过程、教育结果公平的实现也是对教育质量的追求。

三、改革高等教育分流操作策略，争取在提升质量基础上增进公平

高等教育分流的操作策略主要包括选择策略、分化策略、培养策略与用人策略。日本的高等教育分流操作策略以提升质量基础上增进公平为主旋律，主要体现在灵活多样的选择策略增进入学机会上的公平、因人而异的培养策略增进人才培养中的公平以及各方协力的用人策略增进人才使用中的公平。

（一）实施灵活多样的选择策略，增进入学机会上的公平

一直以来日本的大学入学考试都非常注重学力。90年代以来，随着适龄入学人口的减少，日本开始改革入学考试，尝试从测定学生能力、性向、综合素质等多样化角度灵活选拔入学者。目前，日本的大学入学考试主要有以下三种方式。

1. 一般入学考试。分为两部分：统一的大学入学考试中心考试（NCUEE）与各大学自主考试。NCUEE于1990年开始实施，其前身是"共通一次性学力考试JFSAT"。JFAST是从1979年起由大学入学考试中心主持的全国统一考试，包括6大科目：国语、数学、外国语、公民、理科、地理历史，下面又细分为三十多个小子目。各大学或学部及考生均可在其范围内自主选择学科和科目参加考试。大学自主考试则由各大学自行选择1—3个科目[①]，采用口试或论文等方式。此种考试基本采用"分离分割"式，考生可有前后多次机会参加考试。注重统一性与自主性相结合的一般入学考试是日本重要的考试形式。据文部科学省公布的"2007年度各类大学新入学者中，参加大学入学考试中心考试的入学者与总入学人数的比例状况"分别是：国立大学为84.9%、公立大学为

---

① 周琴. 日本大学入学考试制度的历史沿革及现行模式评介[J]. 湖北招生考试，2006（12）：61.

76.1%、私立大学为49.6%①。可见大学入学考试中心考试在日本的普及程度。

2. 推荐入学。类似于我国的保送制度，推荐入学是指仅通过推荐参加大学的单独选拔而被直接录取的一种入学制度。2007年，日本所有推荐入学的学生占总入学生的35.7%。推荐入学不以学生的学历测验成绩而以调查书、推荐书、面试、小论文、学科测验等作为录取的主要依据，可以全面掌握学生的情况，既有利于大学教育与高中教育的有效接续，也利于选拔出有专长或特殊才能的并符合高校需要的学生。

3. AO（Admissions Office）入学考试。日本AO考试时间及方式都较灵活，大致可以分为三种类型。第一，体验型。学校根据考生在入学前的模拟专题研究课程中的表现进行评判。第二，选拔型。学校对考生提交的小论文或者报告及申请理由进行面试，考察其入学动机。第三，对话型。这是日本AO考试的主流。学校与考生就入学后的学习、课程等进行面谈，以了解申请者的个性、志向与选择动机。在此基础上，判定是否许可入学。2006年日本有425所大学引进AO考试，2007年增至454所。可见，AO考试已成为日本大学选拔学生的重要方式之一。AO入学考试不甚注重学生的学历水平，而重视性向、能力的考察，有助于真正选择到个性化的人才；具体选择方式灵活多样，有利于学校充分发挥自主性，选拔到适合自身的学生；同时，"入学前教育"的设置有助于弥补对学科专业知识考察的不足。

由此可见，日本多样化的大学入学考试制度较好地保障了教育机会公平。"第一，参加入学考试的权利对大部分的青年敞开，并且选拔基准也是客观、公正的考试分数。第二，入学考试的成绩不是由生来的能力决定的，它反映为入学考试准备的努力。"② 在学生的学历水平之外，注重对素质、能力、性向等的考察，也有利于发现每个学生的闪光点，从而有针对性地加以培养，使人人都有人生出彩的机会。

---

① 温芬. 战后日本大学入学考试制度的发展轨迹 [J]. 中国电力教育，2010 (18)：49.

② 金子元久. 经济发展与大学考试：效率性与公正性 [J]. 刘文君，译. 全球教育展望，2001 (8)：77.

(二) 注重因人而异的培养策略，增进人才培养的公平

日本高校在分流培养人才环节尤为注重分流施教，以培养充满个性且卓越的人才。其主要措施有：

1. 进行本科课程综合化改革。二战后，日本学习美国的课程模式，在高等教育中引进了通识教育。大学前两年只开通识课，后两年才开专业课。这种分段课程模式在现实中存在许多问题。例如，普通教育课程过分整齐划一，普通教育中的教学和研究相脱离，普通教育课程和专门教育课程很难有机衔接等[1]。1970 至 1973 年文部省连续三次修订《大学设置基准》，强调专业基础教育，主张在大学实行"四年一贯"制教育。但仅停留在探索、试验阶段。日本高等教育课程改革的真正转机是在 1991 年《大学设置标准》的修订。改变以前四年制的本科课程中通识课和专业课相互隔离状态，规定可以按照实际需要开设相应的课程。各个大学可以有自己的自主权，按照自身情况编制课程表。"四年一贯"课程改革改善了之前专业分流过晚的状况，可使学生提早接触到专业领域，有利于提高专业人才培养质量，也为此后的专业转流争取了先机。

2. 实行弹性培养制度。"弹性培养"首先表现在灵活的学制。研究生的课程学习时间也很灵活，以一年为基本时间，超过一年可以根据需要继续学习。2002 年开始取消了原"跳级入学"（"跳级入学"是指经认定有特殊才能的高二年级以上学生可直升大学）制度中对科目领域的限定，从原来的只局限于物理学科逐渐向尖端工学、人类精神科学等领域扩大[2]。其他措施包括扩大秋季招生比例、扩大学分认定范围、实行学分累加制度等。作为每年 4 月份招生的补充，扩大秋期招生、允许学生插班入学的措施在最大限度上吸纳了包括高中毕业生在内的多种生源。学分互换制、扩大学分认定范围的措施有利于灵活处理学生的插班、转学、跳级、留级等转流问题。各个高校大量的开设选修课，第二专业，

---

[1] 贺国庆，王保星，朱文富，等. 外国高等教育史 [M]. 北京：人民教育出版社，2003：627.

[2] 何致瑜. 国际教育政策发展报告 2004 [M]. 天津：天津人民出版社，2004：232-233.

双学位等加强了各高校之间的合作,使"学分互换"、"跨校择业"、"联合培养"成为可能。

3. 高校间联合培养,扩大分流方式。为充分利用有限资源,优势互补发挥集群优势,提高教育教学质量,近年来日本高校间兴起了联合办学风潮。1998年京都地区的国立、公立、私立大学及短期大学共46所在京都设立了京都大学联合体。它的主要任务之一是实现了全国最大规模的学分交换制度,学生们可以在其他的机构学习一些特色科目,如多角度探讨京都问题的"京都学"或"二十一世纪学"等。2003年,共开设了401个科目,学生达到9 774人。此方面的典范还有一桥大学、东京工业大学、东京外国语大学、东京医科大学、东京艺术大学等五所国立大学的合作。首先,允许学生在三年级跨校选择新专业。其次,学生可获不同学校不同专业的双学位,称为"双学位"式专业分岔。再次,实行联合授课。另外开设交叉学科课程,共同授课[①]。大学实行联合办学,可整合教育资源,协同提高教育质量,也丰富了专业门类,扩大了专业分流方式,有利于个性化人才培养。

(三)形成各方协力的用人策略,增进人才使用的公平

长期以来,日本政府和大学都不直接对大学毕业生的就业负责,而实行自由就业制度。随着1998年起大学毕业生就业难时代的到来,政府、高校和社会都非常重视大学毕业生的就业问题。在此过程中,逐渐形成了由文部科学省主管、厚生劳动省协管、大学就业指导部门为中心、企业提供支持、就业考试予以保障、大学生积极参与的就业援助体系[②]。

日本有国家专门机构提供就业服务。文部科学省高等教育局设有学生科专门负责毕业生就业管理工作。厚生劳动省在全国各主要城市设有"学生职业中心"负责大学毕业生就业。之外,还建立了众多就业咨询

---

① 李兴业. 七国高等教育人才培养:法、英、德、美、中、日、新加坡模式比较[M]. 武汉:武汉大学出版社,2004:189-190.

② 董亮,罗明明,钱晓. 日本促进大学生就业的经验及其启示[J]. 教育探索,2012(9):156.

服务机构。比如日本人才介绍事业协会有 409 个分支机构，可以在全国范围内广泛提供就业咨询服务。2004 年 7 月厚生劳动省推出"青年就业基础能力支援项目"（Youth Employability Support Program），通过"认定讲座、考试"制度，对合格青年颁发能力证明证书，帮助青年获得企业所需的技能。

日本大学内部设有就业指导部门，专门负责大学生就业工作，还配备专职的就业指导人员指导学生的就业工作。同时，越来越多的大学引入就业体验制度，扩大学生与企业、社会的接触。日本很多高校也开始建立就业服务体系，提供就业信息资料，建立就业咨询室，广泛开展就业咨询活动，开设就业指导课和就职专题讲座，针对用人单位要求开展指导，组织检查和模拟考试，组织学生深入用人单位开展就业实习活动等措施。

企业建立公平的录用制度支持毕业生就业工作。首先表现在按照法律规定和合理程序进行录用。同时，建立与大学间的信赖、合作关系和信息交流体系，大学通过企业的反馈对其课程设置、培养目标等进行修正。很多企业还积极参与大学的就业体验制度。21 世纪初大学与企业达成协议，双方约定共同服务于大学毕业生就业问题。其次，就业考试在公平合理分配人力资源、规范大学毕业生就业秩序方面发挥着重要作用。大企业在录用大学毕业生时通常会采用综合个人调查、笔试、面试等等。这种选拔方式偏重对毕业生综合素质或某方面特殊才能的考察，有利于人尽其才，保障人力资源的合理安排与使用，有利于保障大学生就业的公平与公正。

四、从日本第三次高教分流模式改革中得到的启示

总结日本以公平与质量并重为目标的日本第三次高等教育分流改革中的经验，可以为我们今天推进高等教育分流改革提供借鉴。高等教育分流模式的不断完善需要有健全的国家宏观调控机制、有力的社会配合机制与灵活的高校自主调适机制。下面着重谈谈这三方面的启示。

（一）重视国家顶层设计，加强高教分流的宏观调控

高等教育分流模式的完善既有"市场"调节，更离不开国家"计

划",亦即国家的宏观调控。日本非常重视国家对高等教育分流活动的宏观调控。这种调控主要通过政府颁布的各种法规、法令和政策来体现。这里不得不提到日本众多的政府咨询机构,日本政府的许多方针政策都是首先由咨询机构提出的。1948年日本政府就根据《国家行政组织法》,在所有涉及公共问题的领域设立了相关咨询审议会,以致有人将战后日本国家行政制度称为"审议会行政制度"[1]。1984年临时教育审议会作为直属内阁的教育咨询机构成立。在其存在的三年时间里,召开大小会议数百次,并先后提出了四份咨询报告,成为政府高等教育改革的重要参考。在其完成使命后,文部省于1987年设立大学审议会。大学审议会成立后就大学教育、研究的"高度化"、"个性化"、"活性化"等方面提出了建议报告,成为90年代日本政府进行高等教育改革的主要依据。日本政府正是通过众多咨询机构的建议报告进而制定政策来加强对高等教育公平与质量的宏观调控。

(二)引入社会竞争机制,提高高教分流的教育质量

日本不仅国家重视对高等教育分流的宏观调控,同时注重调动社会各界的力量来配合。

首先是经济界对高等教育分流改革的支持。如国立大学的法人化改革便是由日本内阁的"经济战略会议"、"科学技术会议"直接提出并促进实施的。

为应对由"少子化"带来的生源大战,提高高等教育效益化水平,由日本政府倡议、社会积极拥护在各高等教育机构间引入竞争与评估机制。1998年大学审议会的报告中提出"在竞争的环境中彰显大学的个性",力图将从前以确保统一性为最低水准的体制转变为以自我负责的多样化发展为根本的新体制[2]。与此同时,在大学中引入由第三者客观评价的竞争机制,其典型当属前文提到的"21世纪COE计划",只有通

---

[1] 胡建华. 大学审议会与日本高等教育改革[J]. 中国高等教育(半月刊), 2001(12): 42.

[2] 何致瑜. 国际教育政策发展报告2004[M]. 天津: 天津人民出版社, 2004: 230.

过"21世纪COE计划"委员会审查的研究基地才可获得政府补助金。

一直以来日本大学在管理运营上实行内部自我评价制度,大学自我评价对改善大学教育状况,特别是课程与教学方法改革起到了积极的促进作用。但是随着时代的发展,自我评价制度的不足与局限逐渐显露出来。1998年大学审议会《21世纪的大学与今后的改革方案》咨询报告认为,"为了使社会更清楚地了解大学的活动状况,有必要专门设置评估机构,实施公开、透明的大学评估制度,建立多元化的评估体系"。根据这一建议,日本最终于2000年3月成立了大学评估·学位授予机构,重点对大学整体形象、学科领域的教育与研究状况等进行外部评估。大学评估·学位授予机构不同于一般的政府机构,它是具有高度独立性的学术机构,其成员主要由大学校长、教授等学者专家组成,纯粹从学术的角度实施大学评价。

竞争机制及社会第三方评价制度的引入,使大学(特别是国立、公立大学)从政府的"庇护"中脱离出来,与私立大学一起经受市场的考验,将高校利益获得直接与教育质量挂钩,从而刺激高校自觉调控分流体系,以提高分流培养人才的质量。

(三)鼓励高校自主调适,保障分流培养人才的特色

21世纪以来,随着产业结构的变化,学龄人口的减少,高等教育国际竞争的不断加剧,日本高校特别是国立大学积极开展改革,不断完善其自主适应机制,争取办学自主权以谋求发展。2003年日本国会通过《国立大学法人化》等提案,规定从2004年4月起开始实施国立大学法人化改革。改革后,国立大学与政府之间关系、国立大学内部管理体制及国立大学经费来源等方面都发生了变化[1]。国立大学将具有独立的法人资格,并从国家行政组织中脱离出来,在运营与管理上享有高度的自主权,从而营造大学间相互竞争的氛围。

办学自主权是高校办出水平、办出特色的重要前提。在经济全球化和国际化大背景下,高校特别是国立、公立大学的办学自主权受到极大

---

[1] 胡建华."国立大学法人化"给日本国立大学带来了什么[J].高等教育研究,2012(8):93.

限制。如何顺应不断变化的外部环境，培养高质量人才一直都是各高校努力的方向。首先在录取新生环节，各高校基本可以自由选择考试方式及时间，或采用大学入学考试中心考试，或接受中学校长的推荐，或通过 AO 考试招录到适合本校特色的学生。高校在学科、专业及课程的设置方面也享有足够自由。例如，东京大学于 1998 年成立了新领域创新学科，2000 年又统合相关专业，设置了"学际信息学府"①。2005 年《日本高等教育发展规划》规定除了医师、牙科医师、兽医、教员、船员等五个行业的招生名额由国家进行限制外，其他行业均可以自由设置学科、专业及课程。越来越多的高校开始自主开设新兴学科，自由设置相关专业，进行自主化教学。高校办学自主权的扩大，有利于高校以更加积极的姿态参与市场竞争，调整高等教育分流活动，以培养出符合社会需要的高质量人才。

第四节 发达国家高等教育分流追求公平与质量的共同特点

公平与质量并重的高等教育就是面向大众、机会公平、重视个性、多元发展、理实结合、知能并重，突出创新能力和应用技能培养、促进人人成功的教育。为达此目标必然要求高等教育合理分流。高等教育合理分流涉及分流的主体、机构、对象、目的、策略、形式、结构和功能等多个要素的协调配合。以美、英、德、法、日五国为代表的发达国家的高校教育质量在世界大学排名中始终位居前列，他们高等教育分流亦特色明显，在面向全体、关注差异、兼顾创新人才和技能人才培养、促使人人成功，进而推动经济发展、维护社会公平等方面成绩显著。分析他们高等教育分流特点，借鉴其经验，对改革我国的高等教育分流，实现公平与质量并重的目的具有重要的参考价值。

一、多元参与的分流主体

高等教育分流主体是指与分流有利害关系的各利益主体，即国家或

---

① 胡乐东. 东京大学：在保持传统中变革［J］. 上海教育，2013（14）：63.

代表国家的专门机构、高等学校、中介机构、高中以及学生等。政府是教育分流的调控主体。为了保证分流的公平性，以及能够反映国家对人才的需求，五国政府都十分重视通过立法、政策、成立专门机构和资源配置等手段来调控分流的流量（招生规模）、流向（保证人才结构的均衡以及与社会经济发展需求相匹配）和选择标准（指导性政策、规范及建议等）。如美国各州的立法机关会通过事前审计、过程审计和终期审计等形式来控制大学的分流计划、项目实施。日本文部科学省通过推行"远山计划"、实施"21世纪COE计划"、"高质量大学教育推进计划"，成立"21世纪COE计划"委员会统一计划、领导高等教育分流的实施。高校是教育分流的实施主体。以什么标准、方式、选择什么学生进入什么流层、流向，只有高校最清楚。五国政府都十分重视保证高校有权独立自主地选择自己中意的学生。如美国名校阿姆赫斯特2004学年经过漫长而艰难的选择，发出了1 034封录取信，但有一半以上的被录取学生拒绝了该校的"盛情"，最终只有393名学生决定前来就读。中介机构是教育分流的协调主体，其主要功能是根据国家关法规和政策，组织各种测试，收集相关信息，为高校提供选择依据，为学生提供选择信息。这种机构的构成与运作因国情不同而有所差异：美国的"教育考试服务中心"（简称ETS），就是世界上最大的中介机构，为美国高校选择海内外学生提供重要的选择信息；英国的大学招生委员会（UCCA），主要任务是为大学招生和准备升大学的学生提供服务，协调各大学的招生工作，保证大学招生工作顺利进行；德国高等教育入学资格证书考试（Abitur，亦称会考）委员会就是根据国家标准，在各州教育部长的监督下由各中学校长独立组成的考试机构，高校并不参与其中；法国出台《科研规划法》，倡导建立高等教育与研究轴心（PRES）合作，制定《大学自由与责任法》，强调大学对学生进行分流指导，学生是教育分流的参与主体。五国高校都注重依据学生的需要设置分流渠道，关注学生的利益，让学生在教师的指导下自由选择专业，自定学习计划；既重通识教育，又重选修课程，以适应学生的差异发展。

二、形式多样的分流结构

形式多样的分流结构是实现面向全体学生、鼓励多元发展的依托。

就流层结构而言,美国创建了由大学、学院和两年制学院构成的完善的三级高等教育结构,形成了由副学士、学士、硕士和博士构成的完整的四级学位制度。依照《卡内基高等教育机构分类》2010年修订版,美国高等教育分流机构分为6个大类33个小类。就流向结构而言,五国都重视以市场信号为导向,及时调整科类结构,动态适应社会经济发展对人才的需求。20世纪70年代以来,美国为适应经济发展,加快服务行业、卫生福利、商业法律等应用性学科发展,其学位授予比例的年增长率分别为3.9%、2.5%、1.6%,使这几个学科的学位授予数量与该时期美国国民生产总值(GDP)呈现高度的正相关(高于0.9);英国的多科技术学院为了适应人们的需要,采取全日制、部分时间制和工读交替制等多种教学形式;德国私人成人教育机构根据市场需求的变化,加快发展远程教育,大力开设紧缺专业课程。就流域结构而言,五国都注重高校在不同地域分布的均衡性。如美国高等教育发展战略从东海岸慢慢延伸到中部、西部;英国在发展英格兰及威尔士高等教育的同时,也没忽略掉苏格兰和北爱尔兰;德国专门建立学科专业的社会评价机制,所有高校每五年都要接受评估,以更好地将社会的用人与高校的育人功能相协调。就流型结构而言,美国的非正规教育以社区学院为主营地,实施包括高级技术教育、继续教育、特别教育服务活动、企业家培训及合同训练项目等多种形式的教育;法国既重视高等职业教育的发展,突出职业性的流型结构,又强调建立多种学习类型与文凭种类,形成多元化的流型结构,还按照均衡化与集群化相结合的思想调地区布局结构。日本同样注重通过完善多渠道的分流形式结构保障入学的公平与质量,建立多样化的分流层次结构促进教育过程的公平与质量,构建多专业的分流类型结构实现教育结果的公平与质量。

三、广泛适应的分流对象

随着高等教育大众化、普及化的进程与社会结构、人才需求日益多元的趋势,传统高等教育分流偏重精英的选择已不合时宜,于是五国都注重采取特殊措施,将弱势群体、受过中职教育的人群、在职的成年人,甚至退休的老年人等纳入分流对象中来。

一是优待具有特殊身份的对象,如战后美国联邦政府为解决退伍军人就业问题制定了《1944 年军人再调整法》，资助退伍军人接受高等教育，以帮助他们获得一定的专业技能，尽快适应社会生活；20 世纪 60 年代为维护少数民族弱势群体利益美国联邦政府制定了"肯定性行动"，对少数民族学生实施特别招生，保护他们平等的高等教育权。二战后日本建立了一批短期大学，以培养专业技术人才的定位，灵活多样的专业、课程和授课方式，以及较低廉的学费，满足了战后大量转业军人在较短时间内掌握一种专业以及女性充实文化科学知识的教育需求。统计显示，2010 年日本有短期大学 395 所，学生 155 273 人，其中 89% 为女生[①]。

二是推行普职互通，使高等教育招生向中等职业教育打开了大门。英国高校录取证书考试之一的普通教育应用学科证书高级水平考试（GCEs/A-Levels in Applied Subjects），由高级职业教育证书（AVCE）改造而来，是一种普通职业资格证书考试课程，主要面向那些学习能力差，无法达到 A-levels 课程难度要求的学生；德国的高等教育机构有两类，一类是高等院校，另一类是高等专科学校，以高等专科学校为高级阶段的职业技术教育被称为德国教育的"第二根支柱"，主要招收中等专科学校的学生，而中等专科学校的学生则来源于实科中学，为中等职业教育毕业生提供了接受高等教育的机会，体现了教育的公平性。

三是开辟"第二条教育途径"，如战后的联邦德国就为那些因诸多因素没有机会上完全中学的学生开辟了另一条上大学的途径，即允许他们进入业余完全中学、业余实科中学、中学夜校和全日制补习学校等，从而获得上大学的资格。

四是打破高校招生的年龄限制。在德国，有越来越多的退休老年人以旁听生和半日制学生的身份到高等院校学习并获取学位，如慕尼黑大学所开设的"老年人的学习课程"就曾吸引约 1 万多位老年人参加。

五是采取开放入学方式。法国的国家远程教育中心每年接受 35 万学

---

① Shinobu Anzai, Chie Matsuzawa Paik. Japanese Female Students' Perceptions of 2-Year Colleges as a Choice for Postsecondary Education [J]. Community College Review, 2012, p.281.

生报名学习①，其经费预算的30%为政府拨款；美国的社区学院和英国的开放大学招生都是不限学历、不问证书，一切想要上大学的人都享有自愿入学的权利。

四、统筹兼顾的分流目标

新的高等教育质量观强调对社会需求的广泛适应。由于高等教育分流有着多元的参与主体，自然也有着多方面的利益需求与不同的目标取向。五国高校在分流中，都能充分考虑参与各方的利益需求，较好地兼顾精英目标与大众目标、学术目标与职业目标、通才目标与专才目标、经济目标与政治目标、远期目标与近期目标、个人目标与社会目标。在新的形势下更为注重公平目标与质量目标的兼顾。尤为注重根据社会需求优化高校的专业结构、课程结构，促使高等教育既面向大众，又广泛适应多样的个性需求。如哈佛大学强调"为增长才干走进来，为服务社会走出去"；康奈尔大学的校训是"让任何人都能在这里学到想学的科目"。牛津大学前副校长莫里斯·博拉（Maurice Bowra）指出，"当代牛津的基本任务有四：培养领袖人才，科学研究，培养新型的学者和科学家，通过学院传递文明文化"。剑桥大学认为大学存在的原因就是根据需要培养好学生。为此强调理性训练和人格塑造，鼓励学生进行原创性研究，发展创造能力。慕尼黑工业大学则强调在通识教育的基础上，注重将理论与实践结合，加强方法训练，突出能力培养，源源不断地为德国输送了大批推动工业进步的创新人才。法国巴黎高等商校（HEC）面向贫困区的高中生，推出了数项"机会均等"举措。巴黎政治学院（IEPP）推出了"社会混合"招生政策，设立面向优先教育区域（ZEP）的高中生的特别入学考试，注重为中下阶层及贫困学生提供了进入该校的机会。日本许多大学则通过不断调整高等教育的分流结构，既满足了不同阶层子弟对上不同层次、不同类型大学的追求，又满足了日本经济社会发展对各级各类人才的需要。更能根据学生个性、兴趣与基础进行因材施教，较好地将公平目标与质量目标统一起来。

---

① 李亚婉. 法国远程教育：国家实现终身教育的依托——法国国家远程教育中心主任奥立佛·杜格教授专访［J］. 中国远程教育，2004（11）：5-7.

五、注重全面的选择依据

精英化时代的分流选择更多地强调淘汰,只为学习能力突出的人才提供成功的机会,而大众化时代的分流选择则更多地彰显为每个人的发展。五国在分流选择依据上,更多地强调全面考察。在美国,主要采用综合评价甄选学生的方法,也就是全面考核学生的高校入学考试成绩、高中学过的课程及学分、入学申请书和推荐信、面试情况、特殊才能等。美国的高校入学考试由获得普遍承认的民间机构所组织,包括 SAT 考试(学术性向测验)、ACT 考试(美国高校测验)和 AP 考试(学业成绩测验)等。其中 SAT 考试和 ACT 考试是美国多数大学录取新生时的重要参考因素,它们主要考查学生已经具备的知识水平和分析解决问题的能力,学术水平较高的研究型大学一般规定所录取新生的 SAT Ⅰ 的成绩应在全体考生的前 10% 以内。美国大学招生注重从整体上考察学生,注重中学校长或教师的推荐信,"如果在推荐信中提供了虚假的信息,则有可能被学校解雇,甚至被起诉"。此外一些著名大学在录取前还要对学生进行面试,直接考核学生的常识、修养、特长等因素,如哈佛前校长陆登庭所说:"哈佛认为,一个好的学生不仅在学术方面优秀,在其他方面也应该优秀。如果这名学生不仅在学术上有造诣,同时在艺术方面有所长,如会拉小提琴,哈佛在招生时将更愿意考虑。"英国和德国则采用以中学毕业证书为选择依据的证书资格型方式来进行选拔。英国的证书由学生在中学阶段参加校外公共考试所获取,分成以下三种类型:①中等教育普通证书考试(GCSE)。这是英国统一的 16 岁考试制度,其主要参加者是在公立学校完成 11 年义务教育后的学生,考试目的在于证明学生成功的方面,帮助他们认识自己的知识和能力水平,为他们选择流向高校或就业提供参考。②普通教育证书高级水平(A-levels)和普通教育证书补充水平(AS)。这是有关学术型证书的标准参照考试,主要对具有较强学习能力的中六学级学生学业成绩进行评定,目的是使学生掌握与所选修学科相关的知识和技能,在这两类考试中取得优异成绩是升入高等院校的重要保障。③普通教育应用学科证书高级水平考试(GCEs/A-Levels in Applied Subjects),由高级职业教育证书(AVCE)改造而来,参照 A-Levels 分成 AS 和 A2。它是为那些学习能力差,无法达到 A-levels 课程难度要求的学生所开设的全日制普通职业资格证书考试课程，开设课程涉及广泛的职业领域。德国的证书考试则是由各中学校长组成的考试委员会独立主持的中学毕业会考（Abitur），拥有中学毕业证书就等于获得了上大学的机会，某些热门专业的限额招生还会依据大学组织的笔试面试成绩以及学生等待时间的长短来进行选择。法国实施了新的 LMD 学制以来，无论普通院校还是精英院校，都注重采用民主化的招生方式依据学生多方面的成绩来选择学生。日本的大学入学考试一直非常注重学力。但 20 世纪 90 年代以来，开始改革入学考试，尝试从测定学生能力、性向、综合素质等多样化角度灵活选拔入学者。目前，日本的大学入学考试现在主要有一般入学考试、推荐入学与 AO 入学考试三种方式。

六、适时适度的分流策略

公平与质量并重的高等教育不是要把大家拉平，而是要因人、因地、因时制宜地让每个人受到适当的教育。考察五国，在分流时间的选择与分流比例的确定上较好地做到了适时适度。美国大部分名牌大学都采用"进校后分流"的做法。如哈佛大学在第一学年末选择专业，普林斯顿大学是在第二学年末，麻省理工学院既可以在第一学年春季学期也可以在第二学年结束前选择，斯坦福大学则是在第三学年开始时才确定专业。因此，美国大学在招收本科生时很有特点，学生们考取的往往是某某大学而非某某大学的某某专业，学生入学后没有固定的班级。在选定专业后，如果发现与自己原先的期望或兴趣不符，学生仍有重新选择专业的自由。美国各大学对转专业的规定是非常灵活的，如在斯坦福大学和麻省理工学院，学生可以根据兴趣的转移随时更换专业；在哈佛大学直到最后一个学期提交学位申请的截止日期之前学生都可以任意转换专业；在普林斯顿大学则既能改变系科，还可以在文学士和工程学士之间转换。英国高校的学制一般是 3 年：第一年是必修基础课程，第二年是专业基础课程，第三年是专业方向课程。必修课程是所有学科的学生都必须修习的，在第一年末进行跨学科专业转流；专业基础课程则是在某一学科内的所有专业方向所要修习的课程，同样根据其学习情况在第二年末进行学科内部的专业方向转流。为促进学生自由选择，英国新大学进行了一系列重大改革，如在教学体制方面，不设严格按专业划分的系科和学部而实行跨学科的学院制；在课程设置方面，更关注课程结构的多样性和内容的灵活性，这样更方便大学生的专业转流。德国高校则奉行宽进严出的制度，在教学过程中要求严格，各大学和专业始终保持一定的淘汰率。如亚琛工业大学推行通识教育，实行大类招生。学生入学后，前两年学习基础理论课程，通过所有的课程考试和一项所谓的"硕士前考试"后，才能在第三年分流进入自主选择的专业领域学习。在这个过程中，学校根据学生的课程考试和"硕士前考试"考试成绩以及学生的专业选择对学生进行了再次分流，成绩合格者进入自主选择的专业中继续学习，不合格者被专业分流淘汰，或转专业，或经过一年的实习流入社会就业，在亚琛工业大学因为硕士前考试不能通过而不能如期毕业的学生比例近50%。法国高等教育传统学制为"三阶段式"，即第一阶段为通识教育，第二阶段为专业教育，第三阶段为高级人才教育。博洛尼亚进程开始后，法国采用了欧洲学分转换和积累体系（ECTS）。从实行"三阶段分流"到"灵活转流"，使分流时机趋向灵活化，有利于学生跨专业、跨学校、跨区域学习，满足了学生向社会上层流动的需要；加速了法国融入"欧洲一体化"进程。日本则是实行灵活的"弹性培养"学制，以及扩大秋季招生、扩大学分认定范围、实行学分累加、允许学生插班、允许"学分互换"、"跨校择业"、"联合培养"等制度，使学生因时、因地、因人制宜得到合理的分化与培养。目前我国大学多是采取"一次性分流"或是"入学分流型＋中期分流型"的模式，这不仅限制了大学生分流的时机，也减少了高等教育过程中分流的次数。因此可在分流"入口环节"采取"开放入学"，在中间环节将整个教育过程分为多个阶段，通过逐次考试淘汰选拔，促使学生流层升迁，这样既能保证平等的入学机会，有利于推行"大众教育"，又能保证优秀人才的选拔，促进"精英教育"，实现大学生的不断升迁层次、逐步确定合理的职业流向，使不同层次和类型的人才各施其才，同时也提高了学生自主学习与职业规划的积极性与竞争性。

七、自主灵活的培养制度

自主灵活的培养制度是实现合理分流、因材施教的重要前提。培养制度包括选修制、学分制和导师制等。选修制起源于德国,其主旨在于倡导学生的自由选择,鼓励学生的个性发展。支撑选修制的是学术自由的理念,这种理念既强调教师的教学科研自由,更重视学生的学习自由,包括选科、选择教师和转学的自由。美国是世界上最早实行学分制的国家,其选修制大致演变成四种类型:自由选修的全开放型、规定选修课占20%—40%的半开放型、专业领域主修+其他领域辅修型、按学科大类分组选修型。最后一种是强调专业课与通选基础课并举的课程选修形式,目前大多数高校采用的是这种类型。选修制的成熟催生出学分制。学校对不同类别的课程规定了相应的学分,学生可以跨专业、跨院系选修,只要完成各类课程规定的学分即可毕业,并且学分在不同大学之间可互认,这样可以有效避免课程学习的重复性,能较好地满足学生多元发展的需要。导师制在促进学生自主选择学习内容、自主规划学习进度中起到重要作用。导师制最初起源于英国的牛津大学,牛津大学的导师制发展至今已颇有特色:新生一到校,学院就会为他指定一个导师,配备有专门的导师房间,规定学生每星期与导师见一次面,历时约一小时,有时一对一,有时与两三个学生一起,或答疑或讨论。牛津大学校长柯林·卢卡斯(Colin Lucas)曾这样描述他的导师:"他们所教授给我的,就是让我去思考,他们从不给我答案,他们会说你怎么认为?我则说我不知道,然后他们说去读读这几本书,然后回来告诉我你怎么认为"。总之,导师所关注的不是教给学生多少知识,而是教会学生如何去探究知识、培养学生的创造性思维。法国的大学校注重与产业界合作的培养制度,在培养计划、专业设置、教学内容、方法选择与实践性教学等方面,大学校与产业界都有很大的自主权。日本主要实行弹性培养制度,方便学生因情制宜地进行插班、转学、跳级、留级,以及不同大学之间"跨校择业"、"学分互换"与"联合培养"。

八、理实并重的培养形式

公平与质量并重的高等教育分流,不仅重视精英人才的培养,更要重视实用技能型人才的培养,因此特别提倡理论与实践相结合的培养形式。为了培养更多实用技能型人才,五国都鼓励学生通过社会实践活动来培养和锻炼实际能力。

美国高校极为强调"合作教育",即在高校、学生、雇主之间建立起一种合作关系,把高校课堂教学与工作实践结合起来。作为合作教育发源地的辛辛那提大学现在已形成了三大特点:一是教育性目标,即重视学生从相关的工作经验中加深对所学知识的理解与巩固,强调为学生未来就业做准备;二是结构化培养,即全日制学习学期与全日制工作学期交替进行,要求学生参加4至6个学期的合作教育,在合作教育时期必须将工作任务与其学业目标、职业目标紧密结合;三是集中式管理,即学校设有专门的合作教育项目的管理部门——专业实践部门,作为学院、学生与雇主之间的媒介,按学科指导参与合作项目的学生,定期参与学院的教职工会议,会见系主任,反馈学生工作状况方面的信息。

英国职业技术教育重视"三明治"课程。"三明治"课程最早在桑德兰技术学院的工程和船舶建筑系中实施,将课程设计、理论研究、实习与教学融为一体,学生先在校学习,再到企业实践,然后又回到学校学习,这样,既给学生提供了在实践中理解知识相结合的机会,又锻炼了学生的操作技能和创造力。

德国有工科院校与高等技术学院则倡导"工读交替"的培养形式。"工读交替"形式主要有三种:一是工读式,学生在不耽误学习的情况下做兼职,所从事的职业可能与专业有关,也可能无关,以学习为主,兼职为辅,这是为满足大学生兼职的需要而设置的一种交替型模式;二是回归式,学生学习期间可以离开一段时间到社会上创业,之后再返校继续学习,这是为满足大学生休学工作的需要而设置的一种交替型模式;三是实习式,即为满足学生一边学习理论知识,一边到工商企业学习操作技能的需要而设置的一种交替型模式。理实并重的分流培养形式既保证了学生将所学知识在亲身实践中得以体会领悟,又培养了学生参与社会实践的能力,符合实用型高级技术人才和管理人才的培养目标。

法国大学有大学与产业界合作的培养制度。为了找到理论与实践的最新结合点,法国大学与企业界、经济界人士共同协商确定培养计划、专业设置、调整教学内容与教学方法;大学尤其是工程师学校没有指定教材和课本,只有教师自己编写的讲义;授课教师相当一部分是经验丰富的高级管理干部与企业工程师,在教学中能够做到理论和实际相结合，并且学校与产业界人员相互到对方兼职，共同受益，共同发展；学校里设有与专业相对应的工作车间及实验室，学生可以自己设计制作产品，有效提高学生动手操作能力；学生在大学校所进行的研究课题也都来自产业界，较早地接触将来可能遇到的实际问题。

日本则有"产学合作"制度："产"是指产业界，"学"是指大学与学术界，也包括科研机构等。1956年，日本通产省产业合理化审议会提出《关于产学合作教育制度》的咨询报告。同年11月，日本经营者团体联盟发表《关于适应新时代要求的技术教育的意见》，要求政府制定培养适应经济划时代发展的技术员和技工的计划，使大学理工科与产业界紧密联系，把握产业界的要求；产业界对大学师生到现场参观实习等工业教育活动及其研究亦尽可能给予协助。对于学校，产学结合人才培养模式已成为国际职教界公认的应用型人才培养的途径，对于企业，产学结合提高了从业人员素质，减轻了企业改革创新的成本，增加了发展的资本和潜力。

九、多方合作的调控机制

促进公平与质量并重是一项系统工程，有赖于国家、企业、社会与高校的多方合作，必须有一套确保高等教育合理分流的健全机制。

就宏观调控机制而言，五国政府主要是通过立法、行政干预、经济调节、政策鼓励等手段对高等教育分流进行宏观的引导和管理。美国联邦政府自南北战争以来颁布了一系列与高等教育分流相关的法案，如1862年通过土地赠予与来支持农工学院发展的《莫雷尔法案》，1944年解决二战退伍军人就业问题的《1944年军人再调整法》，1958年联邦政府直接拨款资助大学科研及高等专门人才培养的《国防教育法》以及1965年对高校建设、教师培训、学生资助提供全面扶持的《高等教育法》等。英国自1919年成立大学拨款委员会以来，政府同样重视通过制定政策、文件等方式干预高等教育分流，如1985年公布的《20世纪90年代英国高等教育发展》绿皮书、1987年公布的《迎合挑战的高等教育》白皮书、1991年公布的《高等教育：一种新的构架》白皮书、1992年公布的《继续教育和高等教育法》、1997年公布的《学习社会中的高等教育》、2003年公布的《高等教育的未来》白皮书等。德国各州为保障大学的自主权也制定了相关法令,如北莱茵-威斯特法伦州于2007年1月1日起正式实施的《高校自治法》,政府的这些法规政策保障了高等教育合理分流的前提。

就中观适应机制而言,美国的研究型大学、文理学院、一般性综合大学和社区学院;英国的古典大学、近代大学、新大学、多科技术学院、开放大学、白金汉大学;德国的综合性大学、技术大学、师范大学、艺术大学、应用科学大学等都形成了层次各异、形式多样的高等教育分流机构系统,不同高校定位清楚、各司其职,成为面向市场的独立办学实体,灵活地应对市场与学生需求的变化,确保了高等教育合理分流的实施。法国国家设立了大学生就业指导中心,每个地区也都设有大学生就业指导机构,为大学生提供免费的就业指导与服务。日本政府对毕业生就业实行间接控制,其控制手段主要是强化立法和政策引导,而对毕业生就业的微观运行不加干预。日本大学生的就业工作是在政府统一管理下开展的,它主要由主管国民福利和就业问题的厚生劳动省负责,而不是由负责教育的文部科学省承担。

就微观导向机制而言,社会中介机构、高中和教师都能积极参与对学生的分流指导,如美国的教育考试服务中心,通过组织的 SAT、AP、GRE、TOFEL 考试为美国各大学录取提供重要的参考依据。英国、德国、法国和日本的中学也十分重视对学生分流指导,并将学生的平时成绩和毕业考试成绩提供给大学作为招生参考。

十、人人成才的分流效果

公平与质量并重的分流效果最终必须体现在学生人人成才的结果上。"成才"既包括造就大批拔尖创新人才,也包括为社会各行各业培养数以千万计的能够将知识转化为技术、胜任各行各业工作岗位的应用型人才。就前者而言,主要体现在五国诺贝尔奖获得者的人数上。有关统计显示:自 1901 至 2014 年美国在物理、化学、生理或医学、经济、文学各领域获诺贝尔奖人数高达 320 人,位列世界第一;英国在上述各领域获得诺贝尔奖的人数总数为 97 人,居于世界第二;德国该项人数则为 76 人,排名世界第三;法国该项人数则为 48 人,排名世界第四;日本该项人数则为 18 人,排名世界第七。

就应用型人才而言，五国也成效显著。美国的社区学院自成立起就牢固树立了"服务社会"、"关心社区"、"发展社区经济"等办学理念，强调根据社区的需要和就业趋势来设置专业，涉及文、理、工、农、法等诸多方面；在课程选择上它充分利用社区资源，将教学内容与当地情况联系起来，课程种类从计算机、航天技术、石油化工到烹饪、演讲、照顾小孩无所不包，供学生自由选择；在教学方式上尤其注重多样性和灵活性，既可以课堂教学也可以远距离教学，既可以白天上课也可以晚上或周末上课，既可以选择读一学期或者一到两年，也可以三到五年等。社区学院为促进社区各行各业发展培养了大批应用型人才。英国的多科技术学院同样注重加强与地方政府和工商界的合作，具有极明显的应用性和地方性特色，培养了大批具有实践能力的地方一线应用人才。据调查，1973—1974学年至1989—1990学年间，多科技术学院毕业生的就业率都普遍高于大学同期同类数据。德国的应用科学大学（FH）作为区域性高校，以服务地方、面向职业、应用性强、学制短而闻名。专业设置具备鲜明的地域性和行业性；课程内容灵活，一般没有固定教材，不强调系统的基础理论知识的学习，而是注重解决实际问题能力的培养。统计显示，2014—2015年德国425所高等教育机构中应用科学大学有215所，有近一半的信息学和企业经济学毕业生以及大约2/3的工程师都是由应用科学大学培养出来。法国政府为了引导高等教育朝职业性方向发展，出台了一系列规定，提出"应当保证所有大学生在离开高等教育时都具备一种有职业价值的文凭"。1999年法国设立了与研究学士（Licence Recherche）相对应的大学职业学士文凭（Licence Professionnelle），学制一年，招收获得大学技术学院文凭或高级技术员证书或完成普通大学二年级学习的学生，课程以企业实践教学为主，毕业后可直接就业。二战以来，日本不断发展短期大学、高等专门学校与专修学校。战后至2010年，日本有短期大学395所，学生155 273人[①]；

---

① Shinobu Anzai, Chie Matsuzawa Paik. Japanese Female Students' Perceptions of 2-Year Colleges as a Choice for Postsecondary Education [J]. Community College Review, 2012, p. 281.

1972年文部省决定建立高等专科学校，至1982年共培养出中等技术人员11万余人；1976年又设立了专修学校，因其在较短的学校时限内可获得资格证书而广受社会欢迎，成立后的第3年（1978年）学生人数就达到40万。这些为社会培养不同层次、不同水平的技术人才，既适应了经济发展和社会就业形势的变化，也服务于不同群体的个性化教育需求。

第六章 实现公平与质量并重的高等教育分流是一项系统工程

实现以高等教育公平与质量并重为目标的高等教育分流改革，是一项系统工程，需要从坚持正确高等教育价值取向、完善高等教育管理体制、调整高等教育的结构体系、创新高校人才培养模式、实施高校特色发展战略与优化的高等教育资源配置等方面同时着手。

第一节 坚持公平与质量并重的高等教育价值取向

高等教育价值取向是指高等教育主体在高等教育的价值判断基础上根据自身需求来进行高等教育选择时所表现出来的一种价值倾向性[1]。高等教育价值取向犹如一只无形的手，对高等教育中活动的主体起着调节思想情感与指导实践行为的作用，对高等教育发展目标与发展模式的选择乃至整个高等教育都具有重大的影响。在一定时期内，它可以使高等教育向着一定的目标发展，还可以按照一定的价值目标，通过发挥主体的能动作用，创造出具有特定价值的高等教育模式[2]。高等教育发展要实现公平与质量的协调，必须对旧有的发展价值取向进行反思和扬弃，确立起正确的高等教育分流价值取向。

---

[1] 瞿葆奎. 教育基本理论之研究 [M]. 福州：福建教育出版社，1998：410-412.

[2] 董泽芳，黄建雄. 60年我国高等教育价值取向变迁的回顾与思考 [J]. 华中师范大学学报（人文社会科学版），2011（01）：132-139.

一、我国高等教育发展价值取向的演进和反思

（一）我国高等教育发展价值取向的演进历程

从总体上看，中华人民共和国成立后，我国高等教育价值取向基本上是社会本位，前30年主要是以培养革命者为目标的政治本位取向，改革开放后转为以培养社会主义建设者为主要目标的经济本位取向。进入21世纪以来，在科学发展观指导下，高等教育价值取向开始由社会本位向以人为本过渡。为了便于分析，我们将我国高等教育价值取向的变迁历程划分为如下九个阶段。

1. "服务政治"与"培养专才"的价值定位（1949—1957）

中华人民共和国成立初期，百废待兴，新中国需要完成政治革命和经济建设双重任务，但由于面临着国内外反动势力试图颠覆新政权的双重压力，新政府选择了"政治优先"的发展策略。1949年9月通过的《中华人民政治协商会议共同纲领》（以下简称为《共同纲领》）指出，新中国要"为中国的独立、民主、和平、统一和富强而奋斗"，因此，有必要采用"镇压"、"惩罚"、"解除"、"消灭"、"剥夺"、"改造"、"制裁"等革命性措施。

新中国的政治环境使高等教育在价值取向和办学模式上实现了第一次大变迁——从旧教育向新教育转变，建立起以马列主义为指导的"苏联模式"的教育理论体系，强调教育服务政治。《共同纲领》中就明确规定国家文化教育工作的主要任务是：提高人民文化水平，培养国家建设人才，肃清封建的、买办的、法西斯主义的思想，发展为人民服务的思想。并指出了高等教育的任务是：给青年知识分子和旧知识分子以革命的政治教育。在明确的政治取向指导下，高等教育不仅进行了自身系统的体制改造、课程改造、理论改造和知识分子的思想改造，而且师生都参与了系统外的土地改革、抗美援朝、镇压反革命等运动。

经过三年的过渡时期，新中国又拉开了社会主义改造运动和工业化建设的帷幕。由于"一五计划"具有"优先发展重工业，特别是优先发展国防重工业"的特点。为了更好地服务工业化建设，1952年5月，教育部公布了《全国高等学校院系调整计划》，并提出了全国高等学校院

系调整方针是"以培养工业建设人才和师资为重点,发展专门学院,整顿和加强综合性大学",明确主要发展工业学院,尤其是单科性专门学院[①]。同年秋季,大规模的院系调整开始,仅用了不到两年时间就基本完成了调整任务[②]。院系调整为工业特别是国防工业快速发展培养了大量的对口技术人才。

通过一系列的革命和建设措施,我国迅速实现了高等教育新旧体系的根本性变迁。50年代的院系调整,适应了中华人民共和国成立初期紧迫的社会需求,为政治稳定与经济建设培养了大批急需的专业人才。全面学习苏联经验,对我国当时的高等教育发展也产生过一定的积极作用,但是也有不少问题,如管理体制上的高度集中、办学体制上的条块分割、院校结构上的单科分设、教育思想上的功利实用、培养目标上的专业对口、培养模式上的计划统一等,忽视了学校的办学特色,阻碍了学生的个性发展,导致了人才的单一适应性,影响了拔尖人才和创造性人才的培养。

2. "政治挂帅"与"教育跃进"的盲目适应(1958—1961)

1958年及其以后,国家在基本完成生产资料私有制的社会主义改造的情况下,未能及时实现党的工作重点的战略转移,仍然强调国内的主要矛盾是阶级矛盾。同时,由于"一五计划"期间经济的较快发展,促使党内滋生了盲目乐观的情绪和可以"跑步进入共产主义"等"左"倾思想。1958年5月,中共八大二次会议制定了"鼓足干劲、力争上游、多快好省地建设社会主义"的总路线,提出"争取在十五年,或者在更短的时间内,在主要工业产品产量方面赶上和超过英国"的号召,在全国掀起"大跃进"高潮。会后,以高指标、瞎指挥、浮夸风和"共产风"为主要标志的"左"倾错误思想迅速地泛滥开来[③]。1958年9月,中共中央和国务院发布《关于教育工作的指示》,强调了党对教育领导

---

① 李琦. 建国初期全国高等学校院系调整述评[J]. 党的文献,2002(6):56.
② 中央教育科学研究所. 中华人民共和国教育大事记(1949—1982)[M]. 北京:教育科学出版社,1983:70,90.
③ 中央教育科学研究所. 中华人民共和国教育大事记(1949—1982)[M]. 北京:教育科学出版社,1983:210.

的重要性，确立了教育必须为无产阶级政治服务、必须与生产劳动相结合的方针，并对如何实现教育大跃进进行了全面部署。此后，以"政治挂帅"、教育与生产劳动相结合为指导方针的"教育大革命"在全国开展起来。

片面"政治挂帅"的价值取向直接影响着人们对党的教育方针的正确理解，如把"政治"理解为就是阶级斗争和路线斗争，把"教育为无产阶级的政治服务"理解为学校要参与或直接发起政治运动等，由此导致高等教育系统开展"群众性学术批判"，"拔白旗"，"插红旗"，"兴无灭资"，"反右倾"以及"四清"等政治运动。同时，片面强调和简单理解"教育与生产劳动相结合"，把高等教育目标下降为培养"普通劳动者"，学校"开门办学"，师生"大炼钢铁"；学校大办工厂，学生大搞科研，正常的教学活动受到严重冲击；提出"以典型产品带动教学"，导致学生掌握的知识面十分狭窄，学科体系被割裂得支离破碎。

为了实现中央提出的"争取在十五年左右的时间内，基本上做到使全国青年和成年，凡是有条件的和自愿的，都可以受到高等教育"的目标，实现高等教育的跃进式发展，国家采取了大量的非常规方式发展高等教育，如创办"红专大学"、"劳动大学"、"市民学院"等名目繁多的高等学校，实行全民办学、全民上学的"共产主义教育制度"[1]；改变统一招生制度，招收大量工农学生[2]；将生产劳动引入教育计划，工人农民上讲台[3]；采取党政干部、教师、学生"三结合"的专业委员会构成办法[4]，开展师生集体著书立作、编写教材讲义[5]；开展科学研究大跃

---

[1] 中央教育科学研究所. 中华人民共和国教育大事记（1949—1982）[M]. 北京：教育科学出版社，1983：234.
[2] 中央教育科学研究所. 中华人民共和国教育大事记（1949—1982）[M]. 北京：教育科学出版社，1983：213.
[3] 中央教育科学研究所. 中华人民共和国教育大事记（1949—1982）[M]. 北京：教育科学出版社，1983：224.
[4] 中央教育科学研究所. 中华人民共和国教育大事记（1949—1982）[M]. 北京：教育科学出版社，1983：224.
[5] 中央教育科学研究所. 中华人民共和国教育大事记（1949—1982）[M]. 北京：教育科学出版社，1983：230.

进，大搞突击、苦战，开展献礼活动①等一系列教育运动；以非常规方式盲目扩张高校数量。据1958年10月1日《光明日报》报道，仅当年就"新办高等学校八百余所，全国已有高等学校千所以上"，"许多省初步建成了自己的包括综合大学以及工、农、医、师范等高等学校在内的高等教育体系"②。1957年高校在校生为44万，1958年增加到66万人，年增加50％③。1960年上半年高校数增至1 289所，在校生攀升到96万④。

这场高等教育大变迁，虽然在某些局部领域取得了一些成果，如许多高等院校调整了学科，组建了高新技术专业，促进了科研队伍和科研工作的发展；有些高校"真刀真枪"地进行毕业设计，与业务部门开展科研合作，闯出了教学、科研、生产劳动相结合的路子。但由于缺乏经验和急躁冒进，以及对教育客观规律的轻视，造成了许多严重失误。其主要表现在：以"大跃进"的速度办教育，盲目追求学校数量和扩大学校规模，超越了国民经济的承受能力；盲目扩大生产劳动在教学中的比例，贬低教师在教学活动中的地位和作用，导致教学秩序混乱；以群众运动的方式进行教学改革，对课程不适当地大删大改，以"大兵团"方式自编教材讲义，教学质量严重下降；在科研工作中，大搞科技献礼，贪多图快，急于求成，科研水平难以提高；在学术批判上，混淆政治与学术的界限，开展"拔白旗"、"插红旗"运动，挫伤了知识分子的积极性。从总体上来讲，这场变迁给高等教育领域带来了一场灾难，导致教育质量的全面滑坡。

3. "教学为主"与"质量为重"的价值重构（1961—1965）

"大跃进"带来的无序和危害，引起了中央的高度关注。1960年7月

---

① 中央教育科学研究所. 中华人民共和国教育大事记（1949—1982）[M]. 北京：教育科学出版社，1983：217-218.

② 中央教育科学研究所. 中华人民共和国教育大事记（1949—1982）[M]. 北京：教育科学出版社，1983：234.

③ 国务院. 1959年国务院政府工作报告[EB/OL].（2006-02-23）[2018-01-06]. http://www.gov.cn/test/2006-02/23/content_208774.htm.

④ 中央教育科学研究所. 中华人民共和国教育大事记（1949—1982）[M]. 北京：教育科学出版社，1983：278.

中央在"北戴河会议"上,确定了"压缩基本建设战线"的政策。1961年1月召开的八届九中全会提出对国民经济实行"调整、巩固、充实、提高"的"八字方针",决定进行"整风整社"和"大兴调查研究之风",这是新中国社会发展史上的一次重要转折[1],标志着国家建设从盲目冒进时期向调整提高阶段过渡。

在"八字方针"的指导下,1961年9月中央批准了《教育部直属高等学校暂行工作条例(草案)》(简称《高教六十条》)[2]。《高教六十条》不仅指出了当时的高等教育工作存在着"数量发展过快,忽视同党外知识分子团结合作,劳动过多、科研过多、社会活动过多、课程改革不当、教学质量下降"三大缺点,而且明确提出了高等教育的基本任务是"培养为社会主义建设所需要的各种专门人才";学生的培养目标是"具有爱国主义和国际主义精神,具有共产主义道德品质,拥护共产党的领导,拥护社会主义,愿为社会主义事业服务、为人民服务;通过对马克思列宁主义、毛泽东著作的学习和一定的生产劳动、实际工作的锻炼,逐步树立无产阶级的阶级观点、劳动观点、群众观点、辩证唯物主义观点;掌握本专业所需要的基础理论、专业知识和实际技能,尽可能了解本专业范围内科学的新发展;具有健全的体魄"。同时指出当时要着力解决的五大问题,其中,落实"以教学为主、努力提高教学质量"被列为需要着力解决的五大问题之首。

《高教六十条》为高等教育的价值变迁和改革路径指明了方向。首先它指出高等教育的主要任务是教学,通过教学培养人才,这是对高等教育性质的正确认识。其次它强调教育教学质量主要是人才培养的质量,也就是要促使受教育者在德、智、体、美、劳几个方面获得全面发展。再次它强调按照教育规律来组织教学活动,如提出教师在教学活动中的主导作用;提出应把政治问题、世界观问题与学术问题划分开来,以使教师可以大胆教学;提出教学工作的基本规范,包括高校应制定教学方

---

[1] 中共中央党史研究室. 中国共产党大事记·1961年[EB/OL]. (2014-10-15) [2018-01-28]. http://cpc.people.com.cn/GB/64162/64164/4416044.html.
[2] 中央教育科学研究所. 中华人民共和国教育大事记(1949—1982) [M]. 北京:教育科学出版社,1983:298.

案、教学计划,确定培养目标、课程设置,并对讲课、试验、实习、自习、考察、考试、学年论文、课程设计、毕业论文或毕业设计等教学环节做出合理的安排,既要保证教学质量,又不能使学生负担过重;提出高校要注重理论联系实际,克服轻视理论、轻视书本知识的错误观点;提出高校应加强基础理论和基础知识课程的教学,加强基本技能的训练;提出应使高校学生尽可能了解专业范围内最新的科学成就和发展动向等等[1]。

1962年,《高教六十条》开始在具备条件的高校试行,至1963年初,全国试行的高校达200多所。在此过程中,教育部相继出台了一系列补充办法和实施细则,各高校也根据实际情况和具体条件,对各项工作进行了调整和改善。高等学校初步建立起一套较为规范的章程制度。根据《高教六十条》精神,各高校普遍对专业、专门组和师资任务进行调整;制订和修订教学计划与教学内容,加强基础理论、基本知识活动教学和基本技能的训练;合理安排教学、生产劳动和社会活动时间;针对过去所缺的课程,安排补课计划;加强对学生文化成绩的考核及考核制度的建设,对在校学生加强管理,赋予学校升降级和开除学生的权力,严格对学生的要求。同时落实知识分子政策,提倡尊师重教,试行教师休假制度,加强对教师生活和健康的照顾,充分调动教师的教学积极性。经过上下努力,高等教育重新进入了良好的发展时期,教学质量明显提高[2]。

诚然,《高教六十条》作为时代的产物,不可避免地带有重教学科研、轻社会服务,重专才教育、轻通识教育,重对教师"团结对象"的定位、轻对教师"主体地位"的弘扬,重政治问题、轻学术问题,重教育的"批判"功能、轻教育的"研究"功能等历史局限性。更为严重的是,由于"左"的思想在全社会仍占据主导地位,致使在具体工作中,一方面强调"八字方针",一方面又强调"以阶级斗争为纲",政治运动

---

[1] 李惠斌.《高教六十条》评述[J]. 北京市总工会职工大学学报,2001(1):14.

[2] 傅颐. 六十年代初《高教六十条》的制定、试行及历史经验[J]. 中共党史研究,2006(3):26.

对高等教育的冲击并没有得到根本消除,以致后来提出了"阶级斗争必须年年讲、月月讲、天天讲"和"阶级斗争,一抓就灵"等极端的政治本位口号,高等教育较为良性的发展时期未能持续多久。

4."极端政治"与"教育革命"的错误取向(1966—1976)

极左思想泛滥和毛泽东晚年的错误导致"文化大革命"爆发。1966年5月中央政治局扩大会议和8月八届十一中全会相继通过了《中国共产党中央委员会通知》(以下简称《五一六通知》)和《中国共产党中央委员会关于无产阶级文化大革命的决定》(简称《十六条》)。《五一六通知》提出"高举无产阶级文化革命的大旗,彻底揭露那批反党反社会主义的所谓'学术权威'的资产阶级反动立场,彻底批判学术界、教育界的资产阶级反动思想",指出这"是一场你死我活的斗争"[①]。《十六条》强调要"'敢'字当头","充分运用大字报、大辩论这些形式,进行大鸣大放……揭露一切牛鬼蛇神"[②]。在"以阶级斗争为纲"、"造反有理"等口号的推波助澜之下,全国掀起了一轮接一轮疾风骤雨式的政治运动,整个社会呈现出阶级斗争扩大化与绝对化、经济活动政治化与畸形化、日常生活革命化与动荡化等特征。在"读书无用"、"知识越多越反动"、"怀疑一切"、"打倒一切"、"全面内战"等口号的鼓动下,高等教育也呈现出全面的怀疑与极端的政治本位价值取向。

首先是对教育与知识价值的全面怀疑。这种怀疑是基于两个基本判断:一是教育必须为无产阶级政治服务,高校应当成为无产阶级革命的基本场所;二是中华人民共和国成立后十七年中国的教育基本上被看作是"资产阶级的统治",是"黑帮路线"专政。因此《十六条》提出"必须彻底改变资产阶级知识分子统治我们学校的现象","改革旧的教育制度,改革旧的教学方针和方法,是这场无产阶级文化大革命的一个极其重要的任务",学制要缩短,课程要精简,教材要彻底改革,整个"教育要革命"。"文革"期间,大批高校被撤、并、迁、散,大学停止

---

① 中共中央党史研究室. 中国共产党大事记·1966年 [EB/OL]. (2004-10-15) [2018-01-28]. http://cpc.people.com.cn/GB/64162/64164/4416081.html.

② 中共中央党史研究室. 中国共产党大事记·1966年 [EB/OL]. (2004-10-15) [2018-01-28]. http://cpc.people.com.cn/GB/64162/64164/4416081.html.

招生长达 6 年，研究生停止招生 12 年，大批知识青年"上山下乡"，失去应有的学习机会，在校大学生"停课闹革命"，大家并没有觉得有什么特别的遗憾，因为当时知识在大家心中还没有那么崇高的地位，而从社会整体上来看，并没有如此看重知识的作用和力量，也还没有构建起高度尊重知识的宏观氛围。1973 年，张铁生在大学考试的时候交了白卷，反而成了"反潮流英雄"，被破格录取上了大学，还被提拔为领导干部，这成为"知识贬值"的极端个案①。

其次是对"教育革命"的狂热追求。全盘否定了中华人民共和国成立后十七年的教育成就，导致教育系统内部"斗批改"运动不断升级。教育方针被异化，"教育必须为无产阶级政治服务"被异化成教育必须首先直接参与政治运动；"教育必须与生产劳动相结合"被异化成教育必须在体力性的生产劳动中进行。因此，高等教育战线出现了许多现在看起来非常荒谬的做法，或直接参加系统外政治斗争，或开辟系统内的革命战场，进行造反夺权，"横扫一切牛鬼蛇神"。改革招生制度，废除高考；改革管理制度，实行工农兵学员"上、管、改"②；改革办学模式，认为"大学就是大家来学"③，大量举办"五七大学"、"七二一大学"、"朝阳农学院"或"共产主义劳动大学"等新型高校；大改课程教学等，以阶级斗争为主课，以领袖语录为主要教材，教师队伍实行"三结合"（工农兵、革命技术人员和原有教师三结合④），教学活动以"三大革命"（阶级斗争、生产斗争、科学实验）为中心，办学采取"三来三去"（社来社去、厂来厂去、哪来哪去⑤）形式等。极端的政治本位取

---

① 欧阳康. 中国高等教育 30 年的观念变革与实践创新 [J]. 中国高等教育，2008 (17)：27.

② 中央教育科学研究所. 中华人民共和国教育大事记 (1949—1982) [M]. 北京：教育科学出版社，1983：440.

③ 中央教育科学研究所. 中华人民共和国教育大事记 (1949—1982) [M]. 北京：教育科学出版社，1983：469.

④ 中央教育科学研究所. 中华人民共和国教育大事记 (1949—1982) [M]. 北京：教育科学出版社，1983：440.

⑤ 中央教育科学研究所. 中华人民共和国教育大事记 (1949—1982) [M]. 北京：教育科学出版社，1983：473.

向导致教育目的政治化、服务政治绝对化、办学方式极端化、教育活动简单化。

"文革"十年是我国高等教育价值取向负向变迁的十年，是高等教育事业遭受重创的十年，是人才培育与科学研究几乎停顿的十年，是失去发展机会的十年。

5．"工具价值"向"本体价值"的逐步回归（1978—1991）

1978年年底，中共中央召开了具有深远历史意义的十一届三中全会，经过指导思想上的拨乱反正，纠正了"左"的错误倾向，重新确立了"解放思想、实事求是"的思想路线，果断弃用了"以阶级斗争为纲"的错误口号，庄严提出"实行改革开放，集中力量进行社会主义现代化建设"的伟大号召①，全党工作的重心从以阶级斗争为中心转向以经济建设为中心。教育战线根据中央的统一部署，开始拨乱反正，恢复整顿教育秩序，不仅迎来了教育事业新的春天，而且促使我国高等教育向重在培育人才的本体价值的回归。

邓小平深刻地认识到，实现"四化"宏伟目标关键要靠人才，并明确提出把教育放在优先发展的地位。他说我国的"教育事业要有个大的发展、大的提高；现在我们国家面临的一个严重问题，那就是缺乏人才，没有大批的人才，我们的事业就不能成功"。为此，他力主从1977年恢复高校招生考试制度，使荒废了十年学业的成千上万的知识分子获得新生，一批又一批青年人重新得到系统学习和深造的机会。

1982年，党的十二大把"教育和科学"列为社会主义建设的三大战略重点之一。邓小平在这次会后的一次谈话中指出："经济建设的三大战略重点，一是农业，二是能源和交通，三是教育和科学。搞好教育和科学工作，我看这是关键。没有人才不行，没有知识不行，'文化大革命'的一个大错误是耽误了十年人才的培养。现在要抓紧发展教育事业。"② 1983年，邓小平提出教育要"三个面向"，核心是教育要努力培

---

① 中共中央党史研究室. 中国共产党大事记·1978年 [EB/OL]. (2004-10-15) [2018-01-28]. http://cpc.people.com.cn/GB/64162/64164/4416109.html.

② 邓小平. 邓小平文选：第三卷 [M]. 北京：人民出版社，1989：9.

养出能够适应和满足现代化建设国际竞争和未来发展需要的各级各类人才。邓小平教育优先发展的理论成为全党全国的共识，有力地推动了高等教育的发展。

1985年，中共中央《关于教育体制改革的决定》明确提出："教育必须为社会主义建设服务，社会主义建设必须依靠教育。"新的两个"必须"使人们更深刻地认识到"服务"和"依靠"二者密不可分的关系，更全面地认识到教育既要适应社会需求又要促进人的发展，高等教育为社会主义建设的最好服务就是兼顾社会发展功能和个人发展功能的统一，通过促进个人发展来促进社会发展。《关于教育体制改革的决定》把教育从极端化了的"为政治服务"和"消极适应"经济建设的桎梏中解脱出来。

在整个社会思想大解放的背景下，教育战线还开展了关于教育真理标准的大讨论，关于教育本质、属性和功能的大讨论，关于人的全面发展的大讨论。这场讨论不仅解放了人们的思想，端正了人们对教育本质和功能以及人的全面发展的认识，而且帮助人们从过去热衷于讨论教育的工具价值，转向对教育的本体价值、人的发展价值的关注。

在此期间，国家一方面积极促进高等教育发展。1979年高校在校生102万人，达到历史最高水平[1]，1980年增至114万人，1985年继续攀升至170万人[2]，1990年达到206万人[3]，为各行各业培养大量的合格人才，对补给知识缺口、解决人才断层问题起到重要作用。另一方面，国家十分重视高等教育质量，大力发展研究生教育，关注高等教育的结构与布局，力促高等教育体制改革，重视高等教育发展与社会经济发展相适应。

到了20世纪80年代中期，在改革开放的浪潮中，由于受到错误观

---

[1] 国务院. 1980年政府工作报告[EB/OL]. (2006-02-16) [2018-01-30]. http://www.gov.cn/test/2006-02/16/content_200778.htm.

[2] 国务院. 1986年政府工作报告[EB/OL]. (2006-02-16) [2018-01-30]. http://www.gov.cn/test/2006-02/16/content_200850.htm.

[3] 中华人民共和国国家教育委员会计划建设司. 中国教育事业统计年鉴（1990）[M]. 北京：人民教育出版社，1993：22.

点的影响，资产阶级自由化思潮一度在校园泛滥，一些不良思想开始在高教领域蔓延，最终导致1989年春夏之交的政治风波的发生，由此引起人们对高等学校如何坚持社会主义办学方向，以及高等教育究竟应该坚持怎样的价值取向的深刻反思。邓小平同志在总结十年改革开放的经验教训时指出"十年最大的失误是教育，这里我主要是讲思想政治教育"。朱九思教授在1990年主编的《大学教育思想专论》一书的序言中也指出："就高等教育来说，培养什么样的人，这是摆在我们面前最为迫切的根本问题。毫无疑问，作为社会主义大学，应该培养有理想、有道德、有文化、有纪律的大学生和研究生。首先应该有理想，否则就没有正确的方向。因此，痛定思痛，必须将坚定正确的政治方向放在第一位。这是社会主义教育思想的首要问题。"① 由此可见，高等教育的本体价值重在育人，而育人必须以育德为先。

6. "适应市场"与"注重人文"的积极探索（1992—1998）

1992年1月至2月间，邓小平发表南方谈话，提出"坚持党的一个中心、两个基本点的基本路线一百年不动摇"和"发展才是硬道理"等观点；同年10月党的十四大召开，确立到20世纪末"建立社会主义市场经济体制"的目标，强调"必须把经济建设转移到依靠科技进步与提高劳动者素质的轨道上来"，标志着我国改革开放的进一步深入和向市场经济转轨的全面启动。由此使包括高等教育在内的社会生活各方面的价值取向发生了深刻的变化。

1992年召开的全国普通高等教育工作会议，提出了"加快改革和积极发展普通高等教育"的意见，不仅对高等教育系统进行了旨在服务市场经济发展的改革，而且把是否有利于促进经济和社会发展作为评价高等教育改革成败的重要标准。在1992年中央颁发的《关于加快发展第三产业的决定》中，甚至将高等教育事业同交通运输等产业一道，列为第三产业。1993年中共中央、国务院颁布了《中国教育改革和发展纲要》，提出教育要"自觉服从和服务于经济建设这个中心"，要加强素质

---

① 周远清. 中国高等教育如何面对新世纪[N]. 中国教育报，1996-01-04(2).

教育，重视高等教育质量。国家教委召开的第二次全国高等教育工作会议，提出了认真贯彻十四大精神、加快改革和积极发展高等教育的思路和一系列方针、政策、措施。

这一时期，高等教育在价值取向的变迁主要反映在两个方面：一是适应市场经济。高等教育的经济价值广受重视，高等教育产业化、市场化的倾向日渐突出；市场筹资逐渐成为高等教育新的资源配置渠道；市场经济观念日益成为高等教育观念更新、体制创新的动力源泉。在适应市场的过程中，我国高等教育有了较大的健康发展，体制改革取得了明显进展，教学改革全面深入展开。二是注重文化素质教育。1995年9月，周远清同志代表国家教委（现教育部）在全国高校加强大学生文化素质教育试点院校工作会议上的讲话，明确指出加强文化素质教育有四个根据：一是切中当前社会"急功近利，重智轻德，重理轻文"的时弊；二是符合世界高等教育改革潮流，符合科学教育与人文教育交融的趋势；三是符合党的教育方针，有利于加强德育教育，促进学生全面发展；四是有利于教育思想、教育观念与人才培养模式的探索改革。他强调指出，文化素质教育要作为教育改革的一个突破口、切入点，同教育改革紧密结合①。在这一背景下，一场以增强质量意识、加强文化素质教育为中心的教育思想大讨论迅速在各高校展开。这场讨论促使人们对高等教育价值认识从过去片面强调促进社会经济发展向促进个人与社会共同发展的本意回归；促使人们对受教育者的个人价值、生命发展价值的重视。在此期间，许多高校，尤其是部分试点高校积极从不同角度对如何实施文、史、哲、艺术等人文社会科学和自然科学教育进行了大胆探索，使大学生的审美情趣、文化品位、人文素养和科学素质等得到了明显的提高。

在新价值取向指导下的这些探索，促进了高等教育的健康发展，提高了对市场经济的适应能力，在提升大学生文化素质方面也取得了显著成效。但也存在不少问题：一是对市场的适应有些被动。所谓"被动

---

① 周远清. 加强文化素质教育，提高高等教育质量［J］. 教学与教材研究，1996（1）：48.

适应"是相对"主动适应"而言的。"主动适应"是指在遵循自身规律的基础上对市场的适应;"被动适应"是完全被市场牵着鼻子走,主要表现在高等教育改革中简单照搬市场机制,主张高等教育产业化、高校办学企业化,由此导致一些负面效应。二是对素质教育的认识失之偏颇,注重了文化素质,忽视了整体素质,尤其是思想道德素质;注重了学生素质,忽视了教师素质。因为真正的全面的素质教育首先要求教育者转变教育思想、更新教育观念,把素质教育贯穿于教育教学的各个环节,渗透于课内课外的各个方面,贯穿于人才培养的各个阶段。

7. "规模扩张"与"素质提高"的双向并进(1999—2006)

鉴于国际竞争日趋激烈,而我国科技落后、人才奇缺的现实,以及欧美发达国家和其他发展中国家已经实现或正在步入高等教育大众化的发展状况,党中央审时度势,于1999年及时推出高校大扩招的非常举措;同年6月第三次全教会召开,会议"动员全党同志和全国人民以提高民族素质和创新能力为重点,深化教育体制和结构改革,全面推进素质教育,振兴教育事业,实施科教兴国战略",通过了《关于深化教育改革全面推进素质教育的决定》,标志着素质教育改革在我国全面推行。这些决定深刻地影响了高等教育价值取向的变迁,也迅速推动了高等教育两项同时推进的重大改革。

一是采取非常的扩招政策,促进高等教育的规模扩张。规模扩张具体反映在四个方面:一是学生数扩张。普通高校招生数由1998年的108.4万猛增到2006年的546.1万,增长了4倍,仅1999年就增长了47.4%;在校生数由1998年的340.9万攀升至2006年的1 738.8万,也增长了4.1倍;毛入学率从1998年的9.8%提高到2006年的22%;研究生教育也相应实行了大扩张[①]。这次扩招实现了高等教育从精英阶段向大众化阶段、由高等教育规模小国向规模大国两个历史性转变。二是学校数扩张。1998年,全国普通高校数1 022所,到2006年猛增到

---

① 教育部. 二〇〇六年全国教育事业发展统计公报[EB/OL]. (2007-06-08)[2018-01-30]. http://www.gov.cn/gzdt/2007-06/08/content_640905.htm.

1 867 所,2007 年是 1 908 所①,特别是出现了二级学院、独立学院、私立高校等各种不同称谓的新型高校。三是校园版图扩张,即掀起了圈地热。各高校通过扩大或置换老校区、建立分校区、办大学城等方式大大扩张校园面积。四是"层次性"扩张。这里是指单个高校通过合并、升格力求做到"全、大、强"。尽管时至今日,人们对这八年扩招政策的评价仍然是见仁见智,但总体来看,这"是对前 30 多年高等教育发展缓慢的强烈冲击,是蓬勃发展的经济社会、生活水平日益提高的人民群众对高等教育的热烈期盼,也促使中国高等教育实现了跨越式发展,从精英教育阶段进入大众教育阶段"②。

二是全面实施素质教育,着力培养学生的创新精神和实践能力。《关于深化教育改革全面推进素质教育的决定》全面阐述了素质教育的内涵,指出"实施素质教育,就是全面贯彻党的教育方针,以提高国民素质为根本宗旨,以培养学生的创新精神和实践能力为重点,造就'有理想、有道德、有文化、有纪律'的、德智体美等全面发展的社会主义事业建设者和接班人",并就如何实施素质教育作出全面部署。江泽民同志在会上讲话中强调,"高等教育要重视培养大学生的创新能力、实践能力和创业能力,普遍提高大学生的人文素养和科学素质"。因此,在大众化基础上,培养多样化人才,普遍提高国民素质,同时又要突出创新能力培养,"要下功夫造就一批真正能站在世界科学技术前沿的学术带头人和尖子人才,以带动和促进民族科技水平与创新能力的提高"③。2002 年党的十六大报告提出的"创新是一个民族进步的灵魂,是一个国家兴旺发达的不竭动力,也是一个政党永葆生机的源泉"的论断,将创

---

① 数据来源于教育部官方网站发布的年度教育事业发展统计公报数据和年度教育统计数据. [EB/OL]. [2009-01-30]. http://www.moe.edu.Cn/,http://www.moe.edu.Cn/edoas/website18/49/info949.htm,http://www.moe.edu.cn/edoas/website18/14/info125844554678314.htm.

② 杨德广,忻建国. 对我国高等教育发展问题的思考[J]. 教育发展研究,2009(5):23.

③ 中共中央党史研究室. 全国教育工作会议(1999 年 6 月 15 日—20 日)[EB/OL]. [2018-01-30]. http://dangshi.people.com.cn/GB/151935/176588/176597/10556604.html.

新人才培养推上更高的战略地位。2003年召开的全国人才会议全面部署了人才强国战略，胡锦涛强调要把实施人才强国战略作为党和国家一项重大而紧迫的任务抓紧抓好，努力造就数以亿计的高素质劳动者、数以千万计的专门人才和一大批拔尖创新人才以"大力提升国家核心竞争力和综合国力，为全面建设小康社会和实现中华民族的伟大复兴提供重要保证"①。

这一时期，不少高校在深化教学改革、努力提高教学质量的同时，更新人才培养理念，改革人才培养模式，优化创新人才成长环境；在注重夯实文化科学知识基础的同时，增强学生对社会、对人民的责任感，加强对情感、意志、性格等非智力因素的培养；引导学生尽早进入科学研究领域，把学习和科学研究结合起来，激发和培养学生的批判性和创造性思维，全面提高大学生的以创新能力为主的综合素质。诚然，与社会高速发展对高层次人才的需求相比，高等学校在教育理念、教育模式以及教学制度、人事与管理体制改革等方面，还存在很多与社会发展不相适应的地方，如教育理念相对滞后、培养目标过于单一、专业和知识面比较狭窄、教学内容比较陈旧、实践环节比较薄弱、学制机制不够灵活等等。高校在整体上还没有形成有利于各类专门人才特别是拔尖创新人才培养的良好环境。因此，加强各类专门人才特别是拔尖创新人才的培养，不仅是新形势下高等学校的重要任务，也对高等学校的改革提出了新的要求。

8. "以人为本"与"和谐发展"的目标追求（2007—2011）

党的十七大将"科学发展观"列为报告主题，并将之载入《中国共产党党章》，标志着这一新的指导思想的完全确立。十七大同时提出了构建和谐社会的新目标。科学发展观的第一要义是发展，核心是以人为本，基本要求是全面协调，根本方法是统筹兼顾。和谐社会的主要特征是"民主法治、公平正义、诚信友爱、充满活力、安定有序、人与自然和谐相处"。科学发展观和和谐社会理念的提出是发展理念的新提升，

---

① 改革开放以来的教育发展历史性成就和基本经验研究课题组. 改革开放30年中国教育重大历史事件［M］. 北京：教育科学出版社，2008：257.

不仅为我们在 21 世纪破解发展难题，创新发展思路，全面建成小康社会提供了强大的思想武器，也深刻影响了高等教育价值取向的新一轮变迁，为我国高等教育的改革与发展提供了正确的指导思想。

在科学发展观指导下，高等教育在价值取向变迁上的第一个特点就是突出以人为本。以人为本，就是以人为价值的核心和社会的本位。以人为本也是现代教育的基本价值。高等教育坚持以人为本主要体现在以学生为本，也就是强调以学生为中心，以学生的发展为出发点和落脚点，一切为了学生，使学生在思想品德、知识结构、身心素质、文化素养等方面得到全面发展。近年来在高等教育的改革中，普遍强调教育教学工作要以培养学生全面发展为重点，以学生成长成才为中心；大力推进全面素质教育，努力提高大学生的学习能力、创新能力、实践能力、交流能力和社会适应能力，着力培养学生的就业能力和创业能力；建立适应学生共性与个性和谐发展的课程体系，构建多样化、有特色的人才培养模式，形成有利于学生主动参与的管理制度；整合学校各种资源，尽快建立起想学生之所想，急学生之所急，解学生之所困，帮学生之所需的服务体系；建设以生为主、师生平等、教学自由的校园文化，真正形成尊重人、关心人、体贴人、帮助人、温暖人、教育人、塑造人的良好氛围。

这一时期，高等教育在价值取向变迁上的第二个特点是强调和谐发展。"高等教育和谐发展是指高等教育在发展中能够协调高等教育内部各要素之间及其与社会之间的关系，突出人的主体地位，实现目标合理、结构优化、功能完善、制度健全、持续有序的发展目标。"[①] 近年来，为促进高等教育和谐发展，我国进行了一系列重大改革：一是实现高等教育从外延扩张到内涵提升的战略转移，控制大学规模、压缩招生数量，通过挖掘现有高校潜力，实施制度创新和结构调整，实现规模发展和效益提高并进；二是实施"质量工程"，通过强化和改进评估工作，深入推进高水平大学（学科）建设，努力提升高等教育总体实力；三是

---

① 董泽芳. 张国强科学发展观与高等教育和谐发展 [J]. 高等教育研究，2006 (1)：35.

优化人才培养结构,通过强化分类指导,大力发展职业高等教育,启动"高职211工程",丰富人才培养类型,优化人才培养体系,提高高等教育的社会服务能力;四是实施"建设人力资源强国"、"建设创新型国家"、"建设高等教育强国"三大战略,以培养大量拔尖创新人才,为实现新型工业化、提高国家文化软实力提供强大智力支持。

"以人为本"与"和谐发展"是现代高等教育的理想的价值取向,也是我国近年来高等教育改革的目标追求。尽管上述改革已取得一定成效,但离理想目标还有较大距离,现实高等教育体系中的重物轻人,以及发展中的目标偏颇、盲目攀比、结构失衡、使命模糊、功能失调、体制制约、机制缺失、效益偏低等不和谐现象仍十分严重。令人欣慰的是,作为高等教育发展的价值取向,"以人为本"与"和谐发展"理念已经从观念层面和政策层面得到广泛认同和全面确立,只要坚持不懈就可以逐步达到理想的目标。

9. "立足根本"与"公平优质"的价值回归(2012至今)

党的十八大召开以来,党中央坚持把教育摆在优先发展的战略地位,强调高等教育要进一步落实立德树人的根本任务,牢固树立以人民为中心的发展思想,保障人人享有受教育机会,把提高质量作为教育的生命线,人民群众教育获得感明显增强。2013年10月21日,习近平在欧美同学会成立100周年庆祝大会上的讲话中指出:学习是立身做人的永恒主题,也是报国为民的重要基础。梦想从学习开始,事业从实践起步;广大青年要砥砺道德品质,掌握真才实学,练就过硬本领,努力成为堪当大任、能做大事的优秀人才;要积极投身创新创造实践,有敢为人先的锐气,有上下求索的执着,脚踏着祖国大地,胸怀着人民期盼,力争有所突破、有所发展、有所建树。2014年5月4日,习近平在北京大学考察时又指出,青年处在价值观形成和确立的时期,抓好这一时期的价值观养成十分重要,"人生的扣子从一开始就要扣好"。在这些思想指导下,高等教育在价值取向上突出了"立足根本"与"公平优质"的两大回归。

教育的根本是培养什么样的人、如何培养人以及为谁培养人。高等教育回归"立足根本"的价值取向,首先就是落实立德树人这一根本任务，促进年轻一代德、智、体、美全面发展。围绕这一根本任务，党的十八大以来，一系列政策措施密集出台。2014年，教育部发布《完善中华优秀传统文化教育指导纲要》，提出建设中华经典资源库，开展各种形式的中华优秀传统文化教育，让广大青少年从小就打好中国底色，做堂堂正正的中国人。2015年1月，《关于进一步加强和改进新形势下高校宣传思想工作的意见》发布，为高校培养又红又专、德才兼备、全面发展的中国特色社会主义合格建设者和可靠接班人指明了方向。高等教育系统推进了教材建设，全面有机融入社会主义核心价值观，深入开展理想信念教育、爱国主义教育、中华优秀传统文化教育和革命传统教育。

其次是在实践中，高等教育努力做到四个回归：一是回归常识。教育的常识就是读书。要围绕读书来办教育，积极引导广大师生读"国情"书、"基层"书、"群众"书，读优秀传统文化经典、马列经典、中外传世经典和专业经典，理性思考、杜绝浮躁。二是回归本分。教育的本分就是教书育人。教是手段、育是目的；教是过程，育是结果。大学教育分内的事，就是要得天下英才而育之。三是回归初心。教育工作者的初心就是培养人才，一要成人，二要成才。要加强党对教育工作的领导，大力培养和践行社会主义核心价值观，要坚持育人、育才的初心，落实立德树人根本任务，培养德、智、体、美全面发展的社会主义合格建设者和可靠接班人。四是回归梦想。教育梦就是报国梦、强国梦。我们创建世界一流大学、一流学科，就是要提升我国高等教育综合实力和国际竞争力，创造性传承中华文明，创新性建设中华文明，最终实现教育报国、教育强国，使中华民族屹立于世界民族之林。通过立足根本的教育，帮助广大学生"扣好人生的第一粒扣子"，培养他们有"革命理想高于天"的志向与追求，增强他们做中国人的骨气和底气；引导他们在思想感情上认知和认同，并让这些内化为大学生的精神追求，外化为大学生的自觉行动。

这一时期，高等教育还突出了"公平优质"的价值取向。为保障人人享有受教育机会，党的十八大以来，国家坚持把教育摆在优先发展的战略位置，作为政府财政支出重点领域给予优先保障。国家财政性教育经费占国内生产总值的比例始终保持在4%以上，奠定了教育共享发展的坚实基础。我国高等教育普及程度进一步提高，2012年高等教育毛入学率达42.7%，比2012年提高12.7个百分点，超过中高收入国家平均水平。为了促进高等教育公平，增强人民群众的获得感，国家重视全面提升中西部教育水平，实施了中西部高等教育振兴计划，支持中西部100所高校加强基础能力建设，在没有教育部直属高校的13个省份和新疆生产建设兵团各支持建设1所高水平大学；实施国家支援中西部地区招生协作计划，高考录取率最低省份与全国平均水平的差距缩小到5个百分点以内。党的十八大以来，国家坚持把促进人的全面发展、适应社会需要作为衡量教育质量的根本标准，切实把教育资源配置和学校工作重点集中到强化教学环节、提高教育质量上来。深化了高校创新创业教育改革，培养了一大批创新能力和实践能力强、适应经济社会发展需要的高质量人才。推进具备条件的普通本科高校向应用型高校转变，提升高校服务区域经济社会发展的能力。高校在创新驱动发展战略中发挥着越来越重要的作用，在载人航天、量子通讯、超级计算机等领域产出一批具有国际影响力的标志性成果。统筹推进了世界一流大学和一流学科建设，我国高校在世界多项大学排行中位次整体大幅前移，部分学科已达到或接近世界一流水平。目前，我国已与47个国家和地区签署学历学位互认协议，2016年成为本科工程教育国际互认协议《华盛顿协议》的正式成员，标志着我国的工程教育质量得到国际认可。

党的十八大以来，我国高等教育发展取得了举世瞩目的成就，迈上了崭新的历史台阶。2017年9月，中央深改组审议通过《关于深化教育体制机制改革的意见》，教育部正在研究制定《中国教育现代化2030》，这些都将成为推进我国高等教育进一步实现现代化的行动指南。我国高等教育在未来发展上，仍将坚持育人为本、德育为先，深化改革、协同育人，优化结构、补齐短板，提升能力、保障质量等取向，高等教育的社会贡献力将继续提升。

（二）对我国高等教育发展价值取向的反思

因为高等教育活动牵涉到多方面的利益主体、多类型服务对象、多层次的培养对象与多样化的价值选择。因此，教育价值取向始终存在种种矛盾与冲突。综观自1949年新中国成立至2012年党的十八大召开的六十多年，这些矛盾与冲突主要表现在政治取向与经济取向、社会取向与个人取向、学术取向与市场取向、精英取向与大众取向、通才取向与专才取向、能力取向与素质取向、理论取向与应用取向等方面。其实，这些矛盾的价值取向，并不是绝然对立的关系，而是相辅相成、相互转化的关系。主体的多元性及需要的层次性、客体的多样性与满足主体的差异性等原因，决定了高等教育价值取向与目标的多样性。

在众多矛盾与冲突的价值取向中，有两种价值取向特别值得我们反思：一是重规模轻质量的价值取向。主要表现在1958年的以"大跃进"的速度办高等教育，盲目追求大学数量和扩大学校规模，盲目扩大生产劳动在教学中的比例，以群众运动的方式进行教学改革，以"大兵团"方式自编教材讲义，最后导致高等教育及其教学质量全面滑坡。这种价值取向还表现在1999年开始的高校盲目"大扩招"、高校大合并，以及21世纪以来在高等教育领域仍不绝于耳的"跨越"发展之声。

二是重效率轻公平的价值取向。20世纪80年代以前，我国高等教育发展的主要价值取向是"效率优先、兼顾公平"，高校办学所需的费用全部由国家财政负担，国家集中资源兴办一批重点高校，选拔一批尖子生进行重点培养。只有少数人有机会进入高等院校学习，实行的是精英教育模式，少数人占用了绝大部分的高等教育资源，使高等教育资源的利用率相对低下。改革开放以来，特别是1999年高校扩招以来，高等教育事业实现了从精英教育向大众化教育的历史跨越。高等教育的快速发展，使更多的人获得了接受高等教育的机会，高等教育公平水平得到显著提高。但是，随着高等教育收费制度的实行与高校全面并轨，高等教育收费持续攀升，因家庭经济困难上不起学的人越来越多，高校在校贫困生数量也越来越多，巨额的收费已经对教育公平产生了负面影响。

面对"效率与公平"的冲突，理论界提出了"公平与效率兼顾"的观点，在经济学掌握话语霸权的环境下，"'兼顾'成为一个很软的概念，往往意味着可以'不顾'。强势的经济主义成为教育发展的主导价值，'效率优先'成为不容置疑的'硬道理'，导致教育公平价值的旁落,在教育决策中失去了应有的位置"①。当前我国高等教育在取得巨大发展成绩的同时,教育资源阶层固化、区域失衡、教育社会流动功能弱化等现象的存在,提示我们要对以往"效率优先、兼顾公平"高等教育发展价值取向进行彻底的反思并在实践中给予彻底纠正。

二、公平与质量并重是我国高等教育分流的应然取向

"公平与质量并重"应该成为我国今后高等教育发展的价值取向,这是我国经济社会发展的强烈呼唤,是高等教育和谐发展的迫切需要,也是国际高等教育发展的共同经验。政府、高校、社会和学生都要认识到建立在不公平上的质量是缺乏正义的不可持续的质量,没有质量的公平是低层次的公平,只有公平与质量兼顾的高等教育发展之路,才能实现各方利益诉求的统一。

(一)高等教育公平与质量并重是我国社会发展的强烈呼唤

一方面我国当前社会发展中存在的不公平现象呼唤高等教育公平。经过 40 年的改革开放,我国国家综合实力取得大幅提升,GDP 已位列世界第二,但经济社会发展的城乡差距、区域失衡并未得到实质缓解。而教育在社会流动、社会分化中具有"筛选器"的功能,同时又具有"平等化"的功能,对于缓解城乡差距,促进社会阶层合理流动,促进社会公平正义,加快和谐社会建设具有重大作用。因此,对于高等教育来说,要推进教育资源的均衡配置,对弱势群体给以教育补偿,发挥自身对推进社会公平的作用。另一方面,当前世界多极化进一步增强,国家之间的竞争日趋激烈,综合国力是展现国家国际竞争力的基本指标,而在知识经济时代,科技创新能力和人力资源的强弱是综合国力的决定因素。同时,随着我国经济发展国内外形势的变化,转变经济发展方式,加快产业升级成为今后我国经济发展的主线,这同样离不开科技和人才。针对上述当前我国经济社会发展对教育发展的诉求,2010 年颁布的《国家中长期教育改革和发展规划纲要(2010—2020 年)》提出"把促进公平作为国家基本教育政策"、"把提高质量作为教育改革发展的核

---

① 杨东平. 教育公平是一个独立的发展目标:辨析教育的公平与效率[J]. 教育研究,2004(07):26-31.

心任务"。因此，高等教育发展要将公平与质量统筹兼顾是当前我国社会发展的强烈呼唤。

（二）高等教育公平与质量并重是高等教育和谐发展的迫切要求

目前我国虽已成为世界高等教育第一大国，但高等教育发展中的不公平和整体质量有待提高是不争的事实。一是高等教育发展的区域失衡、校际失衡、阶层失衡仍然严重。西部高校与东部高校在办学条件、教学水平和科研能力上差距巨大。重点大学与一般大学综合办学水平之间的差距也很大。在高等教育资源短缺的情况下，在教育资源配置时采取了向重点学校倾斜的政策，那些由教育行政部门指定的重点大学在经费、师资、仪器设备、图书资料等教育资源方面都是一流的，在分配过程中，形成了穷者越穷、富者越富的"马太效应"。因此，重点大学的学生，受的是高质量的教育，而一般大学的学生接受的是相对质量较低的教育，即使大家有同等的教育机会，也无法保证受教育过程的公平。此外，优质高等教育资源在社会阶层间的分配不公平现象日趋严重，寒门子弟进入重点大学的绝对数量虽然增加了，但所占比例却日渐减少。上述高等教育发展的不公平现象已严重影响了我国高等教育的和谐发展。二是高等教育规模大幅扩大，但整体办学质量亟待提高。高等教育专业结构和科研水平、学生的综合素质、实践能力和创新能力与社会发展的要求还有不小差距，严重制约了高等学校职能的发挥。没有质量的公平是低层次的公平，没有公平的质量是缺乏正义不可持续的质量，只有将公平与质量统筹兼顾才能实现高等教育的和谐可持续发展。

（三）高等教育公平与质量并重是国际高等教育发展的共同经验

纵观当今世界大部分国家的高等教育发展，公平和质量并重无一不是各个国家高等教育发展的主题。一方面不断提高高等教育大众化的水平，包括改革大学的收费制度、鼓励私立高校发展、扩大对弱势群体与贫困学生的资助政策等等，大力促进高等教育公平；另一方面重视高水平大学建设和精英人才培养，提升高等教育质量，如英国在1997年就提出《追求卓越的学校》，在2003年颁布的《高等教育的未来》中也明确提出，鼓励高等学校加强科研，提高教学质量，加大对一流系科和大学的投资。美国于 2007 年通过《为有意义地促进技术、教育和科学卓越创造机会法案》，展现未来十年美国教育与科技发展蓝图。日本政府 2002 年颁发《面向 21 世纪的学术卓越中心》，期望在一批大学培育世界一流的学术研究中心和人才培养基地。德国 2005 年开始实施大学"卓越计划"，力图通过"卓越计划"培育 10 所"精英大学"。2006 年俄罗斯也启动了"创新性大学"计划，对 30 所一流大学给予有力的财政支持。欧盟推出《波隆尼亚进程》，要把欧洲建成"全世界最有竞争力和最有活力的高等教育和科技创新区"等等，在实现高等教育公平中提高质量[1]。

第二节 完善公平与质量并重的高等教育管理体系

高等教育分流要实现公平与质量并重的目标，需要建立高效的高等教育管理体制、有效的高教发展绩效评价体系和科学民主的高教发展政策决策机制。

一、完善纵向协同横向联动的高等教育管理体制

推进公平与质量并重的高等教育分流，需要中央和地方政府、各相关政府部门各司其职，通力合作，形成纵向分工合理、横向协作有力的高等教育管理体制。

（一）完善中央调控与地方统筹结合的纵向高等教育管理体制

从纵向看，我国高等教育管理体制可分为中央政府、省级地方政府两个层级。我国高等教育分流要实现公平与质量并重需要进一步优化中央政府与地方政府之间的关系，最终目标是构建宏观调控有力、基层自主灵活的纵向高等教育管理体制。

一是明确中央政府与地方政府的高等教育管理职权边界。目前我国已经形成了"中央与地方两级管理，以省级政府统筹管理为主"的高等教育管理体制，省级政府获得了专科高校设置审批、高校教师评聘等高

---

[1] 张民选，朱兴德，吕杰昕，等. 公平而卓越：世界教育发展的新追求 [J]. 教育发展研究，2008（19）：1-5.

等教育管理权限，掌控着本区域高等教育发展方向的话语权。但是，中央政府与地方政府在高等教育管理中的职权还缺乏法定的明确的划分，相关管理职权行使具有较强的随意性，中央政府凭借不可争辩的权威就可以将原来下放给地方政府的权力收回。这导致地方政府在行使地方高等教育统筹权时受到诸多掣肘。因此，国家应该通过出台专门的法令或管理条例，对中央政府与地方政府在高等教育管理中的职权做出明确划分。中央政府的职权在于对全国高等教育发展进行宏观调控，通过制定法规、出台整体规划、制定标准等手段，在整体上把控高等教育发展的方向；地方政府的职权在于在国家法律框架内，依据中央政府的相关规划和标准，行使本区域高等教育发展的统筹管理权。

二是优化中央政府宏观调控手段。中央政府需进一步加强科学管理，完善宏观调控。调控的方式要从直接调控管理转变为政策指导、组织协调、信息服务与评估监督为主的间接调控管理。当前中央政府要重点抓好十八届三中全会确定的推进教育领域综合改革的贯彻落实，在现代大学制度建设、高校招生制度改革等方面，做好顶层设计，以求尽快取得实质突破；继续抓好"双一流"建设、"教学质量工程"、"中西部高等教育振兴计划"、"东部高校西部专项招生计划"、大学生资助体系建设等事关高等教育公平与质量协调发展的重大任务。

三是提升地方政府统筹管理效能。地方政府需进一步转化角色意识，强化统筹行为，提高统筹效能。随着高等教育管理体制改革的深化，地方政府已获得了较大的地方高等教育统筹权。但从现实看，地方政府对地方高校在很多方面仍"统得过死、管得过严"，地方高校成为地方政府的附属机构的现状还没有得到实质改变。可以说，要实现高校的政校分开、管办分离遇到的最大障碍就是地方政府的不放权。因此，地方政府要尽快实现角色转变，要从过去的微观管控转换为切实承担统筹协调的服务角色，优化高等教育资源配置，协调地方高等教育与地方社会经济发展的关系，促进地方高校办出特色办出水平。

(二) 完善职责明确、协调一致的横向高等教育管理体制

推进高等教育分流实现公平与质量并重，需要教育、人力资源和社会保障、财政、工商等多个政府职能部门的通力合作。由于受到原有计

划经济管理体制的影响,我国政府机构虽经过多轮改革,但是部门设置过多、职能交叉、职责不清、多头管理等现象还较为严重,导致国家利益的部门化。各政府职能部门为了维护部门利益,在出台相关管理制度或管理程序时,有较为严重的本位主义取向,缺乏整体协调机制。不同部门针对同一社会事务制订管理制度时,管理重叠与管理缺位并存。政府职能部门之间的职能不清和多头管理,导致我国高等教育分流各相关部门之间的制度不能相互配套,甚至相互冲突,难以协调。因此,要提升我国高等教育分流的系统性,实现公平与质量并重,必须完善我国的横向高等教育管理体制。

一是要明确相关政府职能部门的职责。首先要对目前各部门涉及高等教育分流的管理职能进行梳理,根据"一件事由一个部门管"的原则,对重叠的管理职能要明确唯一承担部门,对管理空缺的环节要指定负责部门。同时,推行"大部制"改革,将管理领域接近的部门进行整合,实行综合化管理,减少管理的沟通协调成本。其次,要健全政府组织法律法规,将经过梳理、整合后明确下来的各部门职责以法规形式固定下来,不得随意更改。

二是加强部门之间的协调沟通。公平与质量并重的高等教育分流的实现往往需要多个政府职能部门相互联动,协同推进。部门间有效的协调沟通机制对于分流预期目标的实现具有重要影响。教育部门是高等教育分流的主管部门,应承担起协调沟通的召集者角色,通过部门联席会议等形式,加强相关政府职能部门在高等教育分流中的协调沟通。职责明确、协调统一的横向高等教育管理体制是推进高等教育合理分流的重要保障。

二、建立公平与质量并重的高教分流绩效评价体系

(一)确定公平与质量并重的高教分流绩效评价指标

政府和高校要切实打破"效率优先、兼顾公平"的经济学思维,树立科学发展,以人为本的高等教育发展观念,"教育既不应当以规模、速度、升学率为本,不能以拉动经济、提高城镇化率为本,也不能以少数尖子生为本,而应当办好每一所学校,面向每一个学生,对得起每一

个孩子，以每一个学生的健康成长和终身幸福为本"①。因此，对政府高等教育分流的绩效评价不能限于单纯的规模数量指标，应当包括四个不同的维度，即"发展绩效的维度、教育公平的维度、教育品质的维度，以及政府治理的维度"②；对高校学生分流发展绩效的评价也不能仅限于学生规模、硬件设施、重点学科专业、教学名师等数量上的指标，要加大相关建设项目的学生受益面、学生创新能力和个性发展以及处境不利学生发展状况等软性指标的分量。

（二）建立公平与质量并重的高教分流绩效评价机构

推进公平与质量并重的高等教育分流必须建立以公平和质量并重为导向的高教分流绩效评价机构。这一组织机构在性质上应定位为教育中介组织。教育中介组织在西方理论界也别称为"中间团体"、"第三部门"、"缓冲组织"，其使命是消除社会事务中各利益主体之间的"硬冲突"，对各方利益进行协调整合，最终实现各方利益的相互妥协，确定共同的行动方向。公平与质量并重的高教发展绩效评价机构作为一种教育中介组织，具有以下特征：一是自主性。此机构既不是政府的附属机构，也不是由高校、学生或者企业其中一方单独控制的组织。它是依法建立的，独立行使利益协调职能的一个中立组织。二是自律性。机构具有根据行业规范进行自我管理、自我控制的功能。三是公正性。机构以事实为依据，以法律和机构相关管理制度为准绳，对高等教育分流是否满足公平与质量并重的要求作出公正评价。四是权威性。评价机构由相关法律为其存在的合法性提供保障，并通过其专业化的服务推动高等教育合理分流，从而彰显其组织的权威性③。在组织功能上，高等教育分流绩效评价机构要研究制定政府和高校推进高等教育合理分流的绩效评价指标体系，发布绩效评价工作方案；组织绩效评价工作方案的实施，并对实施过程进行监督控制，针对实施过程中出现的问题，对方案进行

---

① 杨东平. 教育公平与政府责任［J］. 中国党政干部论坛，2012（09）：23-26.
② 杨东平. 教育公平与政府责任［J］. 中国党政干部论坛，2012（09）：23-26.
③ 颜丙峰，宋晓慧. 教育中介组织：解决高校两难困境的组织创新［J］. 清华大学教育研究，2004（05）：9-13.

相应调整。同时，绩效评价机构还具有组织开展高等教育分流制度创新的理论研究、经验交流、社会宣传等职能，为高等教育合理分流提供理论支撑和舆论支持。在组织层次上，高等教育分流绩效评价机构可设置全国性和区域性层次的机构。全国性的高等教育分流绩效评价机构主要开展全国范围的高等教育分流绩效评价。区域性的高等教育分流绩效评价机构可以根据区域高等教育分流绩效评价的实际需要，建立跨省域的高等教育分流绩效评价机构，如长三角地区、泛珠三角地区等，也可以建立单省域的高等教育分流绩效评价机构。在组织人员构成上，各级高等教育分流绩效评价机构的人员组成要具有代表性，人员应该包括政府、高校、学生、企业等利益相关方的代表。同时在遴选代表时要注意人选的沟通协调、信息收集、问题分析等方面的能力。

（三）夯实公平与质量并重的高教分流绩效评价数据基础

高等教育分流数据是开展高等教育分流绩效评价的重要基础。只有建立反映高等教育公平与质量的数据库，才能确保高等教育分流绩效评价的科学性。这一数据库应满足以下要求：一是数据的全面性。要对应公平与质量并重的高等教育分流绩效评价指标，全面采集涵盖公平与质量两方面的数据。在高等教育公平数据上，既要采集弱势群体学生入学率等反映机会公平的数据，又要加强不同背景学生的学业表现、就业状况等反映过程公平和结果公平的数据；在高等教育质量数据上，要重点采集学生知识掌握程度、能力提升幅度、就业质量等直接反映高等教育质量的数据。二是数据的真实性。高等教育分流绩效评价机构应出台数据采集的管理制度，对数据填报的程序、口径等作出明确规定，并对采集回来的数据进行抽查，不符合要求的数据要重新采集，确保高等教育公平和质量数据的真实可靠。三是数据的公开性。切实履行国家关于信息公开的相关规定，除了涉及个人隐私和国家秘密的数据，都应该向大众公开，自觉接受社会监督。

三、建立民主与科学合璧的高等教育政策决策机制

（一）推进高等教育政策决策的多元主体参与

多元决策主体应包括政府、基层、专业化决策研究队伍、社会中介

机构等。决策环境错综复杂使决策内容涉及广泛的领域，要求决策内容包含对多种变量因素的分析和对事物发展趋势的把握。来自基层的第一手信息为科学决策提供了依据。在我国高教发展进程中，凡是涉及高教发展、关乎百姓切身利益的重大决策，政府都应深入一线，搞好社会调研工作。应建设专业化决策研究队伍，正确处理决策者和决策研究者之间的关系，建立并完善决策研究及咨询的专门机构，切实加强决策调研等。建立民主参与、多元制衡的决策机制，以突出决策的民主性和多元性。重视建立社会中介机构，健全社会问责制度，适当发展多样化的非政府组织，拓宽民间和政府之间的沟通渠道，形成多层次的疏导机制和对话平台，使社会不同阶层和利益群体（特别是社会弱势群体）都能享有平等的表达意愿和参与公共事务的机会[1]。

（二）构建以有限理性为依据的决策分析框架

"有限理性"是西方社会科学领域的重要成果，其内涵非常丰富，它汲取了理性主义和非理性主义决策理论中的合理因素，也符合教育活动的特点，可成为教育规划和决策的认识论基础。它"动摇了传统政治经济和组织理论的基础，挑战了所谓科学实证理论，极大地丰富了政策分析的范式，让人们可以立足于不同的解释，了解人类如何解决复杂问题"[2]。教育规划和决策应在有限理性思路指引下，探索一种协商模式的教育规划，把教育理解为一个开放的人类系统，它处在一个不确定、不连续，甚至复杂的环境中。"理解"是有意义的前提，教育变革成效取决于参与变革的各方对变革意义的理解与接受程度，成功的教育规划与决策取决于沟通、理解、协商，而不是政治权力和专家知识[3]。

创新仍要以理性和渐进结合为基础。应加强理性和制度建设，增强

---

[1] 卢中原. "十一五"至2020年经济社会发展的突出矛盾、基本任务、前景展望和政策取向 [M] // 王梦奎. 中国中长期发展的重要问题（2006—2020）. 北京：中国发展出版社，2006：41-43.

[2] Michael J. Feuer. Moderating the Debate: Rationality and the Promise of America Education [M]. Cambridge, Mass: Harvard Education Press, 2006, p. 6.

[3] 陈建华. 论有限理性视野中的教育 [J]. 教育学报，2011 (3)：18-25.

决策科学性。从博弈论的观点看，一个社会的最终决策都是个人决策。制度只不过对个人在技术提供的各种可能选择的范围施加了进一步的限制，以实现从制度设计者角度来看的最佳社会目标①。决策的理性行为在合理制度的保障下能将损失性代价控制在较小程度。完全理性割裂了目的与手段的联系，而决策具有复杂性和多样性，是随环境变化而变化的，割裂了目的与手段的决策失去了既定意义。为更好地张扬理性，解决实质性政策问题，同时又顺应环境，我国高等教育政策框架必须以有限理性作为依据，遵循渐进规则。

创新分析框架还必须重视非理性决策的作用，理性和非政治性的因素并不是教育决策和教育政策的唯一决定因素，相反，教育决策和政策在很大程度上受情感和政治因素的影响。一项教育政策的出台，常常是决策者自身的价值观、政治信仰以及各利益团体利益争斗等多种力量互动的结果②。直觉、灵感、顿悟等因素对决策的作用不容小觑，非理性决策于政策创新的功用是其他决策模式难以企及的。

（三）优化科学民主的决策过程

实现教育政策决策的科学化与民主化，归根到底就是要实现决策文化的更新。这种决策文化的更新由三股力量组成：一是决策主体的多元化，二是行政体制的重建，三是决策程序的建立。在新的决策文化支配下塑造一种新的教育政策决策模式。这种决策模式不同于传统的行政官僚决策与个人经验决策。支配传统的决策文化的主要是狭隘经验主义、个人专断主义、本本主义、教条主义；而新的决策文化是：从对个体完全理性的依赖转向对集体意见的协商，从自上而下的行政命令转向上下互动的政策对话；从主观判断、文本拟定的决策方式转向议案论辩、民众参与的民主决策。简言之，人们期待实现的是从对政治精英、个人经验、理性依赖的政策制定转向正当程序规范下，多元决策主体共同参与

---

① 丁利，刘远生. 柏拉图与亚里士多德法律学说知识论基础比较 [J]. 现代法学，1999，21（4）：130-133.

② 冯大鸣. 沟通与分享：中西教育管理领衔学者世纪汇谈 [M]. 上海：上海教育出版社，2002：282-283.

的认同型决策文化的形成①。落实到高教实践就是要采取决策主体多元化,改良决策体制和机制,实现教育决策过程程序化等系列措施。

(四)彰显"三化"兼备的决策特征

所谓"三化":一是结构化。其基本思想是把一个复杂问题求解过程分阶段进行,而且这种分解是自上而下、逐层分解的,使得每个阶段处理的问题都控制在人们容易理解和处理的范围内。当前高教决策的一个趋势是采用综合决策模式。它不只是几个决策模式的简单相加,而是一种有机的结合,显示出一定的结构特征,这种结构化特点使其具有现实的可操行性、可行性。这种决策模式也可理解成一个分层模式,决策者可被理解为处于一系列的意识层面,这些意识层面包括:追求目标的价值倾向、有限理性的分析框架、问题导向的分析途径、制度分析方法、非理性决策的影响等。

二是制度化。制度化就是要建立健全完善的决策机制,理顺决策子系统中的各种决策主体关系,明确各自的决策权限、职责和范围,协商利益关系,以实现决策的科学化和民主化。在我国,大量的教育决策活动没有建立相应的明确的决策系统、咨询制度、监督制度和听证制度等,决策权力和行为缺乏体制内和体制外的监督,决策过程具有很强的随意性,政策合理性和有效性也因此大打折扣。决策作为一种思维活动,必然带有一定的决策者的主观色彩。主观色彩过重,就会导致主观主义、经验主义。在改革实践中,政府要逐渐将非制度化政治力量参与纳入制度化政治参与的轨道上来,对公民参与高教决策在参与主体内容、方式、程序等方面作出明确规定,并用法律的形式固定下来,建立健全政府与社会良性互动的高教政策决策机制。

三是人性化。人性化就是在决策中充分体现人性化决策特点。尊重人性、体现人性、使人在决策中的主体地位得到最大程度的张扬,它是克服领导独裁的一种很重要的方式。以往很多决策忽视人性因素,只把人当作追求经济利益的经济人,注重功利,忽视情感等更高层次的需

---

① 吴遵民. 基础教育决策论:中国基础教育政策制定与决策机制的改革研究[M]. 上海:华东师范大学出版社,2006:130.

求。人性化决策是在科学决策基础上发展起来的一种新的决策模式,既是对科学决策的必然依托,又是对其的自然超越,是一种更为有效的决策模式。它的理念因为反映了人力资源是第一资源的社会现实,因而更具有先进性,但难度也更大。管理决策的人性化可以从两个方面来认识:第一,决策目标从最优化准则向满意性准则转变。第二,决策程序要求决策的科学化必须以民主化为基础,实现人性化决策。

第三节 调整公平与质量并重的高等教育结构体系

高等教育结构体系要满足公平与质量并重的要求,就要具备种类多元、比例合理、相连互通的特点,既实现结构自身的和谐,又满足社会对高等教育的多类型多层次的需求。

一、实行高等教育多向分流

高等教育多向分流是指高等教育在教育类型、教育形式、办学性质上实现多元化,满足学习者的不同教育需求,最大程度上促进学习者个性发展。

(一) 高等职业教育与普通高等教育和谐发展

高等职业教育和普通高等教育是我国高等教育的两种主要类型。受传统观念和管理体制机制的影响,普通高等教育长期处于优势地位,高等职业教育虽然历经二十年的改革和发展,其发展规模已经占到我国高等教育的半壁江山,办学水平和社会吸引力得到了显著提高,但"去职业化",转型为普通高等教育的冲动依然强烈。高等职业教育作为一种独立高等教育类型,在人才培养规格、办学模式上具有自身的特点,其自身独有的办学规律和重大战略地位要求国家要制定专门的法律——《中华人民共和国高等职业教育法》,来对自身的发展进行治理。在法律的内容上,《中华人民共和国高等职业教育法》应对涉及我国高等职业教育发展的一些关键问题做出明确规定。第一,要明确规定高等职业教育的办学定位、培养模式等。要将高等职业教育认定为我国高等教育的一种独立类型,具有专科、本科和研究生等构成的完整的层次结构;明确高等职业教育要采用校企合作、工学结合的人才培养模式；明确高等职业教育的人才培养目标是面向生产、管理和服务一线的高端技能型人才。第二，要明确规定高等职业教育的经费投入和高职生均经费标准。要明确各级政府在高等职业教育财政投入中的职责；明确高等职业教育生均预算内教育事业费标准。第三，要明确高等职业教育各利益相关者的权利和义务。各利益相关者不仅包括各级政府及其人社部门、财政部门、教育主管部门等，而且包括行业企业以及其他社会中介组织。对这些利益相关者在高等职业教育发展中的权利和义务都要进行明确规定。第四，要明确规定高等职业院校的办学自主权。要扩大高等职业院校在资产处置、人员聘任、招生计划、社会服务等方面的自主权，确保高等职业教育办学自主权的真正落实。第五，要明确规定高职院校专任教师（包括实习指导教师）准入资格认证、职称评定及培养培训。要基于高等职业教育自身的办学规律，在教师聘任的各项指标上体现高等职业教育的特有要求[①]。只有建立有力的法律保障，才能有效推动高职教育的健康可持续发展，从而形成高等职业教育与普通高等教育的和谐发展局面。

（二）非正规高等教育与正规高等教育相得益彰

非正规高等教育是我国终身教育体系中的重要组成部分。终身教育体系的完善和有效运转需要实现各级各类教育之间的相互沟通衔接。政府在推动非正规高等教育发展时要根据我国终身教育体系建设的需要，对其功能定位、与其他形式教育的关系进行科学界定。发达国家和地区在推动本国或本地区终身教育发展过程中，都非常注重法律的作用。如1976年美国就颁布了《终身学习法》，该法案规定"终身学习具有开发全体人民潜力的任务，包括增进人们个人的幸福，提高他们岗位工作的技能，并使他们有所准备地参与国家市政、文化和政治生活"，"联邦政府、州和地区必须根据发展的特点，制定计划，有效地运用所有的资源，以保证居民学习的需要"[②]。1990年，日本颁布了《终身学习振兴

---

① 董仁忠. 实现高等职业教育依法治理的基本条件：从依法治教现状谈起[J]. 职业技术教育，2011，32（13）：5-9.

② 巨瑛梅. 终身教育的理论与实践：渊源、演变及现状[D]. 北京：北京师范大学，1999：79.

法》。该法律规定：在都、道、府、县等各级行政区域的特定地区，都要建立与终身学习有关的场所，满足社会成员对终身学习的需要；在推进终身学习中要灵活运用和发挥企业的作用，对于能够提供终身学习机会的企业给予税收上的优惠政策；教育部门和学校要提供多样的、综合的终身学习机会。同时，该法律还对日本管理终身教育的机构进行了明确，规定国家在文部省内设置终身学习审议会，负责调查审议与监督实施日本终身教育政策实施的重要事宜[①]。此外韩国也于1998年颁布并实施《终身教育法》。我国台湾地区则于2002年制定并实施《终身学习法》。这些发达国家和地区所出台的推进本国或本地区终身教育发展的专门法律，都对终身教育包括非正规的高等教育的重要地位、发展目标、发展措施等方面做出了规定，有力地促进了本国或本地区非正规高等教育的蓬勃发展。我国政府也应该制定《终身教育法》，为我国包括非正规高等教育在内的终身教育体系的建设提供更加有力的法律保障。在此部法律中，要专门对非正规高等教育的性质、功能等给予明确规定；要对各级政府及其相关主管部门、高校、企业等利益相关者在非正规高等教育发展中的权利和义务进行明确。

（三）民办高等教育与公办高等教育各得其所

民办高等教育与公办高等教育在满足学习者的不同教育需求上，都发挥着不可替代的作用。当前，我国民办高等教育发展还存在不少的体制机制障碍，急需通过健全相关法律法规予以突破。2015年以来，我国立法机构相继对《中华人民共和国教育法》（以下简称《教育法》）、《中华人民共和国高等教育法》和《中华人民共和国民办教育促进法》（以下简称《民办教育促进法》）进行了修订。在修订的法律条文中，与民办高等教育发展有关的修改内容主要涉及两个方面：一是民办高等教育能否以营利为目的。在《教育法》修订中，将该法第二十五条规定中的"任何组织和个人不得以营利为目的举办学校及其他教育机构"修订为"以财政性经费、捐赠资产举办或者参与举办的学校及其他教育机构不

[①] 巨瑛梅. 终身教育的理论与实践：渊源、演变及现状 [D]. 北京：北京师范大学，1999：75.

得设立为营利性组织"①;在《高等教育法》修订中,将该法第二十四条"设立高等学校,应当符合国家高等教育发展规划,符合国家利益和社会公共利益,不得以营利为目的"中的"不得以营利为目的"去除②;此外,在《民办教育促进法》修订中,将该法第十八条改为第十九条,第一款为:"民办学校的举办者可以自主选择设立非营利性或者营利性民办学校。但是,不得设立实施义务教育的营利性民办学校。"同时,删除该法第五十一条:"民办学校在扣除办学成本、预留发展基金以及按照国家有关规定提取其他的必需的费用后,出资人可以从办学结余中取得合理回报。取得合理回报的具体办法由国务院规定。"③ 从以上法律条文修订的动向可以看出,我国政府以分类管理的思路,将民办高校分为营利性和非营利性两种类型进而给予不同政策,原有法规对民办高校不能以营利为目的的一刀切式的规定将被打破。这将为我国民办高等教育发展迎来新的发展契机。二是民办高校如何获得与公办高校平等的法律地位。新修订的《民办教育促进法》第五条规定:"民办学校与公办学校具有同等的法律地位,并按照其法人属性享受相应优惠政策。国家保障民办学校的办学自主权。国家保障民办学校举办者、校长、教职工和受教育者的合法权益。"④ 这一条文在原来明确"民办学校与公办学校具有同等的法律地位"的同时,增加"按照其法人属性享受相应优惠政策",预示着国家将会出台相应的扶持政策来促进民办教育加快发展。

以上对与民办高等教育发展相关的法律条文的修订,将解决长期以

---

① 全国人大常委会关于修改《中华人民共和国教育法》的决定 [EB/OL]. (2015-12-28) [2018-01-28]. http://edu.people.com.cn/n1/2015/1228/c1053-27982836.html.

② 全国人大常委会关于修改《中华人民共和国高等教育法》的决定 [EB/OL]. (2015-12-27) [2018-01-28]. http://www.moe.edu.cn/s78/A02/zfs_left/s5911/moe_619/201601/t20160125_228815.html.

③ 全国人民代表大会常务委员会关于修改《中华人民共和国民办教育促进法》的决定 [EB/OL]. (2016-11-07) [2018-01-28]. http://www.moe.edu.cn/s78/A02/zfs_left/s5911/moe_619/201612/t20161213_291732.html.

④ 全国人民代表大会常务委员会关于修改《中华人民共和国民办教育促进法》的决定 [EB/OL]. (2016-11-07) [2018-01-28]. http://www.moe.edu.cn/s78/A02/zfs_left/s5911/moe_619/201612/t20161213_291732.html.

来困扰我国民办高等教育发展的两个深层次问题。一是对营利性高校的法律地位的确认，使这一类高校的营利行为合法化。这有利于激发社会力量参与举办民办高等教育的积极性。二是明确除了给予民办高校与公办高校相平等的法律地位，还将给民办高校以扶持政策。这也会对我国民办高等教育发展起到促进作用。当然，这些修订只是为我国民办高等教育发展明确原则性的发展方向。民办高等教育的发展是对我国原有的高等教育公办体制的一种突破，在其发现过程必然会面临许多来自旧体制的障碍。尽管一些民办高等教育的先行者通过"个人英雄主义"式的探索取得了一定的成果，但是我国民办高等教育的真正发展还需要国家制订专门的系统化的法规来对之进行约束和激励。因此，制定《中华人民共和国民办高等教育法》具有非常突出的必要性。这部法律要对民办高校的法人地位、营利性高校的办学行为规范、学校内部治理结构、办学自主权等进行重点明确。

二、推进高等教育职普沟通

高等教育职普沟通是指高等职业教育与普通高等教育之间实现学制和学习成果的相互转换，使学习者能够根据自身发展需求，调整所接受的高等教育类型。目前我国的高等教育职普沟通存在着沟通渠道单一、沟通的单向性、具体沟通制度不完善等问题，需要采取针对性举措予以解决。

（一）构建职普多元沟通渠道

目前，我国高等教育主要有"专升本"和职普联合培养两条职普沟通渠道。两者都是从专科向本科的沟通，对于学习者的多样化教育需求来说，这两个沟通制度显得过于单一。合理完善的职普沟通制度应该是确保两种类型的高等教育从专科到本科到研究生形成上下衔接、左右沟通的多元立体沟通结构。首先，要建立完整的高等职业教育体系。在我国高等教育学制中，普通高等教育已经形成了较为成熟的层次完备的学制，但是高职教育目前仍然被限定在专科层次，实质上是一条"断头路"，高职学生想要进一步提高学历只能选择转入普通高等教育。形象地说，目前我国的高等教育学制是一条"单行道"，没有形成高职教育与普通高等教育并驾齐驱的"双行道"。因此，两种类型高等教育要形成多元立体的沟通结构，其基本前提就是铺设一条与普通高等教育并行的完整的高等职业教育学制道路。其次，要在高职教育和普通高等教育两条道路之间架设相互连通的桥梁，使两种类型高等教育在各层次都能够相互沟通。而架设这一个桥梁的关键部件就是高职教育与普通高等教育之间的课程衔接和学习成果的互认。这两个部件的铸就需要高职院校与普通高等学校密切合作，共同构建教学目标层次递进、教学内容相互衔接的总体课程架构，同时拟定具有可操作性的学生学习成果互认与转换办法。

（二）建立职普双向沟通机制

目前，我国高等教育中高职教育与普通高等教育之间的沟通还局限在前者转向后者的单向沟通中，造成这种现象的原因是长期以来职业教育在我国社会认可度低，学生基本上都是迫不得已才选择职业教育，并且一旦有机会就千方百计地转向普通教育，普通教育转向职业教育的案例十分罕见。社会需求的缺乏导致我国普通高等教育向高职教育沟通的制度建设几近空白。随着社会的发展进步，技能型人才在社会上的价值日益显现，职业教育的社会认可度逐渐提高，加上社会对公民个性和个人选择的宽容度逐步加大，学习者在进行教育选择时必将更加自主和理性。学习者从普通高等教育转向高职教育的需求也将会越来越大。因此，建立健全我国高等教育职普双向沟通的机制是非常必要的。建立这一机制，必须在宏观上改革政府的教育管理体制，消除高职教育与普通高等教育间的体制壁垒，健全相关法规（文章将在其他部分对此进行详细论述），同时要建立切实可行的运作机制，而建立高职教育与普通高等教育之间的过渡课程应该是较为可行的办法。由于高职教育与普通高等教育属于不同教育类型，人才培养目标有实质不同，身处其中的学习者所必须具备的知识结构和能力要求就有所区别。从一方转向另一方就存在一个知识和能力如何转换的问题。对此，可以通过设立过渡课程的方式予以解决，即高职教育的学生要转向普通高等教育必须要先补习相应的理论课程，而普通高等教育的学生要转向高职教育则要通过一定的职业技能测试。至于过渡课程由谁来实施的问题，本书认为可以通过学习者所在学校开设选修课或学习者参加社会培训机构开设的相关认证课程这两种途径来解决。

(三)完善已有职普沟通机制

一是要优化职普"专升本"的选拔方式。现有的选拔方式具有重基础知识轻实践能力的不合理倾向,使具有"专升本"目标的学生单纯为了提高应试能力而放弃专业技能课程的学习,而这些学生并不是都能顺利实现"专升本",如果落榜了就会陷入升学失败和因技能不过关而无法就业的双重困境。因此,职普"专升本"的选拔方式应该具有既注重专业基础知识掌握,又强调专业实践技能训练的导向,使学生能够做好升学与就业的两手准备。目前,我国职普"专升本"的专业基本上是应用性的专业。不管是专科层次还是本科层次都是强调基础知识和实践技能并重,只是本科层次的培养目标要比专科层次的培养目标略高,"专升本"的选拔应该是引导那些专科阶段学有余力的学生继续提升理论基础和提高专业技能,而不是抛开专科阶段的学习,又一次走进单纯应试的征程。

二是要实现职普沟通中专科阶段与本科阶段课程的衔接。不管职普是"专升本"还是职普联合培养,专科院校和本科院校都要成立专门的协调机构,共同制订一体化的人才培养方案,对每门课程在不同阶段的教学目标、内容设置及其相互衔接的具体环节进行详细设计,并制订相关管理监督制度确保课程衔接的顺利实现。

三是要创新教学管理模式。为了使"专升本"学生尽快从专科院校抽离而融入本科院校的氛围,插班就读应该是一个较为合理的途径。这些学生只有通过与本科学生的较为长久及亲密的接触,才能真正融入本科阶段的学习,在价值观念、知识结构和技能水平上得到切实提升。当然,插班就读并不就意味着"专升本"学生的学习需求和特点受到忽视,所在本科院校可以通过单独辅导、开设专门补习课程等有针对性的措施来弥补这些学生的不足。而职普联合培养制度中应该细化管理协调的相关机制和细则,如建立联合培养的校际协调机构、校际联合质量评价机制等。

三、强化高等教育上下衔接

高等教育上下衔接指高等教育在专科教育、本科教育、研究生教育等各层次形成上下衔接的体系，能够满足学习者对不同层次高等教育的需求。目前，我国高等教育上下衔接的主要问题是高等职业教育被限制在专科层次，高等职业教育学制的不完整，导致高等职业院校学生缺乏"对口式"的上下衔接通道，而普通高等学生缺乏"转流式"上下衔接通道。因此，我国高等教育上下衔接制度创新的突破点就在于建立完整的高等职业教育学制。高等职业教育是一种独立的教育类型，这在教育理论界和政府管理体制中均达成了共识。完整的高等职业教育学制应该具备专科、本科、研究生的层次结构，虽然我国经济社会发展的现状和未来发展趋势要求我国高等职业教育在相当长的历史时期内还是以专科层次为主，但是我国经济结构的优化升级还是需要高等职业教育本科和研究生层次的适当发展。目前我国高等职业教育只有专科层次已经不能适应我国经济社会发展的要求，也导致我国高等教育上下衔接制度的缺失。对此，我国《现代职业教育体系建设规划（2014—2020年）》提出："在办好现有专科层次高等职业（专科）学校的基础上，发展应用技术类型高校，培养本科层次职业人才"；"高等职业教育规模占高等教育的一半以上，本科层次职业教育达到一定规模"；"建立以提升职业能力为导向的专业学位研究生培养模式"。

（一）建立高等职业教育本科层次

在我国高等教育现有发展条件下，建立我国高等职业教育本科层次可以选择以下途径：

一是在部分高职院校中设置本科专业或将少数高职院校整体升格为高职本科院校。我国高等职业教育经过近30年的发展，逐渐形成较为鲜明的办学特色，其作为一种教育类型逐步被社会认可，特别是2006年教育部和财政部联合启动的"国家示范性高职院校建设计划"，在全国遴选了3批共100多所高等职业院校进行重点建设。目前这些院校都已经顺利通过国家验收。经过示范建设，这些高等职业院校的综合办学水平得到了明显提升：在办学理念上，牢固树立了以就业为导向，为地方经济社会发展服务的办学理念；在人才培养模式上，探索形成了校企合作、工学结合的人才培养模式；在师资队伍建设上，造就了一支结构较为合理、专业技能强、教育教学能力优的"双师型"教师队伍；在教学实验实训条件上,通过加强与企业合作,建设了一批贴近现代企业生产实际,能够切实提升学生专业技能的实验室或实训基地。国家示范性高等职业院校建设所取得的巨大成就,为我国建立高职教育本科层次奠定了坚实基础。教育主管部门可以在这些国家示范性高职院校中,遴选那些基础条件好、地方产业发展对本科层次技能型人才需求较为旺盛的专业,开展高职本科教育的试点。此外,教育主管部门还可以在经济发达、产业升级加快、高层次技能型人才需求旺盛的东部地区的省、直辖市遴选少数国家示范性高职院校,将其整体升格为高职本科院校。

二是在部分地方应用性本科院校建设高职本科专业或将部分地方本科院校整体转型为高职本科院校。我国地方本科院校基本上是在我国实施高等教育扩招政策后,由专科院校合并或升格而来,当地政府对其办学定位就是面向地方经济发展,培养本科层次的高级应用型专门人才。这与高职教育的人才培养规格目标是一致的。实际上,很多地方本科院校在发展改革过程中也较好地落实了这一发展定位,在人才培养上强调应用性、行业性、区域性,培养过程重视校企合作、工学结合,强调职业与就业导向,其办学行为已体现本科层次高职教育的特征[①]。因此在部分应用型人才培养特色鲜明的地方本科院校开设高职本科专业,或将这些院校整体转型为高职本科院校,是一种成本较低的举办高职本科教育的途径。对此,我国《现代职业教育体系建设规划(2014—2020年)》提出:"支持定位于服务行业和地方经济社会发展的本科高等学校实行综合改革,向应用技术类型高校转型发展。鼓励独立学院转设为独立设置的学校时定位为应用技术类型高校";"各地采取计划、财政、评估等综合性调控政策引导地方本科高等学校转型发展"。目前,我国部分地方本科院校积极响应,以民间性质的"应用技术大学(学院)联盟"为平台,对院校转型发展的策略和政策支持等进行交流研讨,表现出了转型的积极态度。一些地方的教育主管部门也对转型工作做出了部署。但是从总体上看,目前地方本科院校向高职本科转型的具体路径还不明

---

① 李晓明. 产业转型升级与高职本科教育发展:以地方应用型本科转型高职本科为选择 [J]. 教育发展研究,2012(3):18-23.

朗。我们认为以地方高校为基础发展高职本科教育，除了将地方本科高校整体转型为高职本科之外，还可以通过将地方高校中的部分应用性强的专业转型为高职本科专业的方式来实现。地方教育主管部门和地方高校可以结合自身实际选择适合的途径。

（二）发展高等职业教育研究生层次

首先，要凸显专业学位研究生人才培养的职业性。目前，我国专业学位研究生教育专业数量和学生规模都比以往大幅提升，为我国发展高等职业教育研究生层次奠定了一定基础。但是其人才培养模式基本上还是沿袭学术型研究生的人才培养模式，导致人才培养的职业性和应用性不强。因此，要实现我国现有专业学位研究生教育的职业教育化，就必须强化其职业性。在人才培养目标上，要明确面向生产和管理一线，培养基础理论扎实、职业素养优良、解决实际问题的能力较强的高层次应用型人才；在培养模式上，要建立校企深度合作的人才培养模式，强化学生专业实践，重视学生解决实际问题的能力的培养；在教学内容上，要与职业资格证书相衔接，紧贴工作岗位需求，突出教育教学与生产和管理实践的紧密结合；在培养质量评价上，要发挥用人单位在评价中的主体作用，在课程考核、毕业实践等环节由学校与用人单位共同对学生学习成果进行评价。通过以上措施，让专业学位研究生教育回归职业教育本位，使其成为我国高等职业教育体系中的一个重要层次，以弥补我国高等教育上下衔接制度的不足。其次，要将专业学位研究生教育纳入高等职业教育体系。教育主管部门要将专业学位研究生教育纳入我国高等职业教育管理体系中，与专科层次、本科层次的高等职业教育作为一个统一系统进行统筹管理，推动各层次教育在人才培养目标、专业设置、教学内容、教学条件、学习成果认定等方面的衔接。

四、促进高等教育前后循环

高等教育前后循环指高等职前教育与高等职后教育之间实现相互有机衔接，满足学习者在人生不同阶段的高等教育需求。当前，促进我国高等教育实现前后循环可从以下几方面着手。

（一）完善法律层面的制度保障

要打破高等职前教育与高等职后教育之间的藩篱，政府必须有效使用立法手段,建立规范高等教育前后循环的专门法规,用体系完整的法规来保障高等教育前后循环的实现。国家应该启动对教育领域的基本法律,如各类教育法的相关条款进行修订,使高等教育前后循环在宏观上获得更加有力的法律保障。而要将这些原则性的法律条款在现实中予以落实,还需要专门法规制度的配合。因此,建立不同类型学习成果的互认和转换的专门法律势在必行。当前,我国部分地方已经开展了不同类型学习成果的互认和转换的试点,即"学分银行"的建设工作,为了突出这一专门立法的社会认可度和可宣传性,建议将专门立法的名称定为"学分银行法"。该项法律应该重在明确相关利益主体在学习成果互认与转换中的权利和义务,明确学习成果认定和转换标准的制订主体,同时还应明确相关利益主体在没有履行相关义务时所应采取的惩罚措施,保证相关规定得到切实执行。

(二)建立覆盖全国的标准框架

高等教育前后循环从内容上看是要实现不同类型学习成果的认证和转换,从空间上看应该是在全国范围或至少是跨区域范围内实现学习成果的转换。这就要求建立全国统一的学习成果认证标准和建立覆盖全国或跨区域范围内的学习成果转换标准。要建立覆盖全国的标准框架,首先要突破各地区各自为政的局面,而建立全国性的标准制订机构则是突破这一局面的可行选择。这就有必要成立第三方性质的全国高等教育学习成果认证与转换标准委员会,其成员由政府、教育机构、学习者等相关利益主体构成。下设各专业委员会,对不同学习领域的学习成果的认证和转换标准进行研制。在学习成果认证标准上,重点是研究制定非正规高等教育学习成果的认证标准,可针对非正规高等教育的具体形式制订相应的学习成果认证标准:对于体系性较强的职业资格证书培训或在职学习,可建立培训机构或培训项目的认证标准,只要培训机构或培训项目通过了这一认证标准,学习者在这些培训机构或培训项目中获得的学习成果都将得到承认;对于学习时间较短的零散式的课程培训,可建立课程认证标准,即制定课程标准,只有该门课程达到了相应课程标准的要求,学习者在该门课程上取得的学习成果就会得到认可。在学习成果转换标准上,正规高等教育机构与非正规高等教育机构应该组建战略联盟,摆脱各别机构之间通过谈判决定学习成果转换标准的高成本束缚。正规高等教育联盟与非正规高等教育联盟之间签署学习成果转换协议,是突破学习成果转换的区域界限的有效途径。

(三) 构建协调有力的配套制度

高等教育前后循环的实现需要有完善的配套制度予以保障。一是建立完全学分制度。高等教育前后循环中不同类型学习成果的认证与转换的前提是将学习成果按照一定标准转变为学分。在这里,学分代表的是学习者经过学习或培训所获得的某种知识和能力,它不会因为教育类型或形式的不同而具有不同的属性。就像银行中的货币,代表的只是一定的购买力,不会因为这个货币的来源不同而拥有不同的购买力。然而目前我国高等教育中的学分制度基本上是学年学分制,这种学分还具有很强的类型或形式属性,无法在不同教育类型或形式之间相互转换。完全学分制就是要消除这种差异性以实现学习成果的自由转换。学习者只要完成既定学分就可获得相应的学历证书或职业资格证书,不再被固化的学习时限要求所困。这些学历证书或职业资格证书可以按照既定转换标准转换成非学历教育或学历教育学分。二是建立规范的职业资格证书制度。首先要建立跨部门或跨行业的职业资格证书管理机构,对原来分属不同部门或行业管辖的职业资格证书进行梳理,避免各自为政。其次,加强监管,规范职业资格证书的培训、发放等环节,提升证书的含金量,增强其社会认可度,为职业资格证书这一学习成果与高等学历教育学习成果的转换奠定基础。最后,要明确职业资格的等级和相应的知识能力要求,以便能够与高等教育学历证书的知识能力的要求相衔接,确保高等职前教育与高等职后教育相互循环的实现。

第四节 创新公平与质量并重的高校人才培养模式

所谓"人才培养模式",是指培养主体为了实现特定的人才培养目标,在一定的教育理念指导和一定的培养制度保障下设计的,由若干要素构成的具有系统性、目的性、中介性、开放性、多样性与可仿效性等特征的有关人才培养过程的理论模型与操作样式①。高校人才培养模式是高等教育实现公平与质量并重的一个基本实践载体。高等教育要实现公平与质量并重的目标，重点在于构建并实施以学生为中心的人才培养模式。

一、更新人才培养理念

这里的人才培养理念是指中观（高校）与微观（教师）层面的教育理念，也就是培养主体关于人才培养的本质特征、目标价值、职能任务和活动原则等的理性认识，以及对人才培养的理想追求及其所形成的各种具体的教育观念，如质量观、师生观、教学观、科研观、活动观与评价观等。人才培养理念旨在回答"高校人才应该是怎样的"②、"人才应该如何培养"等问题。从哲学层面上讲，人才培养理念的功能旨在揭示人才培养的内在逻辑与终极价值；从操作层面上讲，人才培养理念旨在指导人才培养过程，包括培养的程序与环节等的设计与构想。人才培养理念对人才培养模式其他要素的选择与确定都产生着极其重要的影响。

综观国外一流大学之所以能培养出大批杰出人才，首要原因就在于其具有符合人才成长规律的科学的人才培养理念，如尊重学生、注重个性、博专结合、文理交融、夯实基础、全面发展等。然而在我国，过分的功利追求、过窄的专业训练、过弱的文化陶冶一直是本科教育的痼疾。而功利化目标势必会扼杀个体的天赋和特长，过窄的专业训练势必限制学生的发展视野，过弱的文化陶冶势必妨碍学生人格的提升与创新素养的形成。只有切实转变落后的人才培养理念，确立以学生为中心的育人理念，才是推进人才培养模式创新的前提。

二、改革专业设置方式

专业设置模式是人才培养模式的重要组成部分。专业主要是按照学科来划分的，专业设置一般可在设置口径、设置方向、设置时间、设置空间等方面进行形态变化设计。专业口径是指划分专业时所规定的主干学科或

---

① 董泽芳. 高校人才培养模式的概念界定与要素解析 [J]. 大学教育科学，2012 (6)：33.

② 董泽芳. 高校人才培养模式的概念界定与要素解析 [J]. 大学教育科学，2012 (6)：34.

主要学科基础及业务范围的覆盖面。设置方向是指在专业口径之内是否分化专攻方向以及分化多少,以刚化或活化专业。设置时间是指专业设置的时间早晚,是一进校就定专业,还是学习到一定阶段之后再确定专业培养。设置空间是指学生的专业确定之后,还有没有游移的空间和更改的可能,是否允许学生转专业、转系、转院或跨专业、跨系、跨院学习等①。

世界一流大学之所以能培养出大量杰出人才,与其高质量的专业教育密不可分,也与其尊重学生差异的专业设置模式紧密相关。我国近年来,面向市场需求设置专业的意识明显提高,但对办学条件和市场的调查研究仍然不足,导致专业设置仍存在一定的盲目性、随意性和趋同现象。更重要的是在专业设置模式上忽视了满足不同学生个性发展的要求,专业划分过细、专业口径偏窄、设置时间过早(如不少大学仍是一进校就分专业)、设置空间过小(如转专业、转系、转院或跨专业、跨系、跨院学习困难等)。只有借鉴世界一流大学注重个性发展,强调"宽"、"通"、"活"的专业设置模式,改造我们注重共性发展的过"窄"、重"专"、偏"死"的专业设置,才能更好地促进学生个性发展,培养出创新人才。

三、优化课程设置方式

课程设置是指一定学校所选定的课程类型和课程门类在各年级的安排顺序和学时分配,以及对各类各科课程的学习目标、学习内容和学习要求的简要规定。课程设置必须符合培养目标的要求,它是一定学校的培养目标在一定学校课程计划中的集中表现。评价课程设置主要考虑两个方面:合理的课程结构和课程内容。合理的课程结构指各门课程之间的结构合理,包括开设的课程合理,课程开设的先后顺序合理,各课程之间衔接有序,能使学生通过课程的学习与训练获得某一专业所具备的知识与能力。合理的课程内容指课程的内容安排符合知识论的规律,课程的内容能够反映学科的主要知识、主要的方法论及时代发展的要求与前沿。

在我国,由于传统知识观的影响,在课程设置上重理论、轻实践,重必修、轻选修,不利于扩大学生的知识视野和创新思维能力的形成。因此,创新人才培养模式必须改变传统的课程设置方式。在课程结构

---

① 龚怡祖. 大学专业设置模式探析 [J]. 教育发展研究,2001(11):72-73.

上，应进一步打破专业藩篱和时空界限，淡化专业课程，增加专业选修与自由选修课程，发展网络课程。在课程内容上，要增加通识类课程，促进多学科课程交叉渗透，兼顾自然、社会、人文等诸方面的内容。

四、改革教学制度

教学制度体系即狭义的人才培养制度，它是与人才培养的微观过程紧密相关的各种规章制度及其实施的体系。先进的教学制度是国外一流大学人才培养质量的重要保障。国外一流大学为了发展学生个性，培养创新人才，创建了以导师制、导修制、师生合作研究制等为主要内容的教学制度体系。这对于我们有着多方面的启发：以导师制为例，近年来，我国高校的导师制受到重视，但在理念上过分偏重于管理，在方法上过分偏重于规范，形成了一种为管理而管理的片面化的倾向，不少导师把大量的精力用于对学生行为的规范、对教学形式的完善，却忽视了"育人"这个根本。借鉴国外一流大学导师制的经验，首先要明确导师制的核心在于全面育人，要以关注和鼓励学生的个性发展为核心，以师生合作互动为基础，以培养学生探究知识、独立思考的能力为目的。诚然，借鉴国外一流大学教学制度还必须进一步探索小班化教学的辅导制度、师生合作科研制度、国际访学制度、产学研结合的实习制度等。

五、革新教学组织形式

教学组织形式是教学活动过程中教师和学生的组织方式及教学时间和空间的安排方式。不同的教学组织形式对学生知识的获得、智力的形成与人格的提升产生不同的影响。从国外一流大学看，合理的教学组织形式能够形成和谐的教学氛围，能够激活学生的求知兴趣与创造欲望。但在我国，由于深受传统的书本中心、教师中心、课堂中心、师道尊严等观念的影响，高校教学组织形式普遍存在单向、牵引、静止等状态，师生互动形式化、表面化。这种状况极大压抑了学生学习的主动性、积极性与创造性。借鉴国外一流大学的经验，改革我国现行的教学组织形式：首先应扭转传统教学三"中心"倾向，牢固确立学生在教学中的主体地位；其次要多方激励引导学生自主学习，变课堂上师生的单向传输为多向交流；再次要广泛运用启发性、探究性教学，将注重知识传授的课堂变为研究性课堂；最后要大力开展实践性教学，突出学生实践能力与创新能力的培养。

六、加强隐性课程建设

国外一流大学十分重视发挥隐性课程在人才培养中的重要作用。但在我国高校的课程建设中，普遍存在重显性、轻隐性的倾向，对于广泛存在却有待开发的隐性课程关注不够。借鉴国外一流大学的经验，一是要充分认识隐性课程在育人上的功能与地位，在政策与制度层面提出隐性课程建设的规划与方案；二是要结合校情，努力发掘校园环境中的各种隐性课程资源，包括营造生动活泼的学习环境、自由民主的学术环境、舒适优美的生活环境与充满爱心的育人环境等；三是要以生为本，突出大学制度中的人文关怀。一方面运用各项制度管理，培养学生科学的治学态度、严谨的生活作风与良好的行为习惯，以发挥管理制度中隐性课程的价值导向功能；另一方面要挖掘制度中的人文关怀因素，在"动之以情、晓之以理"的真诚沟通中让学生体会到被尊重、被理解的关爱，最终将外在的制度内化为自觉的遵守，从而充分发挥管理制度中隐性课程的情感陶冶功能。

七、扩大学生教育选择权

适合学生自我发展需求的高等教育才是公平与质量并重的高等教育。学生要得到适合自己的教育就需要有充足的教育选择权。首先学生要有足够的选择学校的权利。目前我国实行统一高考制度，一年只有一次考试，可填报若干个志愿学校。学生选择学校的空间还太小。虽然有部分高校实施了自主招生试点，但是名额过少并且相关制度和程序还不健全，无法满足学生的选择需求。十八届三中全会通过的《关于全面深化改革若干重大问题的决定》指出要探索学生考试多次选择、学校依法自主招生，从根本上解决一考定终身的弊端。当然这些改革要取得实效还需要完善相关制度，拟定可行的操作方案并扎实予以落实。其次学生要有选择专业的权利。目前学生所学专业通常是填报高考志愿时就被固定，很多学生由于对所报专业的学习内容、要求和毕业流向知之甚少，往往是随大流或想当然填报。如很多学生感觉有"管理"、"国际"等字眼的专业就是档次高、就业好的专业，都争相盲目填报，入学后才发现实际未如其所料，这导致学生的学习兴趣和积极性大受打击。而在现有的高校管理模式下转学或转专业的可能性又很小，最终导致学生学业成果很不理想。因此，我国高校应总结以往经验，借鉴发达国家高校学生专业确定的成功模式，推行"先大类培养，后按兴趣自主分流"的专业选择模式，保证学生在了解信息的前提下自主选择专业的权利。此外，高校在课程选择、任课教师选择、学习进度等方面都应该努力给予学生更大的自主权。当然，学生教育选择权的扩大除了有赖于高校管理机制的创新和相关管理制度的完善以外，还需要充足的教育教学资源作为保障条件，而这是一个需要长期努力的过程。

八、改革教学评价方式

科学的教学评价作为人才培养过程的重要环节在国外一流大学颇受重视。但在我国由于深受传统的"师道尊严"的价值取向及"大一统"思维的影响，我国高校教学评价方式普遍存在评价目的片面与功能窄化的问题，注重了诊断功能，忽视了导向功能、激励功能、调控功能与改进功能；评价体系不尽合理，主要采用主观经验法，影响了评价的客观性；评价主体不够全面，忽略了评价主体的多元构成；评价方法与手段相对单一，评价过程忽略对象的差异性、评价结果处理不当等问题。国外一流大学的教学评价方式及其注重全面、发展、多元的改革方向值得我们认真借鉴。首先在评价目的上，要将促进学生自主发展与教师专业发展作为评价的主要目的，充分发挥评价的导向与激励功能。其次要建立多元化的教学评价主体，从多层面、多角度进行评价，保证评价的公正性。再次要重视通过问卷调查、专家评判、实验修正等基本程序，建立科学的评价指标体系。最后要探索多元的评价手段与方法，将定性评价与定量评价，结果评价与过程评价，诊断性评价、形成性评价和终结性评价相结合，努力提高评价的效率。

第五节 实施公平与质量并重的高校特色发展战略

从院校层面来说，实现公平与质量并重的高等教育分流就是要促进高校根据自身人才培养目标和发展定位,充分发掘自身的潜能,争创自身所属领域的一流。"让不同的高校争创不同的一流。"[①] 而实施特色发展战略是高校实现一流发展目标的根本途径。

一、高校办学特色的内涵特征

办学特色是高等院校在长期办学过程中积淀形成,在人才培养、科学研究和社会服务等方面表现出来的稳定的发展方式和被社会公认的独特的办学风格和办学特征[②]。高校办学特色具有以下内涵特征:

(一)创新性

办学特色的核心要义在于"特",体现的是一所高校明显有别于其他高校的独特办学风格、校园文化和较高的美誉度。通俗地讲,就是在"人无我有"的基础上,做到"人有我优"。而要实现这一目标,根本途径是创新,即在遵循高等教育内外部规律基础上,结合学校区位特点和办学基础,对人才培养全过程及相关支撑要素进行改革创新,从形成科学且独特的办学理念、人才培养模式、管理机制和校园文化,最终积淀出鲜明的办学特色。

(二)稳定性

高校办学特色是在学校长期的办学实践中沉淀形成的,不是一种暂时、局部、突如其来的现象,是在长期的办学过程中,依据其办学传统和文化传承,在一以贯之的办学理念引领下,经过数代人的不懈努力逐步形成的。一旦形成即具有相对稳定性。稳定性是检验高校办学特色"成色"的重要指标,一所高校的办学特色能够在较长时期内保持不变,表明其不是学校管理者杜撰得出,而是在全校师生和管理者达成共识的前提下,长期共同培育而成。它已经深入学校每个成员的精神层面,并外化为自觉的行动,它不会因为学校领导者办学思路的一时改变而被轻易抹杀。

---

① 张继平,董泽芳.质量与公平并重:高等教育分流的本质含义及实现机制[J].华中师范大学学报(人文社会科学版),2018(2):186-192.
② 刘智英,夏建国,刘娜.高校分类发展视野下技术本科院校的特色发展之路[J].中国高等教育,2011(8):12-14.

(三) 发展性

高校办学特色的稳定性是相对的，并非一成不变。高校办学特色，不仅是对过去办学经验的理性总结，更是对高校未来发展的远景前瞻。它是一个与内外环境相适应、与特定时空相联系的动态系统。随着时代的发展和内外部办学环境的改变，高校办学特色会被不断赋予新的内涵。在我国很多著名大学的办学历史过程中，一些大学积极顺应时代要求，适时更新办学理念，持续推进改革，实现了办学特色的与时俱进。如华中科技大学，在1978年，学校党委在全国科学技术大会上提出了"科学研究要走在教学的前面"的观点，强调科学研究在高等学校的重要地位，并阐述科学研究对于教学来说，是"源"与"流"的关系，指出只有科学研究开展得好，才能培养出高水平的人才，只有抓住这个办学的根本，才能担负起高等学校"重大的历史责任"。到20世纪90年代初，为转变传统的教育观念，改善学科分家而导致的学生知识结构单一和素质低下的状况，华中科技大学最早提出了"人文教育与科学教育相融合"的办学思想。20世纪90年代中期，学校又提出具有时代性的"育人为本，三足鼎立，学、研、产协调发展"的办学思想和"教学是基础、科研上水平、产业出活力"的办学方略。而在新的历史时期，学校从建设创新型国家体系和自身的实际出发，提出了"育人为本、创新是魂、责任以行"等新的办学理念和"应用领先、基础突破、协调发展"的办学思路。学校在不同时期办学理念的指导下，经过实践探索，推动办学特色的常新。

二、高校办学特色的褪色探因

(一) 高校类型分类不科学

按照《国际教育标准分类法》，我国高校可分为如下几类：综合性研究型大学（5A1），着重基本理论研究，培养研究人才，一般可进入博士研究阶段（6）；多科性或单科性专业型大学或学院（5A2），着重应用理论研究，培养不同层次的专门人才；多科性或单科性技术型或技能型专科学校或学院（5B），着重职业技术能力的实训，培养不同层次的生产、管理、服务第一线的技术人才。这种分类方法基本上是根据高校的人才培养规格来进行分类的,是国际通行的较为合理的高校分类方法。然而,在现实中,我国政府部门和社会大众对高校的分类,在很大程度上只有两种,即重点大学和非重点大学,资源配置和关注度都是向重点大学"一边倒"。这诱导非重点建设的地方本科院校和高职院校,纷纷向重点建设的综合性大学看齐,不顾自身已有的办学基础和优势,盲目追求"大而全",最终导致我国高校发展趋同化现象日益严重,高校办学特色不鲜明。

(二) 高校办学定位不明确

美国卡内基—梅隆大学校长科亨在第二届中外大学校长论坛上指出:"制定大学战略目标的关键是找准自己的定位。"科学准确的定位有利于高校发挥自身的比较优势,集中有限的资源寻求新的突破,从而形成自身办学特色。然而,当前,我国不少高校仍然存在办学定位不明的现象。

在办学层次上盲目求高。一是由"学院"升格为"大学"。2011年至2016年间,全国有70多所"学院"升格为"大学"①。二是由专科升为本科。据教育部发展规划司正式公布的2017年度申报设置列入专家考察的高等学校名单中,共有46所高校入选,其中专科院校申请升为本科的就有17所,可见专科高校升本意愿之强烈。

在办学规模上盲目求大。受我国高等教育拨款机制的影响,不少高校为了获得更多财政拨款,盲目扩大办学规模。《2015年全国教育事业发展统计公报》显示,全国普通高等教育本专科共招生737.85万人,比上年增加16.45万人;在校生2 625.30万人,比上年增加77.60万人。普通高等学校校均规模10 197人,其中,本科学校校均规模14 444人。办学规模的盲目扩大,不断稀释有限的办学资源,导致高校没有充足条件深化内涵建设,阻碍了优秀办学特色的形成。

在学科专业建设上盲目求全。有很大比例的高校都希望能够设置更多的专业,讲究专业跨多少个学科门类,把奋斗目标确定为建设综合性的大学。师范院校纷纷开办非师范类专业,林业院校放弃自身优势,急于上人文和理工类专业,原工科院校开设了经济类、管理类和法学类专

---

① 中国新闻网. 46所高校将改名 16所高校将学院升格为大学 [EB/OL]. [2018-01-25]. http://www.ln.chinanews.com/news/2018/0125/118097.html.

业，财经类院校相继开设了理学和工学专业，海洋院校也开设土木工程、桥梁设计等不涉海专业，医科院校也不甘寂寞，纷纷办起了人文管理类专业①。

在人才培养目标上不清晰。许多高校在人才培养上不能很好地处理经济社会发展与人才需求之间的关系、学术型人才培养与技能型人才培养之间的关系。正如潘懋元先生指出的："现在存在的突出问题是：经济社会发展对人才的需求是多层次、多类型的，而高等学校对人才的培养却是单一化的甚至是盲目无序的。这种单一化的发展方向与多样化的人才需求的矛盾，导致精英教育的发展方向与大众化教育的发展方向混乱不清的状况。这一问题如果得不到科学、合理的解决，将会直接影响到我国未来高等教育的健康、良性的发展，直接阻碍我国由人力资源大国向人力资源强国迈进。"②

（三）办学资源配置不合理

目前，我国实行"综合定额＋专项补助"高校财政拨款制度。这一制度的单一价值取向和利益导向诱致几乎所有类型高校都要不遗余力地追求学位点、学科数量、学术成果等学术性的指标，一些原本应该定位于应用型的高校为了获得赖以生存的资源和拨款而不得不偏离自己的办学主旨。在这些制度的综合作用下，高等教育成为一种有着严格准入条件和程序的"特需经营"制度，围绕着"规模"问题构建了较为充分的激励和约束制度，而现有制度围绕结构、质量和效益问题的激励和约束非常缺乏③。这种以行政为主导的、基于身份的、固化的资源配置方式导致我国高教资源在重点与非重点高校之间的配置极度失衡。根据《中国教育经费统计年鉴2012》数据统计，2012年，占全国普通高等学校数6％的中央属普通高等院校，投入的教育经费在高等院校教育经费收入

---

① 杜才平.目前我国高校专业设置的现状、问题及其对策［J］.湖北社会科学，2011（4）：178-181.

② 潘懋元，董立平.关于高等学校分类、定位、特色发展的探讨［J］.教育研究，2009（2）：34.

③ 杜瑛.基于绩效的高校分类管理机制探析［J］.国家教育行政学院学报，2017（12）：37-43.

总额中占比达到了31%,地方属普通高等院校的学校数占总比高达94%,仅获得了69%的教育经费投入。办学资源配置的不合理,诱导高校争相成为"大而全"的大学,在很大程度上导致"千校一面"局面的形成。

（四）高校自主权利不落实

根据《中华人民共和国高等教育法》,我国高校在招生、学科设置、教学、科研、对外交流、人事与机构设置等七个方面拥有办学自主权。然而,根据调查,当前我国高校的办学自主权并未得到充分落实。从表6-1可以看出：

在招生自主权上,绝大部分受访者认为我国高校的招生自主权的落实程度较低,对招生自主权的各项具体内容的评价中,没有受访者认为完全自主。在招生附加条件方面,认为较为自主的受访者只占24%,而认为不太自主和完全不自主的占到了44%;在招生录取方式方面,认为较为自主的受访者占27%,认为相对自主的受访者占38%,认为不太自主和完全不自主的受访者占35%,说明高校招生录取方式的自主权落实程度也不是很理想;在生源分布方面,认为较为自主的受访者占20%,认为相对自主的受访者占36%,而认为不太自主和完全不自主的受访者比例之和则高达44%;在招生规模方面,认为较为自主的受访者仅有9%,认为不太自主和完全不自主的则高达64%。

在学科专业设置自主权上,在该自主权各项具体内容的评价中,认为完全自主的受访者都低于5%。在学科专业的规划与发展方面,认为较为自主的受访者占43%,认为不太自主和完全不自主的受访者占28%;在学位授予的种类方面,认为相对自主的受访者占42%,认为不太自主的受访者占33%;在学科目录设置与管理方面,高达60%的受访者认为不太自主和完全不自主,而在学位授予的要求方面,认为不太自主和完全不自主的受访者也高达54%,说明高校在这两个方面的自主权的落实程度很不理想。即使在办学自主权相对较大的"985工程"高校,在这两个方面的自主权也还是十分有限。"虽然'985'高校有一定的学科设置自主权,但交叉学科却无法在教育部的学科目录中找到相对应的学科,由此一些交叉学科方向的博士生培养就遭遇了无法进行学位评定的障碍,为此,每年都有博士论文被教育部返还要求重审。"①

在财务管理使用自主权上,在公用经费拨款方面,认为相对自主的受访者占45%,认为不太自主和完全不自主的受访者占26%;在资产使用与管理方面,认为相对自主的受访者占56%;而在专项经费拨款方面,认为相对自主的受访者占42%;在人员经费拨款方面,认为不太自主和完全不自主的被访者占46%。说明在财务管理使用自主权各项具体内容中,人员经费拨款自主权的落实程度最差。

在教学自主权上,在各项具体内容的评价中,只有3%的受访者认为完全不自主,并且各项中认为完全自主和较为自主的受访者比例之和几乎都达到60%,特别是教学管理方面更是高达75%,说明高校教学自主权的落实程度达到了较高水平。但是在教学计划和人才培养的制订上,高校的自主权还是受到诸多限制,主要是公共课程特别是"两课"的课程设置要遵循全国统一的要求。这些课程的重要性不言而喻,但是如何适应不同高校和专业人才培养的特点而因材施教,却是一个尚待商榷的问题。

在科研和社会服务自主权上,在科研项目申请方面,有58%的受访者认为完全自主和较为自主,有26%的受访者认为不太自主;在科研计划制订方面,有49%的受访者认为较为自主,有25%的受访者认为不太自主;在校企合作及成果转让方面,认为较为自主的受访者占41%,认为不太自主的受访者占25%;在科研经费的分配与使用方面,39%的受访者认为相对自主,35%的受访者认为较为自主,19%的受访者认为不太自主。总体上看,我国高校科研和社会服务自主权的落实程度达到了中等水平,但是在科研经费的分配和使用方面,政府基本上要求专款专用,同时虽然审批环节众多但在科研成果质量的评价上还缺乏有效的方法,导致科研经费使用效率低下。

---

① 姜澎,樊丽萍. 北大、清华和上海"两校一市"先行 新一轮教育综合改革展开[EB/OL]. (2014-12-05) [2018-01-20]. http://www.cssn.cn/gx/gx_gxxx/201412/t20141205_1429712_2.shtml.

在国际交流合作自主权上,在教职工和学生出国学习方面,有43%的受访者认为不太自主和完全不自主;在行政领导出国访问或考察方面,认为完全自主和较为自主的受访者比例之和为39%,认为不太自主和完全不自主的受访者比例之和为28%;在联合培养学生方面,有51%的受访者认为不太自主和完全不自主,有36%的受访者认为完全自主和较为自主;在聘请外教来校访问、讲学方面,有61%的受访者认为完全自主或较为自主。

在机构设置和人事管理自主权上,在教学、科研机构设置方面,认为完全自主的受访者占52%,认为较为自主的受访者占37%;在行政机构的设置方面,有63%的受访者认为较为自主,18%的受访者认为完全自主;在职称评定方面,认为完全自主的受访者占27%,认为相对自主的受访者占41%,有32%的受访者认为不太自主;在人员招聘与任免方面,认为完全自主和较为自主的受访者比例之和为55%,认为不太自主和完全不自主的受访者比例之和为26%;在人事编制方面,认为相对自主的受访者占49%,认为完全不自主的受访者占24%。总体上,我国高校在机构设置的自主权得到较好落实,而人事管理自主权的落实程度不甚理想,主要是高校领导的任免和高校人员编制,还基本上由政府一手把控。

表 6-1 我国高校办学自主权落实情况评价结果

办学自主权名称	办学自主权的内容	做出该评价人数占总人数的比值(%)				
		完全自主	较为自主	相对自主	不太自主	完全不自主
招生自主权	招生附加条件	0	24	32	23	21
	招生录取方式	0	27	38	23	12
	生源分布	0	20	36	26	18
	招生规模	0	9	27	46	18
学科专业设置自主权	学科专业的规划与发展	1	43	28	21	7
	学位授予的要求	3	23	42	32	0
	学科目录设置与管理	1	27	12	51	9
	学位授予的种类	1	21	23	43	12

续表

办学自主权名称	办学自主权的内容	做出该评价人数占总人数的比值（％）				
		完全自主	较为自主	相对自主	不太自主	完全不自主
财务管理使用自主权	公用经费拨款	14	15	45	16	10
	资产使用与管理	14	16	56	14	0
	专项经费拨款	8	14	42	27	9
	人员经费拨款	9	29	16	39	7
教学自主权	教学计划的制订	5	54	30	12	0
	教学管理	13	62	22	3	0
	教材的选取	4	63	22	11	0
	人才培养方案的制订	10	52	23	12	3
科研和社会服务自主权	科研项目的申请	9	49	8	26	8
	科研计划的制定	7	49	12	24	8
	校企合作及成果转让	7	41	28	24	0
	科研经费的分配与使用	8	35	39	18	0
国际交流合作自主权	教职工和学生出国学习	8	23	25	33	11
	行政领导出国访问或考察	21	18	33	16	12
	联合培养学生	18	18	12	50	2
	聘请外教来校访问、讲学	18	43	29	10	0
机构设置和人事管理自主权	教学、科研机构的设置	52	37	11	0	0
	行政机构的设置	18	63	15	4	0
	职称评定	0	27	41	32	0
	人员招聘与任免	9	46	19	13	13
	人事编制	10	7	49	10	24

注：数据根据南京农业大学张振华的博士学位论文《高校办学自主权及其落实问题研究》中的问卷调查数据整理得出。该调查覆盖了我国9个省份及2个直辖市的百余所高校。高校层次涵盖"985"高校、"211"高校、普通院校、高职高专院校等层次，发放问卷共计866份，实际回收610份，问卷有效回收率为70.4％。

从以上调查结果可见，当前我国高校办学自主权虽然相对于改革开放前得到了较为显著的扩大。高等学校总体上实现了中等程度的自主，特别是教学、科研和社会服务、国际交流等领域的自主权得到了较好的落实。但是在招生、学科设置、人事管理、财务管理等领域中，部分涉及资源配置的核心权力的落实情况与《高等教育法》等法律政策的规定之间还存在一定差距[①]。高校仍然没有摆脱与政府的依附关系。我国高校办学自主权未获得充分落实导致高校未能发挥其自身在改革发展中的主体作用，无法形成鲜明的办学特色。

（五）高校分类评价滞后

当前，我国对高校发展的评价经过改革之后，基本上对普通高校和高等职业院校形成了不同的评价导向和指标体系。但是，在普通高校的评价上，目前还没有形成按高校类型设计实施的分类评价体系。从普通高校的办学定位来考量，大致可划分为研究型、研究兼教学型、教学型三类，各类高校办学定位不同，要求评价指标有所差别，才能促进高校各安其位，办出特色。然而，当前我国大部分省区对普通高校的评价还是"一刀切"模式。不管是政府还是社会机构对高校评价基本上都聚焦于学术产出，都是按照研究型大学的标准对不同类型的高校进行评价。这种评价模式"共同造就了当今我国高等教育领域评价指标体系单一、激励导向单一的现状，使得不同类型的大学按照同一个指挥棒跳舞，不仅导致大学的同质化发展趋向，也极大地狭隘化了大学的传统使命，限制了大学的个性化发展机会，更是生硬粗暴地激发了大学的知识量产、校际攀比的功利性冲动，同时导致教学与社会服务等功能的边缘化。如此评价的直接后果，就是使得原本应该具有多样性、丰富性特征的大学生态圈无法形成"[②]。

[①] 张振华. 高校办学自主权及其落实问题研究[D]. 南京：南京农业大学，2012：129.

[②] 卢荻秋. 分类评价有助于营造大学"生态圈"[N]. 中国科学报，2016-08-30（1）.

三、高校办学特色的促进路径

（一）科学划分高校类型

"科学合理的高校分类体系，不仅有利于建立高等教育新秩序、促进高等学校之间的有序竞争，而且有利于高等学校充分发挥自身的特色、促进高等教育多样化生态系统的形成。"①

针对我国高校缺乏科学分类标准的困境，高教研究者和实践者从不同视角对我国高校进行了分类。主要有"三分法"、"四分法"、"多分法"、"层类组合法"等。但是，这些分类方法存在以下不足：一是分类标准过于复杂，现实操作性不强；二是分类标准缺乏理论依据，系统性较差；三是大都借鉴和采用国外的分类标准，不能体现中国特色，现实指导作用有限。近年来，浙江、上海等省份率先在国内开展高校分类评价管理的改革。《浙江省普通本科高校分类评价管理改革办法（试行）》（浙教高教〔2016〕107号）、《上海高等教育布局结构与发展规划（2015—2030年）》分别提出了本省高校的分类标准。浙江省按二维结构，根据人才培养、学科建设、师资队伍等，将本科高校分为研究为主型、教学研究型、教学为主型；根据学科门类、专业数量等分为多科性和综合性。全省本科高校分为六种类型。相比之下，上海市的分类标准更加系统并具有可推广性。上海市按照人才培养主体功能和承担科学研究类型等差异性，将高校划分为"学术研究、应用研究、应用技术和应用技能"四种类型；按照主干学科门类（本科与研究生）或主干专业大类（专科）建设情况，将高校划分为"综合性、多科性、特色性"三个类别。以此引导高校凝练办学特色，聚焦发展重点，避免过度分散资源、过多设置缺乏相互联系和支撑的学科专业，立足学校定位在各自领域追求一流。

"学术研究型"高校以培养学术研究人才为引领，可授予博士、硕士和学士学位，学校以"综合性"、"多科性"为主。"应用研究型"高校以培养应用研究与开发的人才为重点，可授予博士、硕士和学士学位，

---

① 韩延明. 中国高校必须强力推进特色发展：研读潘懋元先生高校特色发展理论之感悟 [J]. 高等教育研究，2010（8）：35-41.

学校以"多科性"、"特色性"为主。"应用技术型"高校以培养专门知识和技术应用人才为主体,一般可授予专业研究生和学士学位,学校布局面向行业以"特色性"或"多科性"为主。"应用技能型"高校主要培养专科层次的操作性专业技能人才,学校面向行业、职业以"特色性"为主。

(二)理性确定高校定位

一所高校只有拥有准确的办学目标定位和功能定位,紧抓目标,突出重点,才能形成办学特色。确定高校办学定位是一个对学校的内外部发展环境进行理性分析的过程。

一要明确高校办学定位的维度。一所学校的办学定位包括目标定位、类型定位、层次定位、学科专业定位、服务面向定位等。办学特色鲜明的高校,无不是在分析自身条件与内外部环境之下,准确定位,进而形成鲜明的办学特色的。如玉林师范学院在分析了身处西部"欠发达地区"的非中心城市,并且是在一所刚刚升本不久的高校等不利因素的基础上,对自己进行了下列定位:办学类型定位为教学型地方本科师范院校;学科专业定位为以教师教育类学科专业为主;办学层次定位为以本科教育为主,适度发展高等职业技术教育、成人教育,努力创造条件发展研究生教育;服务面向定位为立足玉林,面向广西,为地方基础教育和区域经济社会发展服务;人才培养定位为以义务教育阶段的优质师资培养为基础,努力培养具有创新精神的高素质应用型人才。根据这一思路,学校形成了"秉承优良办学传统,立足玉林,面向广西,不断推进教师教育改革,培养'下得去、留得住、有作为'的基础教育师资"的办学特色。又如安徽农业大学,也从自身条件和高等教育系统、社会系统出发,对学校进行了定位:其目标定位是把学校建设成安徽省高级农业科技人才培养基地、农业科技创新和成果转化基地、农业发展战略研究基地、整体水平居国内同类院校先进行列的多科性大学;类型定位是以教学为主的教学研究型大学;层次定位是以本科教育为主,积极发展研究生教育,适度发展高等职业技术教育和继续教育;学科专业定位是以农林学科为优势和特色的农、工、理、管、经、文、法、医等多学科协调发展;服务面向定位是立足安徽,服务区域经济。由此形成了"坚持'大别山道路',在服务面向地方经济中培育优势特色学科和高素质人才"的办学特色①。

二要强化办学定位的群众基础。高校的准确定位既是一个理论问题,还是一个技术性的实践问题。只有获得共识的学校定位才能在办学实践中得到真正拥护并促进学校凝聚力的提高。学校管理者要充分发挥民主,提高广大教职员工的参与意识,鼓励他们进行研究和论证,激励他们踊跃表达和质疑,利用公共选择机制形成学校的定位②。

(三) 合理配置办学资源

办学资源配置的导向对高校办学特色的形成和发展具有根本性的影响。当前,我国要实现高教办学资源配置的合理化,首先要加大力度改革传统的"综合定额+专项补助"的拨款方式。

"综合定额+专项补助"的拨款模式的核心是"综合定额"。其基本思路是:(1) 对全国高校本科生培养成本按照专业区分进行抽样核算,所得到的数据作为近一段时期内"综合定额"计算的标准。(2) 依据高校上一年的在校生规模作为乘数。在校生规模(折合在校生数)计算的公式为:折合在校生数=普通本、专科(高职)生数+硕士生数×1.5+博士生数×2+留学生数×3+预科生数+进修生数+成人脱产班学生数+夜大(业余)学生数×0.3+函授生数×0.1。(3) 再将前面得到的2个数据结果相乘,从而得到综合定额(还要根据学校类型进行系数调整)。在这种模式下,高校的财政收入主要依靠本科生、研究生的招生规模。显而易见,这一计算公式必然刺激各高校不断扩大招生规模、提升办学层次。

针对现有拨款模式的弊端,我国应加快改革"综合定额+专项补助"的拨款模式,探索实施"层次定额+(专业补贴)+绩效拨款"的拨款模式,以建立新的高等教育财政拨款的激励机制。其基本思路是:(1) 按照高校分类,按照上一年财政拨款的中位数确定该类高校的拨款定额;

---

① 郭沂,李志宏. 高校办学特色的主要体现类型及其形成规律 [J]. 中国高等教育,2010 (1):39-41.

② 支希哲,罗向阳. 高校办学定位和办学特色之检视 [J]. 大学教育科学,2008 (3):28-31.

(2) 根据部分高校因专业差异而造成的财政需求差异,对其给予专业补贴;(3) 根据不同高校的绩效评价结果给予绩效拨款①。

(四) 切实落实自主权

高校办学特色的形成是高校在一定环境中,自主选择并长期实践的结果。只有政府赋予高校充分的办学自主权,高校才能获得特色生成的空间。而办学自主权的切实落实,体现在政府"放得下"和高校"接得住"两方面。

一方面需要政府给予高校自主发展的空间,即政府要切实赋予高校办学自主权。在《高等教育法》对高校所拥有的办学自主权进行原则性规定的基础上,各地方政府要出台具体高等学校办学自主权清单,将每一项自主权的具体内容予以明确规定。同时,要加强建设高校办学自主权落实情况的问责机制,使高等学校行使办学自主权状况公开透明化,并发挥行政督察部门、媒体、社会大众等的监督作用,以推动政府切实落实高校办学自主权。

另一方面高校要强化自主发展的意识,将政府赋予的办学自主权转化为实实在在的自主发展能力。政府赋予高校办学自主权只是为高校自主发展能力的增强提供了必要的空间,高校自主发展的关键是高校,尤其是校长等领导人具有开拓创新的胆识和激情,不单是能够充分利用政府赋予的办学自主权,更能积极主动地向政府争取更多更大的办学自主权,才能使高校发展实现由被动发展向主动发展的转变,从而为办学特色的形成和发展提供内在驱动力。

(五) 大力推进分类评价

用同一个标准去评价不同的高校,必然导致"千校一面"。只有大力推进高校分类评价,才能促进各高校各安其位,各展其长,特色发展。

我国各省区可以借鉴上海市的做法,将高校分为学术研究型高校、应用研究型高校、应用技术型高校和应用技能型四类,研究设计高校分类发展、分类评价指标体系,依据高校发展定位和建设的不同目标,对

---

① 张炜. 资源配置公平视角下的高等教育财政拨款模式 [J]. 江苏高教,2008 (5):36-39.

各类高校给予不同侧重的评价导向,明确每一类高校的发展要求和评价重点(见表6-2),引导和激励各类高校立足不同的办学定位办出特色。

表6-2 不同类型高校的评价侧重点

高校类型	评价侧重点
学术研究型	创新型学术研究人才培养质量、学术论文、科研成果、一流学科水平、协同创新参与水平、基础研究科研经费、教师国际竞争力、国际化水平
应用研究型	应用研究和技术研发人才培养质量、科研成果、技术转化、优势学科集中度、服务能力与水平、国际交流与合作、国际专业认证、教师的海外学习和研究经历、应用型研究生比例等
应用技术型	技术应用人才培养质量、产学研合作、服务地方与行业、特色专业集中度、"双师双能型"教师队伍水平、专业学位研究生比例、国际职业资格认证等
应用技能型	操作型专业技能人才培养质量、特色专业建设、校企合作水平、教师实践指导能力等

第六节 优化公平与质量并重的高等教育资源配置

一、落实政府责任,推进高等教育资源配置均衡

(一)推进高等教育资源配置均衡是政府的重要责任

2017年10月18日,习近平同志在十九大报告中强调,中国特色社会主义进入新时代,我国社会主要矛盾已经转化为人民日益增长的美好生活需要和不平衡不充分的发展之间的矛盾。社会主要矛盾的变化标志着中国特色社会主义进入了新时代。而这种社会主要矛盾的变化在我国教育领域可以概括为人民群众日益增长的教育需求与教育自身发展不平衡不充分、质量不高之间的矛盾。为了在新时代给人民群众交上满意的教育答卷,党的十九大报告作出"努力让每个孩子都能享有公平而有质量的教育"的庄严承诺。国务院总理李克强在第十三届全国人民代表大会第一次会议上,向大会作政府工作报告时指出,要发展公平而有质量

的教育,要办好人民满意的教育,让每个人都有平等机会通过教育改变自身命运,成就人生梦想。可见,发展公平而有质量的高等教育已经确立为新时代中国高等教育改革与发展的根本目标。《国家中长期教育改革和发展规划纲要(2010—2020年)》明确把促进公平作为国家基本教育政策,强调教育公平是社会公平的重要基础,教育公平的主要责任在政府。因此,高等教育发展要实现公平而有质量,首先要求政府在高等教育资源配置上,扭转资源配置失衡的局面,大力推进高等教育资源配置均衡化。

(二)我国高等教育资源配置不均衡的现状扫描

目前,我国高等教育资源配置的不均衡突出表现在以下方面:

1. 高水平大学区域布局失衡严重。2017年,全国有部(委)属高校118所,其中东部地区77所,占总数的65.25%,而中西部如山西、江西、海南、内蒙古、广西、贵州、西藏、青海、新疆、云南等10余个省区却没有1所部(委)属本科高校。2017年9月,教育部发布"双一流"建设高校名单,42所一流大学建设高校分布在21个省、自治区、直辖市,其中北京8所、上海4所,而中西部地区的10个省、自治区1所也没有[①]。

2. 优质高等教育入学机会省域差距明显。从2014年我国31个省(自治区、直辖市)高考本科第一批录取比例来看,各省录取比例差距较大。北京市、天津市和上海市本科第一批录取比例位居前三位,分别为24.81%、24.25%和21.92%。本科第一批录取比例最低的是四川省,只有5.46%,与11.60%的全国平均录取比例相差甚远。总体上看,本科一批录取比例较低的省份大多数都位于中西部经济欠发达、高等教育资源比较紧缺的地区。而在录取比例较高的省份大多数都位于东部经济发达、高等教育资源丰富的地区[②]。

---

① 徐小洲,倪好,辛越优.走向新时代:我国高等教育均衡发展的难题与策略[J].高等教育研究,2017(12):30-34.

② 杨成浩.平等受教育权视域下高等教育资源配置不均衡问题研究[D].长春:吉林大学,2017:15.

3. 高校高端人才区域分布差距巨大。在正高级专任教师数量分布上，2011年东部地区拥有正高级专任教师75 777人，中部地区42 725人、西部地区30 050人，东部地区优势明显；在两院院士的人数分布上，2011年东部地区拥有两院院士513人，中部地区和西部地区则分别拥有两院院士125人和60人，总和不及东部地区的40%[1]；在长江学者数量分布上，截至2016年，全国共有208所高校的3 487名教师获聘长江学者，其中东部高校有2 353名教师入选，占总人数的67.48%，北大、清华等一些部属院校更是超250人，而西部地区重点高校入选的教师寥寥无几，如云南大学、贵州大学的入选者分别为4人、3人[2]。

4. 高等教育经费区域分配两极化。据国家统计局2013年全国教育经费执行情况统计显示，区域间生均教育经费投入的差距比较大。在高等教育生均教育经费上投入最多的是北京市，数额达到47 629.14元，投入最少的安徽省生均教育经费数额为10 102.66元，不到北京市的25%。生均教育经费排名前三位的分别为北京市、上海市和天津市，均属于东部地区，而生均教育经费排名靠后的都属于中西部地区，例如甘肃省、河南省和安徽省。目前，国家要求地方高校生均经费不低于1.2万元，部属高校生均经费平均达到1.56万元，但实际执行过程中，相当一部分地方高校，特别是中西部地方高校达不到这个标准，对办学水平影响很大。受地方政府财政压力增长和各方面资源条件限制的影响，部分地方高校发展陷入了困境，加剧了部属高校和地方高校发展的不平衡性。

（三）政府推进高等教育资源配置均衡的路径选择

1. 坚持以正确的高等教育均衡发展理念为指导。"高等教育均衡发展并不是平均发展、均等发展，它是与时俱进的发展、不断打破原有状态的发展，是全面、协调、可持续的科学发展。"[3]目前，在推进高等教

---

[1] 杨成浩. 平等受教育权视域下高等教育资源配置不均衡问题研究[D]. 长春：吉林大学，2017：13.

[2] 青塔. 历年全部长江学者，各大高校表现如何？[ED/OL]. (2017-04-03) [2018-01-28]. http://www.cingta.com/detail/2993.

[3] 李廉水. 教育公平视野下高等教育均衡发展的战略思考[J]. 江海学刊，2010 (4)：214-218.

育均衡发展的过程中,要重点纠正两种错误观念。一种是将均衡发展理解为平均发展,没有将高校办学特色发展、适应当地经济社会发展需求,作为高等教育发展的重要考量要素。在这种观念影响下,高等教育管理者在配置高等教育资源时,往往采取"一刀切"的简单模式,最终使高校同质化现象更加严重。另一种错误观念是认为均衡发展是不可能实现的,它只是一个美好但却虚幻的梦想。在这种观念影响下,一些高等教育管理者将会对国家推进高等教育均衡发展的政策置若罔闻,消极怠工,不采取有效措施去切实推进高等教育均衡发展。因此,政府推进高等教育资源配置均衡的重要前提是树立正确高等教育均衡发展观,为优化我国高等教育资源配置提供有力的思想保障。

2. 强化高等教育资源配置的宏观统筹。政府要根据经济社会发展对高等教育的需求,研究制定高等教育发展的整体规划,对高等教育的层次、科类、形式结构和区域布局等进行调整和完善,对不同类型、不同层次的高校进行统筹安排,综合利用政策、立法和财政等手段对高等教育资源实行有效的宏观调控,促进高等教育整体结构不断优化,使高等教育的规模、结构、质量、效益能协调发展,从而推动高等教育均衡发展。

3. 实施推进高等教育资源配置均衡的系列措施。一是政府要制定各类型高校的基本办学标准、各类学生的生均培养经费标准和高校区域布局指导标准。二是根据以上标准对资源配置上的弱势高校、高校布局弱势区域和弱势学生群体给予资源补偿。对于办学条件较差的弱势高校,应组织专门委员会对其发展现状、发展方向进行综合评估,如确定此高校不能与其他高校合作,有继续独立发展的必要,则按国家基本办学标准对其进行资源补偿。当前我国中西部地区高等教育与东部地区高等教育在办学条件、师资力量和科研水平上存在巨大差距,极大地限制了当地群众接受高等教育的机会。对此,政府应通过教育财政转移支付、东部高校对口支援中西部高校、东部高校增加中西部招生名额等形式给中西部地区予以高等教育资源补偿,以促进我国各区域间的高等教育的机会公平;对于经济条件困难的学生,政府也应根据培养标准,通过设立贫困生奖助学金政策,对其给予资源补偿,使其能够公平地享受高等教育。

二、突破传统壁垒，拓展高等教育资源供给渠道

（一）我国现行高等教育资源供给渠道存在的问题

1. 高等教育经费渠道单一。2005至2015年，我国高等教育经费总投入从3 524亿元增加到9 518亿元，增长了1.7倍，年增长率平均为10.58%。从高等教育经费投入结构来看，2005至2015年，我国高等教育政府投入占高等教育总投入的比例平均为52.88%，这一比例从2005年的42.46%快速增加到2012年的62.54%，平均每年提高约3个百分点。2013年以后稳定在61%左右。而在此期间，我国高等教育社会投入占高等教育总投入的比例平均为18.63%。可见，我国高等教育经费投入还是以政府财政投入为主，社会力量在拓展高等教育资源供给过程中的作用还有待进一步发挥。

2. 民办高等教育发展不畅。一是规模相对偏小。截至2017年7月，全国共有民办普通高校742所（含独立学院266所），占高校总数的28.58%，其中高职高专院校比重较大。从学生人数上看，民办高校在校生总数为634.06万人，其中硕士研究生仅0.07万人，本科生391.52万人，高职（专科）在校生242.46万人①。二是办学条件相对薄弱。大部分民办高校的师资等办学条件相对较差，人才培养缺乏坚实基础，导致办学质量较低。据调查，目前民办高校影响教师队伍水平的主要因素主要在以下几个方面："兼职教师比重过大"、"教师队伍不稳定"、"教师工资较低"、"医疗、养老保险问题"、"教师地位低"、"教师队伍老化"、"教师负担过重"等。此外，民办高等教育机构在教师工资待遇方面与公办高校相比没有优势，难以吸引优秀的教师来任教，影响了教师队伍的稳定②。通过对2010—2014年我国民办高校的教师资源的数据分析发现，民办高校的教职工人数和专任教师人数呈现不断增长的趋势，但教

---

① 徐小洲，倪好，辛越优. 走向新时代：我国高等教育均衡发展的难题与策略[J]. 高等教育研究，2017（12）：30-34.

② 教育部教育发展研究中心课题组. 我国民办高等教育发展现状分析[EB/OL]. [2018-01-28]. http://www.moe.edu.cn/jyb_sjzl/moe_364/moe_369/moe_408/tnull_4744.html.

职工数一直高于专任教师的人数,生师比一直高于19.81,这表明民办高校的师资一直处于十分紧缺的状态①。办学条件的薄弱导致民办高校无法保证人才培养质量,最终制约了其对我国高等教育资源增长的贡献力。

3. 国外优质高教资源引入不足。截至目前,我国由教育部审批和复核通过或由省级人民政府及教育行政部门审批,并且申报教育部备案的本科层次中外合作办学机构与项目已达到990个,其中具备独立法人资格办学机构近8所。合作的外方高校主要来自英国、美国、俄罗斯、澳大利亚,四个国家的占比接近70%②。虽然,目前我国高校中外合作办学项目数量不少,但是与世界名校合作的项目还很少,已经招生的有宁波诺丁汉大学、西交利物浦大学、上海纽约大学、温州肯恩大学、昆山杜克大学等7所本科,在建的有深圳北理莫斯科大学和广东以色列理工学院2所。值得注意的是,在中外合作办学项目实施过程中,不少项目对境外先进高教理念、教学模式、教学管理机制的吸收消化较为有限,合作停留于表面,不能真正发挥其对我国高等教育资源扩容提质的作用。

(二) 我国高等教育资源供给渠道的症因分析

1. 法律法规不健全。如在吸引社会力量发展民办高等教育上,缺乏明确的法规保障。虽然我国政府先后出台了《社会力量办学条例》(1997)、《民办教育促进法》(2002)、《民办教育促进法实施条例》(2004)等民办高等教育法律法规,对民办高校的产权做出了进一步的规定,但在其执行过程中由于产权涉及内容较多和产权主体的复杂性,使得民办高校在处理自身产权的过程存在一些问题。这些问题的存在,对民办高校的发展和举办者的积极性等方面带来了诸多消极影响。

2. 管理机制不科学。如在对民办高校的管理上,没有真正实行民办

---

① 黎军,宋亚峰. 我国民办高校发展现状及对策研究:高等教育普及化阶段到来前的思考[J]. 教育与教学研究,2017(2):50-57.

② 李海辉,高雪梅. 本科层次中外合作办学现状、问题与对策[J]. 黑龙江高教研究,2018(3):54-57.

高校分类管理。民办高校的分类管理涉及多个利益主体的多样性，并且民办高校的差异性很强，使得民办高校的分类管理成为一项非常复杂的任务。但现实中存在着民办高校完全相同的认识误区，使得政府制定出的具体的民办高校管理办法缺乏相应的针对性和可操作性。首先，如果对现有的民办高校不进行分类，对营利性和非营利性的民办高校"一视同仁"，则会产生经济学上所说的"公地悲剧"，从而挫伤社会力量办学的积极性。其次，现有的分类办法和分类标准有待进一步完善和科学化。因此，我国民办高校的科学分类管理是其可持续发展的重要出路，在我国民办高校的发展过程中必须高度重视民办高校分类管理不科学的问题。

（三）拓展高等教育资源供给渠道的对策

1. 完善法律法规，为高等教育资源供给渠道拓展提供法规保障。重点是完善和实施激发各种社会力量参与办学法规。针对我国民办高校发展过程中产权不明晰的问题，为了更好地促进我国民办高校的发展，国家应该在《社会力量办学条例》、《民办教育促进法》、《民办教育促进法实施条例》等法律法规的基础上，进一步完善民办高校产权管理方面的法律法规。要明确界定我国民办高校在发展和运行过程中各种不同的财产所有权。国家要针对民办高校筹资的主要形式，如投资办学、捐资办学和混合集资办学等形式，制定明确的产权归属办法。同时，针对现有的法规部分条款操作性不强等缺点，进一步细化实施办法以增强法律法规的操作性。

2. 改革管理机制，为高等教育资源供给渠道拓展提供管理保障。一是切实推进民办高校的分类管理。2017年国家颁布了《民办学校分类登记实施细则》和《营利性民办学校监督管理实施细则》，政府可以在民办教育相对发达的省份，针对不同规格的民办高校，开展分类管理的试点工作，积累好民办高校分类管理的经验，然后逐步在全国范围内推广。二是强化对中外合作办学项目的监管，充分发挥境外优质高教资源对我们高等教育资源的促进作用。教育行政部门要建立健全的保障与支撑体系，科学鉴别引进资源，严格开展资质认证，严把入口关。进一步完善法律法规、政策体系，树立全过程监管意识，建立和完善质量认证及评估系统；要将办学质量低、单纯追求盈利的外方机构列入黑名单，推动中外合作办学机构和项目的优胜劣汰；健全对外方教师的聘用、管理、培训制度规范资格鉴定。总之，要对中国急需或稀缺的优质高等教育资源，从政策上给予鼓励，从资金上给予支持。

三、突出绩效导向，发挥高教资源配置的激励作用

高等教育资源配置可以从广义和狭义进行界定：广义的高等教育资源配置是指一切用于高等教育的资源配置，包括人力、物力、财力等资源的配置；狭义的高等教育资源配置主要是指高等教育的财力，即国家对高等教育领域的经费投入的配置。本节所讲的高等教育资源是指狭义上的高等教育经费资源。突出绩效导向的高校资源配置，就是要在对高校进行分类管理的基础上，将资源配置与高校的办学绩效挂钩，促进高校坚持合理的办学定位，实现特色发展，从而达到公平而有质量的高等教育分流目标的资源配置方式。以绩效为导向配置高教资源，是发达国家普遍推行的资源配置范式，也是我国高等教育资源配置改革的方向所在。

（一）发达国家绩效导向高教资源配置的成功实践

1. 美国高等教育绩效拨款模式。美国政府对高校实行绩效拨款是从田纳西州开始。1979年，田纳西州高等教育委员会对本州内23所公立高校和社区学院开展高等教育绩效评价工作。其核心理念是考察在人才培养上公平与质量的优化度，以及所培养的人才适应经济社会和高校改革发展的情况。绩效拨款评价指标体系比较全面，每5年修订一次，以保持相对稳定。绩效拨款评价只对各高校前后两个时期的评价结果进行纵向比较，不对各高校之间进行横向比较，不能比较两所高校之间的优劣。此外，为了提高评价工作的公正性和透明性，田纳西州引入了第三方评价机构进行绩效评价。田纳西州的绩效导向评价起到了促进高校发展的作用。田纳西州高等教育绩效拨款的成功经验，随后在美国很多州得到推广，堪萨斯州、亚利桑那州、南卡罗来纳州等也陆续制定并推行了高等教育绩效拨款模式。

2. 英国高等教育绩效拨款模式。英国高等教育绩效拨款特别注重发

挥中介组织的作用，英格兰高等教育拨款委员会（HEFCE）、苏格兰高等教育拨款委员会（SHEFC）、高等教育质量保证委员会（QAAHE）等基金会，作为半官方机构专门负责管理该国科研项目、教学质量项目的绩效评估，政府给予各基金会相应的自主权并共同商讨经费需求及分配方案。英国高等教育绩效拨款模式的特点是既在绩效拨款数额上严格控制，又在拨款方式上实行直接拨款和间接拨款相结合，重视成本计算，突出经费使用成效。具体体现在科研经费分配上，将拨款额度与研究成果挂钩，每隔四到五年进行一次科研水平评估，将评估分数作为三大类学科预算分配的标准和依据，根据评估结果将高校科研质量划分为不同等级并给予不同拨款额；鼓励高校根据自身不同学科科研优势优先发展，自行安排资金。同时，英国教育管理部门通过建立和完善竞争机制、周期性评估机制、审计监督机制，强化对各高校拨款项目的管理，确保了公共拨款的公平性、效率性和透明性[①]。

3. 德国高等教育绩效拨款模式。德国高等教育绩效拨款模式起始于巴伐利亚州。1993 年，巴伐利亚州率先提出对州内高校实施基于评价结果的绩效拨款。德国高等教育绩效拨款模式具有以下特点：一是突出竞争性。各州政府使用竞争性拨款来促进同类高校之间的相互竞争，竞争性拨款分教学经费和科研经费，教学经费的分配依据是各高校培养人才的数量和质量，科研经费的分配依据是科研的人员与成果。二是建立责任制。为加强对高校经费使用绩效的监控，德国各州政府采用了责任制，即高校必须对所获得的教育经费的使用效益承担相应的责任，必须保证拨付资金的使用效益。三是评价指标的科学性。绩效评价指标主要包括直接产出指标和间接产出指标，其中，直接产出指标包括教学和科研方面的指标，间接产出指标包括毕业生在劳动市场中的表现、毕业生就业对口率、高等教育机构获得第三方经费数额等。四是实施过程的公开性。各州的绩效评价结果和绩效拨款方案向社会公众公开，提高财政拨款的透明度。

---

① 杨云奇，葛新旗. 内涵式发展下我国高等教育绩效拨款方式探索：基于英国高校绩效拨款模式的启示 [J]. 财会月刊，2015（23）：75-79.

（二）我国绩效导向高教资源配置的实施策略

1. 构建科学的绩效评价指标。实施绩效导向高教资源配置的基本前提是对高校进行科学的绩效评价。而绩效评价的科学与否，关键在于绩效评价指标的设计。借鉴发达国家高等教育绩效拨款的经验，绩效评价指标的设计应该注意以下几个方面：一是指标的可操作性。评价指标应尽量细化，不能过于粗略，设计的指标尽量能用分数或模型计算，保证绩效考核能以分数或等级的形式量化，并以此为依据拨付款项。在构建指标时，还应注意指标的稳定性和灵活性，以保证绩效评价的长期性。同时，设计的指标既包括产出指标，又包括过程指标，即指标应涵盖绩效拨款的全过程，便于操作。二是指标的共性与个性结合。指标体系既要对应高校的人才培养、科学研究和社会服务等基本职能，又要针对不同类型的高校的差异，在绩效拨款指标上应有所不同。不同高校在评分标准有所偏重，本科院校的绩效指标体系中可增加科研指标的比例或在科研指标的权重上设置大一些，对于高职高专层次的高校绩效项目则应侧重教学质量指标。三是指标设计的民主性。指标体系的设计过程应听取各方面意见，集思广益。绩效拨款涉及政府、高校、行业专家、中介机构等多方利益主体。在设计过程中应征询政府教育部门、高校教职人员、行业专家、中介机构等多元主体的意见，确保指标体系的科学性和公正性。四是指标的稳定性与发展性结合。评价指标一旦确定，要保持相对稳定，不能随意更改。同时，也要根据高等教育发展的新形势、新要求，进行周期性的调整更新[①]。

2. 发挥第三方中介组织作用。目前，我国高等教育绩效评价和拨款都是由政府主管部门进行操作，人为因素影响了评价与拨款的公正性。当前，应该加快培育专业性较强的高教绩效拨款中介组织。这种中介组织应该具有相对独立性，能根据自身章程依法行使职能，其人员构成主要是政府官员、高校领导、产业界代表、师生代表等。其主要功能是：一是研究制定高校绩效评价体系，并不断完善评价指标和改进评价方

---

① 杨云奇，葛新旗. 内涵式发展下我国高等教育绩效拨款方式探索：基于英国高校绩效拨款模式的启示［J］. 财会月刊，2015（23）：75-79.

法；二是独立开展高校绩效评价，确定并公布评价结果；三是开展调查研究，制定高等教育发展规划和预算，为政府筹集经费提供参考；四是监督高校合理使用拨款，提高经费的使用效益和效率。

3. 推进绩效拨款信息公开。高校财务信息的公开是实行绩效拨款的前提和基础。虽然我国政府从2010年起，相继出台了《高等学校信息公开办法》、《高等学校财务制度》和《高等学校会计制度》，但都只是从宏观层面对高校财务信息公开作出了规定，没有具体的操作细则，导致现实中高校仍然缺乏公开财务信息的主动性。目前，政府应完善高校财务信息披露机制，从规范高校内部控制制度、经济责任制度等相关制度着手，提高高校信息公开的主动性；同时，要尽快制定高校财务信息公开细则，对高校公开财务信息进行操作指导，引导高校公开财务信息全过程。唯有公开高校财务信息，才能对高校资金使用效益进行评价，才能将高校拨款与资金使用效益相挂钩。

4. 完善高教绩效拨款法规。我国高等教育绩效拨款虽在某些方面已实现了有益的探索和尝试，但相对来说实施的政策环境还不够成熟。我国高等教育也颁布并实施了一系列相关的政策法规和制度，但很多不够规范，实施绩效拨款改革的政策环境还有待进一步优化。尤其在法规方面，尽管有些项目在经费发放、使用上也有相关的规章制度，但大多是泛泛而谈，与基本财政拨款项目相差无几。这就导致执行难度相应加大，在实施过程中发现了问题，处理起来也缺乏法律依据。因此，制订我国专门针对高等教育绩效拨款模式的法律法规已成当务之急。

四、加强统筹协调，推动高等教育资源实现共享

（一）高等教育资源共享的障碍

1. 高等教育资源共享理念没有真正树立。共享理念的缺失是我国高校资源没有能够实现深层次共享的重要原因之一。当前，我国高校管理者和师生对校际资源共享的认识仍存在误区：一是认为高校之间的资源没有共享的必要。各高校只要根据自己的需要，加大投入建设本校的资源，就可以满足自身发展的需要。推进资源共享会加大耗费学校的资源，最终会得不偿失。在这种观念影响下，有些高校习惯"搭便车"，

只想用他校的资源,却不愿意将自己的资源拿出来共享。二是认为不同类型的高校之间的资源不能共享。这个观点认为,研究型高校和应用型或技能型高校的资源,在学科属性、内容结构等方面存在很大差别,从根本上讲是无法真正共享的。这种观念在不同类型的高校之间筑起了无形的围墙,阻隔了高校间的资源共享。

2. 高等教育资源共享管理体制有待完善。科学合理的共享管理体制是实现高等教育资源共享的重要条件之一。当前,我国高等教育管理的条块分割体制对资源共享造成了障碍。目前,我国高校在管理体制上,一方面中央直属高校由教育部直接管理,另一方面,为数众多的地方高校是由地方政府管理。各个高校在行政隶属关系上的差别,导致高校间形成体制壁垒,使教育资源共建共享工作处于无序状态,缺乏一个统一的协调机构,这就阻碍了教学资源共享的实现。此外,现阶段高等教学资源共享工作尚未建立起一套科学合理的利益分配机制,很多高校投入大量资金用于优质教学资源建设,但这些教学资源如与其他高校共享,仍是免费使用的,这在一定程度上也影响了高校参与教育资源共享的积极性[①]。

3. 高等教育资源共享法规保障亟待健全。高等教育资源共享往往涉及高校及其教师的切身利益,只有通过制定完善的法规或制度,将各方在资源共享过程中的权利和范围明确下来,找到利益共同点,才能确保资源共享持续进行。然而,目前我国在高校资源共享上还处于初期探索阶段,相关制度没有建立起来,法规的建设尚处空白,导致高校资源共享缺乏法规制度保障。这一问题突出表现在数字资源共享过程中的知识产权保护上。现代信息技术的飞速发展为教育资源数字化共享提供了重要的技术保障。任何用户在任何时间、任何地点都可以方便快捷地浏览,甚至下载各种优质教育资源,从而使教育资源得到更充分的使用,有力地推动了高等教育公平,促进了高等教育质量的提升。但与此同时,数字资源共享过程中的知识产权问题也逐渐凸显,成为制约数字资

---

① 刘宇航,张宏伟. 高等教育资源共享建设存在问题及对策探析[J]. 继续教育研究,2015(5):15-17.

源共享的一大障碍。虽然我国的著作权法对数字资源的网络传播权做出了相应规定，但是在实际操作过程中，由于网络传播手段日新月异，现有的知识产权法规难以对网络资源的版权所有人实施法律上的有效保护，这就导致资源共享与知识产权保护的矛盾，从而在一定程度上阻碍了数字教育资源共享的顺利实现。

4. 高等教育资源共享技术手段有待优化。随着信息传播技术的发展，数字教育资源在高等教育资源中的比重越来越高。数字教育资源是否能够借由科学的技术手段实现互联互通，对我国高等教育资源共享的整体推进具有重大影响。目前，我国各校都建立庞大的数字教育资源库，但是由于缺乏前期的顶层设计和统筹规划，各校所拥有的教学资源平台的技术环境存在较大差异，操作平台系统及数据标准无法对接，难以进行数据交换，无法实现跨平台教学资源的共建共享，使得高校数字教育教学资源库建设过程中的"信息孤岛"现象严重，相关资源没有最大限度实现共享，资源利用率偏低。

（二）高等教育资源共享的策略

1. 强化高等教育资源共享理念。要顺利实现高等教育资源的共享，必须要广泛建立共享的理念。一是要充分认识到资源共享对发展公平而有质量的高等教育的重要意义。目前，我国高等教育资源在地区之间、学校之间的不均衡现象较为严重，推进资源共享对于促进教育公平和提升人才培养质量具有重要意义。二是要主动消除资源使用的"本位主义"。高校应逐步转变计划经济体制下资源配置以学科为基本单位，资源配置到院系、到部门的传统配置方式，打破校际藩篱，真正认识到建立教育资源共享体系不仅是加快提升我国高校整体质量和水平的重大战略举措，也是世界高等教育的发展趋势和信息化时代发展高等教育的必然选择，从而积极参与到高等教育资源共享的建设中去。三是要加强资源共享理念的宣传。通过多种形式加强舆论宣传，提升高校管理者、教师和学生对教育资源共享的认识，不断提高自身的共享意识，激发高校教育资源共享活力，为高等教育资源共享提供良好的思想和舆论氛围。

2. 完善高等教育资源共享管理体制。面对目前我国高等教育资源管理条块分割、体制壁垒严重的局面，要推进资源真正实现共享，必须建立统筹协调的管理机构。一是建立国家层面的高校资源共享协调机构，负责全国高教资源建设的整体规划、资源共享的法规制度建设和政策激励等。二是建立区域性高校资源共享协调机构。首先可在长三角、珠三角等经济一体化发展程度较高的区域，建立区域性高校资源共享协调机构。机构要从区域经济社会发展和教育改革发展的全局来引导、协调资源共享。区域性高校资源共享协调机构应由区域中心城市教育行政部门牵头，由资源的投入者、管理者和使用者共同组成。机构的职能应包括以下四个方面：一是制定教育资源共享工作规划、制度，以建立有序的工作秩序；二是负责统一协调各资源共享主体间的关系，以保证共享工作的有效开展；三是指导共享主体的教育资源建设，以推进共享工作的可持续发展；四是为区域资源共享提供必要的财政支持[1]。

3. 健全高等教育资源共享法规保障。首先，要建立国家和地方高校资源共享的法规体系。一是国家要以立法的形式制定系统的教育资源共享的专门的指导性政策，通过法律法规的手段对教育资源共享活动进行调控。二是地方政府也要制定相应的法规以及可操作可执行的具体意见，以鼓励区域内高校参与到教育资源共享中来。出台囊括高校、科研机构、企业等在内的资源共享法律法规，将教育资源的共享合法化、规范化，使之管理有章可循，同时在经济层面出台优惠政策、补贴政策，提高资源共享主体的积极能动性。各方应建立利益平衡机制，在实现共享同时充分考虑各主体的现实利益，推进资源可持续共享[2]。

其次，要突出抓好数字教育资源的知识产权保护。完善数字资源知识产权保护的相关法规，使数字教育资源在其版权得到合理合法"保护"状态下进行有效的共享。不但要制订相应的网络知识产权法律制度，还要强化执法力度。虽然我国政府先后出台了《中华人民共和国计算机信息系统安全保护条例》、《中华人民共和国计算机信息网络国际联网管理暂行规定》、《计算机信息网络国际联网安全保护管理办法》、《计算机

---

[1] 孙照辉. 区域高等教育资源共享：内涵、理念与体制机制 [J]. 哈尔滨师范大学社会科学学报，2012（5）：138-142.

[2] 池金米. 高等教育资源共享共建现状及策略研究 [J]. 价值工程，2017（20）：251-252.

信息网络国际联网保密管理规定》等相关法规,但是在实践过程中没有得到很好执行,高校数字教育资源知识产权保护不力的情况时有发生。因此,执法机关应该强化这一领域的执法力度。

4. 优化高等教育资源共享的技术手段。建立标准统一、互联互通的数字教育资源平台是提高我国高校资源共享水平的重要途径。首先,国家教育主管部门要加强高校数字资源建设的顶层设计和整体规划,统一技术标准,推进资源对接,建设开发统一技术标准、规范化的资源建设、管理、共享平台,使平台具备较强的用户管理、资源建设、资源管理等功能,明确各高校用户的建设任务、使用权限,便于用户对平台资源的快速检索与合理使用,实现高校数字教育资源的高效共享。其次,各参与资源共享的高校,应加强资源共享管理人员、技术人员的培养培训,提高其管理和技术水平,为资源共享提供人才保障。再次,要充分利用技术手段保护数字资源的知识产权,运用软件加密技术、水印加载技术、认证技术、数字签名技术、入侵检测技术等,最大限度限制数字教育资源的用户对资源进行复制等行为,切实保护数字教育资源的知识产权。

后　　记

本书是国家社会科学基金项目"以推进公平与质量为重点的高等教育分流模式改革研究"的最终成果。该课题由董泽芳负责设计与组织实施，张继平、陈文娇等负责理论研究，谭颖芳、张惠、程智、赵玉莲等负责比较研究，聂永成、熊德明等负责实证调查，李东航、董泽芳等负责对策探讨。

撰写本书的分工是：董泽芳提出本书的章节安排与具体要求，并负责撰写导言、第一章"高等教育分流的理论与模式"与第五章"国外高等教育分流促进公平质量并重的经验借鉴"；张继平负责撰写第二章"高等教育的质量与公平"与第三章"高等教育分流中的质量与公平"；聂永成负责撰写第四章"我国高等教育分流中的公平与质量问题现状——基于新建本科院校转型分流现状的调查"；李东航负责撰写第六章"实现公平与质量并重的高等教育分流是一项系统工程"；最后由董泽芳统稿。

华中师范大学出版社为本书出版提供了良好的平台，责任编辑冯会平、宋文静为本书的编辑付出了大量心力，在此一并致以衷心感谢。

董泽芳
2018 年 6 月 20 日